云霄年鉴

2023

中共云霄县委党史和地方志研究室　编

方志出版社
Publishing House of Local Records

图书在版编目（CIP）数据

云霄年鉴. 2023 / 中共云霄县委党史和地方志研究室编. —北京 ：方志出版社， 2023.12
ISBN 978-7-5144-6046-9

Ⅰ. ①云… Ⅱ. ①中… Ⅲ. ①云霄县－2023－年鉴 Ⅳ. ①Z525.74

中国国家版本馆CIP数据核字（2023）第253071号

责任编辑：王娜
责任校对：张玉霞
责任印制：梅中英
出 版 者：方志出版社
地　　址：北京市朝阳区潘家园东里 9 号（国家方志馆4层）
邮　　编：100021
网　　址：http://www.zgfzcb.cn
发　　行：方志出版社图书营销中心（010-67110500）
印　　刷：福州大坤彩色印刷有限公司
开　　本：889毫米×1194毫米　1/16
印　　张：16
字　　数：476千字
版　　次：2023年12月第1版
印　　次：2023年12月第1次印刷
定　　价：200.00元

《云霄年鉴》编纂委员会

《云霄年鉴》编辑部

编辑说明

一、《云霄年鉴》是由中共云霄县委、云霄县人民政府主办，中共云霄县委党史和地方志研究室承编的年度资料性文献。自2014年起，逐年编纂出版，以出版年号为卷次名称。

二、《云霄年鉴（2023）》以马克思列宁主义、毛泽东思想、邓小平理论、“三个代表”重要思想、科学发展观、习近平新时代中国特色社会主义思想为指导，坚持辩证唯物主义和历史唯物主义的立场、观点和方法，力求全面、客观地记载2022年云霄县政治、经济、社会、文化发展等方面的基本情况，反映各行各业新成就、新经验、新趋势。

三、《云霄年鉴（2023）》采用分类编辑法，主体内容分为类目、分目、条目三个层次，以条目为基本记述层次。全书设特载、大事记、县情概貌、中国共产党云霄县委员会、云霄县人民代表大会、云霄县人民政府、政协云霄县委员会、中共云霄县纪律检查委员会 云霄县监察委员会、群众团体、外事·台港澳事务、法　治、军　事、经济管理、农业·农村、工业与清洁能源、电商与商贸服务、金融业、交通·通信、云霄经济开发区、城乡建设与管理、资源与环境、科学技术、教育、文化·旅游、卫生·体育、社会民生、应急管理、乡镇概况、附　录、索　引。

四、《云霄年鉴（2023）》记述时限为2022年1月1日至12月31日，部分内容根据记述需要适当上溯或下延。

五、《云霄年鉴（2023）》采用规范化的语体文记述，力求言简意赅、通俗易懂。数字用法、标点符号用法分别采用国家标准《出版物上数字用法》（GB/T 15835—2011）、《标点符号用法》（GB/T 15834—2011），计量单位采用国家技术监督局1993年12月发布的《量和单位》系列国家标准。采用的统计数据以县统计局公布的为准，不属县统计局统计范围的数据，则出自各供稿单位核定的数据。

六、《云霄年鉴（2023）》资料除由云霄县各级机关、企事业单位、人民团体提供外，还有部分由编辑人员采编。所提供资料均经单位审核。

七、《云霄年鉴（2023）》封面图片由中国美术家协会会员、中国工笔画学会会员朱炜明提供。封底图片由漳州美术家协会会员曾自英提供。彩页部分摄影图片均由云陵镇人民政府提供。

云霄县地图

比例尺 1：250 000

编制单位：福建省地图出版社　截至时间：2022年12月　审图号：漳S〔2023〕051号

云陵镇

Yunling Town

云陵镇位于云霄县中部，镇域面积约 16 平方公里，历来是全县政治、经济、文化中心，素有“漳南重镇”的美誉。

这里环境优美，宜居宜游。年平均气温 21℃，雨量充沛，四季常青。高品质城市建设项目鳞次栉比，构成城市新地标；灵动秀美的“母亲河”漳江述说着云陵故事；江河交汇之处，更有文明新风吹拂，云陵镇连续三届荣获省级文明乡镇称号，辖区内汀洋社区连续六届荣获省级文明社区称号。

这里历史悠久，人文厚重。开漳圣王陈元光故居燕翼宫、开漳祖庙威惠庙等开漳史迹坐落其间，鉴湖女侠秋瑾故居保存完好，云山书院、吴原享堂等各级文物保护单位分布各处，开漳圣王巡安民俗活动列入省级非遗名录。

这里物产丰富，美食遍地。下城枇杷优质早熟、清甜可口，“下坂牛肉丸”口感爽脆、唇齿留香，水面、绿豆粉粿、筵肠、肉管、肉干、肉煎、发煎等几十种承载着“乡愁”的古早味传统美食飘香在大街小巷。

2022年，云陵镇认真贯彻落实县委县政府工作部署，立足云霄县“中部城市经济发展片”定位，聚焦县委确立的“产业发展、城市文明、乡村振兴”三大重点任务，着眼城市规划，推动城市建设，以项目为支撑，深入开展“产业发展项目建设提升年”活动和“七比一看”竞赛，扎实推进各项工作，镇域经济实力稳定增长、民生福祉稳步提高、营商环境不断优化、产业布局更加合理、社会运行更加安全。近年来先后被授予“漳州市基层规范化建设先进单位”“推动高质量发展超越先进集体”等荣誉称号。

◎ 城镇概貌

镇区概貌

镇区夜景

（戴园笙 摄）

（戴园笙 摄）

镇区新貌

（戴园笙 摄）

◎ 城镇建设

社区广场（戴园笙 摄）

建发云玺（云陵镇供图）

下港片区

复兴嘉园　　（云陵镇供图）

（云陵镇供图）

清华园　　（云陵镇供图）

镇区新貌

（戴园笙 摄）

◎ 江滨风景

漳江贯穿镇区　　（戴园筌 摄）

美丽江景

美丽江景

（戴园笙 摄）

（戴园笙 摄）

美丽漳江

（戴园笙 摄）

◎ 文明新风

汀洋社区
（云陵镇供图）

新时代文明实践所

（云陵镇供图）

皮划艇训练　　　　（云陵镇供图）

综合文化服务中心
（云陵镇供图）

鉴王巡城　　（云陵镇供图）

全民健身活动

《向东渠》剧照　　（戴园笙　摄）

（戴园笙　摄）

◎ 名胜古迹

▲ 向东渠　（云陵镇供图）

▼ 水月楼　（云陵镇供图）

燕翼宫（云陵镇供图）

秋瑾故居（云陵镇供图）

云山书院（云陵镇供图）

◎ 特色美食

糕点蜜饯

隔壁响

枇杷膏

酥贡

月饼

米面食

菜脯饭

大锅咸饭

云霄水面

糟肉饭

特色粿类

发粿

红朱包

萝卜粿

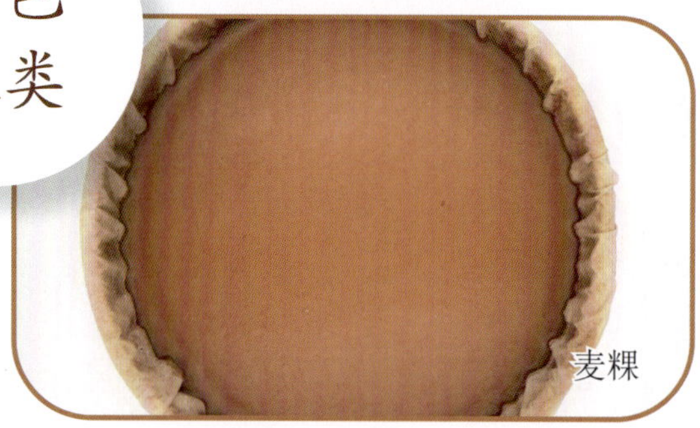
麦粿

（本页均为云陵镇供图）

◎ 产业兴旺

福建鳌霸食品有限公司

云霄县长亮工贸有限公司

（本页均为云陵镇供图）

特 载

大事记

县情概貌

中国共产党云霄县委员会

云霄县人民代表大会

云霄县人民政府

政协云霄县委员会

中共云霄县纪律检查委员会 云霄县监察委员会

群众团体

外事·台港澳事务

法 治

军 事

经济管理

农业·农村

工业与清洁能源

电商与商贸服务

金融业

交通·通信

云霄经济开发区

城乡建设与管理

资源与环境

科学技术

教 育

文化·旅游

卫生·体育

社会民生

应急管理

乡镇概况

附 录

在“大讨论”汇报会暨全县工作务虚会上的讲话

中共云霄县委书记　蓝良木

（2022年10月11日）

今天我们召开“大讨论”汇报会暨全县工作务虚会，聚焦明年“干成干好几件事”，结合PPT形式进行“大讨论”汇报和务虚研究发言，这既是展示活动成果，也是检阅大家学习有没有学进去，调研有没有深入，讨论有没有集思广益，更是对云霄未来大发展的一次思想碰撞和头脑风暴。

开展“大学习、大调研、大讨论”活动是为了解放思想、统一思想，务虚是为了谋实，是为下阶段工作谋划筹备打牢基础。各乡镇、各部门要避免做“思想上的巨人，行动上的矮子”，对自己所提的措施规划要按照“谁提出、谁负责”的标准抓好落实；各位县领导要按照“谁分管、谁牵头”的原则对分管领域部门和挂钩乡镇提出的项目规划进行认真研究梳理，组织专业团队、精兵强将进行深层次的分析研究和可行性论证，确保有利于云霄高质量发展的各个“金点子”“好项目”能“从纸上向地上转变”，真正落地、开花、结果、见效。下面，结合大家的发言和自己的调研、走访、座谈体会，我再讲四个方面意见：

一、要认清形势、坚定信心，推动发展又好又快

当前，云霄正处于小步快跑、爬坡过坎、跨越发展的重要时刻，发展机遇和挑战并存，要实现更好更快的发展，必须对自身有清醒的认识。

*一是回顾过去看变化。*近年来，通过全县广大干部群众的不懈努力，在历届县委、县人大、县政府、县政协的艰苦奋斗下，云霄已经形成了较为坚实的发展基础。清洁能源、电子信息、食品制造三大主导产业逐渐做大做强，城市框架拉开拉大，城乡面貌明显改善，民生事业加快发展，乡风文明向好向善，今天的云霄，政通人和、风清气正，正以全新的姿态站到一个新的起跑线上，已经进入了争先晋位的快车道、加快发展的超车道。

*二是横向比较看问题。*虽然云霄发展形势越来越好，但我们也要清醒认识到当前发展所面临压力和挑战。从发展大局看，全球疫情仍在持续，地缘政治冲突升级，外部环境更趋复杂严峻和不确定，我国经济

发展面临需求收缩、供给冲击、预期转弱三重压力，经济下行压力较大。从自身发展看，如果把云霄放到全市，甚至全省去审视，我们还有很大的差距：在产业结构上，我们三次产业比重和功能配置不协调，2021年三次产业结构为21.2∶33.6∶45.2（全市10.5∶49.0∶40.5，全省5.9∶46.8∶47.3）；在经济发展驱动力上，缺乏龙头企业带动，产业链效应尚未形成，2021年，我县GDP199.97亿元，增长0.1%，而华安190.74亿元，增长8.1%，相差仅9亿元，经济总量有可能被华安超过；在城市功能配置上，打造漳州南部中心城市准备仍然不足，服务于区域发展、带动区域发展的能力较弱，城市聚集性不强，与地理中心地位不相称；在民生改善上，仍有很多短板欠账，教育教学医疗服务环境亟待改善，一些棚户区还未改造，污水管网、交通网络仍有待提升改造；在要素保障上，土地和资金保障还有短板，全县可用工业用地数量少，财政收支矛盾突出。

三是展望未来看潜力。感受到压力和困难的同时，我们也看到了有利于云霄加快发展的一系列新的机遇和有利条件。政策方面，云霄被定为省级乡村振兴重点县，有省纪委监委挂钩帮扶，这应该说是当前云霄发展的最有力助推器，能帮助我们协调解决之前很多解决不了的问题，加速推进更多重点项目取得实质性突破；同时云霄还是中央苏区范围县等，各职能部门要好好运用相关政策加持，争取更多有利于云霄发展的红利政策。资源方面，我们素有“四乡五地”之称，有40枚地标，是2022年国家地理标志产品保护示范区筹建县区。产业方面，我们核电1号机组处于安装高峰期，预计2024年可投入使用，2号机组处于土建向安装过渡阶段，3、4号机组获得核准，3号机组正式启动核岛负挖工程；抽水蓄能电站主体工程建设进入筹备阶段；闽粤联网工程竣工投产，大项目将迎来“红利期”，百亿清洁能源产业集群逐渐显现，这些都为我们下一步加快发展奠定了坚实的基础。

在面对前所未有挑战的同时，我们也面临前所未有的机遇，危与机并存，挑战与机遇同在，这就要求我们必须做到敢于担当、敢于亮剑、敢于看齐，聚焦“提高效率、提升效能、提增效益”，以等不起、坐不住、慢不得的责任感和使命感，敢与强的比，敢向高的攀，担负起推动云霄又好又快发展的历史重任。

二、要精准谋划、全力攻坚，促进项目高质高效

“抓发展是硬道理，抓项目是真功夫”，发展是以项目为导向的。项目对接是落实省纪委监委挂钩帮扶云霄定的双轮驱动的重要一轮，强化项目支撑是四项重点任务之一。项目是事业的基石和生命线，说一千道一万，发展思路最终都要落到具体项目中，发展成果最终都会体现在项目落地见效上。

一要未雨绸缪抓项目谋划。我们常说项目建设是要“干着今年、想着明年、备着后年”，2023年的财政预算工作已经启动，顺来县长和顺国常务对这块工作非常重视，一直在跟进，市里也下发了预通知要召开市委2023年工作务虚会，明年市里更是要开展“产业发展项目建设提升年”活动，如果没有项目支撑，我们在“七比一看”中又将垫底出丑。这也就倒逼大家要提前谋划好明年的工作，如果每个单位都能精心推动一两个项目，汇聚起来我们全县就会有一批实实在在的好项目。如果每个单位的项目都能在各自领域有所突破，那项目的覆盖面将会更广，群众的受益就会更多，这才是我们想要达到的效果。各级各部门要进一步开拓思路、大胆谋划，争取在明年的推进中能有序有力、不急不慌，确保项目接续有力，后劲不断增强。同时，根据上级的要求，新年度将实行零基预算改革，资金有限。所以，好钢要用在刀刃上，大家按照省纪委监委领导提出的“打基础、利长远、惠民生”的要求，立足云霄实际，对策划项目要考虑得更实更细更具操作性，多研究资金拼盘，努力向上争取资金。不是想做什么就去做什么，要分轻重缓急、长短结合，科学统筹安排好项目实施节奏。不是当前发展急需的、不符合“打基础、利长远、惠民生”的要求的，先暂缓不开展。

二要精准合理抓项目布局。项目是要跟着规划走的，去年党代会上，我们提出了“产业发展、城市文明、乡村振兴”三大重点任务，明确了发展“清洁能

源、电子信息、食品制造”三大产业。今年工作会上，我们为推进落实三个重点任务，合理优化三产布局，科学划定“产业发展、城市文明、乡村振兴”主战场，促进乡镇协作、片区协同、全县协调发展，又将整个县域划分为南、中、北三个片区（南部是工业组团发展片、中部是城市经济发展片、北部是生态涵养发展片）。三个发展片的划定，是经过多方反复论证、符合新发展理念，符合云霄发展实际的，是在实践中经受考验、证明科学可行的。近段时间，从大大小小的会议、调研以及看部门的汇报材料，我发现有些部门的工作思路并没有跟上县委、县政府的发展战略，没有及时跟进学习，没有充分理解并贯彻落实，这是不行的。各级各部门要站在讲政治和“全县一盘棋”的角度，准确把握属地和部门在我县的功能定位，让谋划的项目、招引的项目更加契合“三大重点任务”，契合片区的发展方向，不能“捡到篮子的就是菜”。

在山上要唱响山歌，到海边要唱好渔歌，虽然三片区的任务各有不同，工作有所侧重，但都同样重要。比如，中部片区要突出城市经营管理、片区开发建设，北部片区要注重水源保护、污染源治理，南部片区要全力以赴抓工业产业发展、用地扩容增效。三个片区可能经济体量、指标各方面会有差异，但 10 根手指各有长短，但缺一不可，三个发展片的功能定位也没有谁重要谁比较不重要的问题，在县委、县政府定位看来同样重要，大家工作的认真，我和县长都是看在眼里的，并不会因为地域的不同、乡镇经济总量大小而厚此薄彼。明年就是产业发展项目建设提升年，之前我也跟顺国常务交代过，明年的考核指标要根据各个片、各个乡镇实际进行科学调整优化，确保更符合地方发展实际，鼓励大家进位争先。我相信，只要各个片、各个乡镇、各个科局大家都齐心协力把自己本职工作做好了，整个云霄就会更好。

这边布置一项工作，南、中、北三个片区的片长要发挥牵头作用，在会后抓紧组织召开本片区的工作务虚会，围绕“工业组团发展片”“城市经济发展片”“生态涵养发展片”功能定位，理清发展思路，不断推进产业发展与经济增长、城市建设与管理、社会治理与乡村振兴等各项重点工作取得新突破，开创经济社会高质量发展新局面。我跟县长如果有空，会逐一听取各片区汇报，各片要确保这个务虚会是有成果的、有成效的、可听可看的。

三要加压奋进抓项目建设。除了要谋划的，我们还有很多已经确定的和在建的项目。要加强项目前期工作，切实提高审批实效，严格落实分级管理和领导挂钩责任，深化“百名干部挂百企”，紧盯节点进度，精准高效做好要素保障，持续推进漳州核电、抽水蓄能电站、华龙科技文化园等重大项目以及省纪委监委挂钩的 23 个项目建设，不断提高项目开工率、投产率和达效率。

三、要内外兼修、综合治理，助推环境宜居宜业

发展环境是一个地区品牌、形象、素质、实力的综合体现，它对内会产生凝聚力、向心力和驱动力，对外将增强影响力、吸引力和竞争力，良好的环境有利于提升发展的稳定性、协调性、持续性。

第一，要把“做美城区”作为核心来全面建设。按照“品位提升、形象提优、功能提质”的要求，逐步完善城区规划、加快城区建设、强化城区管理。要高起点规划，着力构建以城市发展战略为导向，以城市总体规划为核心，以专业专项规划为纽带，以控制性详规为基础，与土地利用规划相衔接的覆盖全县的城乡规划体系，吸引一流的规划力量完善核心地段的规划设计，提升城市建设品位与特色形象，然后真正做到“一张蓝图管到底、一张蓝图建到底”。要高标准建设，按照“拉开框架，优化布局，片区开发，整体推进”的思路，加快推进顶溪—中柱、将军大道以西、南湖、滨北、西溪等片区开发建设，形成“东进南连北承”的城市发展新格局。要以群众呼声为着力点、以关爱民生为切入点，尽力而为、量力而行解决群众“衣食住行学、生老病死养”等实际问题，谋划一批为民办实事项目，加快推进新中医院、新一中高中部等征地拆迁，加快构建高效便捷交通连接路网，加快改造提升自来水、雨、污、电、通信等地下管线，全面完善城市功能布局，不断提升市民的生活品质和居

住水平。要高水平管理，结合全国文明城市创建，实行网格化、扁平化、精细化管理，以洁化、绿化、亮化、有序化为目标，整合城管、公安、交警、市场监督等部门职能，加快建立数字化城市管理体系，重点对违法建设、交通秩序、环境卫生等实行网格化管理、数字化管理，不留管理真空，不留卫生死角不断提高城市的环境质量、宜居指数和文明程度。

*第二，要把“美丽乡村”作为重心来全域打造。*建设“美丽乡村”是符合实际的，是顺应民心的，必须持之以恒地抓下去。要梯次推进“扫干净、摆整齐、拆到位、保畅通”的1.0版本，“穿衣、戴帽、扮靓丽”的2.0版本，和“望得见山、看得见水、记得住乡愁”的3.0版本，重点整治农村人居环境，着力改善农村生态环境，精心塑造农村人文环境，保护培育乡村景观环境，特别是人居环境整治，是德政工程、民心工程，虽然不能像修路造桥一样能快速见效，但却是当前云霄城乡面貌亟须改善的重要抓手。我们党员干部要树立正确的政绩观，将人居环境整治牢牢抓在手上，按照“一年有变化、两年上台阶、三年大变样”规划，通过几年压茬推进、建章立制、不懈努力、久久为功，实现全县人居环境“全域整治、全域提升”。同时，要深化“党建领航示范线建设竞赛”，发挥1个省级乡村振兴特色乡镇、3个省级乡村振兴实绩突出村、11个省级乡村振兴试点村、3条乡村振兴“串点连线成片”线路示范作用，扩大美丽乡村的成果。

*第三，要把生态文明作为中心来全心保护。*绿水青山就是金山银山，要按照“生态文明共建、人文自然共融、绿色发展共抓”原则，加强生态保护，突出生态修复和水源保护，加强峰头水库管理和维护，加快梅林中型水库规划建设，全面开展蜜柚、巨尾桉林等树种改造，整治禁养区内牛蛙、生猪和畜禽养殖，加强农村污水、垃圾处理，落实农业面源污染防治措施，强化工业园区环境治理，改善漳江流域水环境质量，全力创建省级生态文明县，打造生态环境“金名片”。

*第四，要把安全稳定作为底线来全力守护。*安定团结的社会局面，是我们聚精会神抓发展、齐心协力促跨越的重要前提，这些底线不只是近段时间“护航二十大”的工作要求，而是得“时时放心不下”，无论什么时候都要牢牢抓在手上的。要健全“党政同责、一岗双责”安全生产责任体系，按照“三管三必须”切实加强道路交通、消防、危化品、人员密集场所、建筑工地、城市燃气等各行业各领域的安全生产工作；要创新信访工作机制，坚持用法治思维和法治方式解决社会矛盾和合理诉求，依法加大对非正常上访的处理力度，确保全县信访形势的平稳；要全面深化平安云霄和法治云霄建设，完善“天网”“地网”“人网”三位一体的社会治安防控体系，重拳打击涉假涉诈涉毒等违法犯罪活动，提高公众安全感和群众满意度。

四、要作风过硬、勇于担当，保障落实有力有效

一个地方风气的好坏，直接影响干事的激情、发展的环境、工作的推进，而领导干部又是带动一个地方党风、政风的风向标，这既是省纪委监委政治帮扶和开展“胡作为、乱作为、不作为”专项整治的工作要求，也是落实市委张国旺书记提出建设“三讲、四有、三重”（“三讲”：讲政治、讲学习、讲行动；“四有”：有心、有数、有责、有方；“三重”：重团结、重实干、重廉洁）型干部和开展干部作风“五不”问题专项整治的工作重点，更是实现现代化富美新云霄建设的重要保障。

*一是履职尽责的意识要再加强。*我们的干部都具备一定基本学历和能力，都可以胜任一定的工作任务，工作能力上都不会有多大问题。工作不落实，或者落实不到位，主要还是责任意识不够。年初，我们确定的十二个攻坚指挥部目前只有闽粤联网工程换流站和旧党校片区征迁改造项目完成任务，就在于他们的责任意识强。实际上，我们做好本职工作、抓好重点工作，能力强不强是其一，责任心这个主观因素更关键。比如，在人居环境整治中组织村民把家里家外、门前屋后的垃圾、柴堆整理一下，在文明创城中组织居民把社区卫生清理一下，并不是多难的事情，最重要的是要有责任感。要巩固提升“一套机制、十二个指挥部、十二个专项行动”机制和县乡村“六个一”工作机制，

对确定的重点工作、重点工程由谁来负责，什么时间完成，达到什么标准，都必须有量化的目标，层层分解，落实到各部门、落实到责任人，做到千斤重担大家挑、人人头上有指标、项项工作有着落，切实以功成不必在我的情怀、功成必定有我的担当，自加压力、主动作为，真正把手中的事情做成、做好。

二是敢于斗争的精神要再发扬。当前，我们正处于黄金发展期，也处于矛盾凸显期，有事、有矛盾是正常的，并不可怕，可怕的是有事无人问。比如用地扩容增效专项行动，为什么总是推进缓慢？原因就是有事谁都不想问，最后无人问。问题摆在那里，越是不敢正视，越是等靠要，问题就会越养越大。问题养大了会咬人的。以干得助，实干则多助，“躺平”则寡助，要发扬斗争精神、提升斗争本领，坚决破除一切作风顽疾，头拱地、往前冲，秉承“自己的事情自己办，别人的事情帮着办，多部门的事情合力办”的工作思路，围绕全县各项中心工作，凝聚合力、共同担当，真正把事业干成、干好、干出彩。

三是争先晋位的魄力要再提升。在当前这种不进则退、慢进也是退的“大比拼”中，区域竞争不会削弱只会更加激烈。刚才我们分析了当前存在的问题和短板，也在多个场合说过我们人均 GDP、人均财政收入都不足市平均水平的一半，如果我们还是只保持和市里的增长目标一致，那我们的差距只会被越拉越大。要进一步突破一般的工作目标、一般的工作要求、一般的工作格局，敢于同高的攀、同勇的争、同快的赛，做到不但看到差距，而且有承认差距的勇气和缩小差距的办法；不但有标杆，而且要有向标杆学习和挑战的气魄，不只求过得去、还要求过得硬，努力使各项工作走在全市、全省的前列。

四是督查问责的机制要再完善。我们有些领导干部习惯用工作安排工作，认为把“该开的会开了、把该讲的话讲了、把该发的文件发了”就完事了，至于谁去落实、落实得怎么样，无人过问。结果是很好的思路、很好的措施变成了一纸空文。年初的工作会上，我们对全年的工作做出了部署，也下发了《2022 年县委工作会议主要任务分解表》，但很少有单位主动提起是否存在什么问题需要协调，也没来汇报进展情况。因此，必须把督查工作摆到更加突出的位置，综合运用正向激励和反向约束，在一线考察、干部实绩考核等办法的基础上尽快建立健全一套科学完善的目标考评体系和考评办法，严格实行检查评比、重大责任追究和表彰激励机制，营造马上就办、真抓实干的浓厚氛围。纪委和两办督查室要认真跟踪督查，保证跟踪工作抓一项成一项、干一件成一件。

同志们，站在新的起点，迈上新的征程，我们肩负的晋位赶超发展任务光荣而又艰巨，云霄人民对我们寄予的期望深情而又热切。希望大家从今天开始，从现在做起，继续深化“大学习、大调研、大讨论”活动，以更加开阔的眼光、更加昂扬的精神、更加精准的谋划、更加扎实的工作推动富美新云霄现代化建设，以优异的成绩迎接党的二十大胜利召开。

在落实省领导挂钩帮扶工作动员会上的讲话

中共云霄县委书记 蓝良木

（2022年7月5日）

今天，我们召开落实省领导挂钩帮扶工作动员会，主要目的是传达学习李仰哲书记对挂钩帮扶云霄的指示要求，解读我县落实挂钩帮扶工作的措施方案，动员全县上下统一思想，抢抓机遇、主动作为，齐心协力确保挂钩帮扶工作衔接顺畅、深入有效，全力推动云霄乘势而上、跨越发展，以优异成绩迎接党的二十大胜利召开。

下面结合云霄实际，我再强调三点意见：

一、提高政治站位，增强落实挂钩帮扶的紧迫感

一要充分认识落实挂钩帮扶是赋予云霄的政治使命。乡村振兴工作是党中央面向新时期新形势所做出的重大战略部署，省委安排仰哲书记和省纪委监委等省直机关挂钩帮扶云霄，是全省乡村振兴工作的重要组成部分，必须充分认识做好对接挂钩帮扶工作是省委对我县工作水平的一次政治检阅，要把对接挂钩帮扶工作作为当前和今后一个时期的重要政治任务，切实增强工作责任感、自觉性。二要充分认识落实挂钩帮扶是推动发展的迫切需要。省委把云霄定为全省乡村振兴重点县，这既体现了省里对云霄的关爱，也说明了我们云霄与全省其他兄弟县比，底子还是较薄，发展还是有差距的。这次省纪委监委经过几批次领导的深入调研，站在全省的高度和全局的角度帮我们总结了当前5个经济社会发展存在的矛盾（一是干部思想站位与学懂弄通做实党的创新理论差距的矛盾，二是产业初具雏形与发展基础薄弱的矛盾，三是自然禀赋优越与乡村振兴后劲不足的矛盾，四是城镇化水平较高与社会治理问题突出的矛盾，五是管党治党力度持续加强与顶风违纪违法问题易发的矛盾），这些都是客观存在的，也是亟待破题解决的发展绊脚石。必须认识到挂钩帮扶工作是省领导助力我县破解瓶颈，助推我县实现高质量发展的重要一步，要着力推动省领导挂钩联系工作在我县落地见效。三要充分认识落实挂钩帮扶是履职担当的必然要求。仰哲书记在上周的对接会上说了：“一个地方的发展从根本上还是要靠激发内生动力，全面推进乡村振兴不能坐享其成。”云霄发展的接力棒既然已经交到了我们手上，我们就必须扛起主体责任，坚决摒弃“等靠要”，激发内生动力“往前跑”，发扬滴水穿石，弱鸟先飞的精神，自我加压、自我突破、自我奋进，深入推动党中央重大决策部署及省委、市委的工作要求落地落实，全力开启云霄发展的历史新篇。

二、抓住历史机遇，提升落实挂钩帮扶的执行力

当前云霄正处于小步快走、爬坡过坎、跨越发展的重要阶段，我们迎来了省委领导和省纪委监委等省直机关的挂钩帮扶，这对云霄而言是千载难逢的发展机遇，有助于我县全力做大做强产业、全面提升城市功能品质、努力实现全域乡村振兴，必须牢牢把握住。对照仰哲书记提出的政治帮扶和项目对接“双轮驱动”的总体思路和巩固脱贫成果、强化项目支撑、开展政治帮扶、推进乡村振兴四项重点任务，下阶段我们主要抓好4件事情。

一要全力巩固脱贫成果。虽然云霄已于2019年6月实现脱贫摘帽，但脱贫成效的可持续性还有待巩固，2021年农村居民人均可支配收入比全市平均少了近2000元，总量排在全市倒数第二，农民增收基础还比较脆弱。要严格落实“四个不摘”要求，组织乡村干部定期走访排查、行业部门专项筛查，常态化摸排脱贫户收支变化、“两不愁三保障”和饮水安全等

情况，及时将易致贫返贫人口纳入监测范围，特别是对210户监测对象要精准落实帮扶措施。同时，县纪委监委和乡村振兴局，要继续加快对全县其他2810户脱贫户入户走访工作，做到早发现、早干预、早帮扶，守住不发生规模性返贫底线。

二要全力强化项目支撑。产业是一个地方实现高质量发展的基石，项目是产业发展的支撑。这次省纪委监委选择从项目帮扶入手，就是要以项目带动云霄产业发展。要加强项目谋划。仰哲书记明确讲了，“云霄不能寄希望于省纪委监委挂钩帮扶以后，马上就能带来什么大项目，立刻实现跨越式发展”，省领导和省直部门只能是在关键之处帮我们出面协调推进。虽然在省市纪委的指导下，我们经过几轮筛选，初步梳理出了27个、总投资548.5亿元的需帮扶项目，但整体看来还是有进一步完善补充的空间，要继续统筹好县乡两级，充分考虑项目的经济效益和社会效果、实施的必要性和可行性，紧密结合上级政策导向，做好各个项目的规划和申报。项目支撑工作专班要发挥统筹协调作用，定期召开挂钩帮扶项目工作联席会，听取项目进展情况汇报，强化项目服务保障，倒排时间节点，明晰项目运作全流程的细化分工，加大节点督促力度。要狠抓项目招引，扎实推动土地扩容增效专项行动，为项目落地腾出空间；聚焦做大做强清洁能源、电子信息、食品制造三大主导产业，发挥招商小分队的作用，积极开展“招大商、招好商”，促进产业联结拓展，以项目推动产业集群发展。要推动项目建设，要严格落实项目分级管理和领导挂钩责任制，强化项目调度，把握节奏，挂图作战，全力以赴推进漳州核电、抽水蓄能电站等150个重点项目建设提速提效。要保障项目安全。这边强调的安全既是质量安全也是资金安全，要全面扎紧制度的“笼子”，对各帮扶项目和措施落实要全程监督，确保项目安全、资金安全、干部安全，绝对不能发生项目建起来、干部倒下去的事。

三要全力开展政治建设。省纪委监委帮扶一个地方，这个地方在全面从严治党，净化政治生态等方面是一定要走在全省前面。要着力提升思想认识。加强理论学习，运用《闽山闽水物华新——习近平福建足迹》等书籍学深悟透新思想，贯彻落实习近平总书记在闽工作期间，于1997年、2000年两次在云霄调研座谈会的讲话精神，树牢核心意识。要围绕“为什么发展、怎样贯彻新发展理念、实现怎样的发展”主题，深入开展“大学习、大调研、大讨论”活动，进一步解放思想、转变观念、主动作为。要着力提升队伍活力。各片区片长、攻坚指挥部指挥长、专项行动组组长等县处级领导要发挥“头雁效应”，促进上行下效、整体联动，组织部门要注重在“一套机制、十二个攻坚指挥部、十二个专项行动”等“主战场”中考察发现使用一批作风扎实、敢打敢拼、不怕得罪人的新“战将”，树立鲜明用人导向。要着力提升制度建设。严格执行民主生活会、谈心谈话等制度，特别是民主生活会，这是我党能走到今天的一个法宝，年底省纪委监委领导班子将下来全方位、全程参加县乡两级民主生活会，千万不要随便应付，网上抄一抄，或者批评不痛不痒，那是过不了关的。要坚持问题导向，实事求是反映问题，实打实、硬碰硬，开门见山咬咬耳，红红脸、出出汗，真正在思想上来一次大扫除、大排查、大检修，触及灵魂深处，震动心弦。要落实“三大片区、一套机制、十二个指挥部、十二个专项行动”季度汇报机制，发挥县乡村“六个一”工作机制，持续构建责任传递、压力传导、高效落实的工作体系。要着力提升工作作风。仰哲书记点出近几年漳州发生的一系列环保、统计问责事件，问题都是出在干部作风上。这次对接会上，也指出我县存在干部攻坚克难、爱拼敢赢意识不够强的问题。作风整顿，我们三令五申，从去年出台整治“庸懒散虚假梗”的通知、抓乡镇早会、机关周例会制度、出台史上最严打假问责办法、制定正向激励和反向约束制度等等，措施已经够多了，但我看落实还不到位，“胡作为、乱作为、不作为”问题仍然屡禁不止，甚至部分问题还有抬头趋势。比如制假问题，6月28日还在莆北村查获制假机械，这离去年“11·3”烟机事件仅过去7个多月，而且线索还是外地警力追查回来的，这很不应该，影响非常不好。这和我们一些部门履职不到位、工作不深入甚至以权谋私、包庇纵容都有很大关系。仰哲书记在对接会上特别强调，帮扶不一定都是和风细雨，也有暴风骤雨；对胡作为、乱作为、不作为要痛下决心解决，不仅解决当下问题，还要解决历史遗留问题，云霄县管干部由县纪委负责处理，调出云霄的由市纪委负责处理，调出漳州的由省纪委负责处理。政治监督专班要突出“见人见事见效”，以深化“胡作为、乱作为、不作为”专项整治为抓手，坚决纠治“庸懒散虚假梗”等作风顽疾，持续深化“点题整治”，及时发现查处群众身边的不正之风和腐败问题，真正让胡作为的付出代价、乱作为的没有市场、不作为的让出位置，切实营造想干事、能干事、干成事、不出事、好共事的良好政治生态。我今天在这里明确，以省纪委监委挂钩帮扶云霄为时间节点，往后如果还有干部不收敛、不收手，那等待他的将会是最严厉的处理。

*四要全力推进乡村振兴。*要围绕落实乡村振兴20字方针，推进农业高质高效，深入贯彻落实习近平总书记在闽工作期间到云霄调研时提出的“走产业化道路，加快推进现代农业”等重要指示要求，积极争创国家地标保护综合示范区、全国贝类示范基地，推动农产品与精深加工、农村电商、乡村旅游等产业融合，做强现代农业。要推进乡村宜居宜业，落实人居环境整治“八个一”工作机制，以拆废拆破拆危拆违为切入点，梯次推进“扫干净、摆整齐、拆到位、保畅通”的1.0版本，“穿衣、戴帽、扮靓丽”的2.0版本，和“望得见山、看得见水、记得住乡愁”的3.0版本，全域提升村庄人居和人文环境。最近这段时间有些乡镇拆的力度很大，有些乡镇都没看到动静，还是要趁热打铁，持续发力，全面促进群众思想观念转变，生活环境改变。要推动农民富裕富足，积极引进村办企业、代工车间，大力发展农村电商，拓展群众增收渠道；开展“串点连线成片”示范线建设竞赛活动，特别是纳入竞赛的19个项目要加快推进，力争7月底项目完工验收超过60%；大力推进“一村一品”“一镇一业”，培育更多特色产业亿元村、十亿强镇。

三、强化责任落实，铸牢落实挂钩帮扶的责任链

一分部署，九分落实。确保挂钩帮扶每一项工作都能圆满完成，关键就在于党员干部要强化责任担当，撸起袖子加油干，以钉钉子精神狠抓工作落实。

*一要明责知责重落实。*落实挂钩帮扶工作，李仰哲书记对我们有专门强调，要求云霄扛起主体责任，这就要求我们必须增强抓发展和抓党建的主人翁意识，把落实帮扶的各项工作当作分内之事、应尽之责。下发给大家的材料中，行动方案是我们落实省领导挂钩帮扶的细化措施；政治建设方案是对行动方案的扩展补充，方案里既有省纪委要求的规定动作，还有我县的自选动作；“大学习、大调研、大讨论”既是拓展“再学习、再调研、再落实”活动和“提高效率、提升效能、提增效益”行动的载体，也是落实政治建设的一项重要抓手，还是探索发展思路、凝聚发展共识的有力行动。各个方案都已经明确指出了牵头领导，责任部门和完成时限，相关牵头领导、责任单位要把任务认领回去，层层压实责任，传导压力到岗到人，推动各项细化措施落实到位。当前，执行上述几份方案和抓好项目对接只是落实挂钩帮扶的开始，后续常态化的对接工作还有很多，7个工作专班、机关单位和乡镇（开发区）要按照各自工作职责做好本职工作，执行好“十项工作机制”，各牵头领导要发挥协调、组织作用，抓好统筹谋划、指挥调度，确保人员到位、责任到位、工作到位、效果到位，构建衔接顺畅的组织体系。

*二要统筹兼顾强落实。*我们在常委会上强调过，落实帮扶工作不是独立于我县其他工作的，它同其他中心工作密切联系、相辅相成，甚至会因为省纪委领导来挂钩帮扶我县，我们的各项工作将会有更多人在时刻关注。从4月接到省纪委领导挂钩帮扶的通知以来，全县上下内生动力被调动起来了，干部普遍感到节奏加快、压力加大，责任感紧迫感大大增强，近阶段的主要经济指标和“七比”竞赛指标都持续向好，这是大家共同努力的结果，包括省挂钩领导几批次到云霄调研的后勤服务工作也组织保障得很到位，证明我们

云霄的干部队伍只要肯干，是能出成绩的。但也有一些苗头性问题，值得高度重视。除了刚才点到的打假工作，我们注意到最近举报和信访也在增多，甚至有些直接反映到了省纪委机关，使云霄在省领导面前印象减分、丢脸。群众反映诉求没有错，但很多都是我们没有及时化解矛盾造成的。要结合“大调研”和“我为群众办实事”等活动，解民需、知民求、化民怨，巩固“家和万事兴”的党群、干群关系，弘扬社会正能量，切实将矛盾化解在基层，解决在内部，实现矛盾纠纷“小事不出村、大事不出镇、矛盾不上交”，坚决防止出现越级访、集体访事件。另外今年时间已经过去一半，距离完成全年的各项目标仍然任务繁重，大家要学会“十个手指弹钢琴”，以落实帮扶工作为契机，把工作干劲继续保持下去，在“产业发展项目建设攻坚年”中攻坚克难，在“七比一看”中比实干、赛实绩，在防风险保稳定中守土有责、守土尽责，以实实在在的工作成效推动云霄经济社会发展再上新台阶。

三要严督实导保落实。督查问责是保证责任落实的关键环节，是措施落实的重要保证。“军令状”既然已经签订，“考题”已经下发，那么就要定期检查“答题”情况。县开展政治监督专班要抽调县纪委监委、两办督查室、决策督察办工作人员组成专项检查组进行监督检查，将四份文件及省领导挂钩帮扶项目落实情况纳入月度监督检查重点。同时，指导相关派驻纪检监察组将县直单位落实方案的工作情况纳入日常监督检查范围，对进展缓慢的项目和推进不力的措施，要进行通报批评，对发现的胡作为、乱作为、不作为及违规违纪问题，要及时移送县纪委监委处理。县纪委监委还要配合好市纪委监委对省领导挂钩帮扶项目建设情况开展的联合监督检查。县委组织部要结合实际制定落实挂钩帮扶激励措施，定期总结、评估工作成效并运用到干部考察当中，推动形成能上能下的用人机制，切实把省上的关心支持转化为推动云霄高质量发展的实际成效。

最后再强调一下，今年大事喜事多，社会大局稳定尤其重要。各级各部门要增强底线思维，扎实做好疫情防控、安全生产、社会稳定、生态环保、民生保障等各项工作。另外，现在开始进入了台风高发季节，洪涝灾害风险高，我县目前还有 26 处地质灾害点和 262 处高陡边坡，防范压力特别大，大家要坚持应急预备和应急处突相结合，全力做好防大汛、抗大洪、抢大险、救大灾各项工作，确保人民群众生命财产安全，坚决防止发生社会稳定的负面事件，为党的二十大胜利召开营造安定和谐的社会环境。

在县管干部专题研讨班开班式上的讲话提纲

中共云霄县委书记 蓝良木

（2022 年 12 月 14 日）

今天，我们县管干部学习贯彻党的二十大精神专题研讨班与市里的专题研讨班合并起来一起举办，主要是考虑到三个因素：一个是充分利用市管干部专题研讨班的优质师资力量；再一个是已经到了岁尾年终，大家正是忙得不可开交的时候，合并举办既可以提高工作效率，又能为大家腾出更多的时间去抓工作落实；更重要的是落实张书记前天到云霄调研并宣讲党的二十大精神提出的“县管干部专题研讨班要和市管干部专题研讨班一同举办”讲话要求。刚才，我们一起认真聆听了市委张书记的主题报告，张书记的讲话高屋建瓴、思想深邃、内涵丰富，既深刻把握了党的二十大精神内涵，又紧扣我市实际，为我们抓好今后一个时期工作指明了方向、明确了目标、增强了信心，大家要深刻领会，认真抓好贯彻落实。下面，我就如何深入学习党的二十大精神提 4 点意见：

一、聚焦“为什么学”，深刻认识党的二十大重要意义，充分调动自主学习的积极性和创造性

学习宣传贯彻党的二十大精神是当前和今后一个时期的首要政治任务，事关党和国家事业继往开来，事关中国特色社会主义前途命运，事关中华民族伟大复兴。认识上充分，思想上重视，行动才会有力，落实才能到位。全县广大党员干部要站位好“为什么学”这一关键性问题，要在思想上深刻认识大会精神的理论意义、时代意义和实践意义，切实增强学习贯彻的自觉性和坚定性；要着力当好“三讲”（讲政治、讲学习、讲行动）的学习型干部，把全面贯彻落实党的二十大精神，与学懂弄通做实习近平新时代中国特色社会主义思想融会贯通起来，与贯彻落实习近平总书记来闽考察重要讲话精神以及在福建工作期间来云霄调研的重要指示要求紧密结合起来，进一步增强“四个意识”、坚定“四个自信”，坚定捍卫“两个确立”、忠诚践行“两个维护”，并从中汲取牢记初心使命的力量源泉，转换成干事创业的实践伟力。

二、聚焦“学什么”，准确把握党的二十大精神实质、精髓要义，坚定不移拥护“两个确立”、做到“两个维护”

学习领会党的二十大精神，必须坚持全面准确，深入理解内涵，精准把握外延，必须着重从“七个深刻领会和把握”（深刻领会和把握大会主题；深刻领会和把握过去五年工作和新时代十年的伟大变革的重大意义；深刻领会和把握习近平新时代中国特色社会主义思想的世界观和方法论；深刻领会和把握以中国式现代化推进中华民族伟大复兴的使命任务；深刻领会和把握今后一个时期党和国家事业发展的重大举措；深刻领会和把握以伟大自我革命引领伟大社会革命的重要要求；深刻领会和把握团结奋斗的时代要求）来理解掌握，既要整体把握、全面系统，又要突出重点、抓住关键。

*一要把学习的重点聚焦到“两个确立”的决定性意义上来。*党和国家事业之所以能取得历史性成就、发生历史性变革，最根本的原因就在于有习近平总书记作为党中央的核心、全党的核心领航掌舵。全县各级各部门要始终在思想上政治上行动上同以习近平同志为核心的党中央保持高度一致，更加紧密地团结在以习近平同志为核心的党中央周围，不折不扣贯彻执行党中央决策部署，形成心往一处想、劲往一处使的生动局面。

*二要把学习的重点聚焦到掌握习近平新时代中国特色社会主义思想的世界观和方法论上来。*党的二十大报告指出，中国共产党为什么能，中国特色社会主义为什么好，归根到底是马克思主义行，是中国化时代化的马克思主义行。各级各部门必须学深悟透做实习近平新时代中国特色社会主义思想，准确把握

“六个坚持”（坚持人民至上、坚持自信自立、坚持守正创新、坚持问题导向、坚持系统观念、坚持胸怀天下）的核心要义、精神实质、丰富内涵、实践要求，把握好其世界观和方法论，做到知其言更知其义、知其然更知其所以然。

三要把学习的重点聚焦到奋进新征程新任务上来。要把推动高质量发展作为第一要务，牢固树立“抓发展是硬道理、抓项目是真功夫”的理念，全面落实“疫情要防住、经济要稳住、发展要安全”重要要求，把发展经济的着力点放在实体经济上，聚焦“提高效率、提升效能、提增效益”，扎实做好稳增长、防疫情、守底线、惠民生、转作风、优环境、强党建七项工作，确保经济运行在合理区间和社会大局稳定，以实实在在的发展成果检验贯彻落实成效。

三、聚焦“怎么学”，加快推动学习宣传贯彻走深走实，切实增强用以指导实践、推动工作的自觉性坚定性主动性

全县各级党员领导干部要始终先学一步、深学一层，紧扣“七个聚焦”、对标“五个牢牢把握”，引领带动全县兴起学习宣传贯彻党的二十大精神热潮。

一是全面系统学。大家要辩证地抓住二十大报告的精神脉络，原原本本学、逐字逐句学，反反复复学、一以贯之学，县委将建立学习党的二十大精神学习机制，固定把学习党的二十大精神作为每次县委理论学习中心组学习的头一个议题，乡镇（开发区）、县直机关也要参照县委做法，运用周例会学习制度，一周一领学一学习；要持续巩固拓展“大学习、大调研、大讨论”活动成果，切实在全面学习、全面把握、全面落实党的二十大精神上下苦功夫、下硬功夫、下真功夫。

二是多种形式学。全县各级党组织要认真制定学习方案，通过个人自学和“三会一课”、1221主题党日等形式，精心举办理论学习中心组、座谈会、研讨会，促进党的二十大精神进机关、进校园、进企业、进农村、进社区、进网络、进军营，同时积极拓展宣讲宣传线上线下两个渠道，用好用活“学习强国”、干部网络学院等平台，持续深化“福小宣”“百位文艺志愿者挂百村”等群众性宣讲活动，营造全社会学习宣传党的二十大精神的浓厚氛围。

三是联系实际学。要持续做好对标对表，把云霄放在国家和省、市全局来审视和谋划，坚定自觉地用党的二十大精神查摆自身工作，要结合县委“产业发展、城市文明、乡村振兴”三大重点任务来学，要结合社会治理、征地拆迁等重点工作来学，坚持从党的二十大精神中找到理论源头和工作方法，科学运用马克思主义世界观方法论去认识问题、分析问题和解决问题，坚定不移以中国式现代化推进云霄现代化建设和各项事业发展。

四、聚焦“怎么干”，全面落实党的二十大精神，以富美新云霄建设成效体现对党为民忠诚担当

如今蓝图已绘就，关键在落实，张国旺书记经常把自己比喻成“施工队长”，那我们在座的各位就是“施工员”。大家要发挥“关键少数”作用，带头真抓实干，切实把党的二十大作出的重大决策部署付诸行动、见之于成效。

（一）坚决把贯彻落实体现在经济社会发展的全过程、各方面。要把学习宣传贯彻报告精神体现到“产业发展、城市文明、乡村振兴”三大重点任务的全过程，让党的二十大精神在云霄落地生根、开花结果。一要加快产业发展提速。牢牢抓住经济建设这个中心，推动南部工业组团、中部城市经济、北部生态涵养三个发展片区域联动，举全县之力做大做强清洁能源、电子信息、食品制造三大主导产业，建立三个主导产业链链长，依托现有的核电、富佳宝、奥克兰等龙头，强化招商选资，进一步延链强链补链、推动产业集聚壮大；深入开展“百名干部挂百企”活动，进一步深化“放管服”改革，着力破除“庸懒散虚假梗”，打通政务服务的“最后一米”，优化营商环境，实现产业发展后劲不断增强。二要深化城市文明提升。结合创建全国文明城市，全面推进以县城为载体的城镇化，实施“大城关”战略，在中心城区梯次推进将军大道以西、顶溪—中柱等重点片区的开发建设，按照“东进南连北承”思路扩大城市框架，扩大发展容量；坚持尽力而为、量力而行，着力解决好人民群众急难愁盼问题，加快启动云霄中医院新院区、一中高中部和职校新校区等惠民项目建设，不断满足人民日益增长的美好生活需要。三要统筹乡村振兴提质。紧扣省纪

委监委挂钩帮扶契机，深入贯彻落实习近平总书记在闽工作期间到云霄调研时提出的“走产业化道路，加快推进现代农业”等重要指示要求，立足资源禀赋和品牌基础，发挥国家地理标志产品保护示范区优势，大力发展特色现代农业，推动贝类种业、枇杷、杨桃、黄观音等品牌持续做大做强。要打造宜居环境，人居环境整治是一项民心工程、德政工程、潜绩工程，是最普惠的民生，同时也是县委考察提拔干部的一项“硬指标”，被黄牌警告的村驻村领导、驻村工作队在干部动议时是会被“一票否决”的，大家一定要抓好、抓牢、抓实。特别是年关将至，我们将迎来了后疫情时代的第一个春节，大家务必进一步巩固提升整治成果，继续开展好村庄清洁行动和“拆旧拓新”竞赛，为全县人民营造一个宜居、舒适的环境。

（二）紧盯当前目标任务，谋划推进各项工作部署落实。距离春节不足月余，在这定全年、保全局、夺全胜的关键时期，全县各级各部门更要不懈力、不倦怠，坚定发展信心，强化关键举措，狠抓工作落实，全力以赴抓好各项工作。一要全力冲刺年关。现在已近收官，但从前三季度经济运行情况看，完成全年目标任务压力很大。各级各部门要聚焦“提高效率、提升效能、提增效益”，对标规则认真查找差距、倒逼任务、倒排工期，特别是省纪委监委挂钩的23个项目，务必督促施工单位配足人员、上足设备、开足马力，在保质量保安全的前提下，赶时间、抢进度，确保如期完成建设任务。二要科学备战明年。大家要认真总结“大学习、大调研、大讨论”活动成果，紧扣明年市里即将开展的“产业发展项目建设提升年”活动，提早谋划明年工作，按照近期紧迫、中期必要、长期可行的原则，认真组织研究，深入分析研判，科学谋划明年发展目标和思路举措，切实为新一年工作谋好局、蓄好力、开好头，确保我县在市域竞争中抢得先机、拔得头筹。三要力促安定稳定。年底是各种矛盾的突发期、易发期，要认真理解把握、科学精准实施进一步优化落实疫情防控新十条、“闽十三条”和“漳州十六条”，不折不扣落实省委、市委部署要求，及时跟进优化调整全县防疫政策，最大程度保护人民生命安全和身体健康，最大限度减少疫情对经济社会发展的影响。要深化安全生产隐患大排查大整治行动，提升安全生产管理水平。要常态化开展扫黑除恶斗争，依法严厉打击涉假、涉诈、涉毒等违法犯罪，确保全县人民群众平平安安迎春节、幸幸福福过新年。

（三）大力弘扬伟大建党精神，推进全面从严治党向纵深发展。要把弘扬优良作风作为一项重要内容，推动干部能力提升、作风转变，为发展提供坚强组织保障。一方面，要牢牢谨记“务必不忘初心、牢记使命，务必谦虚谨慎、艰苦奋斗，务必敢于斗争、善于斗争”，大力弘扬向东渠先进事迹精神，在用地扩容增效专项行动、“拆旧拓新”竞赛、生态环境治理、“两违”整治等重点工作中不怕得罪人，敢于唱黑脸、敢于较真碰硬，既要有苦干精神，也要有方法策略，坚定“组织就是你们的坚强后盾”，推动各项工作取得新进展、新突破、新成效。另一方面，要持续深化县乡村“六个一”工作机制，综合运用正向激励和反向约束两种手段，持续推进“胡作为、乱作为、不作为”和干部作风“五不”问题专项整治，推动全县干部“马上就办、真抓实干”。最后，元旦和春节“两节”即将到来，大家要严防“节日病”，坚守底线意识，时刻绷紧纪律这根弦，知敬畏、存戒惧、守底线，算好政治账、经济账、家庭账、声誉账、自由账，对不正之风时刻保持警惕，防微杜渐，严格落实中央八项规定及其实施细则精神，管好手、管好嘴、管好自己、管好家人，守好廉洁纪律关。

“勤学如春起之苗，不见其增日有所长；辍学如磨刀之石，不见其损日有所亏。”大家要好好珍惜这次专题研讨班的学习机会，认真汲取党的二十大精神养分，坚持“先长骨后长肉”，不断提升自己适应新常态、把握新机遇、取得新突破的素质和能力，推动学习贯彻党的二十大精神走深走实，为建设现代化富美新云霄贡献应有力量！

大事记

1月

3日，云霄县2022年第一季度重点项目集中开竣工活动在华龙科技文化园举行。

8日，省水利水电工程移民发展中心党组书记、主任卞宏达带领调研组到云霄县调研库区移民后期扶持项目实施工作，协调解决项目建设难题。

10日，2022年漳州市招商大会暨项目签约活动举行，云霄县同期集中签约14个新项目。

12日，县委书记蓝良木带队到太尔集团和绿州公司调研，了解企业生产经营情况，并实地察看南江水闸除险加固工程实施情况。

同日，县长沈顺来主持召开云霄县主要经济指标首季开门红分析汇报会。

14日，县人大常委会主任林达祥主持召开县第十八届人大常委会第一次会议，听取和审议关于设立县第十八届人大常委会代表资格审查委员会的报告，表决通过25位拟任职人员的相关人事任免。

同日，市关工委携手县关工委、和平乡党委政府，在和平乡东方小学举行“元月送温暖”关爱革命老区困难留守儿童慰问活动。

17日，全县党史学习教育总结会议召开。

同日，县委书记蓝良木到县信访局，现场接待群众来访并协调解决具体问题。

同日，县委书记蓝良木、县长沈顺来分别带队看望慰问党外知名人士、见义勇为先进个人或亲属、道德模范、曾潮州烈士亲属以及各类困难群众。

同日，县长沈顺来带队到漳江、向北溪、双溪口溪就漳江流域生态环境治理工作开展巡河活动。

19日，市委常委、常务副市长侯为东到云霄县调研推进重点项目促首季“开门红”，并慰问一线工作人员、检查“两节”期间安全生产工作。

20日，云霄县举行后埔小学、后埔幼儿园、中柱小学、阳下幼儿园、紫阳幼儿园集中剪彩仪式，向全县人民汇报近年来教育事业发展成效。

同日，市委常委、常务副市长侯为东到云霄县督导推进突出生态环境问题整改工作。

21日，县长沈顺来带队检查春节前安全生产和市场供应等工作，督导做好各项防范工作。

24日，厦门翔安区委书记黄鹤麟率党政代表团到云霄县考察调研，对接推进云翔两地对口帮扶工作。

同日，“向人民汇报”云霄县2022年新年系列文艺晚会在人民会堂开演。首场演出节目为大型潮剧现代戏《乌山魂》。

同日，县委书记蓝良木带队开展节前安全生产、疫情防控检查活动。

26日，全县征兵工作领导小组会议暨全县征兵工作会议召开。

同日，县委书记蓝良木带队到富佳宝食品科技园开展调研慰问活动，实地了解项目发展情况。

同日，县委书记蓝良木主持召开2022年云霄县留云过年台商新春座谈会。

29日，中共云霄县纪委十四届二次全会召开。

同日，县领导干部警示教育大会召开。县委书记蓝良木作强调，县长沈顺来通报有关违纪违法案件情况。

30日，春节后招工用工有关工作专题会议召开。

是月，云霄县火田镇郭浦村头水涵洞发现清代寿妇贞寿坊全套构件，为清初文林郎、漳浦知县、前翰林院庶吉士、云霄七先生之一陈汝咸为旌表林梅元妻魏氏105岁而请建。

是月，2021年度福建省省级示范家庭农场名单出炉，云霄县有5家家庭农场上榜。

2月

10日，县委书记蓝良木带队调研闽粤联网换流站工程和旧党校片区征迁改造项目。

同日，县长沈顺来主持召开云霄县策划争取地方专项债汇报会。

同日，县委书记蓝良木主持召开中共云霄县委党的建设工作领导小组会议。

11日，云霄县召开2022年县委工作会议暨“产业发展项目建设攻坚年”动员大会。

15日，县长沈顺来带队调研土地征迁工作，现场办公解难题促进度。

同日，县长沈顺来走访宙士新材料、利众诚食品等部分重点工业企业，现场协调解决企业遇到的困难和问题。

16日，全县信访和打假反诈工作推进会召开。

同日，云霄县召开漳江流域生态环境问题专题现场会。

21日，县委书记蓝良木主持召开2022年云霄县委统一战线工作领导小组全体会议。

22日，市委常委、政法委书记张慧德到云霄县调研社会治安突出问题集中整治工作。

22—24日，县委书记蓝良木率考察团到海南省昌江黎族自治县等地，考察学习产业发展和项目建设工作，推动加快培育清洁能源产业园区，实现县域工业转型升级和经济社会高质量发展。

23日，县政协党组书记、主席林意纯主持召开政协第十四届云霄县委员会常务委员会第一次会议。

同日，云霄县召开新冠肺炎疫情防控工作部署会。

同日，副市长兰万安带领市直有关部门负责人，到云霄县实地调研推进春季粮食生产及开展巡河、汛前安全检查。

同日，云霄县在漳江口红树林国家级自然保护区科研宣教中心举行县人民法院湿地司法保护示范点揭牌仪式。

24日，省铁建中心主任史原增带队到云霄县就漳汕高铁跨漳江湾段路线方案进行调研。

25日，云霄县以深化污染防治攻坚为主题，召开生态环境突出问题整改工作推进会。

28日，县委书记蓝良木带队走访下河乡坡兜、龙透、坡下、仙石、金坑等村，深入了解村情民意，实地调研督导各地乡村振兴和人居环境工作。

是月，福建漳江口红树林国家级自然保护区连同厦门大学专家开展为期3天的全球黑脸琵鹭同步调查，首次发现戴环志黑脸琵鹭。

是月，《指尖刷屏、全景体验、线上学习全面覆盖——云霄打造乌山革命史数字馆线上平台》党建案例，获第四届“推进机制活、建设新福建”全省机关体制机制创新优秀案例三等奖。

是月，福建省第一批至第六批省级非物质文化遗产代表性项目名录扩展项目名单公布，云霄县乌龙茶制作技艺入选。

3月

1日，县长沈顺来带队调研重点项目及检查农村生活污水处理设施运行情况。

2日，市政协党组书记、主席吴文团带队到云霄县调研漳州核电、宙士新材料科技等重点项目建设情况。

3日，县委书记蓝良木带队

到莆美镇调研党建引领城市更新工作，并主持召开专题工作座谈会。

4日，县人大常委会主任林达祥等分别为“漳州市医院陈诺琦名医工作室”“福建省立医院刘佳华名医工作室”“福建省立医院方主亭名医工作室”“福建省肿瘤医院方卫民名医工作室”揭牌。

同日，省人大常委会原副主任、省乡村振兴研究会会长潘征带队到云霄县开展乡村振兴调研活动。

同日，云霄县召开地方专项债专题工作会。

8日，县委书记蓝良木带队调研春耕春种、农业生产以及重点项目建设工作。

8—9日，省人大常委会副主任檀云坤带队到云霄县开展挂钩帮扶工作调研。

10日，县委书记蓝良木带队调研党建引领人居环境整治工作，并主持召开专题座谈会。

同日，全国工商联常委、云南鸿翔一心堂药业（集团）股份有限公司董事长阮鸿献带领全国工商联第二联系调研组到云霄县开展联系调研工作，开展政策宣传。

11日，2022年云霄县创建全国文明城市工作推进会召开。

同日，省交通运输厅厅长李兴湖一行到云霄县调研国道风景道规划建设工作。

同日，副市长崔为磊到云霄县调研外事工作、走访在云部分外商企业，并到云霄地标馆、向东渠精神教育实践基地等处调研。

14日，云霄县举行核电承包商营地项目签约活动。

同日，县长沈顺来深入县税务局，详细了解纳税服务、税源结构、征管工作等情况，部署下阶段工作。

同日，县长沈顺来带队调研粮食安全工作。

18日，开漳圣王1365周年诞辰庆典活动暨陈元光将士历史与文化研讨会在开漳祖地云霄和厦门同步举办，海峡两岸连线同步举行，台湾台北坤天亭和高雄凤邑开漳圣王庙设分会场。

29日，副市长林少金一行走访粤海饲料有限公司、利众诚食品有限公司、奥克兰光电科技有限公司、闽粤联网换流电站工程等处，详细了解企业在生产经营、技术创新、资金运转等方面的情况。

30日，县委书记蓝良木带队检查防汛备汛和森林防灭火工作，并主持召开专题工作部署推进会。

同日，副市长兰万安带领市直有关单位负责人，深入云霄县一线推进渔业种业创新和渔港建设工作。

31日，云霄县召开安全生产工作会议，部署安排当前各项安全生产工作。

4月

1日，云霄县举行2022年第二季度重点项目集中开竣工活动。

7日，县委书记蓝良木、县长沈顺来、县人大常委会主任林达祥、县政协主席林意纯带队到和平乡、下河乡巡库巡河。

8日，县委书记蓝良木一线调研春茶生产。

14日，首台换流变压器历经18天近3000千米的海陆运输后，顺利运抵闽粤联网换流站，闽粤联网工程首次大件运输完成。

15日，云霄县召开省级通报区域性治安稳定突出问题整治动员部署大会暨综治平安建设现场推进会。

22日，县委书记蓝良木带队到厦门市翔安区，深化云翔两地对口帮扶工作。

24日，全县第一季度经济运行分析暨“七比一看”推进会召开。

同日，云霄县召开全县用地扩容增效专项行动动员大会。

同日，云霄县召开生态环境质量提升百日攻坚暨漳江流域突出生态环境问题整改推进会。

25日，闽南日报社总编辑、党组副书记叶明义到云霄民俗文化博物馆、向东渠纪念馆调研。

26日，县委书记蓝良木、县长沈顺来、县人大常委会主任林达祥、县政协主席林意纯等县四套班子主要领导，带队开展河（湖）长制、湾（滩）长制生态环保专项检查。

同日，漳州市省政协委员小组组长、市政协党组书记、主席吴文团带领在漳省政协委员和部分市政协委员，深入云霄开展“双碳”背景下加快漳州市新能源产业发展调研。

27日，县委农村工作会议召开。

28日，云霄县召开扫黑除恶专项斗争领导小组会议。

同日，十四届县委财经委员会第一次会议召开。

同日，十四届县委全面深化改革委员会第一次会议召开。

29日，县长沈顺来带队赴广东省潮州、汕头市开展招商活动，聚焦电子信息、五金制品等领域的投资合作和产业对接。

同日，云霄县在广东省汕头市澄海区举办云霄县·广东汕头专场招商推介会暨项目签约仪式。

5月

1日，县长沈顺来带队开展“五一”国际劳动节期间安全检查。

同日，县长沈顺来主持召开全县自建房安全专项整治工作会议。

11日，卢叨的夫人、省总工会原主席韦立一行再访乌山，深情瞻仰卢叨墓，重温乌山革命英雄事迹，市领导李东河等一同参加。

13日，云霄县召开2022年创建全国文明城市攻坚部署会。

同日，县委书记、县文明委主任蓝良木主持召开县文明委全体会议。

14日，国务院安委会综合检查组第三小组赴漳州核电开展实地考核巡查，通过座谈交流、现场巡察的方式对安全生产责任制落实情况进行综合督导和全盘检查。

16日，县委书记蓝良木带队到云霄经济开发区，调研督导用地扩容增效、人居环境整治、工业项目建设等当前重点工作。

17日，云霄县举行“喜迎二十大，永远跟党走，奋进新征程”云霄县庆祝建团100周年青年文化活动。

同日，县委书记蓝良木带队到下河乡调研人居环境整治、旧村改造、乡村振兴“串点连线成片”示范线建设等当前重点工作。

19日，云霄县委召开落实全面从严治党主体责任集体谈话会议。

同日，县委书记蓝良木主持召开中共云霄县第十四届县委审计委员会第二次会议。

20日，云霄县举行“5•21”国际茶日主题活动暨项目签约仪式，现场促成等11个项目升规纳统。

22—23日，县委书记蓝良木、县长沈顺来带队开展县委县政府工作检查，实地听取各乡镇（开发区）工作情况汇报，并进行现场点评，提出具体要求。

23日，县委县政府工作检查总结会暨半年“双过半”工作推进会召开。

24日，县委书记蓝良木率队赴厦门市开展招商考察活动，与企业负责人和创业乡贤协商洽谈、对接项目、促成合作。

25日，全国公安系统英雄模范立功集体表彰大会在北京隆重召开，云霄县公安局巡特警反恐大队被授予“全国优秀基层单位”荣誉称号。

29日，县长沈顺来主持召开全县5月“七比一看”工作推进会。

同日，县委宣传部、县文体旅局、县融媒体中心、县科学技术协会等部门联合启动“强国复兴有我”云霄县喜迎二十大文艺宣讲巡演活动。

是月，公安部、共青团中央对全国公安机关197个成绩突出青年集体进行通报表扬，云霄县公安局巡特警反恐大队上榜，被授予“全国公安机关成绩突出青年集体”光荣称号，系漳州市公安机关唯一。

6月

1日，县委书记蓝良木、县长沈顺带队看望慰问少年儿童和督导检查高考考点。

同日，县长沈顺来主持召开县政府专题会议，全面梳理《需省纪委协调推进的项目清单》，讨论研究《云霄县强化项目支撑实施方案》。

同日，省人大常委会副主任严可仕带队到云霄县开展海洋经济发展情况调研。

2日，云霄县首例“交地即交证”落户云霄县房地产综合开发公司。

6日，县医管委第一次会议召开，研究2022年度公立医疗机构项目建设、医疗设备购置、编外人员招聘计划等相关事宜。

8日，云霄县召开用地扩容增效专项行动工作推进会。

9日，县委书记蓝良木主持召开县委民族工作会议暨全县宗教工作会议。

同日，市委常委、副市长侯为东带队到云霄县检查防范持续性强降雨工作。

17日，县委书记蓝良木带队调研地灾隐患点治理和党建项目建设工作，实地检查火田镇水头村内仓自然村地质灾害点触发报警系统后防治情况，指导推进向东渠教育实践基地展馆布展进度。

20日，县法院公开宣判一起涉养老诈骗案件，系全国打击整治养老诈骗专项行动开展以来，县法院一审审结的首起涉养老诈骗案件。

27日，县长沈顺来主持召开“七比一看”竞赛工作情况汇报会。

28日，“喜迎二十大——庆祝元光书画院成立十周年书画作品展”开幕式在县文化馆举行。

同日，市政府一级巡视员张翼腾带队到火田镇后埔村调研公益性生命公园项目建设情况。

29日，副市长兰万安带领市直有关部门负责人到云霄县开展巡河工作并督导推进农村供水保障工程建设。

是月，市委常委、政法委书记张慧德带队深入云霄县列屿镇人家村综治中心、山前中心渔港实地调研智慧政法工作，详细了解智慧赋能平安海域、平安社区、平安景区等平安“细胞”建设情况。

7月

1日，云霄县举行“一展馆两基地”揭牌仪式，县委书记蓝良木、县长沈顺来以及福建谷文昌干部学院常务副院长、漳州市委党校常务副校长沈志雄分别为向东渠事迹展示馆以及福建谷文昌干部学院、漳州市委党校教学与科研基地、乌山革命纪念馆教学与科研基地揭牌。

同日，县委书记蓝良木带队到县文化馆参观喜迎党的二十大暨元光书画院成立十周年书画作品展。

2日，云霄山前中心渔港项目举行开工仪式。

4日，云霄县举行2022年第三季度重点项目集中开竣工活动。

5日，县委书记蓝良木主持召开落实省领导挂钩帮扶工作动员会。

6日，县长沈顺来带队赴一线督导水库泄洪安全和暴雨洪涝灾害防范工作。

7日，农业农村部国际合作司副司长韦正林带领调研组到云霄县调研粮食生产工作。

同日，云霄县举行“福建医科大学附属协和医院胃外科黄昌明名医工作室”揭牌暨签约仪式。

9日，云霄县举行“威惠文化圩日”宣传活动，展示云霄县非遗保护传承的重要成果。

11日，县长沈顺来主持召开全县安全生产工作会议。

12日，云霄县举办首次企业家沙龙，政企双方共同助推全县工业企业高质量发展。

14日，县委书记蓝良木主持召开中共云霄县第十四届县委审计委员会第三次会议。

同日，市人大常委会副主任李亚树带队到云霄县开展医药健康产业发展情况及上半年经济运行情况调研。

20日，县委书记蓝良木实地察看南湖湿地水系生态及山美溪水质改善情况。

22日，县长沈顺来带队前往杭州开展招商活动，并走访看望在杭州云霄籍企业家。

25日，县委书记蓝良木主持召开全县上半年经济会议。

同日，县委书记蓝良木主持召开进一步加强全县统计基层基础规范化建设推进会。

同日，十四届云霄县委全面依法治县委员会第一次会议召开。

26日，县委书记蓝良木带队到华龙科技文化园和陈岱礁美二级渔港，调研推进重点项目建设和防海上疫情输入工作。

同日，漳州市人民检察院党组书记、检察长江莉一行到县检察院调研督导“质量建设·‘漳’显品质年”工作情况。

同日，云霄县召开用地扩容增效专项行动推进会。

28日，福建工贸学校与云霄职业技术学校对口协作签约仪式在云霄职业技术学校举行。

29日，县委书记蓝良木带队到泉州市开展招商考察活动，并与泉州云霄商会和乡贤企业代表深入座谈。

同日，闽粤联网工程线路全线贯通，系国家电网与南方电网之间首条能源主干通道。

同日，“华龙一号”漳州核电2号机组首台蒸汽发生器吊装就位。

31日，漳州核电1号、2号机组220千伏辅助厂用电源系统倒送电工作一次成功，标志着“华龙批量化建设”工程首个调试里程碑节点顺利实现。

8月

1日，云霄县召开食品安全委员会全体会议暨创建国家食品安全示范城市推进会。

2日，2022年漳州市“绿色能源+双创”论坛在云霄县举行。

同日，云霄县征兵工作领导小组组长、县长沈顺来带队检查指导征兵体检工作。

同日，市委副书记黄水木带队到云霄县调研“海峡两岸交流基地”建设情况。

同日，“聚焦妇代会 奋进新征程，产业兴 巾帼行”——漳州市万名“新农人”素质提升工程现场会在云霄县启动，市委副书记黄水木参加启动仪式。

3日，以“创新引领，创业筑梦”为主题的2022年漳州市创新创业大赛在云霄县举行。

同日，漳州科技招商暨云霄县产业招商项目签约仪式在云霄县举行，现场签约项目40个，总投资132.8亿元。福建省科技厅副厅长周世举，副市长林少金、县长沈顺来等出席并见证签约仪式。

同日，副市长林少金到云霄县调研工业企业，详细了解企业疫情防控、生产经营、产品研发、技改升级等情况。

4日，县委书记蓝良木率党政代表团到新疆昌吉州木垒县，看望慰问有关援疆干部人才，共商两地对口支援工作，共叙漳州木垒友好情谊。

9日，云霄县人武部部长任职命令宣布大会召开，漳州军分区大校司令员王常明到会宣读中央军委国防动员部命令和军分区党内任职通知，县委书记、人武部党委第一书记蓝良木出席大会并讲话。

同日，县长沈顺来带队深入新县医院建设项目、顶溪中柱片区建设攻坚指挥部等地，全力推进重点项目建设进度再提速。

15日，县委书记蓝良木带队到云霄一中调研并主持教育工作座谈会，共商云霄教育高质量发展大计。

16日，县长沈顺来带队到列屿镇、陈岱镇港口码头，检查督导开渔后各项工作开展情况。

17日，县委书记蓝良木主持召开2022年云霄县深化医药卫生体制改革领导小组第一次会议。

同日，县委书记蓝良木、县长沈顺来带队到常山华侨经济开发区，召开工作联席会，会商解决两地在项目征迁、土地报批等工作中面临的问题。

18日，县第四届“魏妈奖学金”颁奖仪式在魏妈文化园举行。

同日，市安全生产百日大会战8月指导暨第四轮驻点督导组到云霄县开展安全生产专项督导。

19日，2022年云霄县慈善总会金秋助学金发放仪式在县职业技术学校举行。

23日，县委书记蓝良木主持召开全县用地扩容增效专项行动现场推进会。

同日，中国自主三代核电华龙一号批量化工程——中核集团漳州核电2号机组内穹顶提前成功吊装，创下“开顶法”实施前提下华龙一号单台机组从FCD（第一罐混凝土浇注日期）到内穹顶吊装工期最短的新纪录，标志着该机组从土建施工阶段全面转入设备安装阶段。

24日，县政府召开专题会议，研究部署推进土地利用开发、地方专项债、盘活存量资产等工作。

25日，省发改委党组成员，省粮食和物资储备局党组书记、局长孙建平带队到云霄县开展帮扶调研工作。

同日，省移民发展中心党组成员、副主任、二级巡视员阮伏水带领调研组一行，到云霄县调研移民安置工作。

26日，漳州市基层妇联执委巡回培训班在云霄县举办。

30日，县委书记蓝良木带队调研民生项目建设并开展巡河工作。

同日，省禁毒办专职副主任林群带领省禁毒委督导组一行到云霄县专题督导推进全县禁毒工作。

31日，县委书记、县禁毒委主任蓝良木主持召开县禁毒委员会会议。

同日，水利部三峡司副司长任骁军带队到云霄县开展三峡后续工作项目工作调研。

是月，云霄县入选2022年国家地理标志产品保护示范区创建名单，是全省唯一入选的创建单位，也是漳州市首次入围该示范区创建。

是月，云霄励道格斗代表漳州队在2022年福建省青少年空手道锦标赛中获得男子团体第一名。

9月

1日，省发改委党组成员、副主任王忠带队到云霄县开展能源领域调研座谈。

5日，国家烟草专卖局烟草专卖司副司长舒军龙一行到云霄县以专题座谈的形式指导推进卷烟打假工作。县委书记蓝良木代表县委县政府作工作汇报。

同日，云霄县地标产品展销馆正式投用。

7日，县委书记蓝良木主持召开云霄县“护航二十大”安保维稳和安全生产工作推进会。

同日，省财政厅副厅长林贻武带队到云霄县调研财政服务实体经济一揽子政策落实情况并召开座谈会。

8日，云霄县2022年度秋季定兵会召开。

同日，省人大常委会委员、省人大监察司法委主任委员卢厚实带领调研组到云霄县开展《福建省公安机关警务辅助人员管理条例》立法调研。

同日，省妇幼保健院与县妇幼保健院举行妇幼专科医联体签约授牌仪式，标志着县妇幼保健院正式加入“福建省妇幼专科医联体”。

9日，云霄县庆祝2022年教师节大会召开。

13日，国务院常务会议审议决定，对已经全面安全评估审查且纳入国家规划的福建漳州核电项目3号、4号机组予以核准。

同日，“2022年福建省乡村振兴热度指数”发布，云霄县蝉联综合排名全省前十，系全市唯一上榜。

14日，云霄县召开“大调研”课题汇报会。

15日，福建医科大学继续教育学院院长、福建省全科医学培训中心副主任余小惠带领省专家评审组到县医院开展“助理全科医生培训基地实地评审”工作。

16日，中核集团漳州核电举行3号机组核岛工程负挖动员会。

同日，省水利厅副厅长余德贵带队到云霄县开展水利工作调研。

20日，县委书记蓝良木、县长沈顺来会见到云霄考察的香港建明集团客商代表，政企双方就盘活闲置用地、对接技工培训项目等有关事项进行深入交流。

21日，福建云霄抽水蓄能电站上下库连接道路工程开工。

22日，云霄县举行福建省立医院与县医院、厦门市中医院与县中医院紧密型医联体建设活动暨对口帮扶签约仪式。省卫生健康委党组成员、纪检监察组组长黄来渊到会指导。

同日，市人大常委会副主任林俊德、县委书记蓝良木率云霄招商考察团到深圳、梅州、东莞等地开展招商活动。

同日，省政协副主席刘献祥带领“闽籍侨领故乡行”考察团到云霄县开展“闽籍侨领故乡行”活动。

23日，漳州中级法院审判委员会专职委员、生态庭庭长林微带队到云霄县人民法院湿地保护示范点和漳江口红树林开展蓝碳生态环境损害赔偿工作前期调研。

27日，云霄动车站自动扶梯开通运行。

28日，县长沈顺来主持召开全县互花米草除治攻坚行动动员部署会议。

同日，县委书记蓝良木主持召开县委统战工作会议，推进全县统一战线各领域工作。

30日，云霄县在献宝山烈士陵园举行向烈士敬献花篮活动。

同日，闽粤电力联网工程竣工投产。

同日，县委书记蓝良木、县长沈顺来带队前往察看县城乡供水一体化马铺片区、废水处理及回用等闽粤联网工程配套项目运行情况。

同日，市政协副主席、市发展和改革委主任蔡兴州带队到云霄县调研省纪委挂钩帮扶项目，并召开工作协调会，服务保障项目加快建设。

10月

1日，云霄县在新行政中心广场举行2022年国庆升国旗仪式。

6日，县长沈顺来主持召开全县存量资产盘活处置工作推进会。

11日，云霄县“大讨论”汇报会暨全县工作务虚会召开。

同日，县委书记蓝良木带队巡林，一线推动森林资源保护、森林病虫害防控以及林下经济发展等工作提质增效。

12日，全县人居环境整治现场推进会召开。

同日，省交通运输厅厅长李兴湖带队到云霄县调研国道228线滨海风景道建设工作。

13日，县长沈顺来带队开展漳江口互花米草除治工作调研活动。

14日，云霄县召开“人大代表、政协委员助力产业招商、共促云霄发展”座谈会。

15日，云霄县首个安全文化公园开园。

18日，市委副书记黄水木带队到云霄县调研乡村振兴、疫情防控和海上非法养殖整治工作。

20日，县委书记蓝良木主持召开县委专题会议，听取“三大片区”和十二个项目建设攻坚指挥部工作情况汇报，强化季度会商调度，推进下阶段各项重点工作。

22日，由昌吉回族自治州林业和草原局主办的新疆天山北麓葡萄酒产区课程教育暨产品推介会在云霄县云顶大酒店举办。

25日，县委书记蓝良木、县长沈顺来带队督导全国文明城市创建工作。

同日，副市长林少金带队到云霄县检查森林防灭火工作。

26日，由县委、县政府主办的学习宣传中共二十大精神群众性宣讲活动在人民公园启动。

同日，县人大常委会召开县城区污水收集专题询问会。

27日，市委常委、宣传部部长、统战部部长吴卫红到云霄县调研开漳圣王文化。

同日，“名优领航 同心共进”厦门双十中学海沧附属学校与云霄县第二实验小学“师徒结对”帮扶活动启动仪式暨送培送教活动在县第二实验小学举行。

是月，国家知识产权局公布2022年国家地理标志产品保护示范区筹建名单，国家地理标志产品保护示范区（福建云霄）为全省唯一一个获批筹建的示范区。

是月，2022年度福建十大农产品区域公用品牌推荐名单公布，云霄枇杷、列屿巴非蛤入选。

11月

1日，云霄县召开企业家沙龙座谈会暨第十次核电政企联席会议。

同日，市委常委、政法委书记张慧德到云霄县调研基层社会治理工作。

2日，全县第三季度经济形势分析会召开。

同日，市金融局局长林贤丽带队到云霄县开展银行保险业机构服务重大项目调研活动。

3日，县委书记蓝良木带队到上海、江苏等地开展招商考察和项目对接活动，拜访多家企业总部和异地云霄商会，并到上海进博会实地参观交流。

同日，市政协副主席何伟燕带队到云霄县为“十四届漳州市政协委员联系点”云霄县福元水果家庭农场授牌，并围绕“产业发展和乡村振兴建设”开展调研。

同日，云霄县开展适龄女性HPV疫苗免费接种活动。

4日，云霄县举行整县屋顶分布式光伏试点项目一期单位集中签约仪式。

8日，县委书记蓝良木带队到县融媒体中心调研座谈，向新闻工作者致以节日问候。

同日，县长沈顺来带队到县慈善总会调研并召开座谈会，研究部署县慈善总会换届选举工作。

9日，国内首创核蓄一体化项目——中核集团福建云霄抽水蓄能电站工程在火田镇顺利开工。

同日，陈岱镇岱北村村民安置房建设项目开工建设。

同日，厦门一中与县教育局“师徒结对”启动仪式在厦门一中海沧校区和云霄元光中学通过线上的方式举行。

10日，市人大常委会党组副书记、副主任林俊德带队到云霄县火田镇白石村开展农用地土壤污染防治立法调研。

同日，漳州市深化农村集体“三资”监管“点题整治”暨重点农经工作推进会在云霄县召开。

11日，云霄县召开2022年度乡镇（开发区）党政正职抓重点工作述职报告会议。

14日，县长沈顺来带队调研下港片区、莆下村安置房项目建设。

同日，云霄县国家耕地保护例行督察反馈问题整改暨违法图斑整治工作推进会召开。

16日，云霄县举行向东渠建设者代表座谈会暨李文庆赠送向东渠文史资料仪式。

同日，全县财税工作会议召开。

17日，云霄县召开县直机关抓重点工作述职报告会。

同日，省港口集团党委书记、董事长陈志平带领福建港口集团挂钩帮扶调研组到云霄县开展帮扶工作调研。

23日，县残疾人联合会第七次代表大会召开。

24日，县长沈顺来主持召开安委会、消安委成员会议暨第四季度防范重特大生产安全事故会。

是月，农业农村部公布2022年全国乡村特色产业超10亿元镇超亿元村名单，云霄县下河乡下河村（杨桃）入选。

12月

2日，云霄县召开科级干部任前集体谈话会。

6日，云霄县各套班子领导成员及广大干部群众通过多种方式收听收看江泽民同志追悼大会实况，沉痛哀悼深切缅怀江泽民同志。

7日，中国共产党云霄县第十四届委员会第四次全体会议召开。

同日，云霄县企业与企业家联合会第三届会员代表大会在将军山会议中心举行。

8日，云霄县举行打假治乱“冬春攻势”专项行动启动仪式。

同日，“学习贯彻党的二十大精神暨庆祝《中华人民共和国统计法》颁布39周年”书画作品展在县文化馆举办。

11日，市国资委党委书记、主任赖绍雄带队到云霄县调研国资监管工作，并就地方需市属国企支持或合作的有关事项进行对接座谈。

13日，县委书记蓝良木主持召开云霄县乡镇（开发区）、县直机关主要负责人抓重点工作述职报告会。

14日，云霄县管干部学习贯彻党的二十大精神专题研讨班联动举办。

15日，“奋进新征程 建功新时代——漳州市宣传贯彻党的二十大精神文艺巡演”在陈岱镇礁美村举行。

19日，政协第十四届云霄县委员会第二次会议隆重开幕。

同日，市领导崔为磊一行到云霄县召开征求《2023年市政府工作报告》意见座谈会。

20日，云霄县第十八届人民代表大会第二次会议开幕。

21日，政协第十四届云霄县委员会第二次会议胜利闭幕。

同日，云霄县第十八届人民代表大会第二次会议举行第二次全体代表会议，县人大常委会主任林达祥代表县第十八届人大常委会向大会作《云霄县人民代表大会常务委员会工作报告》。

22日，云霄县第十八届人民代表大会第二次会议胜利闭幕。

同日，云霄县慈善总会第三次会员代表大会举行。

23日，县长沈顺来主持召开2022年县政府与县总工会工作联席会议。

同日，2022“全闽乐购·福见云霄”美食嘉年华在万星广场开幕。

同日，县妇幼保健院三家名医工作室正式揭牌成立。

28日，县长沈顺来带队调研闲置土地处置落实情况。

是月，2022年“清新福建·气候福地”第二批气候康养福地拟认定结果公示，云霄县下河乡下河村入选。

是月，2022年度落实促进乡村产业振兴、改善农村人居环境等乡村振兴重点工作成效明显的拟激励县名单的公示，云霄县入选，系全市唯一。

是月，闽粤联网直流输电工程系统调试项目——大负荷试验在云霄换流站顺利完成，标志该工程具备长期满功率、满负荷运行条件。

（汤靓婧、吴浩恬 撰 吴若阳 审）

县情概貌

自然环境

【位置面积】　云霄县位于福建省南部沿海，地理坐标为北纬23° 45′—24° 14′、东经117° 07′—117° 33′。东与漳浦毗邻，西与诏安交界，南隔海与东山相望，北靠平和。南北最大纵距54.75千米，东西最大横距35.27千米。云霄县（含常山）面积为1119.67平方千米，其中陆域面积1053.08平方千米（云霄县陆域面积953.44平方千米、常山华侨经济开发区面积99.64平方千米），管理海域面积96.57平方千米，岛礁面积约0.69平方千米，有12处，海陆重叠部分面积29.98平方千米。下辖6个镇、3个乡、1个经济开发区（不含常山）。

【地貌】　云霄县属丘陵、台地、低山结合地带，以中生界火山岩和花岗岩所构成的低山、丘陵，屏障于边境。地势自西北向东南呈阶梯状降落，形成了东、北、西三面高，中部及南部平坦，向东南开口的马蹄形地形。境内有千米以上山峰7座，其中6座分别与漳浦、诏安、平和共界。中部漳江中下游和东部沿海有冲积平原与台地，为主要农业区。云霄县水系发达，主要河流漳江由北向东贯穿全境，大小支流密布，呈向心状水系入海。海域由漳江湾、东山湾（部分）、诏安湾八尺门水道等组成，形成沙泥滩的回升侵蚀斗型低丘、台地岩岸。

【水资源】　云霄县流域面积50平方千米以上独流入海的河流有漳江，流域面积50平方千米以下独流入海的小河流主要有山前溪、磨石溪、下曾溪等。全县多年平均水资源总量10.98亿立方米。其中，境内地表水资源量8.74亿立方米，入境水资源量2.19亿立方米，地下水资源不重复计算量540万立方米。全年办理取水许可证27本，水资源费应收尽收245万元。

（洪灿琛）

【气候】　2022年，云霄县年平均气温22.7℃，比历年同期（22.2℃）偏高0.5℃，属正常。全年共出现9次强降水过程，暴雨日数为10天，年降水量1867.9毫米，比历年同期（1785.5毫米）偏多5%，属正常，时间分布严重不均，上半年降水显著偏多，进入夏季后降水急剧减少，前涝后旱特征突出。全年总日照时数为2553.9小时，比历年同期（1821.2小时）偏多732.7小时，属异常偏多。全年共有3个台风影响云霄县，无台风登陆，影响台风个数偏少，影响程度偏轻。综合分析，全年主要气候状态为气温正常、降水正常，日照异常偏多。

【气温】　2022年平均气温22.7℃，比历年同期偏高0.5℃，属正常。气温的季节变化特点：冬季（2021年12月至2022年2月）平均气温15.5℃，比历年同期偏高0.3℃，属正常；春季（3—6月）平均气温22.8℃，比历年同期偏高0.2℃，属正常，2月20—

23日出现持续低温阴雨天气，无倒春寒；夏季（7—9月）平均气温29.2℃，比历年同期偏高0.9℃，属偏高。8月22日出现年极端最高气温38.6℃。全年共出现39天日最高气温≥35℃的高温天气，属异常偏多。秋季（10—11月）平均气温24℃，比历年同期偏高1.4℃，属偏高。初冬（12月）：平均气温15.6℃，比常年低0.8℃，属正常。年极端最低气温出现在2022年12月26日，为6.2℃。

2022年云霄县各月平均气温及其评价统计表

表1　　单位：℃

月份	1月	2月	3月	4月	5月	6月	7月	8月	9月	10月	11月	12月	年平均
气温	15.8	14.0	19.1	21.8	22.8	27.4	29.6	29.4	28.5	25.4	22.6	15.6	22.7
历年	14.4	14.9	17.1	21.1	24.7	27.4	28.9	28.5	27.4	24.4	20.7	16.4	22.2
评价	偏高	正常	显著偏高	正常	显著偏低	正常	正常	偏高	偏高	偏高	显著偏高	正常	正常

【降水】　2022年总雨量1867.9毫米，比历年同期偏多82.4毫米，偏多5%，属正常。降水的季节变化特点：冬季（2021年12月至2022年2月）降水量322毫米，比历年同期偏多173.6毫米，属异常偏多；春季（3—6月）：降水量1138.6毫米，比历年同期偏多327.5毫米，属偏多；夏季（7—9月）雨量374.6毫米，比历年同期偏少363.6毫米，属偏少；秋季（10—11月）雨量43.3毫米，比历年同期偏少44.5毫米，属显著偏少；初冬（12月）雨量为33.4毫米，比历年同期偏少10.3毫米，属正常。

2022年云霄县各月总雨量及其评价统计表

表2　　单位：毫米

月份	1月	2月	3月	4月	5月	6月	7月	8月	9月	10月	11月	12月	年平均
雨量	52.3	225.7	173.6	31.3	353.8	579.9	230.9	137.1	6.6	3.1	40.2	33.4	1867.9
历年	41.3	63.4	102.9	141.8	225.7	340.7	251.3	321.8	165.1	46.5	41.3	43.7	1785.5
评价	偏多	异常偏多	显著偏多	显著偏少	显著偏多	显著偏多	正常	显著偏少	异常偏少	异常偏少	正常	正常	正常

2022年云霄县各月总日照时数及其评价统计表

表3　　单位：小时

月份	1月	2月	3月	4月	5月	6月	7月	8月	9月	10月	11月	12月	年总量
日照	176.3	119.8	206.4	252.3	163.5	185.9	295.4	298	281.1	247.3	150.7	177.2	2553.9
历年	133.7	103.2	103.3	118.1	133.5	149.1	225.9	196.2	175.3	183.3	155.7	143.9	1821.2
评价	偏多	正常	异常偏多	异常偏多	正常	正常	显著偏多	异常偏多	异常偏多	显著偏多	正常	正常	异常偏多

【日照】　2022年全年总日照时数为2553.9小时，比历年同期偏多732.7小时，属异常偏多。日照的季节变化特点：冬季（2021年12月至2022年2月）总日照时数为500.9小时，比常年偏多120.1小时，属偏多；春季（3—6月）总日照时数为808.1小时，比常年偏多304.1小时，属显著偏多；夏季（7—9月）总日照时数为874.5小时，比常年偏多277.1小时，属异常偏多；秋季（10—11月）总日照时数为398小时，比常年偏多59小时，属正常；初冬（12月）总日照时数为

177.2 小时，比常年偏多 33.3 小时，属正常。

【风、相对湿度】 2022 年全年平均风速为 2.2 米／秒，比历年同期（2 米／秒）偏大 0.2 米／秒。年主导风向为西北风，风向频率为 19%。全年平均相对湿度为 75%，比历年同期(76%)偏少 1 个百分点。

【气象灾害】 2022 年影响云霄县的主要天气气候事件包括：低温霜冻、暴雨、干旱、台风、高温。

低温霜冻 2022 年，云霄县共有 2 次冷空气天气过程，冷空气影响程度一般。全年本站日极端最低气温 6.2℃，出现在 12 月 26 日。受强冷空气影响，12 月 22—27 日云霄县出现低温过程，极端最低气温出现在 12 月 26 日，本站日极端最低气温 6.2℃，全县有 13 个自动站最低气温低于 4℃，西北部乡镇出现霜或霜冻（以和平乡燕顶茶厂的 0.4℃为最低）。

暴雨 2022 年，云霄县共出现 9 次强降水过程，分别是 1 月 21—22 日 46.8 毫米、1 月 31 日至 2 月 3 日 94 毫米、2 月 17—23 日 218.1 毫米、3 月 20—29 日 166.4 毫米、5 月 8—16 日 235.9 毫米、5 月 24—25 日 77.9 毫米、6 月 3—16 日 546.9 毫米、7 月 1—7 日 226.7 毫米、8 月 1—5 日 60.2 毫米。全年日雨量≥ 50 毫米的暴雨日数为 10 天，分别是 2 月 20 日雨量 52.7 毫米、3 月 27 日雨量 54.1 毫米、5 月 12 日雨量 106.0 毫米、5 月 24 日雨量 63.2 毫米、6 月 4 日雨量 56.0 毫米、6 月 6 日雨量 68.4 毫米、6 月 7 日雨量 91.2 毫米、6 月 8 日雨量 66.6 毫米、6 月 15 日雨量 90.8 毫米、7 月 5 日雨量 79.2 毫米。2022 年云霄县暴雨主要特点是：降水集中、强度大，多为热带辐合带和西南暖湿气流影响下的暴雨；且强降水主要集中出现于 2—7 月，累计雨量 1595.2 毫米，占全年总降水量的 85.4%。

干旱 2022 年云霄县全年总降水量与历年同期相比属正常，但时间分布严重不均，上半年降水显著偏多，进入夏季后降水急剧减少，前涝后旱特征突出。8—11 月中旬云霄县持续少雨天气，出现了持续性气象干旱，其中 10 月 4—16 日气象干旱达到高峰，全县出现大范围的气象特旱。云霄县气象局加强天气研判，在全县开展人工增雨作业 62 场次，燃烧增雨烟条 60 根，发射增雨火箭弹 4 枚，人工增雨作业有效缓解当地旱情、降低森林火险等级、增加生态水源涵养、提升空气质量。截至 12 月 17 日，云霄县气象旱情解除。

台风 2022 年对云霄县有影响的台风 3 个，台风影响个数与常年相比正常，分别是 2203 号台风“暹芭”（台风级）、2220 号台风“纳莎”（台风级）、2222 号台风“尼格”（台风级）。

2022 年第 3 号台风“暹芭”于 6 月 29 日 8 时生成，30 日 8 时加强为台风（热带风暴级）。7 月 2 日 15 时在广东电白沿海登陆，登陆时中心附近最大风力有 12 级（35 米／秒），中心最低气压 965 百帕。3 日 17 时在广西境内减弱为热带低压，4 日 5 时停止编号。受台风“暹芭”外围和西南急流影响，7 月 1—7 日，云霄县出现了大范围强降水天气。统计 6 月 30 日 20 时至 7 月 7 日 7 时雨量，云霄县有 12 个自动站超过 250 毫米，3 个自动站超过 400 毫米，以和平乡乌山燕顶的 478.6 毫米为最大。全县受灾 2021 人，紧急避险转移 1032 人，农作物受灾面积 58.4 公顷，房屋倒塌 13 间，严重损坏房屋 2 间，直接经济损失 354.7 万元。

2022 年第 20 号台风“纳莎”10 月 15 日 14 时在菲律宾以东洋面从热带低压加强到热带风暴级，自东向西穿过南海，于 20 日早晨在北部湾南部海面减弱消失，于 20 日 8 时停止编号。受台风“纳莎”外围和冷空气共同影响，10 月 16—18 日云霄县沿海和闽南渔场、台湾浅滩渔场出现 8—11 级阵风；15 日起沿海风力增强，统计 15 日 8 时至 18 日 17 时，云霄县部分乡镇出现 7—9 级阵风，最大平均风和最大阵风均出现在下河仙石，分别为 7 级（15.1 米／秒）、9 级（21.8 米／秒）。

2022 年第 22 号台风“尼格”10 月 27 日 8 时在西北太平洋洋面上生成，10 月 31 日，台风“尼格”由强热带风暴加强为台风级，11 月 3 日 4 时 50 分前后在广东珠海市香洲区沿海登陆，登陆时强度为热带低压，于 11 月 3 日 8 时停止编号。受台风“尼格”外围和冷空气共同影响，10月29日至11月2日云霄县沿海和闽南渔场、台湾浅滩渔场出现8—11级阵风；统计10月31日8时至11月3日8时风力，全县共有4个自动站超过17.2米/秒（8级），以下河仙石23.4米/秒（9级）为最大。

高温　云霄县夏季平均气温偏高、多炎热天气，2022年8月22日出现年极端最高气温38.6℃。全年35℃以上炎热天数多达39天，高温初日为6月23日，高温终日为9月18日。其间最多连续高温日7天（7月21—27日）。

人文地理

【建置沿革】　云霄县位于闽粤山海要冲，历来为兵家必争之地。秦汉时期先后隶属于揭阳岭屯戍区、南海郡、南海国、南海郡揭阳县。东晋咸和六年（331年），南海郡分出其东部地区增置东官郡，析粤地揭阳县置绥安县，治在云霄。隋开皇十二年（592年）绥安废，云霄漳江以北隶于泉州（今福州）之龙溪县，漳江以南隶于潮州之万川县。唐总章二年（669年），玉钤卫翊府左郎将归德将军陈政奉诏率兵入闽平“蛮獠啸乱”，镇守故绥安县地，与子元光于云霄火田开屯建堡。垂拱二年（686年），陈元光以云霄漳江为名奏置漳州，治在今云霄西林村，并置漳浦、怀恩两县。漳江以北隶漳浦，漳江以南隶怀恩，漳浦县治附州治。开元二十九年（741年）废怀恩后，全境属漳浦。陈元光为首任漳州刺史，继续率众辟地置屯，传播推广中原先进文化和生产技术，被后世尊为“开漳圣王”。宋为漳浦县安仁乡浦东里（明万历《漳州府志》作“浦东保”）。元初为漳浦县安仁乡修竹里、新安里。明初为漳浦县六都，嘉靖九年（1530年）分属于漳浦、平和、诏安县。清顺治六年（1649年）十月初十，郑成功率军由漳江下游攻入云霄，进占潮汕。乾隆元年（1736年），称云霄镇，驻漳浦县丞。乾隆二十六年，云霄高塘村郑开在境内东厦高溪庙、观音亭创立反清会党“天地会”，其组织遍及闽南各地，并扩展到台湾、两广、长江流域一带和东南亚华侨聚居地。嘉庆三年（1798年），以县丞所辖30保，加划入平和县属25保、诏安县属2保13村置云霄抚民厅（亦称漳州分府）。同治三年（1864年）九月，太平军侍王李世贤余部进入闽南，攻占云霄城，驻城长达200多天。同治四年四月中旬，左宗棠率兵3万余人进云霄剿灭太平军余部和岳坑反清组织“兄弟会”。民国2年（1913年）改云霄抚民厅为云霄县，先后隶属于漳州府、福建西路道、汀漳道。民国14年隶于福建省政府。民国22年发生“福建事变”，隶于龙汀省。民国23年“福建事变”失败后，先后隶于福建省第六行政督察区、第五督察区。民国21年3—4月间，中共漳州中心县委派员进驻云霄；翌年3月，在云霄、漳浦交界的火田镇徐南坑自然村设立秘密交通站。民国23年4月，马铺乡坪水村建立云霄县第一个中共党支部，8月成立坪水乡苏维埃政府；民国24年底开辟乌山革命根据地，成立中共云和诏县委。云霄老区人民在中国共产党领导下，与红三团、红九团、独立营、闽南支队等工农革命武装，先后粉碎国民党军队的多次“围剿”，奇袭云霄城、坪坑伏击战、车仔圩战斗等威震闽南。1949年9月25日，云霄和平解放。

【行政区划】　云霄县辖6个镇（云陵镇、陈岱镇、列屿镇、莆美镇、东厦镇、火田镇）、3个乡（马铺乡、下河乡、和平乡）、1个开发区（云霄经济开发区），197个村（居），其中社区39个、建制村158个。

【人口】　截至2022年12月31日，云霄县户籍总人口数468049人（男247397人、女220652人），总户数117328户；城镇人口数198955人，城镇化率42.51%，同比增长0.26%。2022年，全县登记出生人口4219人（男2254人、女1965人），出生率0.90%，同比增长-0.06%；登记死亡人口1579人（男955人、女624人），死亡率0.34%，同比增长0.04%；省内迁入人口2718人，省外迁入人口444人，迁往省内5403人，迁往省外369人，多报删除11人。

云霄县行政区划一览表

表 4　　　　单位：个

行政代码	乡镇场	村委会	社区	村委会、居委会、作业区
	合计	158	39	
350622100	云陵镇	4	17	下港社区 大园社区 溪美社区 塘坪社区 大路社区 王府社区 宝楼社区 西园社区 汀洋社区 北园社区 金霞社区 城元社区 丽都社区 建发社区 渡头社区 云霞社区 享堂村 塘坪村 下坂村 下城村 望安社区
350622103	莆美镇	16	11	莆东村 莆南村 莆北村 莆下村 前涂村 山美村 阳下村 佳兜村 向北村 中柱村 高塘村 后汤村 演武亭村 宝树村 双溪口村 前埔村 绥阳社区 宝洋社区 宝城社区 绥东社区 泰景社区 君豪社区 宝山社区 高洋社区 怡景社区 宝龙社区 福锦社区
	云霄经济开发区	8	—	上坑村 大埔村 马山村 树洞村 下径村 益宝山村 狮山村 三东村
350622101	陈岱镇	18	—	白礁村 竹港村 峰外村 岱东村 岱北村 大山顶村 董塘村 石前村 岱南村 岱山村 礁美村 坑内村 下曾村 双岭村 前江村 后江村 呈安村 中江村
350622104	列屿镇	12	—	山前村 林坪村 顶城村 城外村 城内村 宅坂村 半山村 南山村 油车村 宅后村 青径村 人家村
350622102	东厦镇	15	—	浯田村 荷东村 荷中村 荷西村 溪塘村 船场村 洲渡村 佳洲村 东厦村 白塔村 埭洋村 竹塔村 东崎村 湖丘村 长洋村
350622105	火田镇	21	1	下楼村 郭浦村 西林村 菜埔村 溪口村 瑞堂村 大坑村 东车村 乌石村 莆中村 火田村 水头村 岳坑村 瓦坑村 古楼村 佳园村 后埔村 高田村 圆峰村 白石村 新园村 政和社区
350622201	马铺乡	28	—	峰头村 宝洞村 青美村 白凤村 泮坑村 宝石村 龙镜村 枋林村 上洋村 马铺村 石芹村 乌石坑村 杨美村 粗溪村 湖洋村 桥头村 坪水村 下庵村 石鼓村 磜头村 枧河村 乌螺村 大仑村 客寮村 新楼村 杉脚村 坑口村 大坪村
350622200	下河乡	23	1	世坂村 上窖村 新坡村 孙坑村 下河村 上河村 凤兴村 外龙村 内龙村 下洞村 坡兜村 后山村 石屏村 车圩村 龙透村 坡下村 曲溪村 金坑村 仙石村 梅林村 三星村 七高磜 新湖村 华荣社区
350622202	和平乡	13	9	东方村 坎顶村 莆顶村 径仔村 安吉村 大斜村 上坂村 内洞村 棪树村 西安村 桥头村 通贝村 吉坂村 河塘社区 后坪社区 宜谷径社区 泮坑社区 新楼社区 河溪社区 甘埔社区 征山社区 金牛社区

经济社会发展综述

【概况】 2022年，全县上下深入学习贯彻习近平新时代中国特色社会主义思想和中共二十大精神，全面落实中央、省市和县委决策部署，认真执行县人大及其常委会决议决定，坚持稳中求进，严格落实“疫情要防住、经济要稳住、发展要安全”的重大要求，扎实抓好“两稳一保一防”，深入开展“产业发展项目建设攻坚年”活动和“七比一看”竞赛，全力推进产业升级、城乡统筹、民生改善。全年实现地区生产总值231.05亿元；农林牧渔业总产值100.40亿元，规模工业总产值114.35亿元，固定资产投资160.90亿元，一般公共预算总收入12.09亿元，地方一般公共预算收入9.14亿元，限额以上社会消费品零售总额114.70亿元，城镇和农村居民人均可支配收入分别增长至40935元和23684元。

【农业经济】 2022年，云霄县实施农产品地理标志保护工程，在全市率先探索实施以地标作为质押的金融授信，地标产品增加至40个，获批筹建国家地理标志产品保护示范区；落实强农惠农资金0.45亿元，用于耕地地力保护、一次性种粮补贴，高标准农田、优质农产品示范基地、“一村一品”建设；加快创建省级现代农业（果蔬、贝类）产业园，实现31个农业重点项目竣工投产，11个特色产业全产业链产值280亿元。

【扶贫开发】 2022年，云霄县严格落实“四个不摘”要求，实施贫困人口乡镇每月常态排查、行业部门专项筛查、“一键报贫”等机制，重点对全县3020户在线管理的脱贫户和村上报贫困临界农户进行走访监测，全年共走访35395人次，推动解决困难153个，监测帮扶对象纳入农村低保422人，实施临时救助56户次。

【乡村振兴】 2022年，云霄县扎实推进乡村振兴，实施44个乡村振兴试点示范建设项目，打造3条乡村振兴“串点连线成片”线路，下河村获评2022年全国特色产业亿元村，白石等3个村入选“福建省高级版绿盈乡村”，新建改造农村公路52.3千米，完成高素质农民培训1635人次，43个村集体经营性收入突破50万元，云霄县乡村振兴热度指数连续两年进入全省“前十”。

【工业经济】 2022年，云霄县建立常态化政企沟通机制，出台《2022年云霄县营商环境攻坚提升“12345”行动方案》，全年完成工业投资120亿元、技改投资36亿元，新增新上规模工业企业24家。华威电源获评国家级专精特新“小巨人”，粤海饲料入选国家级知识产权优势企业，千亿级清洁能源产业集群雏形初显。要素保障更加完备，全年处置低效用地3384亩、闲置厂房4.6万平方米；在全市率先推行“刷脸评标”“远程开标”政务服务新模式，全面推行“不见面”招投标，累计为企业节约成本1.3亿元。全年争取各类财政补助资金16.5亿元、专项债资金14.2亿元，项目建设基础更加扎实。

【现代服务业】 2022年，云霄县以“互联网+”为导向，加速线上线下融合发展，全年限上网络零售额达4亿元，增长90%。加大限上企业培育力度，鼓励企业组建工业综合体，新增限上贸易企业77家，资质建筑业企业8家，限上服务业企业14家；以全域旅游为引领，威惠庙美食广场成功创建首批漳州夜间经济聚集示范区，下河村入选2022年“清新福建·气候福地”，红色乌山、和平乡旅游小镇、下河杨桃岛等景区景点设施进一步完善，人气、商气不断集聚，全年接待游客达290万人次，旅游总收入27亿元。

【招商引资】 2022年，举办集中签约活动7场，签约项目60个，投资额达233亿元。重点办、前期办联动，拨付重点项目前期专项经费1000万元，建设形成县、乡、行业三级项目库，梳理188个项目纳入系统管理，总投资2468亿元，形成项目滚动接续良好态势。

【重点项目建设】 2022年，云霄县全面实施重点项目领导干部挂钩联系责任制，强化项目全周期管理，落实“半月一协调、一月一调度、一季一集中开竣工”，促进项目建设提速提效。全年168个县级以上重点项目累计完成投资237.8亿元，完成年度计划投资的115%，开工建设项目87个，竣工投产项目77个。重大项目捷报频传，漳州核电1号、2号机组内穹顶成功吊装，相继进入设备安装阶段，3号、4号机组通过国务院核准。闽粤联网工程顺利投用，抽水蓄能电站完成征迁5580亩，主体工程正式开工。华龙科技文化园、漳州220千伏水晶输变电工程等大体量项目加速推进。

【为民办实事】 2022年，云霄县坚持民生优先，用心用情用力办好44件为民实事，近八成财力投入基本民生，全年民生支出24.56亿元。全年新增城镇就业1400人，新建校舍面积1万平方米，新增学前学位620个，核增教师绩效性奖励工资5145万元；县医院列入国家卫健委“千县工程”名单，中医院获评“三级中医医院”，新县医院迁建项目进入二次装修阶段，全年新增床位50张；顺利完成中共二十大安保维稳任务，纵深推进扫黑除恶斗争常态化，有效遏制涉电信网络诈骗、制售假烟，整改各类安全隐患4万余处，全县大局安定稳定。

（吴泽鑫）

品牌云霄

【概况】 云霄享有“四乡、五县、六地”的美誉。“四乡”即中国枇杷之乡、中国温泉之乡、中国民间戏曲之乡、中国书画之乡。“五县”即全国绿化模范县、全国平安渔业示范县、全国电商示范百佳县、全国地理标志产品第一县、全国农产品质量安全县。“六地”即开漳圣地、天地会发源地、鉴湖女侠秋瑾出生地、闽南革命根据地、温泉旅游度假胜地、红树林国际重要湿地。

【中国枇杷之乡】 云霄是著名的中国枇杷之乡，枇杷栽培历史悠久，2022年枇杷种植总面积达到4923.73公顷，年产量6万吨，鲜果产值达4.5亿元，全产业链产值8个亿元；推广“三月白”“早白香”“新白8号”“香妃”“贵妃”等白肉新品种，枇杷品种结构得到优化，白肉品种比例逐渐扩大，质优价好。在生产上推广白肉枇杷套袋改良技术，在晚熟贵妃等推广半封闭套袋+防虫网袋，有效防控晚熟枇杷果实炭疽病和橘小实蝇；实施“云霄枇杷”地理标志农产品保护工程、现代农业产业园（枇杷、蔬菜），枇杷的生产条件得到了改善，技术、品牌、效益得到提升，2022年有枇杷示范村县级17个、市级5个、省级3个，云霄枇杷获2022年度福建省十大农产品区域公共品牌；枇杷衍生产品越来越多样化，有枇杷酒、枇杷膏、枇杷果酱、枇杷汁（饮料）、枇杷蜜饯、枇杷糖果、枇杷花茶、枇杷叶茶等一系列深加工产品；电商销售红火，销售比例越来越大。

（陈天佑）

【中国温泉之乡】 云霄县位于福建南部沿海，地热资源丰富，开发程度高。全县已发现院前、孙坑、溪口、后埔、官园、后门等6处温泉出露，温泉水温44—64℃，属温热水，其中温度最高的为孙坑温泉，水温64℃；温度最低的为后门温泉，水温44℃。2012年11月22日，云霄县成功申报“中国温泉之乡”，获国土资源部命名，并于2016年正式授牌。至2022年，全县温泉均已开发利用，主要用于休闲旅游、康乐健身、温泉地产和温泉养殖等。结合地热资源分布特点和开发现状，围绕全县旅游发展规划，建成金汤湾海水温泉旅游度假区和将军山云顶温泉度假区。

【中国书画之乡】 2022年，县文化体育和旅游局举办“福见云霄”云霄县庆元宵书法作品展览、云霄县纪念红军攻克漳州90周年书法作品展、“喜迎二十大 丹青绘我家”漫步云霄书画作品邀请展、“春风送暖花争艳，书画艺苑竞芳菲”云霄县“庆三八”女子书画展、学习贯彻中共二十大精神暨庆祝《中华人民共和国统计法》颁布39周年书画作品展等。先后组织县书画家到陈岱聚星楼开展写生创作活动，描绘乡村美景、书写乡村文化，助力乡村振兴；组织县书法家开展“全名齐创城，万福进万家”“福星高照，福佑中华”免费送春联活动；依托“云霄文艺”微信公众号，发布翰墨飘香、群英荟萃专栏文章，推介云霄县优秀书画家、文艺家及作品。举办“福见云霄川满园”线上“福”字展览、14期的线上书画作品微展等。

（方素芬）

【中国民间戏曲之乡】 2022年1月，云霄县潮剧传承保护中心创作潮剧现代戏《乌山魂》获福建省人民政府主办的第八届艺术节暨第二十八届戏剧会演剧目奖、作曲二等奖，林淑玲获演员一等奖，杨义贞获演员二等奖，王建和获演员三等奖。1月，大型潮剧现代戏《乌山魂》在云霄人民会堂展演2场；举办“新年戏曲晚会”，吸引广大戏剧工作者和戏迷参与。9月，位于云霄县云陵镇云平路的福建潮剧传习所建设完成，有助于云霄“戏曲之乡”的品牌建设和潮剧传承、保护工作的规范化管理。

（何继雄）

中国共产党云霄县委员会

重要会议

【全县党史学习教育总结会议】 2022年1月17日下午，云霄县党史学习教育总结会议召开，深入学习贯彻习近平总书记对党史学习教育的重要指示精神，贯彻落实中央和省委、市委党史学习教育总结会议精神，认真总结、巩固拓展全县党史学习教育成果，激励全县上下更好地从党的百年奋斗历史中汲取智慧和力量，奋力谱写富美新云霄现代化建设新篇章。县委书记蓝良木出席会议并讲话，要求要深入学习贯彻习近平总书记关于党史和党史学习教育的重要论述，进一步统一思想认识、增强历史自觉。强调要全面总结全县党史学习教育取得的成效和经验启示，进一步坚定历史自信、汇聚奋进力量；要巩固拓展全县党史学习教育成果，持续走好赶考路，谱写新篇章。

【2022年县委工作会议暨“产业发展项目建设攻坚年”动员大会】 2022年2月11日上午，云霄县召开2022年县委工作会议暨“产业发展项目建设攻坚年”动员大会，全面启动“产业发展项目建设攻坚年”暨“七比一看”竞赛活动，动员全县上下开年就开跑、起步就冲刺、全程不懈怠，不断提高效率、提升效能、提增效益，以虎虎生威的雄风、生龙活虎的干劲、气吞万里如虎的精神，保障首季开门红，半年双过半，三季冲劲足、全年超任务，全面推动富美新云霄现代化建设，全方位推进高质量发展超越，以优异的成绩迎接中共二十大胜利召开。会上，县委书记蓝良木、县长沈顺来向各乡镇（开发区）下发2022年有关工作目标责任书；与会县领导分别为受表彰的企业颁奖，会议还书面下发了“六比一看”竞赛活动先进个人表彰决定。

【县委常委会（扩大）会议】 2021年3月21日下午，云霄县委书记蓝良木主持召开县委常委会（扩大）会议暨县应对新冠疫情工作领导小组第二次会议，传达学习贯彻省市有关会议精神，听取全县疫情防控工作情况汇报，结合当前新形势、新要求，对抓好下一步防控工作进行再动员、再部署。

2021年4月15日上午，云霄县委常委会召开（扩大）会议，认真传达贯彻市委、市政府工作检查精神，专题听取“七比一看”竞赛各工作组汇报，部署推进下阶段重点工作。县委书记蓝良木在会上作动员讲话。县委副书记、县长沈顺来点评部署“七比一看”竞赛工作。

【云霄县“用地扩容增效”专项行动动员大会】 2022年4月24日上午，云霄县委书记蓝良木主持召开全县“用地扩容增效”专项行动动员大会，动员全县上下以铁的决心、铁的手段，深入开展用地扩容增效行动，扎实推动土地资源高效利用，为全方位推进高质量发展超越做出更大贡献。县长沈顺来作工作部署；县委常委、县政府党组副书记陈顺国在会上解读《云霄县用地扩容增效实施方案》。

【2022 年创建全国文明城市攻坚部署会、云霄县文明委全体会议】 2022 年 5 月 13 日上午，云霄县召开 2022 年创建全国文明城市攻坚部署会，精准分析当前创城形势，部署推进下一步重点工作，动员全县上下凝心聚力，全力打赢创建全国文明城市攻坚战。县委书记、县文明委主任蓝良木主持会议并讲话，强调要统一思想、认清形势、激发斗志；要对标对表、周密部署、全面覆盖；要强化领导、凝聚合力、确保打赢。与会人员还一同观看了督查通报问题整改情况视频。

【落实省领导挂钩帮扶工作动员会】 2022 年 7 月 5 日上午，云霄县委书记蓝良木主持召开落实省领导挂钩帮扶工作动员会，传达学习省委常委、省纪委书记、省监委主任李仰哲对挂钩帮扶云霄的指示要求，解读云霄落实挂钩帮扶工作的措施方案，动员全县上下统一思想，抢抓机遇、主动作为，齐心协力确保挂钩帮扶工作衔接顺畅、深入有效，全力推动云霄乘势而上、跨越发展，以实际行动迎接中共二十大胜利召开。县委书记蓝良木强调要提高政治站位，增强落实挂钩帮扶的紧迫感；要抓住历史机遇，提升落实挂钩帮扶的执行力；要强化责任落实，铸牢落实挂钩帮扶的责任链。

【县委理论学习中心组（扩大）会】 2022 年 7 月 5 日下午，“习近平总书记在宁德的实践与探索”报告会暨县委理论学习中心组（扩大）会召开，中共宁德市委党校（行政学院）、宁德市社会主义学院校委委员、副校院长黄雄以《习近平同志在宁德的实践与探索——纪念〈摆脱贫困〉出版 30 周年暨学习〈闽山闽水物华新——习近平福建足迹〉〈习近平在宁德〉》为主题作专题辅导报告。

2022 年 8 月 17 日下午，《核电项目对关联产业的带动作用》报告会暨县委理论学习中心组（扩大）会召开，中国核学会监事徐浏华应邀作专题报告。徐浏华教授以秦山核电项目为例，以点带面、深入浅出地阐述了核电关联产业前景、国内外成功的案例、发展核电关联产业的建议等三方面内容，全面展示了核电关联产业的发展历程和前景。

【全县上半年经济会议】 2022 年 7 月 25 日上午，云霄县委书记蓝良木主持召开全县上半年经济会议，全面贯彻落实党中央关于经济工作的决策部署，进一步落实全省、全市上半年经济工作会议精神，认真总结全县上半年工作，分析当前经济形势，研究部署下一步工作，动员全县奋战三季度、冲刺四季度，切实稳住经济大盘，不断巩固和扩大良好发展态势，以实际行动迎接中共二十大胜利召开。

【云霄县“护航二十大”安保维稳和安全生产工作推进会】 2022 年 9 月 7 日上午，云霄县“护航二十大”安保维稳和安全生产工作推进会召开。会议强调，要深入学习领会习近平总书记重要讲话和重要指示批示精神，全面落实“疫情要防住、经济要稳住、发展要安全”重要要求，贯彻落实省、市工作部署，紧扣县委工作会提出的“五条底线不可破”要求，深入总结工作、分析形势、勠力同心、攻坚克难，努力建设更高水平的平安云霄，为中共二十大胜利召开营造平稳健康的经济环境、国泰民安的社会环境、风清气正的政治环境。

【“大调研”课题汇报会】 2022 年 9 月 14 日，云霄县召开“大调研”课题汇报会。11 个重点调研课题责任单位领导分别作汇报发言。这既是一次调研成果汇报会，也是一次理论学习交流会，更是一次活动的推进会，主要围绕“为什么发展、怎样高质量发展，实现怎样的发展”主题，深入总结了“大学习、大调研、大讨论”活动开展情况，集中汇报交流了重大课题调研成果，共谋推进高质量发展的务实之策。

【“大讨论”汇报会暨全县工作务虚会】 2022 年 10 月 11 日，云霄县“大讨论”汇报会暨全县工作务虚会召开，重点聚焦 2023 年“干成干好几件事”，进行“大讨论”汇报和务虚研究发言，集中展示和检阅“大学习、大调研、大讨论”活动成果，进一步务虚谋实定思路、思想碰撞促提升，动员全县上下以更加开阔的眼光、更加昂扬的精神、更加精准的谋划、更加扎实的工作，加快推进富美新云霄现代化建设，以实际行动迎接中共二十大胜利召开。17个县直有关单位以及10个乡镇（开发区）分别结合各自工作实际作汇报发言，深入研究思考下一步工作目标和思路举措，并提出意见建议。

【学习贯彻中共二十大精神市委宣讲团报告会】 2022年11月23日下午，学习贯彻中共二十大精神市委宣讲团报告会在云霄县将军山会议中心举行。市委宣讲团成员、市纪委副书记、市监委副主任林毅峰从中共二十大主题及主要成果、过去5年工作和新时代10年伟大变革、马克思主义中国化时代化、中国式现代化、全面建设社会主义现代化国家的目标任务、坚持党的全面领导和全面从严治党等六个方面，对中共二十大提出的重要思想、重要观点、重大战略、重大举措做了全面系统的阐述和讲解。

【县委十四届四次全体会议】 中国共产党云霄县第十四届委员会于2022年12月7日召开第四次全体会议。全会由县委常委会主持，县委书记蓝良木讲话。全会深入学习贯彻中共二十大精神，全面贯彻落实省委十一届三次全会和市委十二届四次全会精神，听取和讨论了县委书记蓝良木受县委常委会委托所作的工作报告，审议通过了《中共云霄县委关于深入学习宣传贯彻党的二十大精神，奋力谱写富美新云霄现代化建设新篇章的决定》。蓝良木就《决定（讨论稿）》向全会作了说明。全会号召全县各级党组织和广大党员干部要在以习近平同志为核心的党中央坚强领导下，以习近平新时代中国特色社会主义思想为指导，自信自强、守正创新、踔厉奋发、勇毅前行，全方位推进高质量发展，加快建设现代化富美新云霄，为漳州建设现代化滨海城市和新福建建设作出云霄贡献。

（石王春杰）

重要决策和活动

【“一套机制、十二个攻坚指挥部、十二个专项行动”】 一套机制即核电项目政企联席协调机制；十二个攻坚指挥部即成立将军大道以西片区建设、顶溪中柱片区建设、南湖片区（含华龙科技文化园）建设、旧党校片区征迁改造项目建设、县道大东线阳下至竹塔段道路改造提升项目、闽粤联网工程换流站项目建设、滨北新区建设、核电配套项目建设、八卦山片区改造项目建设、威惠庙片区二期项目建设、抽水蓄能电站项目建设、陈岱工业园建设等12个攻坚指挥部；十二个专项行动是指创建全国地标产品示范基地、创建全国文明城市、创建云霄国家级渔港经济区、创建清洁能源百亿产业、人居环境整治、用地扩容增效、争取项目资金、城市更新提质、升规上限纳统、招商选资培优、水质提升治理、营商环境建设等12个高质量发展专项行动。

【县乡村“六个一”工作机制】 全县工作每季一主题一检查、县委县政府每月一清单一督查、县政府班子每周一碰头一协调、县直单位每周一学习一会商、乡镇每日一早会每周一例会、村级每日一坐班每周一商议。

【“大学习、大调研、大讨论”活动】 围绕省纪委监委挂钩帮扶提出的“为什么发展、怎样贯彻新发展理念、实现怎样的发展”这一主题，在全县开展“大学习、大调研、大讨论”活动，使全县干部精神得到洗礼、思想得到解放、能力得到提升。

【人居环境整治“八个一”工作机制】 实行一套垃圾清扫转运管护机制、打一场村庄清洁整治持久战、推行一套分级分类全域整治模式、开展一场“拆旧拓新”竞赛活动、建立一套镇村干部分级负责制度、落实一套全方位监督检查工作机制、推行一套问责问效制度、出台一套激励奖励机制。

巡察工作

【概况】 2022年，县委巡察机构全面贯彻中央巡视工作方针，持续深化政治巡察，有效发挥监督保障执行、促进完善发展作用，积极为云霄高质量发展贡献巡察力量。在总结分析上一届县委巡察工作经验的基础上，结合云霄实际，调整重点、创新做法，及时制定《十四届云霄县委员会巡察工作规划》，确定全覆盖对象为102个单位和197个村（社区）。全年完成对28个单位13个村巡察，发现问题654个，移交问题线索93件。先后派出3个巡察组分别交叉巡察长泰区城管局党组、马洋溪生态旅游区、芗城区工信局党组。

【方法创新】 2022年，县委巡察办创新了监督项目清单化、工程项目“五步工作法”、干部作风正负面清单等经验做法，得到省、市推广。先后向县委组织部门移交表现较好和反映较差的干部38名，为县委干部管理使用提供参考。

【工作成效】 2022年，通过巡察推动解决了“儿童因父母离异或出生证明缺失等原因无法落户”“东车村、后埔村等乡村道路存在安全隐患”“下河乡杨桃园浇水设施长期未能正常使用”等多起群众急难愁盼问题，“云霄巡察”品牌持续深入民心。深化成果运用，出台《关于完善云霄县委巡察整改工作的操作规程》，积极构建“四方联动”格局，建立“中期督导”模式，落实“三个机制”贯通，督促被巡察党组织压紧压实整改主体责任，推动问题改到位、改到底。注重形成长效机制，推动有关部门建章立制40项。

组织工作

【干部工作】 强化队伍统筹谋划，提升干部选任质量。一是加强干部队伍分析研判。2022年4月，对云霄县69个单位、743名县管干部进行年度考核，结合开展乡镇换届“回头看”和年轻干部调研，掌握县管领导班子的运行状况和县管干部的履职作为情况；组织云霄县87名单位正职围绕稳增长、防疫情、惠民生等5个方面重点工作开展述职评议，把评议结果作为县委选人用人参考依据。二是重视班子统筹谋划配备。统筹考虑班子结构、岗位要求和人选条件等，综合运用一线考察、巡察、年度考核等结果，选优配强科级领导班子，推动60名干部乡镇间、县乡间交流轮岗，增强干部队伍活力；加大年轻干部培养选拔力度，提拔重用35岁以下年轻干部28人。三是规范干部选拔任用程序。坚持把政治标准放在首位，做深做实干部政治素质考察，把“学习强国”学习平台学习情况作为干部选任参考依据；严把选任重点环节，规范干部考察工作，制定完善推荐考察工作方案，同步开展5期次考察业务专题培训，提高干部考察组业务能力。围绕中心聚焦一线，提振干事创业热情。一是坚持一线考察识别干部。注重在疫情防控、“七比一看”竞赛、“一套机制、十二个指挥部”等重难点一线主战场培养锻炼干部，选派14批次1012人次参与疫情防控轮值，选派33名县直单位干部参与闽粤联网、滨北新区等攻坚指挥部工作；成立10个一线考察组，每季度开展一线考察，积极运用考察结果，提拔重用和晋升92名表现突出、敢于担当的一线干部。二是深化干部作风整治。出台《云霄县关于实施“提高效率、提升效能、提增效益”行动开展干部作风“五不”问题专项整治的实施方案》，细化44条具体整治措施，着力推动作风转变；对云霄县47个单位开展76批次督查检查，推动查纠整治“吃空饷”、迟到早退等问题。三是激励干部担当作为。落实省纪委监委挂钩帮扶工作要求，成立正向激励工作专班，制定实施《进一步激励干部担当作为的十八条措施》《关于在“七比一看”竞赛中实施反向约束和正向激励的若干措施》等，建立完善县乡村“六个一”工作机制，推动形成上下贯通、落实到底的工作合力。推进公务员职级晋升和事业单位管理岗位职员等级晋升工作，落实基层干部福利待遇，开展干部职工疗休养，表彰2022年推动高质量发展超越25个先进集体和60名先进个人。

（黄松标）

【干部监督】 严格干部选任监督，坚持“凡提四必”，落实“廉政双签”，对5批次168名提拔重用和晋升职级的干部予以任前公示，组织任前廉政考试及撰写廉政对照检查材料108人次。开展2021年度选人用人“一报告两评议”工作，集中保管科级干部出入境证件，进一步加强云霄县公职人员出入国（境）登记备案管理，对6个单位开展领导干部经济责任审计工作，认定更改干部学历3批次68人。为迎接中共二十大胜利召开做好涉组涉干信访安全保障工作预案。畅通干部信访举报渠道，办理群众来电来信来访19件，推进“12380”举报受理工作规范化。落实县委组织部与县委巡察机构巡察联络协调工作，选派12名组工干部参与2022年度17个单位巡察工作，参与中期督导问题整改落实情况5人次，推动整改落实。

（施　明）

【干部培训】　制定《推进县委党校（行政学校）分类建设的实施方案》，举办县管干部中共十九届六中全会精神专题研讨班、县管干部学习贯彻中共二十大精神专题研讨班，实行分层次、多形式培训，实现机关党员干部全覆盖；举办《云霄县第二十三期科级干部培训班》《云霄县第四期青年干部培训班》2期主体班，开展“线上线下”“双线”培训模式，89名干部参与培训；结合“纪念红军攻克漳州90周年”系列活动，组织学员到漳州城市展示馆、红军进漳馆、“110”先进事迹馆等进行党性教育与国防教育，提高干部思想政治水平；开展《云霄县关于新时代基层干部主题培训行动计划的实施方案》送教下基层活动，向基层干部深入宣讲党的创新理论，讲好中国共产党百年奋斗故事。协助市组干教科做好省委、市委党校调训工作，选派12名处级、32名正科级和80名副科级干部参加省委、市委举办的主体班、专题培训班；150名处级干部和正科级干部参加省委组织部举办的有关财税、国土、河湖长、统战、环境保护、疫情防控等网络培训学习。

（郭书婷）

【公务员管理】　2022年云霄县招考公务员23名。面向全县择优考调公务员8名、事业干部5名。印发《云霄县机关事业单位工作人员考勤管理办法（试行）的通知》，依法依规管人管事。开展公务员平时考核，及时了解公务员“德、能、勤、绩、廉”方面的日常表现，评定优秀等次337名，给予2021年度考核确定为优秀等次的322名机关及参公单位工作人员嘉奖奖励，给予15名连续3年优秀的干部记三等功1次。注重掌握一批在全县推进疫情防控和经济发展工作中表现突出、成绩显著的先进集体和先进个人，2022年推荐全国“人民满意的公务员”1名、参与评选全国“人民满意的公务员集体”1个。获评漳州市抗击新冠疫情表现突出个人（公务员）8个、表现突出先进集体4个。稳步推进参公单位改革，重新认定非执法类参公单位19个。落实乡镇机关同职务（职级）公务员年度考核奖金高于县直机关20%，激发基层干部担当作为内生动力。开展公务员津贴补贴、考勤、干部借调及“吃空饷”清理检查工作，2022年检查5个单位，反馈整改问题3个。2022年完成1700余人欠缺材料清单整理，收集完成350人的欠缺材料并整理归档，完成1649名干部档案扫描、高清处理工作，完成1200份数字化档案验收工作。严格执行干部任前档案审核制度，对137名提拔晋升人选的干部档案进行干部任前档案审核。对11名“三龄两历一身份”（年龄、工龄、党龄；学历、工作经历；干部身份）有异议的干部进行认定，完成29名2021年新考录人员和军转干部的档案专项审核。严格落实干部档案管理八项制度，提供查、借阅档案1214人次，其中通过查阅数字化档案408人次，办理干部人事档案转递及接收131份。

（林玉华、吴荣金）

【发展党员和困难党员帮扶工作】2022年，云霄县制定出台《关于实施预防村（社区）发展党员工作“近亲繁殖”现象有关措施的通知》，注重从各行各业各领域代表性人物、先进模范人物、高层次人才中发展党员，2022年发展党员242名；按照省、市部署要求，将296个党组织、4019名党员纳入农村发展党员违规违纪问题排查整顿工作，122人受到处理，及时总结排查整顿成果，融入日常工作，不断细化和规范发展党员工作。持续健全完善党内激励关怀帮扶机制，2022年慰问困难党员4名，发放慰问金14000元，党内帮扶工作持续良性运转。

（吴丽芬）

【基层组织建设】 探索建立基层党建“153”工作制度，全覆盖开展村（社区）“两委”班子运行情况分析，举办整治“能力不适应”暨“一肩挑”人员履职能力提升专题培训班，深入开展农村党支部“达标创星”，评定“五星级”党组织24个、“四星级”党组织42个。创新开展“一村一调研报告”专题活动，建立“掌上村情”数字化平台，相关经验做法得到市委领导批示肯定。开展乡村振兴“串点连线成片”和党建领航示范点建设竞赛活动，下河村获评全国特色产业亿元村，县域乡村振兴热度指数进入福建省前十。实行村财增收“每周一快报每季一调度”机制，探索抱团发展和“三资”管理提级监督等新模式，打造一批集体经济强村。实施党建民心工程，打造5个近邻党建示范点，以点带面推动社会治理整体提升。创新离退休干部融入近邻党建工作长效机制，建成乡村振兴、基层治理、志愿服务等各类“老党员工作室”6个。持续扩大“两个覆盖”，非公有制党组织覆盖率达92.1%，党的工作覆盖率达100%。探索“党建强企、村企合作、产业富民”等新模式，实施“串点连线”示范线建设工程，打造电商产业园、绿州农业等5个非公有制党建示范点，“党建＋电商”典型做法在《全国非公杂志》刊发。出台《关于加强对村干部特别是“一肩挑”人员管理监督的实施办法》，完善第六批驻村第一书记考核管理办法，统筹农村“六大员”队伍改革，全面激活乡村振兴一线力量。

（吴荣辉）

【党员教育服务和管理】 2022年，结合云霄县“大学习、大调研、大讨论”活动，开展“三会一课”“1221”主题党日等党内生活，引导云霄县19737名党员学习《习近平谈治国理政》第四卷、中共二十大系列用书等指定书目，充分挖掘本地特色教育资源，向东渠事迹展示馆、闽南乌山老游击队员之家2个现场教学点被纳入市级党员教育培训现场教学点，拍摄《向东咏怀》等5部党员教育片，推进学习教育常态化、制度化。规范党费收缴、管理和使用，下拨20.0344万元党费用于支持新冠疫情防控工作；慰问省级关心关爱补助对象5名5.32万元（其中因公牺牲类2名、表彰类1名、村主干类2名）；慰问市级关心关爱补助对象12名1.4万元（其中党龄50年以上类11名、表彰类1名）；摸排困难党员813名（其中省、市、县组慰问对象674人）；为7个村级组织活动场所配套补助资金60万元（其中新建2个、改扩建1个、修缮4个）。颁发“光荣在党50年”纪念章116枚。

（方 琳）

【人才工作】 制定出台《云霄县高层次人才分类评价认定和支持办法（试行）》，认定5名省级高层次人才、33名省工科类青年专业人才、50名市级高层次人才，数量居全市前列。成立首家漳州市乡村振兴学院云霄分院，在深圳云霄商会建立漳州市首个异地商会引才联络站，签订1个院士合作项目，打造1家省级众创空间，1人获评漳州市“首席科技官”，推动产业和人才“同频共振”。3人通过市级优秀农村实用人才遴选，2个青年创业项目荣获“市乡村振兴青年人才优秀创业项目”称号，公开选聘5名党建指导员、5名科技服务员，充实到乡镇一线，服务实施乡村振兴战略。2人获评省级名校长、1人获评省特级教师，柔性引进1名省卫生健康客座专家、8家市级以上“名医工作室”，推动教育、卫生人才队伍提质增效。与漳州人才发展集团合作，建立云霄县高层次人才申报系统，为56名高层次人才发放“漳州人才卡”，提升人才工作信息化水平。2022年兑现各项人才经费1664.3万元，为各类人才在子女入学、家属调动、医疗保障等方面提供“妈妈式”服务。

（郭洪鑫）

【自身建设】 2022年，县委组织部着力建设作风优良的模范部门，制定《关于开展“提高效率、提升效能、提增效益”行动推进组织工作提质增效的方案》。一是部务会成员围绕分管工作，自选对象、自定主题，深入开展打造党建品牌蹲点调研，形成调研报告9篇；完成党建主题调研文章《云霄县基层组织战斗堡垒的实践和思考》；开展习近平总书记重要讲话和重要指示批示及《闽山闽水物华新——习近平福建足迹》等重点书目的学习研讨。二是开展与塘坪社区帮扶共建活动，每周由部领导带队深入社区开展“创建日”，累计280人次参与防疫宣传、交通劝导、环境清洁等志愿服务。2022年获评福建省第二批“节约型创建机关”。三是持续完善办文办会办事流程，提升工作效率与规范化水平；落实每周一学习一会商工作机制，部务会成员每周一召开会商会；科学制定党支部学习计划，继续办好“组工讲坛”，强化干部思想政治建设和业务能力建设。四是制定《云霄县组工信息工作绩效考评办法》，发挥信息员和网宣员两支队伍作用，强化信息工作比拼，落实信息工作一月一会商、一通报工作机制，举办2022年组工信息员专题培训班，2022年43篇信息被《八闽快讯》《福建组工信息》《漳州信息》等省市刊物采用，其中1篇获得市委领导批示肯定。

（汤肇新）

宣传工作

【理论学习】 2022年，县委理论学习中心组组织28次46个专题学习，邀请福建省委党校、闽南师范大学专家教授等到云霄开展专题辅导。结合云霄县“大学习、大调研、大讨论”活动，组织动员110余个单位、741个党组织和19495名党员干部开展多样化、深层次学习，累计对各党委党组开展理论学习工作调研指导100余次，推动理论学习中心组制度落细落实。以习近平新时代中国特色社会主义思想为指导，从基层群众工作生活需求出发，邀请全国各地专家到云霄开展“专家云辅导”活动8场，15000余人次参与。组织“漳州市新时代宣讲师”、县委讲师团、县委党校讲师开展中共二十大精神、“大学习、大调研、大讨论”活动专题宣讲，深入云霄各地，累计开展专题宣讲报告60场，参与5500余人，实现云霄县各乡镇（开发区）、县直各口党委全覆盖。同县委党校合作，深入基层开展理论学习现场教学100余场次，理论大课宣讲30场次7000余人次。组织县委党校讲师开展“送课下基层”宣讲活动，累计开展微党课宣讲197场，实现村、社区全覆盖，普及9000多人次。整合宣传队伍资源，成立12支“福小宣”宣讲队以及10支文艺志愿者宣讲队。22支“小分队”吸纳党员干部、学校教师、文艺爱好者、公益志愿者等各行各业“精兵强将”，以“福小宣”宣讲队流动式宣讲和“百位文艺志愿者挂百村”宣讲队定点式宣讲相结合，推动中共二十大精神进农村、进机关、进校园、进企业、进社区、进网站，深入10个乡镇（开发区）、197个村（社区）开展各类宣讲550余场，做到宣讲全覆盖，普及63000余人次。

【意识形态责任制落实】 坚持党管宣传、党管意识形态，制定《中共云霄县委宣传部“提高效率、提升效能、提增效益”加快推进重点工作落地见效行动方案》，牢牢掌握党对意识形态工作的领导权和话语权。印发《县委宣传部、县文联、社科联挂钩联系宣传思想文化工作方案》，指导各乡镇、开发区和县直各单位落细落实意识形态责任制，推进宣传思想文化重点项目建设。督促各级党委（党组）落实意识形态工作责任制，推动出台一系列加强和改进意识形态工作的制度性文件。以常态化参与县委巡察为抓手，完成第一轮云霄县意识形态专项检查并启动新一轮检查，进一步完善督查考核机制，持续压紧压实意识形态工作政治责任；以全面从严治党主体责任考核意识形态整改工作为切入点，将整改项目清单化、清单具体化，切实提高党员干部政治敏锐性、使命感和责任感，全面落实党管意识形态责任。

【主题宣传】 一是借助“福文化”推广，积极融入县委县政府中心工作，紧紧围绕产业发展铺“福路”、城市文明创“福居”、乡村振兴造“福游”的工作思路，结合“用闽南文化点亮千年漳州古城行动计划”和“闽人智慧”推广，“福”文化开出幸福花。营造“福”文化氛围。深入开展“家家贴福字”“天天讲福语”“处处布福景”“镇镇推福游”“村村庆福节”“餐餐摆福果”“行行送福礼”“校校兴福艺”“日日迎福娃”“人人创福城”等十全“福”活动，2022年布置景观陈设68处，悬挂灯笼、福元素灯饰36642个。以“福”文化为创作主题，结合闽南文化和地域资源，创作推出“一歌一舞一剧一画一影一会”等文艺宣传作品。歌曲《福见云霄》、舞蹈《福礼》、潮剧《福满云霄》、国画《百福入云》、微视频《云霄“福”气》、晚会《福满乾坤、福见云霄》等完成创作制作和上线展演，累计受众16万人次。将“福”文化融入云霄地标产品、特色资源推广，由县供销联社、县茶叶协会、县美食协会等联合推出百样“福”礼产品，以文创产品的形式推广，组织知名主持人、知名网红进行网上宣传、直播带货。建设“福见云霄”地标馆、推出“福见云霄”地标福娃作品、举办“福见云霄”地标产品招商会、创建“福”品推介空间等。征集创作一批优质的“福”文化文旅纪念品、伴手礼、装饰挂件和“福”文化景观美学设计作品。其中，设计《漫步云霄 云霄见福》IP潮玩盲盒，入选福建“福”文化创意设计大赛优秀作品。拓宽“福”文化阵地。以“福满乾坤，开‘漳’大吉”为主题，开展“福”文化志愿服务活动，组织新时代文明实践中心（站、所）志愿者开展送“福”进家庭、“福”文化歌唱等新时代文明实践活动632次，打造“友福”社区10个。推动福文化与各产业多元融合发展，打造一乡镇一特色旅游福地。选址以棪树村、坡兜村、白石村、佳洲村等为代表，融入“福”文化和闽南元素，累计投入223万元，打造集理论宣传、文化推广、乡村旅游于一体的“福”文化推广聚集地和示范点，形成特色乡村旅游精品路线。扩大“福”文化影响。落实“用闽南文化点亮千年漳州古城行动计划”，依托云霄县40枚全国地标，打造威惠美食街“福”文化圩日品牌，结合“云霄味”推广、地标产品推介、非遗文化展示、音乐舞蹈会演等项目，在云霄特色饮食小吃中融入“福”文化元素，吸引65家美食企业进驻，引进“福”文化产业项目3家，开展文艺活动43场，累计1.2万人次参与，打响“全国地标第一县”品牌。大力推动寻找“闽人智慧”项目，以向东渠为代表，做大做强“福渠”文化推广，建设向东渠事迹教育实践基地和向东渠事迹陈列馆，于7月1日开园、开馆。推出“福渠”向东渠系列报告12期，组织开展学习参展活动123次，累计受众10万多人次。聚焦云霄县一系列清洁能源重大项目支撑，深化“‘核’你一起”“闽粤联网”等舆论宣传主题，创作《核美新时代》《核力领跑》等主题歌曲献礼中共二十大胜利召开。二是围绕产业发展迎盛会、城市文明展新姿、乡村振兴绘蓝图三个篇章，20个文化文艺活动迎接中共二十大。开展“喜迎党的二十大、奋斗为人民”百个项目云展播，举办“永远跟党走、奋进新征程”云霄县庆祝建团100周年青年文化活动，“平安云霄、共建共享”喜迎党的二十大成就图片展，“喜迎二十大 丹青绘我家”漫步云霄书画作品邀请展等；编印“漫步云霄”系列画册，启动“百位文艺志愿者挂百村”活动，以“一个文艺家协会助力一个乡镇”为抓手，召集136名文艺志愿者参加，10个乡镇、开发区各确定10个村（点），开展常规性文艺志愿服务活动；开展“强国复兴有我”主题巡演活动16次，举办“强国复兴有我”云霄县喜迎二十大主题演讲比赛暨“大学习、大调研、大讨论”活动成果汇报会等群众性主题宣传教育系列活动；落实“牢记使命、奋斗为民”主题新闻报道活动，围绕“七比一看”“我为群众办实事”等主题报道130多篇，开展“我为家乡代言”一乡镇一视频展播活动。

【文化振兴】 一是完善云霄县非遗代表性项目名录体系，开展非遗传承人培训活动；借助“威惠文化圩日”举办非遗项目展演，设置非遗项目戏曲头盔制作技艺、闽南木雕等展位，轮番上演潮剧表演、闽南语独唱、四管齐、三人舞等节目，展示非遗传承保护成果；开展非遗保护公益诉讼巡回宣讲，提升非遗保护质效。截至年底，云霄县有闽南文化生态示范点2个、国家级非遗项目1个、省级项目3个、市级项目7个、县级项目45个。

二是投入150万元完善新图书馆功能，举办“读书日”“书香云霄”等特色活动，为群众提供优质文化服务；整合158家农家书屋和197个村级文明实践站，组织新时代宣讲师、乡村讲师团等，深入各乡镇、开发区调研15次，到基层文明实践所（站）开展活动20余场，受众超1万人次。举办“向人民汇报”云霄县2022年新年系列文艺晚会，讴歌云霄经济社会发展辉煌成就；举行2022年云霄县文化科技卫生“三下乡”集中服务活动，推动农业农村现代化建设；开展纪念红军攻克漳州90周年系列活动，推出《青春云霄》《文明伴我行》等声乐节目8个，《百年青春梦》等舞蹈节目4个，《云游古郡》等戏剧表演16场。三是拍摄出品旅游宣传片《漫步云霄　品味古郡》，展现云霄独特魅力；挖掘一批“福”艺采风创作基地，以“中国书画之乡”为名片，推进书画写生创作基地建设和书画交流活动，用文化创意点亮乡村之美；建设白石古茶树观光园、白石党建公园及革命历史陈列室，为当地生态旅游业注入文化内核；挖掘书画、潮音、木雕、陶瓷、漆艺等非遗文化项目19个，引进文化产业项目3家，组织乡村振兴相关文艺活动43场，累计1.2万人次参与。

【文明创建】　一是争创全国文明城市，实施网格化管理制度，建立“创建周”“创建日”制度、“每周督查”制度，开发“文明云霄随手拍”小程序，自2022年7月运行以来，群众反馈问题135项，至年底已处理132项，受理及时、办结高效。印发《云霄县2022年创建全国文明城市行动方案》等4份文件，将各项创城任务项目化、项目清单化、清单具体化，推动创城工作常态长效开展。二是依托新时代文明实践中心（所、站）开展便民服务、疫情防控、智慧助老、文明劝导、文化文艺等1500多场新时代文明实践活动，受众20万多人次；构筑文明实践阵地网络，成立由县委书记任总队长的文明实践志愿服务总队，常备16支专业志愿队，各乡镇（开发区）、县直机关成立分队，截至年底，在册志愿队伍713支，注册志愿者77903名。三是选树道德典范，推选“身边好人”2名；推进移风易俗，推广云祭扫平台，累计参与人数1.5万人次；征集开展2022年度“讲文明树新风”公益广告原创作品征集活动，制作推出系列原创公益广告并通过“云霄融媒”微信公众号进行展播。创作《文明伴我行》《开漳古郡福满城》《开漳古郡一福画》等创城主题歌曲并全民推广。

【公共宣传】　一是做大主流舆论。以迎接中共二十大胜利召开为主线，紧扣“产业发展项目建设攻坚年”和“七比一看”竞赛活动，围绕“一套机制、十二个攻坚指挥部、十二个专项行动”及产业发展、城市文明、乡村振兴等重点工作，开设“七比一看”“用地扩容增效”“人居环境整治”“创城曝光台”“疫情速报”“防控一线　党旗飘扬”等栏目。二是做强媒体宣传。2022年策划、采编、播出新闻宣传报道13672篇，专题48期，其中被央级媒体采用180篇，被省级媒体采用1855篇，被市级媒体采用2269篇，特别是云霄漳江口湿地两次登上央视《大美中国》栏目，实现近年来央视《新闻联播》上稿的重大突破；12月8日《人民日报》要闻版刊登《福建云霄打造地理标志强县》；对接中国新闻社漳州分社，在中国新闻网、“学习强国”学习平台、菲律宾《联合日报》、《闽南日报》等媒体刊登7篇宣传报道，扩大云霄对外知名度。三是做好对外宣传。搭建起外联“学习强国”学习平台、新华号、人民号、今日头条等国内知名新媒体的传播矩阵，入驻视频号、抖音、今日头条等新媒体平台，创新策划开展《创城在行动》《乡村振兴•我见证》等9场慢直播，其中7月13日慢直播第二场——漳江口红树林，被人民网总网微博、人民视频采用，至直播结束时，人民网移动端累计观看超110万人次，其他媒体转发传播量超100万人次。

精神文明建设

【概况】　2022年，云霄县委文明办坚持以习近平新时代中国特色社会主义思想为指导，坚决拥护、深入学习、全面贯彻中共二十大精神，深入贯彻落实习近平总书记关于宣传思想工作和精神文明建设的重要讲话精神，注重利民惠民，把以人民为中心的发展思想落实到精神文明建设工作各方面，坚持培育和践行社会主义核心价值观，大力弘扬以爱国主义为核心的伟大民族精神，扎实开展群众性精神文明创建活动和志愿服务活动，切实加强公民思想道德建设，着力提升市民文明素质。2023 年 1 月，云霄县委文明办被县委、县政府评为 2022 年度云霄县推动高质量发展超越先进集体。云霄县蝉联第五届和第六届省级文明县城，于 2021 年 5 月被中央文明办确定为 2021—2023 年创建周期全国文明城市县级提名城市。

【思想道德建设】 2022 年，县委文明办深入贯彻落实《新时代公民道德建设实施纲要》《新时代爱国主义教育实施纲要》。开展云霄县第四届道德模范评选表彰活动，谢鹏志荣获第七届漳州市道德模范称号；开展春节、元宵、清明、端午、七夕、重阳和中秋系列主题活动；组织第三届云霄县文明家庭评选，持续开展“星级文明户”“最美家庭”等创建活动，推进家庭家教家风建设；围绕推进诚信建设制度化、法治化，开展诚信主题实践活动，打造市场认可、群众信任、服务文明的诚信经营示范街区，云陵镇复兴路商业步行街被省文明委确定为第四批“福建省诚信经营示范街区”。

【全国文明城市创建活动】 2022 年，县委文明办充分发挥牵头抓总、统筹协调、督查指导的职能作用，以协调促推进，以督查促落实，解决一批影响文明城市创建的突出问题，改善群众生产生活环境，提升城市品位和形象。一是健全完善体制机制。牵头成立创城工作指挥部，制定出台 8 份创城工作机制文件，实行项目化、清单化、具体化管理。实施网格化管理，将主城区划分为 167 个片区，各级文明单位、乡镇、社区（村）、城管挂钩包片、责任到人。二是集中攻坚重点难点。聚焦群众居住、出行、停车、环境卫生等急难愁盼问题，制定 40 项攻坚任务，统筹协调各职能部门开展“三线”整治、环境卫生整治、停车位施划、人行道硬隔离、土路硬化、破损路面修复、农贸市场提升改造，补齐民生短板等一系列专项整治行动。三是强化督导推动整改。对全县实地测评点位进行日常督查和模拟测评，发出督办单 320 份，通报问题近 2 万个。开设“创城在行动”“创城曝光台”专栏，宣传创城成效做法，曝光交通违规行为、环境卫生脏乱差等问题；开发“文明云霄随手拍”小程序，发动群众实时监督垃圾乱扔、杂物乱堆、占道经营、车辆乱停放等不文明行为。

【基层文明创建】 2022 年，县委文明办深化文明村镇、文明单位、文明校园创建活动。成功打造全国文明单位（村镇、先进校园）3 个、全国文明单位培育对象 1 个，县级以上文明村镇创建率达 70%，文明校园创建率 100%，新培育市、县级非公组织文明单位 3 家，文明单位创建覆盖面不断扩大。

【乡风文明建设和移风易俗】 2022 年，县委文明办深化乡风文明建设和移风易俗工作。培育打造莆美镇阳下村为第三批省级“文明乡风联系点”。印发《云霄县 2022 年开展乡风评议的工作办法》，对乡风评议活动进行计划，实施“一月一主题”，已围绕清明节期间文明祭祀、环境卫生整治等主题开展 100 余场乡风评议活动，切实提升乡风文明建设工作。在春节期间印发《云霄县文明过节倡议书》和清明期间印发《疫情防控期间文明祭祀倡议书》10 万份，倡导群众文明过节。结合当前移风易俗工作，梳理人居环境整治、文化讲堂提升、打击黄赌毒等 3 项工作，作为 2022 年云霄县移风易俗工作重点问题进行专项整治。

【新时代文明实践中心建设和志愿服务】 2022 年，县委文明办推进新时代文明实践站建设。云霄县建成 1 个县级新时代文明实践中心、10 个分中心、10 个文明实践所、197 个村（社区）文明实践站、1 个文明实践点、230 个志愿服务站，构筑“全县覆盖、出户可及、群众便利”的文明实践阵地网络。云霄县各类志愿服务组织依托新时代文明实践中心、所（站），常态化开展便民服务、疫情防控、智慧助老、文明劝导、文化文艺等3000多场新时代文明实践活动，受众20万多人次。

【未成年人思想道德建设】 2022年，县委文明办深化主题实践活动。开展“扣好人生第一粒扣子”主题教育实践活动和文明校园创建活动，举办“少年儿童心向党 喜迎党的二十大”新时代文明实践主题展演，引导学生做到知行合一。开展“新时代好少年”学习宣传活动，评选出16名县级新时代好少年，在电视台、“云霄融媒”微信公众号等宣传展示“好少年”先进事迹，形成“人人争当时代新人”的生动局面。推进活动阵地建设，利用元旦、“六一”国际儿童节等时间节点集中进行少年宫成果展示活动，推进乡村学校少年宫建设。构建云霄县未成年人心理健康普及教育工作体系，利用县未成年人心理健康辅导站，由各级文明校园33名心理健康老师常态化到辅导站值班，为未成年人积极开展心理健康疏导。实施关爱帮扶农村留守儿童、进城务工人员子女、贫困家庭子女和特殊未成年人群体活动，落实好“春蕾计划”“爱心妈妈”等帮扶助学活动，印发《关于开展对全县建档立卡贫困户未成年子女关爱帮扶的通知》，推动各级文明单位挂钩帮扶贫困、留守儿童，发动社会各界力量关爱帮扶流动流浪未成年人及闲散青少年。

（林　琳、李　苗）

统一战线工作

【统一战线工作领导小组体制机制】 2022年，中共云霄县委召开3次全县统一战线工作领导小组会议，制定并实施《云霄县贯彻〈条例〉责任分解方案》，调整县委统一战线工作领导小组，明确统一战线各成员单位职责，厘清工作脉络，压紧落实各部门职责。县委统一领导、统战部牵头协调、有关方面各负其责的“大统战”工作格局得到全面巩固提升。

【党外人士工作】 2022年，云霄县有人大代表236名，党外人大代表89名，占比37.7%。常委31名，党外人士9名，占比29%。政协委员165名，党外政协委员101名，占比61.2%。政协常委32名，党外政协常委21名，占比65.6%。有无党派人士33人，主要分布在县人大、政协、文体局、科协、乡镇等单位。其中人大代表4人，政协委员4人，党外科级以上干部18人。2022年，县委统战部引导党外代表人士深入学习中共二十大精神，聚焦热点问题，撰写文案提案30余件。调研文章《新时期基层统战工作研究》荣获福建省统战理论政策研究创新成果三等奖。

【非公有制经济人士工作】 开展“双招双引”行动，实施“人才+项目”的招引活动。2022年，县委统战部设立驻粤港澳大湾区招商联络处、深圳云霄商会引才联络站，完善10个乡镇（开发区）在外乡贤数据库，编制清洁能源、电子信息、食品加工三大产业链招商地图。开展民营企业中共二十大精神主题宣讲活动，着力构建“亲清”政商关系。举办漳州市创新创业大赛，召开民营企业家座谈会，持续深化“百名干部挂百企”活动，大力践行“妈妈式”服务理念，举办民营企业家“每月一沙龙”，创新开展统战系统干部挂钩联系台港澳侨资企业活动。开展“云商回归”工程，推动漳州市珍盛丽餐饮管理有限公司等4家企业实现新增“四上”；推动港资企业华威电源科技有限公司获评国家级专精特新“小巨人”。

【对台工作】 2022年，县委统战部申报国家级“海峡两岸交流基地”称号进入实质性阶段；举办陈元光文化与中华文明传播学术研讨会，发挥云霄县“开漳祖地”优势，弘扬“开漳圣王文化”，开辟海峡两岸庆典“云同步”新型模式，首次以线上方式成功举办“开漳圣王1365周年诞辰庆典”，中国国民党中央委员会主席朱立伦专程致信祝贺。

【乡村振兴工作】 2022年，县委统战系统开展“爱乡爱企促发展 同心同行兴万村”行动，将县总商会、6个异地商会、5个乡镇商会、县新阶联与10个乡镇（开发区）相关村（社区）建立挂钩共建机制，推动云霄农信社与县总商会签订战略合作协议，对县总商会、乡镇商会授信22亿元。开展“商会进乡村”“企业回报家乡”“光彩事业”“奖教助学”等活动，2022年落实奖教、奖学、助学、助困资金300多万元。

【民族宗教政策落实】 2022年，县委统战部（民宗局）坚持宗教中国化工作方向，完善42处宗教场所财务和固定资产监督管理制度，提升云霄县宗教法治化、规范化管理水平，维护宗教领域和谐稳定；举办畲族“六个一”（谱一曲畲歌、演一出畲戏、建一支畲舞队、编一部畲族故事集、学一套畲语、办一场摄影展）活动，开展民族团结进步月宣传，推动坡兜畲族村获评福建省民族团结进步重点单位。

【新的社会阶层人士工作】 2022年，县委统战部、县委文明办、县新阶联联合举办“专注”伴我成长——儿童注意力公益拓展活动；县委统战部、县教育局联合县新阶联响应中央统战部号召，举办人人参与自救互救，共建共享文明社会——“少年急救官”公益活动；2022年，县委统战部与县新联会走访了诏安、龙海、华安三地新联会，通过互动沙龙的形式，共谋新联会发展；2022年，新联会会员企业粤海饲料有限公司入选国家级知识产权优势企业。

【海外统战和侨务工作】 2022年，县委统战部侨务办公室开展云霄县侨情摸底普查工作，建立健全侨情数据库，更新海外乡亲、归侨、侨眷即时信息。成立列屿镇城内片区、陈岱镇礁美村侨联会，推选侨企海之味集团副总经理作为市侨联“双招双引”顾问，开展“暖侨行动”，鼓励引导侨资回归，在云投资兴业。

（吴 翼）

【少数民族工作】 一是加强党对民族宗教工作的领导。6月9日，召开县委民族工作会议暨全县宗教工作会议。二是开展铸牢中华民族共同体意识教育。聚焦“铸牢中华民族共同体意识”主线和“中华一家亲”主题，牢固树立“共同团结奋斗，共同繁荣发展”意识，深化各民族交往交流交融，推动全县民族事业新发展。三是重视坡兜畲族村思想引领。10月31日，县委书记蓝良木前往坡兜畲族村宣讲党的二十大精神，推动党的二十大精神在乡村振兴一线落地生根、开花结果。四是助力乡村振兴发展。2022年累计争取中央和省、市少数民族发展资金64万元，用于路灯安装、安后桥改造等4个项目建设，改善畲村的基础设施和人居环境。五是深入开展民族团结进步宣传月活动。围绕“福籽同心爱中华”活动主题，推进民族团结进步宣传月活动进机关、企业、社区、乡村、学校和宗教活动场所，在县区主要交通路口悬挂横幅、坡兜畲族村制作宣传栏、宗教活动场所张贴宣传标语，增进各民族对中华民族的自觉认同。六是积极申报全省民族团结进步重点区重点单位。2022年11月，省民族与宗教事务厅授予坡兜畲族村“第二批全省民族团结进步重点区重点单位”称号。

【宗教民间信仰工作】 2022年3月17日召开全县宗教工作联席会议，传达贯彻省、市民宗局长会议精神，回顾总结2021年全县民族宗教工作，部署2022年全县民族宗教工作要点。深入开展多项专项活动。

（郑海珠）

机构编制

【机构编制工作】 2022年，重点保障民生领域特别是教育、医疗卫生领域和重要岗位引进急需人才用编需求。严格审核2022年度公务员用编计划15个；审核事业单位人员招录计划用编需求170个，其中参公事业单位8个、县直事业单位42个、招聘教师70个、卫技人员50个。加大人才引进力度，审核教育卫生人才引进用编需求51个，其中教育人才引进9个、选优生10个；卫计人才引进18个、选优生14个。支持卫技人员定向培养，审核用编计划22个。整合机构职责，确保职能部门高效运转，2022年新设5个事业单位，分别是县燃气服务中心、第三实验幼儿园、烈士纪念设施保护中心、金融工作服务中心和云霄县禁毒服务中心，核定事业编制30名。推进行政复议体制改革，在县司法局增设“行政复议股”，承担行政复议相关工作。

（石丽莹）

【重点领域体制机制改革】 2022年，围绕赋权、强能，重构乡镇权责体系，结合云霄县中心工作，区分中部片区（莆美镇、东厦镇、云陵镇）、南部片区（列屿镇、陈岱镇、云陵开发区）、北部片区（下河乡、和平乡、马铺乡、火田镇）3个片区，赋予乡镇人民政府部分行政执法事项。截至年底，首批赋予乡镇人民政府部分行政执法事项涉及13个县直部门，行政执法事项83项，与县司法局联合组织开展9个专题的执法专项业务培训，提升乡镇基层治理科学化、法治化水平。2022年12月12日，各赋权县直部门与各乡镇签订《行政执法赋权事项承接确认书》。

（林　茵）

【机关、群团信用代码赋码和事业单位法人年度报告工作】 2022年，开展机关、群团单位统一社会信用代码初领、变更、补（换）领、撤销、延期业务，为全县90家机关、群团单位做好建档工作并颁发统一社会信用代码（其中县直机关单位51家、机关特殊情形单位23家、机关垂直管理单位4家、县直群团单位12家），撤销单位6家（其中机关垂直管理单位1家、机关特殊情况单位5家）。稳步推进事业单位法人登记管理工作，全面实行年度报告公示、变更登记工作“网上年报”，年报率达100%，2022年核准设立登记事业单位2家、核准变更登记事业单位41家、核准注销事业单位64家。

（方党华）

机关党建

【思想政治建设】 2022年，县直机关坚持以习近平新时代中国特色社会主义思想为指导，制定下发《县直机关党建工作要点》，通过中心组学习、主题党日、支部学习、专题党课等形式学习贯彻党的二十大精神，推动县直机关在贯彻落实党中央决策部署及省委、市委和县委各项中心工作中走在前、作表率。对县直机关32个党组（党委）理论学习中心组学习进行巡听旁听，以旁听促进中心组学习制度进一步完善，切实提高党组（党委）理论学习中心组学习成效。

【基层组织建设】 认真贯彻落实《中国共产党党和国家机关基层组织工作条例》《中国共产党支部工作条例（试行）》，规范支部建设，2022年云霄县机关到期换届机关党委3个、党支部109个，新成立党支部11个，撤销党组织8个；举办2期入党发展对象培训班，100名人员参训，提高参训人员的政治思想素质；抓好党费收缴、党内统计、届中调整充实等常规性工作，2022年收缴县直基层党组织党费180万元；抓实机关党委书记抓基层党建工作述职，把意识形态和统战工作列为述职重要内容，对25个县直单位2021年落实全面从严治党主体责任问题整改情况进行“回头看”专项检查，组成9个检查组对50个县直单位、县管国有企业开展全面从严治党主体责任落实情况检查；完善和落实党委（党组）成员党支部联系点工作制度，242名党员领导干部挂钩242个基层党组织，深化机关党组织、机关党员干部到社区服务“报到”制度，推动近邻党建工作深入开展；推动“模范机关创建”与部门主业主责互融互促、增质提效，“党建+N”模式效应显著，及时总结推广县直党组织在党建引领工作实践中首创的思路和举措、形成的机制和制度，向省市申报体制机制创新优秀案例4个。

【党风廉政建设】 扛起抓作风的主体责任，坚持党性党风党纪一起抓，加强作风监督，推动贯彻落实省纪委监委挂钩帮扶云霄相关会议、文件精神和工作措施；常态化开展廉政警示教育，坚持正向引领与反面警示相结合，以典型案例警示教育，防止“四风”反弹回潮，杜绝“节日病”问题发生，将好作风转化为全方位推进高质量发展的实际行动。2022年县直机关单位干部职工中有19人受到党纪政务处分，受到组织措施处理76人。

党校工作

【教学工作】 2022年，县委党校通过开设党课专题巡回讲堂，开展微型党课下基层宣讲活动，进农村、进社区、进机关、进学校、进企业，累计外出宣讲431场，有效提高党员学习教育覆盖率。结合云霄县开展“大学习、大调研、大讨论”活动，组织16名教师成立宣讲小分队，分2批次赴云霄县197个村（社区）党支部开展专题党课以及微党课宣讲，实现农村基层组织宣讲全覆盖，打通基层党员理论宣讲“最后一公里”。推动县级领导到党校讲党课常态化机制，在每期的主体班次上均邀请1—2名县领导和若干名县直科局长到党校上课，县委书记均在全县领导干部培训班上讲授开班第一课，县委常委、组织部部长均在主体班上讲授开班第一课，形成了干部教、教干部的良性循环。积极邀请中央、省、市党校以及高校的教授和专家到云霄辅导，让学员从不同角度、不同侧面更好地理解和掌握新思想的精神内涵。

【干部教育培训】 2022年，县委党校按照年初制订的干部教育培训计划，举办第二十三期科级干部培训班、第四期青干班、公务员培训班，以及与组织部联合举办“两新”组织弘扬向东渠先进事迹暨党龄“逢十”党员专题培训班，与机关党工委联合举办第四十六期入党发展对象培训班等，培训轮训党员干部5239人次。

【现场教学建设】 2022年，县委党校以特色办学为方向，注重整合本土文化资源，做好融合文章，以“讲好云霄故事，弘扬时代精神”这一主题，打造“两点三线”教学平台，“两点”即乌山、向东渠；“三线”即开漳文化教育之线（以开漳历史博物馆为起始点，串联威惠庙、燕翼宫、魏妈文化园）、生态文化教育之线（以漳江口红树林为依托，串联云霄县十大农业大观园）、廉政文化教育之线（以七星山廉政文化公园为出发点，串联法院廉政走廊、县纪委监委警示教育基地、县公安局、看守所）。围绕五大主题，讲好云霄五大故事：讲好乌山故事，继承革命传统；讲好向东故事，弘扬创业精神；讲好开漳故事，传承古郡文化；讲好生态故事，推动绿色发展；讲好廉政故事，增强公仆意识。根据现场教学内容，开发极具云霄特色课程专题5个和现场教学介绍23篇，把课堂搬到现场，让学员身临其境地接受党性教育和党性锻炼。其中乌山革命纪念馆、向东渠教育实践基地、开漳历史博物馆、七星山廉政文化公园、秋瑾故居以及下河杨桃生态园等6个现场教学点于2022年6月被市委党校、谷文昌干部学院列为漳州市县级党校首批教学与科研基地，为党校承接省内外班次特别是市委党校、谷文昌干部学院的班次创造更加有利条件。2022年承接378班次，培训干部1.5万人次，有效提高云霄现场教学品牌和影响力。

【科研兴校】 2022年，县委党校坚持科研兴校的指导思想，进一步发挥决策咨询作用，累计发表教学科研论文2篇，3个课题获得省委党校立项，4个课题获得市委党校立项，1个课题获得市社科联立项，7个课题纳入云霄县重点调研课题。

【党校新校区建设】 2022年，县委党校紧紧围绕建设福建省一流县级党校这个目标，高标准、严要求持续推进新党校建设和施工。按照“功能突出、务实管用、适度超前”的理念进行设计，新校区占地约42666.88平方米，建有报告厅、教学楼、党史馆、家风家训陈列馆、警示教育馆、行政综合楼、学员宿舍楼、学员食堂等附属设施，建成后，可一次性容纳6个班约200名学员。

（汤 茵）

老干部工作

【离退休干部党建工作】 2022年，县委离退休干部工委以“喜迎二十大，永远听党话”为主线，开展“建言二十大”“我看中国特色社会主义新时代”“学示范

做先锋 跟党走”“学习宣传贯彻党的二十大精神”等主题活动，组织离退休党支部书记集中学习、研讨交流8场，线上推送党建学习材料15次，完成“云霄县望安社区离退休干部‘五融五助’近邻党建工作的实践探索”等3个课题调研。县海洋与渔业局退休党支部获评“第三批省级离退休干部示范党支部”。

【老干部服务工作】 2022年，县委老干部局在传统节日期间，走访慰问全县离休干部、“5·12”退休干部、处级退休干部、离休干部遗属等重点服务对象500多人次，发放慰问金40余万元，护理费、健康休养费等30余万元。抓实老干部疫情防控服务保障、购买家政社会养老服务、年度健康体检、缴交2023年城乡居民医疗保险费等工作，让老干部安享幸福晚年。拨付工作经费4.5万元，支持塘坪社区巩固省级“四就近”（就近学习、就进活动、就近得到关心照顾、就近发挥作用）服务老干部示范点成果，支持清华园小区创建离退休干部“五融五助”近邻党建试点。投入资金4.5万元，提升改造“老党员之家”党建阵地。

【老干部作用发挥】 创新离退休干部“五融五助”近邻党建工作长效机制，建立医疗、法律等6个类别的“银发人才库”，吸收“银发人才”4批25人。拓展老干部发挥作用平台，建成乡村振兴、基层治理、志愿服务等各类“老党员工作室”6个。开展“纪念红军攻克漳州90周年”暨“老党员带你游红色教育基地”主题党日活动，引导离退休干部党员赓续红色基因。

【老干部工作队伍建设】 2022年，县委老干部局落实全面从严治党的主体责任，用好“福建干部网络学院”、“党员e家”、“学习强国”学习平台等。严把党员入口关，新发展党员1名，预备党员转正1名。强化意识形态工作，规范保密工作纪律，打造“五过硬”老干部工作队伍，巩固“市级先进基层党支部”“市级文明单位”创建成果。发挥干部帮扶作用，助力长洋村巩固脱贫攻坚成果，深入双溪口村、莆下村开展文明创城、疫情防控等志愿服务活动。6月14日，开展“讲义务、作奉献”主题党日活动，到漳州市中心血站云霄分站参加无偿献血义务活动5人1500毫升。2022年举办慈善捐赠暨“慈善一日捐”活动，13人捐赠善款1600元。县委老干部局被认定为福建省第二批节约型机关。王桑坤被评为全省先进老干部工作者。

（林建全）

【老年大学】 2022年，云霄县老年大学举行“喜迎党的二十大”系列活动，在校园里举办书画摄影展、诗词创作、象棋比赛、游园活动。书画展共展出作品70幅（其中书法作品34幅、美术作品36幅），摄影学会展出作品45幅，诗词学会创作诗词30首，象棋比赛产生前8名给予奖励。学校认真学习贯彻中共二十大精神，把中共二十大要求“在全社会弘扬劳动精神、奋斗精神、奉献精神、创造精神、勤俭节约精神”与开展学习“向东渠创业精神”结合起来，邀请当时参与向东渠建设的谢鹏志到学校作50年前向东渠事迹讲座，组织学校工作人员和教师、学员代表参观向东渠事迹展示馆。2022年4月28日，老年大学主要领导调整。6月1日，学校召开校务会，要求做好线下教学和学会换届选举。该学年完成潮乐潮艺学会、象棋学会、摄影学会、民乐学会4个专业学会换届选举工作。10月26日，老年大学参加县学习宣传党的二十大精神宣讲活动启动仪式和揭牌仪式，县委县政府主要领导对“福小宣”12个宣讲队进行授牌，老年大学被授予云霄县“快乐大姐”宣讲队称号。11月12日，“快乐大姐”宣讲队进社区。学校舞蹈队先后参加县委县政府主办的“喜迎二十大福见闽南风”和“喜迎二十大文明云霄城”文艺演出。

党史和地方志工作

【纪念中央红军进漳90周年系列活动】 2022年，云霄县委史志室举办《坪水乌山英雄史 苏区精神代代传》大型专题节目灯谜晚会和“纪念中央红军攻克漳州90周年之云霄苏区巡礼”图片展；与融媒体中心合作开设专题栏目，挖掘拍摄《红七师越过盘陀岭》等7个专题片，制作《何酒容参加红军》等5个抖音短视频。

【革命史料收集】 2022年，云霄县委史志室新挖掘16个红色故事；结合专题片、短视频等拍摄工作，完成制作37个视频资料；在革命遗址所在地大量拍摄红色遗址、红色故事、红色人物的相关图片，保存图片资料上百张；完成20位革命人物资料收集整理。

【《海上福建》云霄篇编纂】 2022年，云霄县委史志室完成省委党史方志办交办的《海上福建》云霄篇编纂任务，累计收集云霄县域海洋相关文字材料6万余字、图片近百张。第一次全面收集云霄县海洋资料，为以后云霄海洋资源认定申报提供文献依据，助力云霄县海洋经济发展。

【《云霄年鉴（2022）》出版】 2022年2月，云霄县委史志室通过OA（办公自动化）政务系统向各乡镇（开发区）和县直有关单位发出《云霄年鉴（2022）》征稿通知，6月底完成稿件征集，9月底编纂完成并送往出版社审校。12月，《云霄年鉴（2022）》由方志出版社出版发行，全书设32个类目，总字数约50万字，记载了2021年云霄县自然、政治、经济、文化、社会和生态文明建设发展状况。

【《福建革命遗址名录》申报】 2022年，云霄县委史志室组织专家和研究人员开展《福建革命遗址名录》申报工作，云霄境内有15处新填报的革命遗址进入《福建革命遗址名录》初选。

【党史理论研究成果】 2022年，云霄县委史志室根据省委党史方志办审读意见，完成《中国共产党福建省云霄历史第二卷（1949—1978）》修改并送至中央党史出版社审读；收集红色革命遗址相关材料，完成《云霄红色文化读本》编撰。

档案工作

【主要工作】 2022年，县档案馆按序时进度做好“两类档案”的目录及数字化成果移交和接收进馆工作，确保习近平总书记亲自部署、亲自指挥的两场战役档案应收尽收、应归尽归、应交尽交，让相关档案资料不遗漏、不散失。截至2022年3月3日，已接收全县相关疫情防控档案1296件，数字图像9466页；接收扶贫办及各乡镇移交永久和30年期脱贫攻坚档案25317件（其中，县级文书3384件，镇级文书7594件，村级文书11063件，户档3276件），数字图像393186页，照片档案179张。

【档案数字化建设】 2022年，云霄县档案馆提升档案的信息化服务水平，着手进行档案资源建设项目（一期），为云霄县档案馆馆藏民国档案目录著录5000条，馆藏民国档案扫描5万页，馆藏中华人民共和国成立后档案扫描200万页。6月，委托福建博通软件有限公司启动数字化扫描工作，年底完成50%。

【新馆设施功能建设】 县综合档案馆新馆建设是当前云霄县档案工作的重中之重。该项目选址在云霄县县道575南侧P地块（中农批西侧，足球训练中心北侧），规划总用地面积7360.43平方米，实际用地面积4940.15平方米，总建筑面积为4315.12平方米，预计投资2698.73万元。新馆建成后馆藏档案数量达到60万卷，将满足云霄县档案收藏保护需要。截至2022年12月底，土石方工程完工，基础混凝土垫层完成，开始主楼基础回填土压实度检测。

【向东渠先进事迹档案资料充实】 2022年，县档案馆分别向省、市档案馆、东山县档案馆、省水利厅、市县水利局、峰头水库管理局、向东渠管理处征集相关档案资料，时间跨度从1972年至2019年，内容涉及工程建设情况介绍、部队参与建设、工程投资、向东渠流量分段、可行性研究及初步设计报批、对人大代表议案和政协委员提案答复、《福建日报》报道向东渠建设先进事迹等96件、照片52张。其中福建省档案馆4件、漳州市档案馆

50件、云霄县档案馆6件、云霄县向东渠管理处6件（照片52张）、东山县档案馆30件。多次走访时任云霄县革委会主任李文庆，征集到向东渠建设时期的相册、油画、插画、报纸、战报等珍贵实物档案，为向东渠先进事迹展示馆增添翔实的历史档案支撑。

【档案服务优化】 2022年，县档案馆紧盯查档窗口服务水平，不断加强档案队伍建设，积极探索创新延伸服务。全年服务查档群众346人次，利用档案资料453卷，充分发挥档案为民服务、为民解忧的作用。

【档案文化宣传】 2022年，县档案馆开展“喜迎二十大·档案颂辉煌”国际档案日系列宣传活动。联合档案局，在县行政办公大楼大厅LED液晶显示屏滚动播放档案宣传标语；联合县融媒体中心在县电视台播放档案文化宣传标语；联合县档案局举办“喜迎二十大·档案颂辉煌”图片展览。6月9日，联合县委办、档案局、中核国电漳州能源有限公司举办“建功新时代·喜迎二十大”核工业之路图片展，讲述云霄建设新能源之城新时代档案故事。6月9日，开展规范守则教育实践活动。以移动短信方式开展档案宣传，向省、市、县档案系统和云霄县机关单位发布档案宣传短信6万多条。吴信用撰写的论文《把蕴含党的初心使命的红色档案保管好利用好》入选2022年福建省档案学会“贯彻落实习近平总书记关于做好新时代档案工作的重要指示精神，更好地服务党和国家工作大局、服务人民群众”主题学术年会。

（吴信用）

机要保密

【概况】 2022年，坚持以政治建设为统领，常态化开展“忠诚教育”；稳步提高服务保障能力，强化“防渗透、防策反、防窃密”工作；切实提升工作整体效能，持续推进各项工作深入开展。

（朱前锦）

【保密工作】 2022年，县委保密办主动作为，一是加强保密宣传教育，县委理论学习中心组开展保密专题讲座1次，在全县重点单位开展保密宣传培训4场次；二是夯实保密基础，继续完善云霄县涉密人员日常保密管理、离职离岗脱密期保密管理，持续加强全县保密技术装备配备；三是突出重点工作，完成云霄县7个县直单位、2个乡镇抽查督查，配合省委保密办完成县委办、县政府办、县发改局、县应急管理局年度抽查；四是继续深入开展“手机微信专项整顿行动”，查处办理失泄密案件1起，处罚1人。

（陈奋飞）

云霄县人民代表大会

重要会议

【云霄县第十八届人民代表大会第二次会议】 2022年12月20—22日，云霄县第十八届人民代表大会第二次会议在县人民会堂召开，出席大会代表235名（全县代表名额236人，实有235人）。大会主要议程：听取和审议云霄县人民政府工作报告；审查和批准云霄县2022年国民经济和社会发展计划执行情况及2023年国民经济和社会发展计划草案的报告，批准云霄县2023年国民经济和社会发展计划；审查和批准云霄县2022年预算执行情况及2023年预算草案的报告，批准云霄县2023年县级预算；听取和审议云霄县人民代表大会常务委员会工作报告；听取和审议云霄县人民法院工作报告；听取和审议云霄县人民检察院工作报告；补选云霄县监察委员会主任，云霄县人民法院院长，云霄县人大常委会个别委员。大会审议通过：《云霄县第十八届人民代表大会第二次会议关于云霄县人民政府工作报告的决议》《云霄县第十八届人民代表大会第二次会议关于云霄县2022年国民经济和社会发展计划执行情况与2023年国民经济和社会发展计划的决议》《云霄县第十八届人民代表大会第二次会议关于云霄县2022年预算执行情况及2023年预算的决议》《云霄县第十八届人民代表大会第二次会议关于县人大常委会工作报告的决议》《云霄县第十八届人民代表大会第二次会议关于云霄县人民法院工作报告的决议》《云霄县第十八届人民代表大会第二次会议关于云霄县人民检察院工作报告的决议》。

【人大常委会会议】 2022年，云霄县人大常委会依法履行各项职权，召开9次常委会会议，听取和审议专项工作报告20项，作出4项决议决定，组织5部法律法规执法检查，组织5次代表视察调研，开展专题询问1次，依法任免国家机关工作人员55人次，有力助推云霄经济、社会高质量发展。

人事任免

【县十八届人大常委会第一次会议决定】 2022年1月14日，县十八届人大常委会第一次会议决定任命朱泉源为云霄县人民政府办公室主任；方伟民为云霄县发展和改革局局长；林榕庆为云霄县教育局局长；陈跃溪为云霄县工业和信息化局局长；吴荣辉为云霄县公安局局长；张文清为云霄县民政局局长；张荣发为云霄县司法局局长；吴黎明为云霄县财政局局长；方妙秦为云霄县人力资源和社会保障局局长；张志林为云霄县自然资源局局长；柳启生为云霄县住房和城乡建设局局长；方艺强为云霄县交通运输局局长；朱炎昭为云霄县水利局局长；方镇和为云霄县农业农村局局长；胡晓琳为云霄县文化体育和旅游局局长；林添齐为云霄县卫生健康局局长；吴禧文为云霄县退役军人事务局局长；罗坤辉为云霄县应急管理局局长；许勇为云霄县审计局局长；何炳森为云霄县林业局局长；吴泽洪为云霄县海洋与渔业局局长；孔炜为云霄县市场监督管理局局长；王永城为云霄县统计局局长；陈荣辉为云霄县人民政府信访局局长；方捷庆为云霄县城市管理局局长。决定免去陈伯群云霄县人民法院审判委员会委员、审判员职务。

【县十八届人大常委会第二次会议决定】 2022年3月30日，县十八届人大常委会第二次会议决定任命张永锟为云霄县人民政府副县长；吴耀总、柳福东、汤才龙、吴连旺等为云霄县人民法院审判委员会委员；黄跃林、柳耀山、朱文秀、蔡晋、许伟凌等为云霄县人民检察院检察委员会委员。决定免去陈耀芳云霄县人民检察院副检察长职务；吴炳聪云霄县人民检察院副检察长、检察委员会委员、检察员职务。

【县十八届人大常委会第三次会议决定】 2022年4月29日，县十八届人大常委会第三次会议决定任命陈顺国为云霄县人民政府副县长；方锦洲为云霄县人民政府副县长。决定接受林进财、张秀华辞去云霄县人民政府副县长职务的请求。

【县十八届人大常委会第五次会议决定】 2022年7月28日，县十八届人大常委会第五次会议决定任命郑明太为云霄县人民法院审判员。

【县十八届人大常委会第六次会议决定】 2022年9月6日，县十八届人大常委会第六次会议决定接受张清顺辞去云霄县第十八届人民代表大会常务委员会副主任、云霄县第十八届人民代表大会社会建设委员会主任委员职务的请求，报云霄县第十八届人民代表大会第二次会议备案；接受柯秀娟辞去云霄县人民法院院长职务的请求，报云霄县第十八届人民代表大会第二次会议备案。决定任命王恺丰为云霄县人民法院审判员、审判委员会委员、副院长、代理院长；方伟明为云霄县人民法院副院长；方进权为云霄县人民检察院副检察长；黄文滨为云霄县人民检察院副检察长。决定免去周文龙云霄县人民法院副院长职务；郑贤方云霄县人民检察院检察员职务；方德忠云霄县人民检察院检察员职务。

【县十八届人大常委会第七次会议决定】 2022年10月26日，县十八届人大常委会第七次会议决定接受郭明星辞去云霄县监察委员会主任职务的请求。决定任命叶芳为云霄县监察委员会副主任、代理主任；林治柑为云霄县人民政府副县长。

【县十八届人大常委会第八次会议决定】 2022年11月21日，县十八届人大常委会第八次会议决定任命陈宇新为云霄县人民法院审判员。

【县十八届人大常委会第九次会议决定】 2022年12月13日，县十八届人大常委会第九次会议决定任命梁炎林为云霄县人大常委会教育科学文化卫生委员会主任。决定免去张明坤云霄县人大常委会教育科学文化卫生委员会主任职务。

代表工作

【强化代表履职保障】 2022年，云霄县人大常委会制定常委会组成人员联系市、县人大代表的若干规定，加强与基层人大代表的沟通联系。不断拓展代表参与常委会工作的深度和广度，邀请30名代表列席常委会会议，组织120多名代表参加执法检查、视察调研、专题询问、满意度测评等活动，拓宽代表知情知政渠道。完善代表活动室、代表履职服务平台建设，健全履职档案，加强履职活动宣传，不断优化代表履职服务和监督管理。

【创新代表履职方式】 2022年，云霄县人大常委会创设36个人大代表工作室，积极探索人大代表在推动乡村振兴、特色农业产业化发展、招商引资、社会治理、为民办实事等方面的作用，打通人大代表联系群众“最后一公里”。积极开展“我为群众办实事——人大代表在行动”实践活动，倡导每位代表至少挂钩联系一户贫困户，帮助解决生产生活上的困难，大力宣传乡村振兴相关政策，推进巩固脱贫成果同乡村振兴有效衔接。活动开展以来，各级人大代表挂钩联系群众 677 名，为群众做好事、办实事 873 件，展现了新时代人大代表的担当作为。

【提升建议办理质量】 2022 年，云霄县人大常委会建立常委会领导领衔重点建议督办机制，筛选关于加大对闲置土地清理力度等 5 件关系发展大局和民生福祉的建议，由常委会领导牵头重点督办，并根据办理情况有针对性开展“回头看”，以点带面促进代表建议办理工作落实。就代表建议办理涉及问题，加强与“一府一委两院”沟通协调，推动相关部门改进工作，解决好实际问题，如解决饮用水水源地附近环境整治、整治县城区停车乱象、进一步完善国道 324 线交通安全设施等建议，通过人大交办、政府办理，承办单位主动衔接，取得良好效果。县十八届人大一次会议代表提出的 126 件建议意见办理答复率达 100%，满意率达 98.4%。

依法管理

【审议决定重大事项】 2022 年，云霄县人大常委会听取审议县政府关于乡村振兴工作开展情况、2022 年度环境状况和环保目标完成情况、国有企业资产（非金融类）管理情况、国有资产综合管理情况、全县社区矫正工作情况、云霄县国土空间总体规划编制情况、全县未成年人救助保护情况、粮食安全工作情况、审计查出问题整改落实情况、2022 年上半年国民经济和社会发展计划执行情况、2021 年县本级财政决算和 2022 年上半年预算执行情况、2021 年县本级预算执行情况和其他财政收支的审计工作报告；听取县监委专项工作情况的报告；听取审议县法院关于加强民事审判工作依法服务保障经济社会持续健康发展工作情况的报告；听取审议县检察院关于开展刑事执行检察工作情况的报告。作出《云霄县人大常委会关于批准云霄县 2022 年第一批新增政府债券资金安排使用预算调整方案的决议》《云霄县人大常委会关于批准云霄县2021年县本级财政决算的决议》《云霄县人大常委会关于批准云霄县 2022 年第二批新增政府债券资金安排使用预算调整方案的决议》《云霄县人大常委会关于批准云霄县 2022 年第三批新增政府债券资金安排使用预算调整方案的决议》《云霄县人大常委会关于批准 2022 年云霄县收支预算调整的决议》。

【专题调研】 2022 年，云霄县人大常委会紧扣县第十四次党代会确定的目标任务，落实县十八届人大一次会议决议。紧紧围绕县委中心工作，聚焦推进“一核两翼三片”区域发展布局和“产业发展、城市文明、乡村振兴”三大重点任务，紧扣全县 “产业发展项目建设攻坚年”活动和“七比一看”竞赛、重点片区开发、营商环境建设等工作，组织开展乡村振兴工作监督、县城区园林绿化建设管理情况、国有企业资产（非金融类）管理情况、全县社区矫正工作情况、云霄县国土空间总体规划编制情况、漳江流域生态环境情况、全县劳动力就业创业情况、进一步减轻义务教育阶段学生作业负担和校外培训负担工作情况、全县未成年人救助保护情况工作调研，围绕“铸牢中华民族共同体意识，推动民族工作高质量发展”“完善多元化解机制、推进信访工作高质量发展”开展专题调研，并形成调研报告，为云霄县经济社会发展积极建言献策。

【执法检查】 2022 年，云霄县人大常委会组织检查《中华人民共和国水法》《福建省水法实施办法》《中华人民共和国环境保护法》《中华人民共和国妇女权益保障法》《福建省实施〈中华人民共和国妇女权益保障法〉办法》《福建省医疗废物管理条例》《中华人民共和国审计法》法律法规的实施情况，抓住法律法规实施过程中的薄弱环节和突出问题，提出解决问题、完善制度的意见建议。

【司法工作监督】 2022 年，云霄县人大常委会积极组织相关职能部门开展“12·4”国家宪法日暨宪法宣传周系列宣传教育活动，推进全民学法用法，营造良好法治氛围；开展“八五”普法宣传，提升公民法治素养；实施宪法宣誓制度，组织人大及其常委会任命的国家机关工作人员32人次进行宪法宣誓，提高国家机关工作人员维护宪法权威、履行法定职责的意识。贯彻落实宪法、地方组织法和监察法的规定，首次专项听取县监委关于整治群众反映强烈问题工作情况报告；听取审议审判机关民事审判工作情况报告、检察机关刑事执行工作情况报告，促进依法履职，公正司法。开展社区矫正工作调研，调研报告得到县委的肯定，督促公检法司等部门补齐工作短板，加强联动协作，推动社区矫正由“管得住”向“矫得好”转变。开展人大信访工作，有效维护人民群众合法权益，助力平安云霄建设。2022年受理来信6件，来信办理率达100%；完成省人大交办向全国人大反映的重复信访事项1件，并签订息诉息访协议，切实做到件件有落实、事事有回音，并力争使每个信访件达到最佳社会效果。

【规范性文件备案审查】 2022年，云霄县人大常委会加强备案审查建设。全年审查涉及农业农村生产、扶贫安置等方面的规范性文件22件，率先在全市开展线上规范性文件备案审查工作，其经验做法在全市人大工作交流会上作典型发言。

（林添明、施春声、方添城）

云霄县人民政府

重要会议

【县政府常务会议】 2022年1月11日，第一次县政府常务会议研究云霄县2022年第一次国有建设用地使用权公开出让方案。

1月17日，第二次县政府常务会议研究关于实现巩固拓展脱贫攻坚成果同乡村振兴有效衔接的实施意见、湾（滩）长制工作方案、中心城区污水治理提质增效工程项目进展情况等议题。

2月10日，第三次县政府常务会议审议《云霄县2022年“产业发展项目建设攻坚年”活动实施方案》，研究2021年度云霄县纳税企业评选表彰等工作。

2月25日，第四次县政府常务会议研究2021年地方政府债务限额和2022年第一批新增政府债务限额管理及第一批新增政府债券资金安排使用预算调整等工作。

3月2日，第五次县政府常务会议研究云霄县旧党校片区安置房回购方案。

3月3日，第六次县政府常务会议研究云霄县2022年第三次国有建设用地使用权公开出让方案、加快云霄县核应急体系建设工作。

3月26日，第七次县政府常务会议研究2022年县委县政府为民办实事工作计划、云霄县中心城区工业企业“退城入园”等工作。

4月28日，第八次县政府常务会议研究实施云霄县急救中心及配套设施项目建设、实施云霄县公共卫生服务与传染病防治应急项目建设、设立“云霄县第三实验幼儿园”等工作。

5月26日，第九次县政府常务会议审议《云霄县事业单位管理岗位职员等级晋升制度工作实施方案》《云霄县妇女发展纲要（2021—2030年）》《云霄县儿童发展纲要（2021—2030年）》，研究莆美镇中柱村安置用地、开展集中式光伏电站项目试点申报等工作。

6月23日，第十次县政府常务会议审议《关于做好2022年全面推进乡村振兴重点工作的实施意见》《云霄县贯彻落实省生态环境保护例行督察报告整改方案》，研究云霄县2022年第四次、第五次国有建设用地使用权公开出让方案、实施云霄县中医院整体迁建项目、建设福建省云霄第一中学新校区等工作。

7月15日，第十一次县政府常务会议研究调整城镇土地使用税征收范围和地段等级、云霄县东南片区乡村振兴示范项目建设等工作。

8月10日，第十二次县政府常务会议听取了上半年全县生态环境保护工作情况汇报，研究2022年度云霄县经济社会运行和高质量发展监测与绩效管理工作方案、云霄县2022年第六次国有建设用地使用权公开出让方案等工作。

8月26日，第十三次县政府常务会议研究云霄县中心城区污水治理提质增效工程施工总承包（EPC+0）招标计划、云霄县促进建筑业高质量发展的五条措施、2022年云霄县城市更新提质专项行动实施方案等议题。

9月28日，第十四次县政府常务会议审议了《云霄县零基预算改革实施方案》，研究实施云霄县火田镇岳坑村公办幼儿园建设项目、云霄县“十四五”防震减灾规划等议题。

10月26日，第十五次县政府常务会议审议《云霄县禁毒工作责任考评办法》，研究云霄县主城区智慧城市（智慧交通管理）项目、云霄县人民公园景观提升改造工程施工总承包招标计划等议题。

11月29日，第十六次县政府常务会议研究云霄县中心城区停车场专项规划（2022—2035年）、云霄县水环境质量提升三年行动方案（2022—2024年）、云霄县“十四五”海洋强县建设专项规划等议题。

12月8日，第十七次县政府常务会议研究《2022年云霄县收支预算调整草案》《2023年云霄县收支预算草案》《云霄县2022年国民经济和社会发展计划执行情况及2023年国民经济和社会发展计划草案》等议题。

【县政府全体会议】 2022年12月23日，云霄县第十八届人民政府第二次全体会议暨落实全面从严治党集体廉政谈话会召开，会议深入贯彻落实省领导到云霄调研精神及中央、省、市、县委各有关会议精神及县两会最新精神，进一步敲响警钟、传递信号、筑牢防线，以廉政促勤政、以实干促担当，为2022年工作收官、实现2023年一季度“开门红”奠定基础。会议强调，要发展谋划，清醒认识云霄高质量发展进程中面临的主要矛盾和短板弱项，切实把思想和精力统一到加快发展上来，推动产业集群发展、强化项目带动、提升城市品质、加快乡村振兴、增进民生福祉。要咬定目标，重点抓好重要指标、重大项目、重大战略等八个方面，做到统筹兼顾、突出重点、把牢关键，以抓重点、抓关键带动全局发展。要带好队伍，把提升执行力作为转作风的首要任务，以“快、细、实、优”的工作作风，高标准、高质量抓好各项工作，落实争先创优结果成效。

【县政府党组扩大会议】 2022年4月8日，县政府党组（扩大）会议召开，会议传达学习贯彻习近平总书记关于安全生产重要指示精神和全国、全省、全市安全生产电视电话会议精神，习近平总书记在《求是》杂志第7期上发表的重要文章精神以及市委书记张国旺、市长王进足到云霄调研精神，部署安排下阶段全县工作，强调要坚决学习贯彻习近平总书记各项重要指示精神，深入领会市委书记张国旺、市长王进足到云霄调研精神，深刻把握市委、市政府对云霄工作的更高要求，紧紧抓牢产业发展、招商引资、乡村振兴、疫情防控等各项重点工作，把工作任务项目化、清单化，明确好责任人员、完成时限、工作标准，确保切实有效地推进各项经济指标稳定向好。

10月25日，县政府党组（扩大）会议召开，会议传达学习贯彻中共二十大精神，研究部署政府系统初步贯彻落实意见。会议强调，要把认真学习和全面贯彻中共二十大精神作为当前首要的政治任务，抓好传达学习、宣传宣讲、学以致用，迅速掀起学习宣传贯彻中共二十大精神的热潮。要在行动和执行上贯彻中共二十大精神，切实加快构建现代化经济体系，做大做强产业项目，优化服务水平，全力保障和改善民生福祉，牢牢守住发展、安全、生态底线和疫情防线，打好年底收官战，谋划新开局。要加强自身建设，用中共二十大精神砥砺作风。以“功成不必在我、功成必定有我”的使命感、责任感，和“马上就办、真抓实干”的落实力，用目标倒排进度，以时限倒逼工作，确保各项工作有人抓、有落实、有成效。

【政府专题会议】 2022年召开政府专题会85场次。会议专门研究了全县生态环境质量提升、存量资产盘活处置、中农批周边配套道路建设项目、“十四五”乡村生活污水处理设施建设运维，莆美镇莆下村村民安置房建设项目征迁补偿与安置、全县一季度防范重特大生产安全事故等内容。

（吴泽鑫）

重大活动

【庆祝建团100周年青年文化活动】 2022年5月17日，云霄县举行“喜迎二十大、永远跟党走、奋进新征程”云霄县庆祝建团100周年青年文化活动，以奋斗致敬青春，以青春致敬时代。县委书记蓝良木出席活动并致辞，对全县团员青年表达深切的关怀和祝愿。县领导沈顺来、林达祥、林意纯、张东洲、吴志英、方成江、吴荣辉出席活动。活动还举行了新团员入团仪式并开展青春文艺表演、“百名少年画振兴”青少年书画百米长卷现场展示、少先队员敬献红领巾等子活动。

【云霄县启动“强国复兴有我”文艺宣讲巡演】 2022年5月29日，由县委宣传部、县文体旅局、县融媒体中心等部门联合举办的“强国复兴有我”云霄县喜迎二十大文艺宣讲巡演活动在云霄县人民公园开展。大锣鼓表演《龙腾云霄》、潮曲《登山哪怕山岭高》、喜剧《鸳鸯榜》等13个文艺节目轮番登场。通过“文艺＋宣讲”的模式，将党的理论传递给广大群众。

【云霄县“百位文艺志愿者挂百村”活动启动】 2022年7月26日，由中共云霄县委宣传部、县委文明办、县文联、和平乡党委政府主办，县文联各文艺家协会承办的云霄县“百位文艺志愿者挂百村”活动在和平乡楼树村举行启动仪式。县委常委、宣传部部长吴志英宣布“百位文艺志愿者挂百村”活动启动并在仪式上致辞。仪式宣读了“一个文艺家协会助力一个乡镇”活动首次对接名单，并由县领导分别为10支文艺志愿服务队授旗。

【2022“全闽乐购·福见云霄”美食嘉年华开幕】 2022年12月23日，2022“全闽乐购·福见云霄”美食嘉年华在万星广场开幕，39家美食餐饮企业联合参展，地标产品、休闲零食、特色小吃等多品类美食荟萃。副县长汤永坚主持开幕式并致辞，县长沈顺来、市商务局副局长陈秀绒、副县长陈顺国等主要领导参加活动。此次活动宣传推介云霄特色美食及饮食文化，推动美食与文化产业、旅游产业相融相促。

（吴泽鑫）

行政服务

【概况】 2022年，云霄县行政服务中心政务服务大厅共进驻41个县直单位（包含水、电、广电网络、燃气等便民服务单位），设置52个办事服务窗口，全年办理各类行政审批事项和公共服务事项97253件，按时办结率100%，实际办理时限较承诺时限减少28.98%。组织工程招投标项目166宗，投资预算总价9.77亿元，实际中标金额8.98亿元，为财政节约0.79亿元，节约率8.09%；完成政府采购项目19宗，交易额为3058.3万元，节约财政资金322.58万元；完成产权交易项目10宗，起拍总价7.29亿元，实际中标金额7.63亿元，增加财政收入3400万元。

【政务服务】 2022年，云霄县行政服务中心管委会在全市率先开展开发建设项目申办环评和水土保持方案审批“一件事”套餐服务，将分别组织技术评审改为联合技术评审，最大限度减环节、减时间、减跑动。推动“一张蓝图”“区域评估”“联合验收”“交房即交证”“拿地即开工”等改革，实现工程建设项目开工前审批“最多100天”、竣工验收“最多30天”。打造重点建设项目生命周期的帮办代办服务体系，全程代办坤翔蛟、华威电池二期改扩建、鑫宇泰仓储物流、艾丽鑫、福建力宇实业等7个项目，组织项目联审会38场。其中，坤翔蛟项目实现97天办结施工许可证，实现审批速度再提升。

【公共资源交易】 2022年，云霄县公共资源交易中心创新多种交易服务方式，率先在全市推行工程建设项目“远程异地评标”，依托远程异地评标系统实现异地评标专家线上同步交流、评审，压缩评审时间成本，解决评标专家资源紧缺问题，从源头上遏制了评标过程中的腐败隐患。率先在全市实现政府采购“远程开标”，开标时间从2个多小时缩减到30分钟以内，平均为每家投标企业节约交通、住宿等投标成本约2000元，累计为近6.54万家投标企业节约资金约1.32亿元，实现交易服务便利化。全面推广电子保函，在招投标领域全面推行电子保函替代现金缴纳投标、履约、工程质量等保证金，充分释放企业现金流，增加中小微企业参与投标的机会，全县电子保函使用率100%，累计为24756家企业释放资金约6.54亿元。

【监督检查】 2022年，云霄县行政服务中心管委会持续落实政务服务“好差评”制度，提升窗口服务管理水平，推动修订9项管理制度，进一步完善窗口工作人员进驻、退出、请销假外出报备等制度，推动干部作风持续向上向好，群众满意率始终保持在99%以上。建立每月通报工作机制，采用实时监控、全程跟踪、不定时巡查等方式督查服务效能，发现并解决群众办事痛点难点问题，共发出工作提醒函5份，印发政务服务通报9期，督促整改问题83个。建立部门领导“窗口现场办公”制度，通过体验式办公、蹲点式督查、会诊式研判等方式，推动进驻单位主要领导到窗口坐班300余人次，解决审批服务问题62个，该做法获得市审改办发文在全市推广。

（陈晓琳）

机关效能建设

【效能督查】 2022年，县效能办对云霄县项目建设、生态环保、乡村振兴、为民办实事、创建全国文明城市等重点工作，整合督查资源，开展效能督查行动，促进重点领域提效能。全年开展效能督查74次，发出督查通报14期，效能问责21人，切实推动各项工作落实，提高效率，提升效能，提增效益。

【绩效考评】 2022年，县效能办科学设置考核指标、细化量化考评内容。根据省市绩效管理工作方案，结合县委、县政府工作要求，制定《2022年度云霄县经济社会运行和高质量发展监测与绩效管理工作方案》。认真落实绩效运行分析制度，定期分析研判指标运行情况，实时对标找差，切实推动指标向预期目标、先进地区赶超。发挥绩效导向作用，把绩效评估结果作为班子考核、干部选任、评先晋优的重要依据，奖优罚劣，激发干部干事创业精气神。

【作风建设】 2022年，县效能办全力推动上级决策部署落实，抓好各项任务责任分解，全程跟踪督办。聚焦机关单位干部“庸懒散虚假梗”等作风问题，对全县各级各部门定期或不定期开展常态化督查，及时发现查纠一批作风散漫、制度落实不到位的单位和个人。依托全省行政服务中心远程视频监督系统，对全县行政（便民）服务中心工作人员作风和服务质效进行监督检查，对行政服务中心及各便民服务中心工作制度建立情况、工作纪律执行情况等进行监督。

（朱育珍）

信访工作

【概况】 2022年，县信访局畅通信访渠道，完善信访制度，推动化解信访积案，妥善解决了一大批人民群众最关心、最直接、最现实的利益问题。全年全县信访总量1211件，群众对责任单位满意率94.3%，信访事项及时受理率、按期答复率均达100%。成功化解国家局和省、市交办信访积案115件，化解率100%。1月，云霄县人民政府信访局被授予“全省信访系统先进集体”称号，徐莹被授予“全省信访系统先进工作者”称号。

【建立健全评理机制】 2022年，县信访局健全信访评理制度机制，有效发挥信访评理功能。在实现县、乡、村三级评理室全覆盖并全部开展评理工作的基础上，进一步创新信访评理机制，“云霄县信访工作志愿者评理室”、下河乡与和平乡的“移动评理调解室”已成为全县信访评理工作的亮点，让信访评理成为推动全县信访事项化解的重要举措。全年通过信访评理及时化解矛盾纠纷和信访积案366件次，化解率达到100%。

【健全乡镇（开发区）信访工作联席会议制度】 2022年，县信访局健全乡镇（开发区）信访工作联席会议制度，增强信访工作合力，进一步构建信访联治、矛盾联调、工作联动格局。全年各乡镇召开信访联席会议121次，排查矛盾隐患491件次，研究协调解决重要信访事项105件次，部署督导检查重要节点信访保障工作98次。

【健全志愿者参与机制】 2022年，县信访局探索“第三方”参与化解信访事项，建立健全志愿者参与化解信访事项工作机制，适时调整充实信访工作志愿者队伍，提升团队战斗力。2022年，信访工作志愿者参与信访事项化解18件，其中“治重化积”5件，并收到群众送来的4面锦旗。

（张志新）

政协云霄县委员会

重要会议

【政协第十四届云霄县委员会第二次会议】 2022年12月19—21日，政协第十四届云霄县委员会第二次会议在云霄县城举行。实有委员165名，出席会议的委员138名。列席会议的人员有历届县政协正、副主席；居住在云霄的漳州市政协委员；各乡镇党委书记和云霄经济开发区管委会主任；县直有关单位及驻云霄正科级以上单位主要负责人；台港澳客商代表；不是委员的县政协机关科级干部及驻政协机关纪检监察组正、副组长；政协机关副科级以上及统战部正科级退休干部。会议听取并讨论中共云霄县委书记蓝良木的讲话；审议并通过主席林意纯代表十四届政协常委会所作的工作报告和副主席郭玲所作的提案工作情况报告；通过《政协第十四届云霄县委员会第二次会议决议》。会议期间，委员们列席县十八届人大二次会议，听取并赞同县政府工作报告，协商讨论县人民法院工作报告、县人民检察院工作报告及其他工作报告。

【历次常委会会议】 2022年，政协第十四届云霄县委员会共召开5次常委会会议。

2022年2月23日上午，在县行政办公大楼919室召开十四届常委会第一会议。会议议程：传达学习贯彻习近平总书记在全国政协新年茶话会上的重要讲话精神、习近平总书记1月29日同党外人士共迎新春时的重要讲话精神、省政协十二届五次会议精神、2022年县委工作会议暨“产业发展项目建设攻坚年”动员大会精神；有关人事任免；讨论通过县政协《2022年工作要点》《2022年主要工作安排》《2022年视察调研课题》和《2022年重点提案督办件》；审议通过政协第十四届云霄县委员会专门委员会组成人员名单。

6月27日上午，在县行政办公大楼919室召开十四届常委会第二次会议。会议议程：开展“提升全县森林资源质效”专题议政性协商；开展“建设特色研学旅行基地助力文化经济振兴”专题协商；传达学习贯彻习近平总书记5月27日在中共中央政治局会议上的重要讲话精神和《中国共产党政治协商工作条例》。

9月19日上午，在县行政办公大楼919室召开十四届常委会第三次会议。会议议程：开展“建设机动车交易市场”专题议政性协商；开展“加强人居环境整治，助推争创全国文明城市”专题协商；开展“培育发展现代物流产业”专题协商；传达学习贯彻习近平总书记在党外人士座谈会及中央统战工作会议上的重要讲话精神、习近平同志在福建工作期间关于统战工作的探索与实践（广纳万川入海 画好同心大圆）；听取县政府2022年上半年工作情况通报。

12月13日下午，在县行政办公大楼919室召开十四届常委会第四次会议。会议议程：传达学习贯彻中共二十大精神；协商通过政协第十四届云霄县委员会第二次会议有关事项；协商通过《政协第十四届云霄县委员会常务委员会工作报告》和《政协第十四届云霄县委员会常务委员会提案工作情况报告》；协商通过《中国人民政治协商会议云霄县委员会协商工作规则》和《中国人民政治协商会议云霄县委员会委员履职工作规则》；听取县政府2022年工作情况通报。

12月21日下午，在县将军山会议中心召开十四届常委会第五次会议。此次会议是在政协第十四届云霄县委员会第二次会议期间召开，会议议程：听取大会秘书处关于各组讨论情况的汇报；审议通过大会决议（草案）；审议通过提案审查情况报告（草案）。

协商议政

【调研协商】 2022年，完成“建设特色研学基地，助推文化经济振兴”和“提升全县森林资源质效”等6个专题调研，深入开展农村人居环境整治等7个课题对口协商、界别协商，调研成果得到了县委、县政府主要领导的肯定和批示，促进了相关工作的开展和改进。

【提案办理】 2022年，共审查立案委员提案142件，所有提案均已办结，委员满意率达100%。其中，重点提案4件，由分管副县长牵头协调，分别召开重点提案办理协商会，推动提案办理落实，提升提案办理质量。

【社情民意反映】 2022年，社情民意信息得到市级以上采用28件，省级以上采用4件。其中《关于将“云霄县向东渠教育实践基地暨向东渠事迹展示馆”纳入省级有关基地的建议》获得省委领导批示；《关于科学客观地看待和处理桉树种植问题的建议》，得到市政府主要领导和分管领导的批示；《关于推进口袋公园建设，提高居民幸福指数的建议》，得到市政协主要领导和县委、县政府主要领导的批示。县政协反映社情民意信息工作在全市各县（市、区）排名第二。

履职为民

【助力重点项目建设】 2022年，开展“戴着口罩抓发展、奋力冲刺双过半”调研视察活动，助力促进项目提速增效。落实县领导挂钩重点工作、重点项目、重点企业责任制，积极参与顶溪中柱片区建设项目等4个指挥部和实施城市更新提质等5个专项行动，加快推进振牌科技等20个挂钩重点项目，助力招商引资，联合县人大常委会召开“助力产业招商、共促云霄发展”企业家座谈会，密切联系云霄异地商会和在外的市、县政协委员，助推“云商回归”。2022年，县政协在谈意向投资项目2个；已动员一位政协委员回乡创业，上报新增“四上”企业。

【为民办实事】 2022年，倡议委员捐款“政协博爱基金”36.75万元，换届以来，共慰问困难户178户次、5.07万元，举办第四届“魏妈奖学金”颁奖活动奖学助学72名、12.24万元。助力打造挂钩村下河乡外龙村乡村振兴示范村，协调解决问题2个，推进发展项目建设4个。开展文明共建，政协领导常态化督导创城工作，机关干部下沉挂钩村开展环境卫生整治、文明交通劝导、入户宣传等志愿服务活动。

其他工作

【民主监督】 2022年，开展“电动车上牌”工作监督；向县纪委监委、法院、检察院推荐12名政协委员担任特约监察员或监督员，强化行风监督；组织政协委员参与公众评议活动，参加市场监督管理局组织的云霄县食品抽检“你点我检”活动。通过以上措施拓宽委员参政议政渠道，促进相关部门转变工作作风、提高服务效能。

【凝聚共识】 2022年，制定出台《关于加强和促进人民政协凝聚共识工作的实施意见》，推进凝聚共识融入职能全过程、各方面。围绕“喜迎二十大”，举办了“喜迎二十大——元光书画院成立十周年书画作品展”，联合县统计局开展“学习贯彻党的二十大精神暨庆祝《统计法》颁布39周年”书画作品展。配合省、市政协开展“闽籍侨领故乡行”、新能源产业发展等调研活动，接待省、市和兄弟县政协到云霄调研考察活动12批次。应邀参加固始县第十届中原（固始）根亲文化节，加深交流合作，厚植感情基础，提升对外形象。开展委员大走访活动，引导广大委员和各界人士深刻理解把握中国共产党领导的政治优势和中国特色社会主义制度优势，不断增进对中国特色社会主义的政治认同、思想认同、理论认同、情感认同。协助党委政府宣传政策、维护稳定、促进和谐，使政协成为在共同思想政治基础上化解矛盾和凝聚共识的重要渠道。

【优化工作机制】 2022年，落实《中国共产党政治协商工作条例》，制定《中国人民政治协商会议云霄县委员会协商工作规则》《中国人民政治协商会议云霄县委员会委员履职工作规则》。规范委员履职管理，健全委员履职档案，开展委员履职评价，评选优秀提案4件、优秀委员24名，编印《政协风采》和《松洲学讯》等书刊，宣传委员先进事迹，激发委员履职热情，展现新时代政协委员风采。

（吴琳洁）

中共云霄县纪律检查委员会
云霄县监察委员会

综述

【机构与队伍建设】 2022年，县纪委常委会带头加强政治建设，开展“大学习、大调研、大讨论”活动，深化省级文明单位创建，推动机关党建与纪检监察工作深度融合。组建“室组地”协作单元5个，建立以老带新、“上挂＋下派”制度，分级分层分类开展“一季一主题”培训。建立审查调查标准化工作指引，推进“金牌审理”创建，加强规范化法治化正规化建设。完成县监委首次向县人大常委会报告专项工作，聘请县监委第二届特约监察员12名，健全完善内控机制，定期通报工作错情，严防“灯下黑”，确保队伍忠诚干净担当。

（吴国鑫）

【十四届二次全会】 中国共产党云霄县第十四届纪律检查委员会第二次全体会议于2022年1月29日召开。县委书记蓝良木出席全会并讲话，他强调，一要强化政治建设，坚决拥护“两个确立”。二要强化政治监督，推动决策部署落细落实。三要强化系统施治，提高“三不”综合功效。四要强化作风建设，树立干事创业新风正气。五要强化基层监督，推动解决群众“急难愁盼”。六要强化贯通协同，构建严密监督体系。县委常委、县纪委书记、县监委主任郭明星作工作报告，回顾2021年纪检监察工作，部署2022年任务。一是更加突出理论武装，从百年党史中感悟初心使命、汲取奋进力量。二是更加突出“两个维护”，确保政令畅通、令行禁止。三是更加突出系统施治，坚决打赢反腐败斗争攻坚战、持久战。四是更加突出人民至上，推动建树为民务实新风正气。五是更加突出政治站位，充分发挥巡察综合监督作用和联系群众纽带功能。六是更加突出改革创新，扎实推进党内监督和国家监察全覆盖。七是更加突出自我革命，锻造忠诚干净担当纪检监察铁军。

（吴朝阳）

主要工作

【党风政风监督】 2022年，围绕高效统筹疫情防控和经济社会发展，因时因势开展疫情防控、巩固拓展脱贫攻坚成果、乡村振兴、生态环保等专项督查26轮，推动整改问题298个。持之以恒纠“四风”树新风，开展“1+X”监督检查166批次，查处违反中央八项规定精神问题18起26人，其中形式主义、官僚主义问题12起19人。围绕全县中心工作落实情况，深入开展干部作风“五不”和“胡作为、乱作为、不作为”问题整治，立案32人。开展“一季一领域一主题”作风整治，围绕打击制售假冒卷烟、打击电信网络诈骗犯罪工作，深挖彻查2018年以来压案不办、案件长期未破等问题。细化乡镇纪委“五个抓实”工作任务，共发现问题线索65条，推动解决问题131个，查处群众身边腐败和作风问题34起61人。围绕“三资”管理领域“低价包”“长期包”“权力包”以及“冤大头包”等突出问题，推动出台规范农村集体资产资源交易指导意见，建立“四定一督”工作机制，督促全县197个村（社区）整改问题1217个，收回款项600万元，规范发包增加收益近800万元。

（郭黎明）

【信访举报】 2022年，通过深化“四访”活动，深入推进“多年、多层、多头”重复举报治理工作和“双化解双促进”专项行动，按照“一名领导包案、一个专班领办、一套化解方案、一个落实结果”工作机制，扎实推进信访举报风险隐患化解稳控工作，已化解9件。围绕全国及省两会、中共十九届六中全会、冬奥会、冬残奥会、中共二十大等重要时间节点的信访举报保障工作，全力营造和谐稳定的社会环境，全县纪检监察机关信访举报部门办理检控类初次举报72件，办结65件，查实率53.8%，办结率90.3%；开展信访公开2场，事实澄清8人。

（朱志燕）

【党风廉政教育】 2022年，深入开展“大学习、大调研、大讨论”活动，从纪检监察干部、特约监察员中抽调干部组成十支“党的二十大精神宣讲轻骑兵”队伍开展宣讲活动，推动全面从严治党在基层落地生根。在地级市以上新闻媒体发稿154篇，其中《人民日报》1篇，《中国纪检监察报》7篇，中纪委网站10篇。紧盯“关键少数”，差异化、个性化开展警示教育，组织48批次745人次参观警示教育基地，997批次36327人次参加警示教育。传承弘扬乌山革命事迹、向东渠先进事迹等本土廉洁文化，拍摄廉洁文化微视频，完成“乌山数字馆”“向东渠事迹展示馆”“秋瑾文化园”“坡兜畲族文化园”等VR馆建设并绘制清廉云地图，推动清廉文化成风化俗。

（陈秋坤）

【审查调查】 2022年，云霄县纪检监察机关共立案105件116人；给予党纪政务处分107人，其中科级干部12人，一般干部13人，其他人员82人。精准妥善运用监督执纪“四种形态”批评教育帮助和处理378人次。其中，运用“第一种形态”批评教育帮助270人次，占总人次的71.4%；运用“第二种形态”处理64人次，占总人次的16.9%；运用“第三种形态”处理17人次，占总人次的4.5%；运用“第四种形态”处理27人次，占总人次的7.2%。坚持“惩、治、防”相统一，发出纪检监察建议书11份，做实审查调查“后半篇文章”，发挥反面典型警示震慑作用，督促职能部门建章立制，强化对权力运行的制约和监督，从源头遏制腐败行为发生。

（朱毅宗）

群众团体

云霄县总工会

【劳模工作】　2022年，云霄县劳模协会换届，新一届劳模协会会员111人，会长吴世忠。县总工会指导云霄县博物馆馆长、研究馆员汤毓贤按省总工会文件要求建立省级劳模工作室，协助其布置工作室，以示范引领、集智创新、协同攻关、培养和集聚人才为目标，有计划、有步骤地组织开展服务云霄县开漳圣王文化研究；2022年，县总工会筹集近5万元经费，组织78名省、市劳模开展健康体检活动，资助困难劳模4人23960元。

【维权维稳】　2022年，云霄县总工会联合县法院、县司法局在下河乡电商文创园建立法律服务一体化基地，构建“园区枫桥”工作机制，建立工会劳动争议调处与仲裁调解、人民调解、行政调解的联动平台，促进程序衔接、资源整合和信息共享，提升职工法律服务质量，维护企业和职工的合法权益，至2022年底，法律服务一体化基地成功调解劳动争议案件133起，涉案标的额127万余元；年内职工法律援助站及工会“12351”维权热线电话，受理6起职工维权诉求信访件，其中农民工欠薪维权5起，涉及农民工20人，协助追讨欠薪12万元；安全生产进企业活动发放安全生产宣传手册3000多份；“工资集体协商集中要约行动月”活动，覆盖全县195家企业、24000名职工，搭建平等沟通平台，构建和谐劳动关系。

【职工服务】　2022年，云霄县总工会“春送岗位”，协助企业线上招工4次，招工近70人；“夏送清凉”，走访企业54家，慰问高温作业一线职工8000多人次，送去防暑降温慰问物品折合人民币14.46万元；“金秋助学”发放助学金2.8万元，资助困难职工子女5名；探索工学结合的学历继续教育新模式，20名农民工学员参加提升学历班；“冬送温暖”筹集资金39.65万元，走访慰问职工1101人次。进台资企业开展中秋节台胞职工“微心愿”慰问活动，关心关爱台胞职工在云霄工作、生活情况；2022年全县127个单位10828人参加大病医疗互助，年度医疗补助110.15万元，惠及573名职工；返还小微企业工会经费124.605万元，207家企业受惠；安排专项防疫经费19万元慰问抗疫一线工作人员；慰问课后延时服务一线教职工3.78万元。

【技能竞赛】　2022年，云霄县总工会组织开展“小发明、小革新、小改造、小设计、小建议”创新大赛，经福建省总工会组织评定，技术革新、发明创造18项，用于变压器高压试验的接线中转小车项目获得一等奖、冻干果脆产品快速加工技术项目获得二等奖、便于携带和布置的紧凑型的置物限位装置项目获得三等奖，创新成果应用于生产实践后创造经济效益10多万元；

年内组织开展云霄电网配电运维巡检职业技能竞赛、人民法院岗位练兵、技能比武等技能比赛，造就品行好、技能高的新时代职工队伍。

【文艺活动】 2022年，云霄县总工会联合有关部门举办“中国梦·劳动美”——助力产业发展系列宣传活动、“向人民汇报”——云霄县2022年新年系列文艺晚会、元宵灯谜晚会、云霄县教育系统教职工庆“五一”乒乓球团体比赛、云霄县“工会杯”暨“中农批杯”篮球邀请赛、“喜迎二十大、丹青绘我家”漫步云霄书画作品展、“喜迎二十大、文明云霄城”千人同舞展等7场文艺活动，丰富职工的精神文化生活。

【阵地基础建设】 2022年，云霄县总工会投入30万元，建成投用火田中心小学、和平中学2家乡村中小学共享职工之家。至2022年底，全县建成共享职工之家3家，辐射服务基层工会职工1560人。

（汤进权、方剑雯）

共青团云霄县委员会

【概况】 2022年，共青团云霄县委员会（以下简称云霄团县委）以建团100周年为契机，开展“喜迎二十大，永远跟党走，奋进新征程”“青春心向党 建功新时代”等主题活动。全年新增“全国青年岗位能手”和“最美生态环境志愿者”各1名。省级“优秀少先队辅导员”1名、“优秀共青团干部”1名、“优秀少先队中队”1支。市级“青年文明号”2家、“优秀共青团员”4名、“优秀共青团干部”4名、“五四红旗团委”2个、“五四红旗团支部”4个、“青年岗位能手”2名、“青年英才优秀创业项目”2个。

【青少年思想道德建设】 2022年4月28日，云霄团县委组织各基层团委、团支部、少先队辅导员和青商会代表等青年团干36人赴乌山开展“纪念红军攻克漳州90周年”重走红军路活动，参观闽南老游击队员之家，学习乌山革命史和乌山革命英雄事迹。5月17日，举办“喜迎二十大、永远跟党走、奋进新征程”庆祝建团100周年青年文化活动，组织创作、发布、歌唱喜迎党的二十大暨庆祝建团100周年主题歌曲《青春云霄》；举办青少年书画展，开展新团员入团仪式等活动，400余人参加此次活动。6月29日，举办“红色创业者故事”展览，组织返乡青年30多人观看1921年以来中国30余名创业者为中国人民谋幸福、为中华民族谋复兴的感人事迹。10月31日下午，云霄团县委组织青联委员7人收听收看漳州团市委、市青联举办的漳州市青联委员学习贯彻中共二十大精神座谈会。

【青年志愿者活动】 2022年，云霄团县委于1月30日、6月5日和6月25日先后组织志愿者、亲子家庭到云霄县动车站、将军山公园等公共区域开展垃圾不落地宣传劝导、分发垃圾袋、清捡垃圾等志愿服务活动，39名志愿者、50个亲子家庭参加活动。分别于1月23日、1月28日和7月12日组织志愿者到外龙村、佳兜村、坡兜村开展“三下乡”志愿服务活动。赠送环保科普和法律法规书籍2600本，义诊800人。在坡兜村，围绕突发情况下的“黄金几分钟我们能做些什么”进行急救知识培训，培训村民7人。7月21日，团县委组织10余名大学生志愿者联合和平乡新楼小学举办2022“向阳”乡村公益夏令营（Ⅱ期）活动，带领营员们学习安全用电、节约用水等知识，56名学生参加。暑期在青少年宫开展为期1个多月的“七彩假期 快乐成长”暑期公益班活动，开设剪纸、合唱、灯谜、古筝等多元化的艺术课程，227名学生参加。

【关爱农村留守儿童】 2022年，云霄团县委采用“社工＋团干＋社会组织＋志愿者”联动模式，提供全县1800多名农村留守儿童心理抚慰、学业辅导以及亲情陪伴等服务14400人次，发放文具、牛奶等物资15000元。春节期间，云霄团县委于下河乡外龙村开展“佳节尚文明 志愿关爱行”“福蕾行动计划”“情暖元宵·关爱留守（困境）活动”，分发手套、文具、防疫物资等物资380份，走访慰问110名儿童。

【预防青少年违法犯罪】 2022年1月10日，云霄团县委联合有关单位在云霄职校开展法治进校园——预防网络信息犯罪专题讲座。讲座重点宣传《中华人民共和国宪法》《中华人民共和国民法典》等相关法律法规知识，现场分发反电诈、平安“三率”、扫黑除恶、禁毒、反邪教等宣传材料500多份，职校200多名师生参加。6月24日，团县委联合有关部门在云平路通过禁毒宣传展板、展示毒品仿真品、发放禁毒宣传材料开展禁毒宣传，此次活动发放各类禁毒宣传材料1000余份，接受群众咨询100余次。

【青年就业创业指导服务】 2022年2月11日，云霄团县委联合人才办组织开展“‘就’在云霄”企业开放日暨返乡大学生职业体验活动。35名云霄籍返乡大学生参加。活动现场，团县委还为参会大学生解读云霄县人才政策，引导大学生返乡创业就业。3月4日，团县委联合县供销社举办“云霄青年创业就业分享沙龙”，现场解读青年创业扶持贷款政策，详细介绍漳州市2022年度英才（乡村振兴）优秀创业项目遴选工作、申报程序，与会人员围绕如何发挥好云霄全国地标第一县优势，结合40枚地标做优做强特色产业开展研讨，40余人参加活动，覆盖大学生、创业青年、新农人等青年集体。

【少先队工作】 2022年“六一”国际儿童节期间，云霄团县委联合有关部门开展“喜迎二十大 争做好队员”云霄青少年画振兴系列书画线上展示活动，征集作品200幅，10余所学校参加。10月13日，在中国少年先锋队建队73周年纪念日，团县委、县少工委组织6所学校少先队开展少先队课、入队仪式等活动，引导广大少先队员听党话、跟党走，为奋力谱写现代化富美新云霄建设新篇章、为实现中华民族伟大复兴的中国梦做好全面准备。

（林弘泰）

云霄县妇女联合会

【概况】 2022年，云霄县各乡镇（开发区）妇联完成换届选举，产生执委230名，乡镇妇联主席10名、专职副主席10名、兼职副主席12名。云霄县和平乡坎顶村妇联获得全省妇联系统先进集体荣誉称号，“检爱维权妇女微家”在2022年全省基层妇联组织建设改革创新案例和品牌妇女微家展评活动中获得微家组二等奖，县妇联执委、下河乡内龙村妇联主席林秀勤入选福建省首届最美基层妇联执委，莆美镇妇联、陈岱镇妇联、下坂村妇联、礁美村妇联、吴淑铃、施秀敏等单位和个人获省级“三百五有”荣誉称号，云霄县妇联获得2022年度漳州市“好厝边”巾帼志愿服务助力乡村振兴精品线路三等奖。

（吴素霞）

【“三八”国际劳动妇女节纪念活动】 2022年“三八”国际劳动妇女节期间，云霄县妇联结合营造喜迎二十大氛围，举行“强国复兴有我”纪念“三八”国际劳动妇女节112周年活动，60多人参加；举办“春风送暖花争艳 书画艺苑竞芳菲”女子书画作品展，100幅作品参展、800多人参加活动；其间还开展“弘扬雷锋精神 深化文明实践”新时代文明实践志愿服务、“巾帼暖人心”普法宣传、“三八”维权月宣传等系列活动。

（蔡敏芳）

【促进妇女儿童身心健康】 2022年妇女儿童活动中心举办女性创业就业、女性健康知识、声乐素养、舞蹈、书画等促进妇女儿童身心健康的活动，1520人次参加。家长学校和亲子馆等平台举办家庭教育公益讲堂4期、亲子主题活动5场，亲子国学班1期，600多名家长儿童受益。

（林丽敏）

【妇女儿童权益维护】 2022年云霄县各级妇女组织利用“三八”维权月、“六一”国际儿童节、“宪法宣传周”，宣传妇女儿童权益保护法律法规。全年全县妇联系统举办法律知识讲座10期，开展法律义务咨询活动8场次，受益群众3520多人次。接待来访5件，15人次，来电6人次，信访处理率100%。

（蔡敏芳）

【家庭家教家风建设】 2022年云霄县妇联开展各类家庭典型推荐活动，莆美镇方利宾家庭被评为福建省五好家庭，东厦镇李家孟家庭、马铺乡黄锦章家庭被评为福建省最美家庭，莆美镇郭清丁家庭被评为福建省绿色家庭。至2022年底，云霄县被评选为全国最美家庭3户、省级最美家庭14户、市级最美家庭57户、市级绿色家庭6户、县级最美家庭145户。

（林丽敏）

【“美丽庭院”创建】 2022年云霄县妇联参与人居环境整治，开展“美丽庭院”创建活动，引导广大家庭争做庭院环境整洁的建设者，推动农村人居环境整治提升，全县创建省级美丽庭院88户、市级美丽庭院160户、县级美丽庭院200户。

（林丽敏）

云霄县科学技术协会

【概况】 2022年，福建云霄杨桃科技小院被省科协评为省级优秀科技小院。福建省宝森水产有限公司与中国工程院包振民院士团队签订院士项目合作协议，福建港恒泰生物科技有限公司与福建省食用菌学会签订合作共建协议，福建港恒泰生物科技有限公司成功申报福建省食用菌学会创新驱动服务站。年内，科普志愿服务、千会扶千村、建设“科技小院”、科普宣传栏等项目获得2022年省级“基层科普行动计划”专项资金19万元。

（吕淑莲）

【杨桃科技小院】 2022年，福建云霄杨桃科技小院建立杨桃种植实验园区和科普宣传栏。宣传栏更新杨桃种植技术指南、病虫害绿色防控、化肥减量增效等方面科普知识3期。编印和分发《杨桃种植技术指南》等农业生产技术推广科普材料1000份。邀请福建农林大学朱朝枝教授及研究生团队开展杨桃产期调节栽培技术和休闲农业与乡村旅游营销策略的公益培训，培训为期1周，培训种植大户135人次。

（吕淑莲）

【科普宣传】 2022年元宵节，云霄县科学技术协会（简称云霄县科协）在人民公园举办“科学普及造福于民、科学发展兴国之策”灯谜竞猜活动。5月29日，开展庆祝第六个“全国科技工作者日”系列活动，科普宣传活动在人民公园发放科普宣传资料400余份；举办“创新争先 自立自强”主题文艺演出，县科技工作者代表、社区居民200多人参加。9月28日，举办“喜迎二十大、科普向未来”全国科普日文艺会演，活动穿插科普有奖竞答，1000多人参与活动。全年公共场所科普宣传栏更新党的二十大精神、疫情防控、低碳生活、灾害防治、防范电信诈骗、禁毒反邪等宣传版面6期9个专题。

【青少年科技教育】 2022年，云霄县科协举办漳州市第三届人工智能与机器人挑战赛云霄县赛事指导老师技能培训，35人参加。组织学生参加省、市青少年机器人竞赛和青少年科技创新大赛以及AI人工智能竞赛。人工智能科普进校园活动走进下坂小学，并为下坂小学青少年科学工作室授牌。2022年福建省“科普希望行”系列活动，院士专家为全县8所中小学校青少年开展8场科普演讲报告。

（吕淑莲）

云霄县归国华侨联合会

【基层组织建设】 2022年1月，云霄县列屿镇城内片区侨联会成立，该侨联会包含城内、宅坂、城外等村。9月，陈岱镇礁美村侨联小组升格为侨联会。至2022年底，全县基层侨联会5个。

【经济服务】 2022年5月，云霄县侨联主席带队实地走访在厦侨资企业并开展招商考察活动。6月底，菲律宾安徽商会组团到云霄经济开发区实地考察。

【侨界人才】 2022年，新加坡侨胞陈剑波被聘请为省新侨人才联谊会理事；侨眷企业家海之味副总经理陈雄英被聘请为市侨联“双招双引”顾问。

【公益活动】 2022年3月，云霄县侨企华威电源科技有限公司定向向县中医院捐赠33万元用于购买救护车。年内，新加坡爱国华侨奖学助学奖10万元，云霄一中、云霄二中、陈岱中心校、中心幼儿园336名学生受惠。

【侨益维护】 2022年云霄县侨联持续推动“侨法下乡”，1月在陈岱镇开展侨法专题宣传活动，现场为群众答疑解惑12条，发放侨法手册、宣传品3000余份。年内协调解决侨界群众来信来访2件次。全年发放贫困侨救助金和生活困难归侨侨眷慰问补助等3.16万元，29户困难侨及归侨侨眷受益。

（方玉珊）

云霄县台湾同胞联谊会

【政策宣传】 2022年，云霄县台湾同胞联谊会（简称云霄县台联）组织常务理事深入县内台胞家中及台商企业进行走访、座谈，了解他们的思想状况，宣传“和平统一、一国两制”方针和惠台政策。结合宣传角进社区活动，以及通过电话、微信工作群，宣传习近平总书记对台工作的系列重要讲话精神，激发台胞爱国爱乡情感。

【台胞服务】 2022年，云霄县台联根据省台联工作部署，对云霄台籍同胞重新登记归档。核实台胞生活困难情况并如实上报市台联，帮助台胞争取生活困难补助、大病慰问资金约2.8万元。春节等传统节日期间，慰问困难台籍同胞3户1800元。同时开展服务台商工作，推动台企“珍盛丽餐饮公司”为云霄新增“四上”企业。

云霄县工商业联合会

【思想政治建设】 2022年，云霄县工商业联合会（简称云霄县工商联）结合县委“大学习、大调研、大讨论”活动，组织所属商会会员、异地云霄商会和民营企业家参加漳州市工商联组织的“加快构建新发展格局，着力推动高质量发展”、“学政策、稳信心、促发展”、《中华人民共和国反垄断法》、“法律风险防范与合规管理培训”等线上培训会；组织火田镇商会会员参观向东渠事迹展示馆；选送2名工商联执委到谷文昌学院参加民营经济人士理想信念教育培训班。全年举办线上线下培训活动11场，400多人次参加。

【“爱乡爱企促发展 同心同行兴万村”行动启动】 2022年，根据市统战系统开展“万企兴万村”行动部署，云霄县出台《云霄县统战系统“爱乡爱企促发展 同心同行兴万村”行动实施方案》，号召各商会及民营企业家积极参与投入“万企兴万村”行动。7月17日，举行“爱乡爱企促发展 同心同行兴万村”行动启动仪式。启动仪式中，云霄农信社与县工商联（总商会）签订战略合作协议，对县总商会授信12亿元，对5个乡镇商会各授信2亿元。县总商会、6个异地商会、各乡镇商会与相关村（社区）建立挂钩共建机制，商会、民营企业到挂钩村（社区）开展考察活动，探讨共建方案。

【参政议政】 2022年，云霄县两会期间，担任人大代表、政协委员的工商联会员，围绕经济建设、社会治理、生态文明等方面积极建言献策，提交《关于解决企业“用工难”的问题的建议》《关于举办外出乡贤、商贸人员茶话会的建议》《关于洋坑社区茶产业综合体建设的建议》《关于进一步发挥商会在招商引资中作用的建议》《关于精准出台帮扶举措，助力小微企业稳产达产的建议》等议案、提案31件。

【经济服务】 2022年，云霄县工商联围绕“产业发展项目建设攻坚年”行动，发挥工商联职能优势，通过参加泉州市云霄商会第二届第二次会员大会开展招商推介、成立深圳云霄商会引才联络站、逐步完善全县10个乡镇（开发区）在外乡贤数据库建设等方式促进在外乡贤回乡投资创业。邀请律师为民营经济人士开展“企业刑事法律风险防范”专题讲座，强化民营企业法律风险防范意识。

【社会公益】 2022年，云霄县工商联所属商会、异地云霄商会、会员企业及民营经济人士捐赠疫情防控物资折合人民币133.2万元。其中，县工商联（总商会）向香港云霄联谊会捐赠N95口罩6000个。

年内筹集价值26万多元的物资走访慰问生活困难群众。县总商会、泉州市云霄商会、深圳市福建云霄商会以及各乡镇商会全年发放奖教助学金120多万元。

（方少英）

云霄县文学艺术界联合会

【概况】 2022年，云霄县文学艺术界联合会（简称云霄县文联）及下属14个协会主办、协办各类线上线下文艺活动近230场次。其中，围绕中共二十大、红军进漳90周年等重大会议和纪念活动举办系列文艺活动55场次。全年全县文艺工作者获奖或入选国家级、省级、市级文艺展览、赛事260多人次。2022年，美术家协会1人成为国家级会员、3人成为省级会员。年内新增下河乡坡兜村、燕翼宫、陈岱镇聚星楼等3个“文艺写生创作基地”。

【文艺活动】 2022年，云霄县文联发挥组织和专业优势，整合文艺资源，开展一系列主题文艺活动，集中创作一批反映新时代经济社会文化发展、革命历史题材和现实题材的作品。作家协会开展“福聚古郡”征文活动；书法家协会组织开展义务书写春联、“福见云霄——云霄县庆元宵书法作品展”、纪念红军攻克漳州90周年书法作品网络展等活动；美术家协会举办“福荫古郡·写意云霄”写生、“纪念红军攻克漳州90周年”美术作品线上展、“喜迎二十大·丹青绘我家”漫步云霄书画展等活动；音乐家协会和舞蹈家协会组织举办“福见云霄”新年歌舞晚会、协办“喜迎二十大、永远跟党走、奋进新征程”庆祝建团100周年青年文化活动等；摄影家协会举办“喜迎二十大，安全你我他”、“平安云霄 共建共享”喜迎二十大成就摄影展；戏剧家协会开展“百场宣讲巡演”文艺宣演、“强国复兴有我”云霄县喜迎二十大文艺宣讲巡演等活动。楹联灯谜协会组织举办“新时代巾帼心向党，新思想引领新征程”“喜迎二十大·奋进新征程”等专题灯谜晚会，承办“情系云霄，助力乡村振兴”“三下乡”系列活动暨义务写春联等活动。

【采风交流】 2022年，云霄县文联深化文艺“三下乡”等活动，组织文艺家深入基层，采风创作、慰问演出、结对帮扶。作家协会举办与诏安作家吴福顺作品交流赠书活动和大臣山枇杷园采风活动；书法家协会组织参加漳州市“翰墨书诚信，两岸一家亲”作品展、“迎新春”漳州市书法家协会线上书法作品展、“漳州市文艺界在行动抗疫作品展”以及漳州市青年抗疫主题书法作品微展等活动；美术家协会组织参加“艺”起抗疫｜“同心战疫·以‘艺’抗疫”漳州市书画作品网络展、“献礼二十大——福建书画名乡名家中国画展”、“春回福地‘艺’起出发”——富美漳州书画作品网络展等活动；舞蹈家协会创作抗疫舞蹈《春暖花开展笑颜》参加福建省舞蹈家协会“艺起战疫，艺心向党”网上展播活动；摄影家协会开展棪树枇杷摄影、下河杨桃摄影采风行、我与团徽团旗合个影主题摄影、“点亮夜经济·乐购云霄味”威惠庙美食文化广场采风行等活动；楹联灯谜协会组织参加《家山美》采风系列活动；收藏家协会组织会员参加湖南长沙全国性古玩交流活动，春节期间与福建省博物院、云霄县博物馆共同协办“海丝”图片展，联合潮州市古玩收藏家协会举办文博收藏公共课程培训班等对外交流活动。

【创作成果】 2022年，云霄县作家协会出版协会会刊《漳江》第二期；书法家协会林秘昌作品获得“中国书法年展·楷书展”福建省首届临帖展优秀奖、张细彬和汤颖获得漳州市师生规范汉字书写大赛教师组一等奖；音乐家协会创作福文化传播主题歌曲《福见云霄》，会员林坤斌与朱旭霖共同创作庆祝中国共产主义青年团成立100周年主题励志歌曲《青春云霄》，朱旭霖等21位会员在省市各类声乐赛事中获奖；舞蹈家协会创作《百年青春梦》参加云霄县建团百年大型庆祝活动；摄影家协会吴建云作品“漳州云霄：壮大‘地标经济’擦亮富农招牌”入选《闽南日报》、高志坚作品入选“福建纪检监察”微信公众号；戏剧家协会创作《云游古郡》《流调不隐瞒》《春到畲乡》《和谐共生》《守住耕地生命线》《施顽固买保险》等作品。

（何建新）

云霄县残疾人联合会

【概况】 2022年云霄县各类持证残疾人9539人，约占全县总人口2.3%。其中，农村残疾人8381人，重度残疾人6522人，0—6周岁残疾儿童90人，义务教育阶段残疾人427人，就业年龄段残疾人4698人，纳入监测的易返贫致贫户（建档立卡脱贫人口）残疾人对象1182人，农村低保户1155人。2022年，县乡残联完成换届。全县选聘197名村（社区）“两委”任残疾人工作联络员。

【残疾人证管理】 2022年，云霄县残疾人联合会(简称云霄县残联)结合“我为群众办实事”活动，完成福建省网上办事大厅“一件事”集成套餐服务，绑定“残疾人证办理一件事”，残疾人证办理实现网上办、掌上办。全年办理残疾人证新证497本、挂失补办28本、到期换证425本、注销305本。

【残疾人权益保障】 2022年，云霄县残联落实防止返贫致贫动态监测和帮扶机制，跟踪帮扶纳入监测易返贫致贫的1182户残疾人。落实残疾人“困难生活补贴”“护理补贴”动态调整提标及“全程网办”申请等工作，审核并发放全县残疾人“困难生活补贴”“护理补贴”6396人近1713万元。完善困难残疾人分层分类救助工作，1155名农村残疾人纳入低保，55名残疾人得到特困人员救助供养，157名残疾人享受“一户多残”家庭生活补贴，6765名残疾人享受意外伤害保险，251名重度困难残疾人享受居家托养服务。

【残疾人就业】 2022年，云霄县残联扶持85名农村困难残疾人就业创业34万元。全年发放残疾人灵活就业社保补贴121人49万元。年内城乡残疾人226人参加就业培训，城镇、农村新增残疾人就业分别达132人和278人。

【残疾人关爱】 2022年，云霄县残联深入实施残疾人精准康复服务行动，发放0—17岁残疾儿童康复救助210人238.7万元，基本康复服务覆盖率100%，轮椅、拐杖、假肢、助听器等辅助器具适配补贴128人次21.9万元，辅具适配率100%。采取“整镇推进”模式开展残疾人家庭无障碍改造，年内全县投入34万元改造77户。深化教育普惠发展，全年补助残疾人子女就学及残疾人学生380人97.1万元。

（张惜美）

云霄县红十字会

【人道救助】 2022年1月，云霄县红十字会开展“博爱送万家”活动，发放新春慰问金7.98万元，受益群众163户。开展县级大病救助活动，发放救助金7.9万元，受益群众39人次。协助申请并获得中国红十字基金会“中央专项彩票公益金大病儿童救助项目”救助款8万元、福万通少儿大病救助基金救助款1.5万元、厦门中山医院基金会爱心医疗补助3万元。

【应急救护】 云霄县红十字会联合卫健局等10个部门实施的“十四五”公共场所配置AED（自动体外除颤器）+群众性应急救护公益培训项目被列为云霄县为民办实事计划项目。2022年，全县公共场所配置AED 18台，培训红十字救护员1802名。

【组织建设】 2022年，船场村、内洞村、峰头村、阳下村、顶城村、瓦坑村、峰外村、马山村、仙石村、下港社区等10个村（社区）成立红十字会。至2022年底，全县成立42个基层红十字会。

【“99公益日”网络筹资】 2022年云霄县红十字会开展“99公益日”网络筹资活动，各乡镇和县直有关单位筹款8.95万元。其中，“爱过年”项目组队23个，1385人次参与，筹款5.90万元；“救在身边”项目组队20个，1563人次参与，筹款3.05万元。

（方淑芬）

云霄县计划生育协会

【红五月系列宣传活动】 2022年“红五月”期间，云霄县计生协会联合县委宣传部、县卫健局、云陵镇以及中国人寿云霄县支公司在县人民公园举办“倡新型婚育文化 促人口均衡发展——2022年‘5·29’会员活动日喜迎党的二十大主题宣传晚会”，晚会现场开展计生家庭意外险、健康知识进万家、“关爱新生命”公益奶粉等宣传，给300多名观众分发宣传品500多份；下河乡计生协会举行儿童早期发展项目示范点(亲子小屋）启动仪式暨开展关爱计生特殊家庭等活动，向3户计生特殊家庭赠送每份价值600元的生活物资；陈岱镇计生协会关爱计生特殊家庭慰问活动，走访慰问6户计生失独家庭，“关爱母亲，从健康开始”健康义诊活动，免费检查170多名母亲。5月，县、乡计生协会组织10名女组长和6名幸福母亲参与市计生协会“双百”（百名“最美小组长”和“最美幸福母亲”）评选活动。

【生殖健康服务】 2022年，云霄县计生协会与卫健局、教育局协作，依托县教育局“七彩虹志愿服务队”在云霄职业技术学校等6个青春健康教育基地举办生殖健康科普知识讲座12场次，针对青少年青春期性与生殖健康教育，开展青春健康家长“沟通之道”、青少年“成长之道”、青少年同伴教育和各种宣传教育活动，1000多名学生受到教育。

【优生优育指导】 2022年5月底，云霄县计生协会联合县卫健局举办村级计生协会“三长”（会长、秘书长、中心户组长）培训班，组织县优生优育指导组专家、县妇幼保健院优秀医生深入10个乡镇（开发区）巡回开展“儿童早期发展知识”专题培训活动，举办母乳喂养、婴幼儿早期疾病或意外伤害注意事项、海姆立克急救法、婴幼儿咳嗽家庭护理方法讲座，及亲子小屋现场指导15场次，全县村级计生协会“三长”600多人次参加。9月，县计生协会联合县妇幼保健院派出优生优育指导专家，深入全县6个儿童早期发展项目点（亲子小屋），开展0—3岁婴幼儿健康筛查和指导亲子活动，针对婴幼儿营养发育、心理健康、行为协调等方面情况进行筛查，帮助儿童早期发展项目点（亲子小屋）了解掌握服务对象的身体健康状况，对婴幼儿疾病做到早发现、早介入、早治疗，此次活动筛查0—3岁婴幼儿160多人次。同时，指导家长与婴幼儿开展亲子互动。

【计划生育家庭帮扶】 2022年，云霄县计生协会创新探索“亲子小屋示范点+幸福工程”模式，拓展幸福工程。全县2个亲子小屋示范点向县幸福工程项目办借款48万元，帮扶12户计生母亲增加收入；“关爱新生命——婴幼儿营养改善计划”公益奶粉项目，全年全额资助奶粉3037罐，差额资助奶粉4622罐，全县10个乡镇（开发区）1680人次困难婴幼儿家庭得到资助、减轻哺育子女负担120万元；计生家庭意外险全县承保户数6751户，投保保费97万元，完成市计生协会下达的60%的升级率目标。金秋助学活动资助计生二女户、独女户学生26名10.8万元；安居工程项目投入6万元，帮助火田镇1户计生困难户翻盖新房；“三节”期间走访慰问计生困难户586户，发放生育关怀慰问金40.2万元。

【计生特殊家庭援助中心成立】 2022年5月，云霄县首个计生特殊家庭援助中心暨“心理慰藉援助中心”在云陵镇塘坪社区揭牌成立，该中心以“精神慰藉、走访慰问、志愿服务、保险保障”为宗旨，搭建计生特殊家庭相互倾诉交流的平台，提供计生特殊家庭心理疏导、生活帮扶、大病救助等服务。2022年重阳节前夕，县计生协会、云陵镇计生协会在计生特殊家庭援助中心开展“欢度国庆 喜迎重阳”主题活动，15户24名失独老人走出家门、走进中心，共同度过一个温馨节日。

【法律援助站】 2022年，云霄县计生协会法律援助站举办宣传活动16场次，接受法律咨询520人次，惠及计生群众近4000人。

（吴秀娟）

外事·台港澳事务

外事工作

【因公出国（境）管理】 2022年，云霄县外事办结合本办工作职责，强化“1+X”专项督查。年初制定“1+X”专项督查工作方案，成立专项督查领导小组，每季度至少开展一次专项督查并建立常态化督查台账，对出访团组和人员的监督检查工作形成长效工作机制，及时发现、纠正、防范违纪违规问题的发生。全年组织开展“1+X”专项督查4次，督查单位8个。

【APEC商务旅行卡管理与服务】 2022年，云霄县外事办优化APEC商务旅行卡管理与服务工作，畅通企业“走出去”“请进来”渠道，积极为企业办理APEC商务旅行卡，为企业“走出去”提供更便利的条件，使企业可以适时抓住商机，加强区域内经济合作，促进经贸往来。全年办理APEC商务旅行卡共2批次5人。

（林晓莲）

台港澳事务

【“海峡两岸交流基地”申报】 2022年，县委台港澳办加大力度挖掘开漳圣王文化资源，不断总结经验，努力提升各交流平台建设水平，积极向国台办申报将“漳州云霄开漳圣王文化祖地”列为“海峡两岸交流基地”，为推动海峡两岸融合发展做出新的更大的贡献。

【云台民间基层交流】 2022年，县委台港澳办充分发挥云霄祖地文化的优势，创新交流机制，以民间信仰、乡亲、姻亲、宗亲为纽带，持续办好多场交流活动，推进云台民间基层交流和海峡两岸少年儿童交流，促进海峡两岸同胞心灵契合。3月16—18日，云霄燕翼宫举行开漳圣王1365周年诞辰庆典活动暨陈元光将士历史与文化研讨会，采用线上连线直播、海峡两岸同步举行的方式开展。6—8月，与县妇联共同主办“亲子共沐书香·福进福见万家”海峡两岸家庭亲子阅读分享会系列主题活动，加强海峡两岸少年儿童交流。9月3日，指导的陈元光文化与中华文明传播学术研讨会以线上线下相结合的方式成功举办，近百名专家学者与会，就“陈元光精神传承与中华文化传播”主题进行深度交流研讨。

【云霄县台港澳各领域融合发展】 2022年，县委台港澳办成功引进漳州铭铧网络科技有限公司和漳州凯霆信息科技有限公司2家台资企业，开展岗位征集和台湾人才引进工作，共引进7名台湾青年到云霄就业，并及时上报就业补助申请，为到云霄就业创业的台湾青年申请补助经费9万元，并全部拨付到位。全年全县办理港澳台居民居住证11张（台湾10张），方便台港澳同胞在云霄的生产生活。探索云台两地同名同宗村结对共建，主动对接台湾建筑师团队，高质量完成下河乡坡兜畲族村乡建乡创项目，提升云台乡村共建共治水平，与县住建局联合申报闽台乡建乡创合作省级财政补助50万元，于8月拨付到位。协同司法局在云霄台商联谊会设立漳州市首家涉台普法工作室。涉台普法工作室设置驻点服务、法律咨询、法治宣传等5项职责，采取定期指派律师接受法律咨询、组织检察官法官开设法治讲座课等方式面向台胞台企开展普法宣传，为台企台商提供精准化的法律服务。法院聘请11名台胞担任人民陪审员，2名特邀台胞调解员，加快台胞在法治理念上的融合，让台胞享受到更好的法治服务。在县行政服务中心设立台商台胞服务窗口，开通台商台胞服务热线，提升服务水平。

（陈丽敏）

法 治

政法委与综治

【概况】 2022年，云霄县委政法委落实中央和省委、市委政法工作会议部署要求，统一思想、凝心聚力、真抓实干，认真履行平安建设领导责任，全力维护政治安全和社会稳定，扎实推进平安建设“四季竞赛、五大比拼”活动，部署推动省级通报突出问题重点整治，常态化推进社会治理现代化和扫黑除恶专项斗争，努力建设更高水平的平安云霄、法治云霄。

（汤文杰）

【平安建设（综治工作）】 2022年，云霄县委政法委按照中央和省委、市委政法工作会议部署，以“护航二十大”安保维稳为主线，从严从实从细抓好防风险、保安全、护稳定、促发展各项工作，确保全县政治安全、社会安定、人民安宁。调整充实云霄县平安建设领导小组及其办公室，与各乡镇（开发区）、县直单位签发平安建设责任书，组织召开一系列会议部署推进，进一步明确细化各乡镇（开发区）、平安建设领导小组成员单位平安建设责任，推动促进各项重点工作高效落实。扎实开展平安建设“四季竞赛、五大比拼”活动，第二、第三季度平安建设“竞赛比拼”活动考评均排名全市第二。全力攻坚整治省级通报重点问题，研制出台《云霄县2022年省级通报区域性治安稳定突出问题整治工作方案》，切实推进打假反诈、“平安三率”提升及禁毒整治工作。开展打击整治养老诈骗专项行动，强化行业整顿，健全工作机制，落实落细宣传教育、依法打击、整治规范各项措施，全力推动打击整治养老诈骗工作。

（汤文杰）

【依法监督协调】 2022年，云霄县委政法委认真组织力量开展案件评查活动，坚持客观公正原则，通过阅卷、走访、评议等方式，对执法办案的过程、结果、依据、效果进行评查，从选案到评查坚持高标准严要求，评查质量较高，获得上级部门的肯定。建立了案件评查人才库，从政法机关法、检、公“三家”各推荐3名政治思想觉悟高、业务能力强的政法干警为县委政法委案件评查人才库成员，组织对群众重复访案件进行集中评查或政法机关交叉评查。是年，评查15起案件；依法登记涉法涉诉信访案件28件，办结28件，办结率100%；办理审批法院、检察院、公安局、司法局提出申请的国家司法救助案件30起31人，发放国家司法救助专项资金46.1万元，为缓解受害人的燃眉之急，稳定化解平息矛盾纠纷起到积极作用。

（吴海金）

【社会治理现代化】 2022年是漳州市创建全国市域社会治理试点合格城市验收之年，云霄县坚持对标对表，突出工作重点，强化创新驱动，确保“全国试点合格城市”目标实现。是年，挖掘和培育出许多部门特色，其中县司法局移动调解室、公安局合成作战中心运行作战体系、和平乡基层治理新模式、信访局基层矛盾多元化解等经验做法，在长安实践、“学习强国”学习平台、《经济日报》等重要媒体平台上刊登；云霄县云陵镇望安社区邻里治理新模式受到省、市领导肯定。

（张志坚）

【常态化扫黑除恶斗争】 2022年，云霄县委政法委全面开展常态化扫黑除恶斗争，严格按照党中央和省委、市委的决策部署，坚决做到依法打击不动摇、深挖彻查不松劲、源头治理不懈怠、宣传发动不停步，纵深推进常态化扫黑除恶斗争取得新成效。是年，县扫黑办接收相关涉黑恶线索13条，全部核查完毕；打掉恶势力犯罪集团3个，查封、扣押、冻结涉案资产327.5万元；一审审结判处涉恶集团犯罪案件1件1人。

（曾芷菡）

法治政府建设

【十四届云霄县委全面依法治县委员会第一次会议】 2022年7月25日，十四届云霄县委全面依法治县委员会第一次会议召开，会议研究审议并通过全面依法治县文件，部署全面依法治县工作，进一步加快法治政府建设、深化司法体制改革、深入推动全民普法，在一体推进法治云霄、法治政府、法治社会建设上持续发力。

【法治政府建设】 2022年4月，云霄县司法局发放新执法证件68份，并组织发动全县各单位155人参加全省行政执法资格考试报名工作。8月，再次上报申领行政执法证件人员名单129名。12月，组织开展全县行政执法案卷评查活动，抽查15个行政执法单位，评查行政执法案卷43卷。是年，备案规范性文件18件，开展涉及人口与计划生育、网约车驾驶员户籍限制、水能资源开发利用权等内容的行政规范性文件专项清理活动，未发现与之相违背的行政规范性文件；办理行政复议案件22件，代表县政府办理行政应诉案件13件。研究制定乡镇“一支队伍管执法”改革方案，并于2022年8月10日提请县政府常务会审议通过，编制乡镇行政执法手册、草拟行政执法承接确认书；9月14日，组织开展乡镇行政执法业务专题培训；12月9日，举行赋权确认书签约仪式。

（张腾飞）

公 安

【概况】 2022年，云霄县公安机关深入实施“提高效率、提高效能、提高效益”行动，围绕全县中心工作和疫情防控工作，开展全县公安机关“十大提升攻坚”行动，全面防范化解重大风险，全力维护社会安定稳定，推动全县公安工作高质量发展。2022年，全县立刑事案件1236起，同比下降0.8%，破案数837起，破案率67.7%，同比下降2.7%；立侵财案件635起，同比上升13.2%，破案436起，破案率68.7%，同比上升5.6%；立盗窃案件294起，破238起，破案率80.1%，同比上升2%；立抢夺、抢劫案件2起，同比下降66.7%，破案2起，破案率100%。

【户政与人口管理】 截至2022年12月31日，云霄县户籍总人口数468049人（男247397人、女220652人），总户数117328户；城镇人口数198955人，城镇化率42.51%，同比增长0.26%。2022年，全县登记出生人口4219人（男2254人、女1965人），出生率0.90%，同比增长-0.06%；登记死亡人口1579人（男955人、女624人），死亡率0.34%，同比增长0.04%；省内迁入人口2718人，省外迁入人口444人，迁往省内5403人，迁往省外369人，多报删除11人。是年，云霄县公安机关积极推行居住证制度，加强流动人口管理，登记暂住人口67553人，受理居住证制证业务242笔，审核通过发证242张。

【出入境及往来港澳台管理】 2022年，云霄县公安机关深化“放管服”改革，围绕审批服务便民化的改革要求，进一步提升政务服务水平，助力“一站式”全链条服务，云霄县行政服务中心公安出入境窗口在严格审批把关和疫情防控的基础上，进一步简化出（国）境及往来港澳台手续，为出国（境）及往来港澳台人员提供了便利。是年，批准出境225人次，其中批准公民因私出国普通护照34人次，往来港澳业务139人次，往来台湾业务9人次，台湾居民业务办理25人次，大陆居民前往港澳通行证9笔，港澳居民回乡证业务9人次。推行台胞证社会化便利使用，为台湾居民办理业务25人次。办理涉外案事件20起，遣送出境45名。

【治安管理】 2022年，云霄县公安机关整治社会治安突出问题，立赌博刑事案件51起，破获47起；查处赌博行政案件141起，处罚283人；立涉黄刑事案件13起，破获12起；查处涉黄行政案件63起，处罚73人。加强重点物品管控，检查危爆行业126家次，摸排储存使用易制爆危险化学品单位3家，查获违规存放爆竹163个，缴获非制式枪支44支（其中火药枪31支、气枪9支、仿真枪4支）、子弹2938发（其中军用弹357发、气枪弹1986发、运动弹595发）、管制刀具3把、雷管65枚、手榴弹2枚、黑火药11.675千克。涉枪案件破案1起，抓获犯罪嫌疑人1人。涉爆案件破案1起，抓获犯罪嫌疑人2人。强化行业场所管理，检查旅馆853家次，娱乐场所408家次。坚持和发展新时代“枫桥经验”，化解各类矛盾纠纷1520起次。

【打假工作】 2022年，云霄县公安机关开展打假反诈“春雷行动”和打假治乱“冬春攻势”专项行动，组建打假治乱“夜鹰”突击队，有效打击卷烟制假犯罪，立涉假刑事案件250起，破140起，抓获犯罪嫌疑人389人，抓获网上涉假在逃犯罪嫌疑人148人。

【打击刑事犯罪】 2022年，云霄县公安机关持续推进扫黑除恶、侦破命案、打击电信诈骗、破小案保民生，严打侵财犯罪行动、追逃、缉枪治爆、打击文物犯罪、打击拐卖妇女儿童、打击跨境犯罪等专项工作纵深发展，通过“十大提升攻坚行动”、夏季治安打击整治“百日行动”“春雷行动”等专项行动，破案打击取得突破性进展，立各类刑事案件1236起，破获各类刑事案件837起，破案率67.7%；立八大类案件31起，破案31起，破案率100%；立多发性侵财案件629起，破案392起，破案率61.3%；立电信诈骗案件235起，破案172起，破案率73.2%；抓获涉卡嫌疑人员282人，打击率29.4%；摧毁电信网络诈骗窝点19个，查扣“猫池”、络漫宝等作案工具76台，抓获涉案犯罪嫌疑人218人。

【常态化扫黑除恶斗争】 2022年，云霄县公安机关立涉恶势力团伙案件1起，采取强制措施29人，核查扫黑除恶线索14条，全部提请办结，有效核查率100%。其中省转核查1条，核销中；县其他部门移交及本地群众举报线索核查8条，均办结。

【道路交通管理】 2022年，云霄县公安机关加强隐患整治，推进“千灯万带”、“农村公路平交路口”、城区双向四车道道路中央隔离护栏等重点项目工程，完成云漳路、复兴东路、和田路、金霞路四条道路4.5千米中央隔离护栏建设。加强源头管理，定期深入辖区公交、客运、危化运输、大中型货运企业以及机动车检测站等开展安全检查，深入客货运企业322家次，排查客货运车辆2000多辆次，敦促整改管理问题6处。扩大安全宣传，充分利用多种宣传媒介，营造交通安全宣传氛围，开展集中宣传活动8场次，散发宣传材料，悬挂横幅标语400多条，发送宣传短信50万条，推动微信、微博信息500多条次，进企业、学校宣传300多家次。严格落实29名醉驾缓刑人员执行“道安劝导令”，兑现7起酒醉驾有奖举报。持续整治交通秩序，严格落实高峰站点、平峰巡查措施，加强交通疏导，联合多部门组织开展文明城市创建，酒醉驾、货运车辆整治等专项行动和“逢五”“夜查”统一行动，消除事故隐患，查处各类交通违法行为162605起。是年，云霄辖区发生一般以上道路交通事故82起，造成24人死亡，89人受伤，直接经济损失41170元，与上年同期相比，起数下降35.43%，死亡人数上升4.35%，受伤人数下降51.37%，直接经济损失上升63.70%，四项指数两升两降，未发生一次死亡3人以上道路交通事故。

【海防保卫】 2022年，云霄县公安机关坚持“岸海一体”工作思路，联合多部门齐抓共管，筑牢沿海防线。是年，海防部门破刑事案件7起，查结行政案件155起、涉海砂案件65起，抓获网上在逃人员10名，查处偷越国边境案1起、船舶案件14起，船舶出入港登记3200艘次。

【禁毒工作】 2022年，云霄县公安机关深入开展“清源断流”暨“飓风肃毒2022”会战、涉麻制毒排查、堵源截流等专项行动，破获毒品案件4起，抓获犯罪嫌疑人7人，查获吸毒人员6人，抓获历年涉毒网上在逃人员1名，移送起诉毒品犯罪嫌疑人7人。建立戒毒社区康复集中管理工作站1个，专职社工4名，戒毒社区康复执行率达到100%。严格各项审批程序，未发生企业易制毒化学品流失用于制造毒品的现象。进一步加强对青少年学生群体的毒品预防教育，在全县44所中小学校建立“林则徐”禁毒宣教室，联合团县委、妇联、教育局等职能部门积极开展宣传教育，推动毒品预防教育进学校、进单位、进家庭、进场所、进社区、进农村，实现禁毒宣传全覆盖。是年，云霄县禁毒工作在市对县级平安建设考核中排名全市第一档系列。

【网络安全管理】 2022年，云霄县公安机关不断强化网络安全保障，拓展网上警务工作，切实推进科技强警，办理各类涉网案件，确保网络工作安全稳定。办理未履行网络安全保护制度案17起，责令限期整改55家次，并督促限期整改到位；为办案单位侦破案件提供技术支撑61起，利用手机取证大师及取证塔等设备对12台涉案电脑和237部涉案手机进行电子物证鉴定，出具勘验笔录1份；办理“一案双查”案件10起，未履行网络安全保护制度案7起，侦办出售、非法提供公民个人信息案件4起；处罚违规网吧2家次，确保在平时实名登记率达95%以上，重大活动安保实战、决战阶段达100%。

【法治改革】 2022年，云霄县公安机关以深入推进“大法制”改革为动力，进一步健全执法监督机制。加大监督力度，加强对案件的审核把关，强化纠错、纠违，加大对实体及程序方面的监督指导力度，提前介入指导多起重大复杂案件；细化监督措施，运用执法监督系统、漳州市公安机关智能预警监督平台，强化对警情、执法视音频、强制措施、行政案件办理情况、材料扫描录入、三色预警、风险点预警提示排查等方面的监督力度，通过挂网弹窗、电话提醒、钉钉群提醒通报等方式，督促经办人员及时整改到位。发挥运用执法积分制作用，做到执法数量与执法质量、执法效率与执法效果、执法积分与工作绩效相结合，评定结果与表彰奖励、职级晋升、干部任用相挂钩，切实激发民警“多办案、办好案”的主观能动性和工作积极性。是年，县公安机关在2022年度全市公安机关执法质量考评排名第四。

【“四警四化”】 2022年，云霄县公安机关以中共二十大安保维稳工作为主线，以“喜迎二十大 忠诚保平安”主题实践活动、夏季治安打击整治“百日行动”为抓手，在“时代楷模”“漳州110”先进事迹指引下，持续深化“云霄110”升级版勤务机制改革，以更快更灵的勤务机制、更严更密的防控体系、更精更细的服务模式，在接处警、维稳处突、打击犯罪、疫情防控、服务民生等工作中，充分发挥生力军和突击队作用，维护县城区社会治安大局持续稳定，服务民生、解救危难群众的事迹被央视频、法治网、《法治日报》、《法治周末》、《福建法制报》等媒体接续报道。2022年，云霄县公安局巡特警反恐大队荣获全国优秀公安基层单位、全国公安机关成绩突出集体、全省公安机关党的二十大安保维稳成绩突出集体等称号，巡特警大队大队长代表漳州公安在全省公安英雄模范立功集体先进事迹报告会上作报告；同时涌现出全国青年岗位能手、全省优秀人民警察、全省优秀共青团干部等先进个人。集体获省部级、地厅级、县处级、县局表彰4次，通报表扬19次；个人获国家级、省部级、地厅级、县处级、县局表彰22人次，通报表扬20人次。7

月，结合区域特点在君宝路布建宝城警务站，全力打造多警联勤、多部门联动的街面巡逻防控支点，实现县城区发案数同比下降11.61%，刑事案件同比下降47.18%，化解紧急警情17起，解救危难群众12人次，获市公安局局长肯定批示。

【队伍管理】 2022年，为巩固党史学习教育和队伍教育整顿成果，策应“喜迎二十大 忠诚保平安”实践活动，云霄县公安机关坚持“严”的主基调，部署开展“严警纪、守警规、正警风、铸警魂”纪律作风大整治及“排风险、治隐患”队伍纪律作风集中排查整治活动，为完成中共二十大安保维稳提供坚强的纪律保障。活动期间，建立健全兼职纪检监察员、法制员（教导员兼）管理办法，推行从严管党治警主体责任倒查剖析教育做法和巡查指导帮扶等做法，纪律作风持续好转，干事创业热情持续提升，巡特警反恐大队连续斩获全国优秀公安基层单位、全国公安机关成绩突出青年集体等2项“国字号”荣誉，涌现出一批先进典型。

（林硕毅、张淑萍）

检察

【概况】 2022年，云霄县人民检察院认真履行各项检察职能，全力维护社会和谐稳定和公平正义，着力服务保障经济社会发展。全年办理各类案件1210件，获得全省检察机关新闻宣传工作“百优”、漳州青年五四奖章等市级以上表彰12人次。

（林位明、黄雪燕）

【刑事检察】 2022年，云霄县人民检察院批捕各类刑事犯罪案件168人、起诉733人，其中批捕“盗抢骗”等多发性犯罪案件23人、起诉55人；批捕制售假冒香烟犯罪50人、起诉103人。深化“断卡”行动，实施“四+”一体化协同机制，推进“帮信”犯罪综合治理，批捕电信网络新型违法犯罪26人、起诉337人。全年办理立案监督案件29件，纠正漏捕19人、漏诉32人，开展羁押必要性审查57人，提前介入重大案件引导侦查28次；对刑事裁判提出抗诉2件，检察长列席同级法院审委会5件次；书面纠正监外执行不当案件74件，纠正刑事执行违规案件25件，对在押人员羁押期间表现提出量刑建议13人，监督依法收监执行14人。

（林位明、黄雪燕）

【民事检察】 2022年，云霄县人民检察院加强对民事裁判结果、审判程序和执行活动监督，办理民事检察案件23件。坚持依法精准监督与支持配合并重，受理民事监督申请4件，依法监督2件，依法不监督2件。对审查后作出不支持监督申请决定案件，坚持与法院共同做好释法说理、息诉服判工作。坚持做好弱势群体维权支持，针对农民工、残疾人、家庭暴力受害人等弱势民事群体维权困难情况，全面开展支持起诉专项活动，办理民事支持起诉案件4件，督促法院及时执行欠薪案件2件。开展“美好生活、民法典相伴”普法宣传活动，以民法典进社区、进商户、进农村、进学校等方式让民法典走进群众身边，促进公民法律素养提升。

（林位明、黄雪燕）

【行政检察】 2022年，云霄县人民检察院加强对全县行政机关执法活动监督，促进依法行政，办理行政检察案件24件。立足推动市域社会治理，深入开展“全面深化行政检察监督，依法护航民生民利”专项活动，办理公共卫生、治安管理、城市管理等涉民生民利领域行政检察案件9件。落实“河长+检察长”“林长+检察长”机制，深入推动解决漳江、向北溪流域污水治理、河道垃圾清理等问题。立足助力法治政府建设，积极、稳妥、审慎开展行政执法活动监督工作，着力解决行政执法不规范、执法不到位和管理不严格等问题，发出检察建议8件，共同提升法治公信力。推行“检察+行政”工作机制，聘任8名行政机关专业人员为特邀检察官助理，助力提升检察办案专业化水平，实现双赢多赢共赢。

（林位明、黄雪燕）

【公益诉讼】 2022年，云霄县人民检察院办理公益诉讼案件41件，刑事附带民事公益诉讼4件。

持续开展"公益诉讼守护美好生活"专项监督活动，聚焦群众关心关切的生态环境和资源保护、食品药品安全领域，深入开展人居环境整治、城市二次供水卫生安全、网络餐饮食品安全监督等专项监督，发出检察建议22份。积极稳妥拓展公益诉讼检察新领域，加大力度办理安全生产、未成年人保护、文物和文化遗产保护等领域案件，立案6件，发出诉前检察建议6份。开展"文化遗产保护公益诉讼巡回宣讲+志愿服务"活动3次，推动形成保护文化遗产共识和合力。联合县应急管理局、城市管理局开展危化品生产、液化气生产经营专项排查整治，消除安全生产隐患，守护人民群众生命财产安全。

（林位明、黄雪燕）

【未成年人检察】 2022年，云霄县人民检察院持续推进未成年人综合司法保护，对侵害未成年人犯罪坚持落实从严，批捕9人、起诉8人；对涉罪未成年人落实从宽，不捕4人、不诉22人，适用犯罪记录封存42人。全面推行"平台+机制"工作模式，依托一体化办案中心、桃李观护基地等平台，推行"训诫+帮教+集中教育+亲职教育"工作机制，实现对罪错未成年人教育帮扶系统化。常态化开展法治进校园活动和校园及周边环境安全整治，发出检察建议3份。持续推动社会力量对困境学生开展关爱和救助，司法救助4名未成年被害人，帮助3名困境未成年人重返校园，多措并举护航未成年人成长。

（林位明、黄雪燕）

【"12309"检察服务中心】 2022年，云霄县人民检察院接受群众各类信访件147件，其中来信87件、来访60件，7日内程序性回复率100%，3个月内办理过程、结果答复率100%。加大残疾人、妇女儿童等困境刑事被害人救助力度，办理司法救助案件12件，发放救助金13.7万元。常态化开展争议性或影响性案件公开听证审查机制，面向社会公开选任听证员20名，邀请人大代表、政协委员、听证员参加听证会22场次，充分借助民意化解矛盾纠纷，促进检察办案公正公开。主动发布重要案件信息128件，公开程序性案件1241件，法律文书443份，接待律师阅卷118人次。

（林位明、黄雪燕）

【侦查监督与协作配合办公室揭牌成立】 2022年2月，云霄县人民检察院、云霄县公安局"侦查监督与协作配合办公室"揭牌仪式在云霄县公安局举行，揭牌仪式后，双方会签《云霄县人民检察院 云霄县公安局关于健全完善侦查监督与协作配合机制的实施方案（试行）》文件，就如何更好地开展侦查监督与协作配合工作达成一致。

（林位明、黄雪燕）

【涉案企业合规第三方监督评估机制管理委员会成立】 2022年6月，云霄县人民检察院联合县发改局、县司法局、县财政局等八部门印发《关于成立云霄县涉案企业合规第三方监督评估机制管理委员会的决定》，建立第三方监督评估机制，成立第三方管理委员会，促进强化监管，避免合规改革成为涉案企业的"免罚金牌"。

（林位明、黄雪燕）

【文化遗产保护公益诉讼巡回宣讲+志愿服务活动】 2022年6月，云霄县文化遗产保护公益诉讼巡回宣讲+志愿服务活动正式启动。云霄县人民检察院针对开展文物和文化遗产保护公益诉讼专项监督发现的问题，联合县文化体育和旅游局开展文化遗产保护公益诉讼巡回宣讲+志愿服务活动3场次，通过展板讲解、入户宣传等方式向群众讲解文化遗产保护相关知识，现场解答群众相关法律咨询20余人次，向村民发放文物保护知识手册等宣传资料200余份。

（林位明、黄雪燕）

【首届检察听证员聘任仪式】 2022年9月，云霄县人民检察院举行首届听证员聘任仪式，聘任20名来自社会各界人士为检察听证员，参与检察听证，旨在深化检务公开、促进司法公正，打造检察听证"新常态"，扩大听证工作影响力，提高检察工作的透明度和公信力。

（林位明、黄雪燕）

【首批特邀检察官助理聘任仪式】 2022年11月，云霄县人民检察院举行首批特邀检察官助理聘任仪式，来自资源保护、生态环境、食品药品安全、卫生健康、税务和金融证券等领域的8名行政机关业务骨干被聘为首批特邀检察官助理，旨在借用“外脑”提升检察机关办案专业化水平，是全面深化司法体制改革的创新举措。

（林位明、黄雪燕）

法 院

【概况】 2022年，云霄县人民法院受理案件6448件，办结6319件，结案率98%，员额法官人均结案234件。

【刑事审判】 2022年，云霄县人民法院审结刑事案件701件。是年，持续推进扫黑除恶专项斗争常态化，以敲诈勒索罪、开设赌场罪、非法拘禁罪数罪并罚判处一名恶势力组织成员有期徒刑5年零6个月，并处罚金6万元。加强公民人身安全保护，审结故意杀人、强奸、故意伤害等暴力犯罪案件30件。加强财产权保护，审结“两抢一盗”案件32件、“养老诈骗”案件2件、电信网络诈骗犯罪及关联犯罪案件403件，责令退赔被害人经济损失165.67万元。坚持除假务尽，审结“涉假”案件80件。推进“速裁集中审”，坚持轻微刑事案件速裁、简易案件集中审机制，“醉驾”“帮信”案件当庭宣判率100%，平均审理周期6天，服判息诉率达99%。落实宽严相济刑事政策，判处3年以上有期徒刑55人，判处缓刑、管制等非监禁刑592人，并处罚金1520.7万元。

【民商审判】 2022年，云霄县人民法院审结民商事案件3375件。加强民生保障，审结涉教育、医疗、劳动、“三农”等案件52件，机动车责任事故损害赔偿案件448件，离婚、抚养、赡养等案件429件。落实“保交楼”政策，积极参与华天福满园、上城国际等楼盘的处置，审结房地产案件82件。成立服务营商环境工作专班，快立快审快执涉企、涉项目民商事案件548件，标的额9529.5万元。防范金融风险，审结涉金融借款、信用卡纠纷案件851件，标的额5749万元。完善市场主体整治和退出机制，对十八重工、吉德龙光电等5家不良企业移送破产审查。审结汉晶光电、谊辉光电2家企业破产案件，盘活闲置土地230.87亩、厂房64213平方米。建立企业定向联络机制，开展“千名执行干警进千企”活动，设立“台胞权益保障法官工作室”“核电法官工作室”，深入民营企业提供法律服务指导。

【行政审判】 2022年，云霄县人民法院落实行政案件异地管辖制度，健全行政争议联动机制，召开府院联席会议，建立行政案件协调化解“一案一跟踪”制度，多措并举促进行政争议实质性化解，推进5件行政争议和解撤诉，受委托协调化解率位居全市第三，行政首长出庭应诉率100%。挂牌成立“‘核蓄一体化’重点项目司法行政调处中心”，靠前服务，保障项目落地、征迁、开工及投产等工作顺利推进。监督支持依法行政，对163件涉非法占地、擅自改变林地用途及食品药品安全管理等行政处罚非诉审查案件，裁定143件准予强制执行。

【执行工作】 2022年，云霄县人民法院执结各类案件2080件，执行到位标的额12315.14万元。健全执行长效机制，全面推进执行指挥中心实体化运行，冻结、划拨微信、支付宝及银行存款684.35万元，查封不动产41处、车辆104辆，司法拍卖16次，“3+1”核心指标全部达标。积极开展“涉民生”“涉金融”等案件专项执行行动5次，执结56件，为56名农民工追回劳动报酬41.95万元。强化执行联动，采取非强制手段执结“涉党政”案件5件。严厉打击拒执行为，拘传拘留被执行人45人次，对3名拒不履行生效判决人员作出有罪判决。强化信用惩戒与修复并重的措施，将906人纳入失信名单，发布限制高消费令1408份，信用修复130人次，为有关部门提供入职入党、晋级晋职等信用审查4476人次。

【司法为民】 2022年，云霄县人民法院完善“一站式诉讼服务，一站式多元解纷”平台，畅通当场立、网上立、自助立、跨域立等多渠道，全年登记立案6448件。积极创建“为群众办实事示范法院”，设立志愿服务站，落实首问责任制，设立“一老一少”、军人军属等绿色窗口，优化服务功能，实现立案、缴退费“只跑一趟”。开展巡回审判，深入边远地区、行动不便当事人家中化解纠纷20起。拓宽司法救助渠道，建立执行救助与社会保障、保险救助、慈善救助的“1+3”机制，向38名困难申请执行人发放司法救助金71.3万元。丰富司法援助内涵，依法对23名当事人予以缓、减、免交诉讼费9.38万元，为76名当事人指定法律援助律师。建立每月窗口接访和网上申诉信访制度，领导轮流接访、约谈105人次。加强释法说理，借助宗亲文化评理、多部门协同共治等举措妥善化解“治重化积”案件7件8人。

【队伍建设】 2022年，云霄县人民法院把牢政治方向，举办政治轮训、党组中心组学习、读书交流会等32场，干警轮训627人次，不断提升队伍政治素养，有4个集体、12名个人获得县级以上表彰；夯实素能根基，积极开展庭审观摩、案件评查、文书点评、精品评选“四项工程”，评查案件242件，观摩庭审26场，院、庭领导带头办理重大疑难“四类案件”28件，以实战促实效增实力，有理论文章、司法建议、案例等8篇获奖，89篇宣传稿件在新闻媒体发表；持续正风肃纪，严格落实中央八项规定精神，执行《新时代政法干警十个严禁》，细化防止干预过问案件“三个规定”操作规程，推动铁规禁令落地见效。

司法行政

【概况】 2022年，云霄县司法局围绕云霄县经济发展和创建平安县城总体目标，认真履行依法治县、法治政府建设、疫情防控、人民调解、法治宣传、法律服务、社区矫正等工作职责，完成各项司法行政工作任务。是年，东厦司法所被司法部表彰为“全国模范司法所”，李荣坤被省司法厅授予“全省人民调解先进个人”称号。

【普法与依法治理】 2022年，云霄县司法局优化普法队伍结构和力量，成立“八五”普法讲师团，推动年度普法任务有效落实；推动“谁执法谁普法”责任制落实，下发《2022年重点县直机关普法责任清单》，指导县直相关单位落实普法责任；打造“八五”普法品牌项目，制定“移动调解＋普法”工作指引，扩大普法覆盖面；组织开展民法典宣传月集中宣传活动，推动民法典走到群众身边，走进群众心里；扩大公益普法资源力量，发展吸纳“蒲公英”普法志愿者125名；推进“法律明白人”培养工程，遴选培养“法律明白人”394名，实现每个行政村（社区）至少培养5名“法律明白人”的目标；创新丰富普法宣传方式，采取朋友圈植入广告、群发短信的方式增加法治宣传教育的频次及扩大覆盖面，让广大群众拿起手机就能收到普法短信，翻看朋友圈就能浏览普法广告；运用云霄县特色“灯谜普法”品牌开展法治宣传，举办专题节目灯谜晚会6场，大力宣传与群众密切相关的法律法规。2022年，组织开展法治宣传教育活动56场次，其中进农村11次、进社区10次、进学校24次、进机关5次、进企业5次、进警营1次；分发各类宣传材料1万多份；发送普法短信50万条；微信朋友圈植入普法广告3篇10万条，收到良好效果。

【人民调解工作】 2022年，云霄县司法局组织开展“‘枫桥经验’在云霄深化常态化矛盾纠纷排查化解”专项活动，细化各项工作任务，提升云霄县人民调解工作质效，助推基层治理体系和治理能力现代化。强化队伍建设，大力推进专职调解员配备工作，在全市率先完成179个村级专职调解员的聘任，配备率达100%，其中被评为省一级人民调解员4人、二级人民调解员1人。细化各项工作任务，严格落实县乡村三级排查工作制度，力求把纠纷最大程度吸附在当地、化解在基层，矛盾不上交，是年，排查化解各类矛盾纠纷4861件，其中人民调解4401件，调处成功4393件，调解率100%，调处成功率99.8%；行政调解460件，调处成功460件，调解率100%，调处成功率100%，没有发生重大的矛盾纠纷案件，通过排查未发现影响安全稳定的风险隐患。推动品牌调解室创建，云霄县有228个人民调解委员会，火田镇人民调解委员会“赖坤贤调解室”被县委政法委命名为县级金牌调解室，“方国安调解室”被推荐为市级金牌调解室候选名单；是年，云霄县有6个品牌调解室，其中1个市级金牌调解室、3个县级金牌调解室，品牌调解室为化解本地区重大复杂疑难社会矛盾纠纷，为当地党委、政府排忧解难，创建“平安云霄”发挥积极作用。加强“园区枫桥”调解组织建设，在企业集聚、职工集中的下河乡共信电商文创园，设立调解工作室，集中整合园区人民调解委员会、劳动（人事）争议调解组织及工会劳动法律监督员和律师志愿者等调解力量，共同参与调解，促进劳动纠纷调解在早期、化解在局部、解决在萌芽状态，创建“小事不出企业、大事不出园区，矛盾不上交”的“园区枫桥”机制。

【安置帮教工作】 2022年，云霄县司法局规范刑满释放人员核查比对和衔接管控，确保重点帮教对象“必接必送”。推进过渡性安置基地建设，加强重点人员转化攻坚和心理疏导，完善就业指导、职业推介等机制，落实临时救助、困难帮扶等政策，最大限度预防和减少重新违法犯罪。

【社区矫正】 2022年，云霄县司法局强化组织部署，建立健全机制，与公安、法院、检察院建立信息协查协作机制，实现部门信息互联互通，有效防止脱漏管现象发生，社区矫正工作逐步走向制度化、规范化、智能化。加强日常监管，夯实维稳基础，利用信息网络平台，实时掌握社区矫正对象活动情况和日常表现；利用考核评比，启动惩戒程序，加大监管力度。严格执行重点人员网格化管理，确保辖区内重点人员不发生肇事肇祸案（事）件。

【公共法律服务】 2022年，云霄县司法局开展“不忘初心 牢记嘱托 打造新时代漳州‘148’品牌”活动，制定《云霄县司法局关于开展“不忘初心 牢记嘱托 打造新时代漳州‘148’品牌”三年行动实施方案》，积极开展公共法律服务为民活动，努力为人民群众提供“普惠均等、便捷高效、智慧精准”的公共法律服务，推出具有云霄特色的“移动调解室”“148”法律品牌。完善基层公共法律服务体系建设，建成县级公共法律服务中心、9个乡镇公共法律服务工作站、197个村（社区）公共法律服务工作室，每个乡镇分别推出1—2村（社区）公共法律服务工作室示范村。完善“12348”热线平台建设，让群众足不出户就可以得到及时便捷的公共法律服务，2022年，通过“12348”热线平台来电咨询案件1258人次，咨询类包括婚姻家庭、劳动争议、交通事故、刑事案件等方面内容。高质量、严标准完成法律援助工作，2022年，受理法律援助案件347件，为受援人节省法律服务费51.8万元，挽回经济损失221.5万元；认罪认罚法律帮助案件481件，来访咨询案件68件。

【律师工作】 2022年，云霄县司法局切实做好律师管理工作，加强律师政治思想教育，充分发挥律师队伍职能作用，提高律师的社会责任感，积极组织优秀律师参加政府信访接待，协助有关部门妥善处理群体上访案件。加强对“一村（社区）一法律顾问”工作指导和监督，完成“一村一法律顾问”覆盖率100%，有32名法律顾问与183个村（社区）签订法律服务协议书，充分发挥律师、法律工作者在发展农村经济、深化农村改革、维护农村和谐稳定中的重要作用，推动法治云霄建设。完善“一村（社区）一法律顾问”检查考核制度，加大业务培训力度，建立定期服务制度、工作日志制度、信息公开制度、工作交流制度。全县法律顾问工作符合相关要求，有序地开展为群众提供法律咨询、提供专业法律意见、参与人民调解、参与法治宣传等各项工作。是年，云霄县有律师事务所7家，执业律师22人。

（张腾飞）

军　事

人民武装

【概况】　2022年，云霄县人武部党委紧紧围绕迎接中共二十大召开、学习贯彻中共二十大精神这条主线，深入贯彻习近平新时代中国特色社会主义思想和习近平强军思想，聚焦“忠诚维护核心、矢志奋斗强军”主题教育，着力抓铸魂固根本、抓党建严作风、抓融合促发展，抓主业实备战，抓规范促安全，人武部全面建设整体推进、稳步发展。

【国防动员政治教育】　2022年，云霄县人武部围绕学习贯彻习近平新时代中国特色社会主义思想和习近平强军思想，以跟进参加军分区党委中心组学习为抓手，配套建设图书室，采购各类书籍100余册（套），浓厚学习氛围、提升精神素养，引导干部职工、文职人员增强政治认同、理论认同、情感认同，坚决捍卫“两个确立”、自觉提高政治“三力”、带头做到“两个维护”；聚焦“忠诚维护核心、矢志奋斗强军”主题，扎实开展基层风气整肃治理、“四严四整”教育整训、“四类”倾向性问题纠治、政治教员岗位练兵、职工“爱岗敬业”教育活动和安全警示教育等活动，优化建设营区政治环境，出新“强军目标”展板、灯箱橱窗等20余块，在楼梯走廊处设置有关党建文化等宣传标语40余块，修缮人武部荣誉室展厅，制作“中国民兵发展历史”文化长廊，联合地方举办“学习贯彻二十大、奋进强军新征程”文艺会演，创新学习方式，积极向军地主流媒体报送新闻线索，累计被采用报道37篇，着力在深学细悟、学懂弄通做实上下功夫，逐步提领思想、破解难题、推动工作。

【“双拥”共建】　2022年，云霄县人武部积极发挥桥梁纽带作用，稳步推进双拥共建工作，协调办理军人子女入学入托。积极参加双拥创城活动，为辖区立“三等功”和“四有”现役军人送喜报和慰问金，经验做法被10家军地省级以上媒体转载。积极参加文明创城、乡村振兴建设和“助学兴教”活动，6月1日，在县实验小学组织“情暖‘六一’、关爱军娃”活动。7月1日，开展“情系老兵送健康、爱心义诊暖人心”党日实践活动，不断浓厚拥军优属氛围。

【征兵工作】　2022年，云霄县人武部坚持“五率”牵引、质量排序，突出“毕业生”征集，严格落实“多元化”宣传发动、“标准化”体检政考、“规范化”役前教育、“阳光化”廉洁征兵，联合县政府出台《云霄县鼓励大学生应征入伍实施意见》，整修征兵办，更换征兵体检电脑，完成年度征兵任务。

【民兵工作】　2022年，云霄县人武部落实年度民兵整组，进一步优化布局结构，健全巩固组织，选准配强骨干，按编落实人员，清点补充装备，完善规章制度，着眼新形势新要求，创新和改进工作方法，推动云霄县民兵建设提质增效。狠抓战备工作常态化落实，规范日常战备工作，严密组织元旦、春节、“五一”国际劳动节和国庆等节假日战备，严格日常战备值班，落实好经常性战备教育及议训议战，周密筹备训练计划，完善战备方案、训练教案，高标准落实训练登记。严抓民兵分队训练。5月，组织一次基干民兵点验，首次对全部民兵分队进行点验，到位率达80%以上。组织了5次集训和1次任务演练活动，提高民兵应急处置能力。抓实评星挂牌。2022—2024年，对全县10个乡镇（开发区）基层人民武装部和197个村级民兵连部开展规范化建设“评星挂牌”活动，按照《云霄县基层武装机构建设“评星挂牌”活动方案（试行）》要求，通过树精品、造亮点、抓特色等方式，不断把“评星挂牌”活动引向深入。

【“四个秩序”规范化建设】 2022年，县人武部完成办公楼翻新、电动车充电棚改建、荣誉室展厅修缮、兵器室改建、图书室建设、健身房改建、政治文化氛围布设等基础设施设备升级改造，协调县文体局代建人武部篮球场、配置室外训练器材，添购战备专用笔记本电脑、视频信号干扰器、计算机相关干扰器等，扎实推进军线、地方线路整治，硬件设施不断完善。

（汤灿垚、高增荣）

武警中队

【勤务工作】 2022年，武警云霄中队在持续做好疫情防控的基础上，完成以执勤处突、抢险救援、武装押解为中心的各类勤务。扎实开展隐患联合排查治理，完成备勤室改造、巡逻道刀刺网加固，门禁系统更换、监门身份识别系统建设，进一步加强执勤建设，确保目标绝对安全。

【政治教育】 2022年，武警云霄中队以迎接保卫中共二十大召开、学习宣传贯彻中共二十大精神为主线，狠抓基础教育和经常性思想教育，常态长效抓好党史学习教育，全力打牢官兵高举旗帜、听党指挥、履行使命的思想政治根基。中共二十大闭幕以来，中队迅速购置《党的二十大报告辅导读本》《党的二十大报告学习辅导百问》《二十大党章修正案学习问答》等书籍开展教育学习。充分利用中共二十大专题板报、中共二十大宣传展板等宣传载体，进一步营造学习宣传贯彻中共二十大精神的氛围。

（陈培洋）

人民防空

【人防知识宣传】 2022年，县人防办积极开展人防“五进”活动，先后走进阳霞村委会、阳霞村老人会、阳霞小学、将军山公园和百姓超市等场所，采用现场讲解、发放宣传品等方式宣传人防知识和防灾减灾常识，免费发放人防防空避难场所软件等人防宣传材料120余份，接受群众咨询20多人次，通过现场互动解答、发放人防知识读本、宣传单等方式引导市民扫码人防应急避难场所导航软件，让大家了解、学习人防知识。抓好防空避难场所软件日常维护管理，按照漳州市城市信息模型（CIM）基础平台相关政策、标准要求做好数据信息录入。

【人防工程建设】 2022年，县人防办做好云霄县新建民用建筑修建防空地下室审批、人防易地建设审批、人防工程竣工验收备案等工作。在基层人防建设方面，按照“十个一”建设标准，完成10个乡（镇）人防工作站建设任务。

【防空警报系统建设】 2022年，县人防办升级改造电动警报器为电声警报器，警报音效覆盖率和完好率达95%以上。9月18日10时至10时30分，云霄县依照法律法规规定，积极配合市带各县的防空警报试鸣活动，在县城区域内统一组织实施了防空警报试鸣演练。试鸣活动成功，防空警报预警体系的技术状况和应急响应能力正常，防空警报鸣响率100%，音响覆盖率达98%以上。试鸣期间，广大市民生产生活秩序正常，全民国防观念、防空和应急意识不断增强。

【人防法治建设】 2022年，县人防办深入贯彻落实《中华人民共和国人民防空法》《福建省人民防空条例》等人防法律法规，加强人防依法行政和执法监督，规范人防执法行为。在人防依法行政上，认真排查清理2013年以来的人防易地建设费“减、免、缓”等违法违规问题，全面完成工业项目的人防易地建设费追缴工作。

【人防专业队伍建设】 2022年，县人防办按照“战时防空、平时服务、应急救援”的使命任务要求进行抓纲举目。按照“专业对口、便于组建”的原则，综合考虑防空防灾需要，将人防专业队和城市各种应急救援队伍编为一体，增设伪装设障专业、信息防护专业、心理防护专业队伍，增强专业队伍的覆盖面、针对性和实效性。

（汤美宗）

退役军人事务管理

【优抚褒扬】 2022年，县退役军人事务局严格落实优抚对象抚恤补助，不断提高优抚对象生活水平，按标准为全县优抚对象及时发放优抚对象定期抚恤金；按标准为义务兵发放家庭优待金；做好部分农村籍退役士兵和重点优抚对象生活补助的审核、审批登记工作；做好带病回乡退伍军人、残疾军人、参战退役人员和铀矿开采军队退役人员审核上报工作。采集全县退役军人和其他优抚对象信息报省级审核，省级审核通过的退役军人已全部落实“光荣之家”牌匾悬挂工作。开展困难退役军人帮扶援助，通过常态化联系退役军人方式挂钩困难退役军人，严格把关申请流程，随机抽取申请对象，定期入户走访了解其困难情况。

【就业创业】 2022年，云霄县根据“功绩量化评分”标准，接收转业士官，实行“阳光安置”。启用“士兵退役一件事”综合受理大厅，即县委组织部、公安局等8个部门联合办公，通过部门协同、数据共享、集成服务，缩短办事时间，精简材料，让退役士兵“少跑路”。县退役军人事务局组织开展适应性培训，由漳浦县双元职业培训学校承办具体教学工作，采取“线上+线下”的培训模式：线下集中学习、线上视频课程学习（弹性学时）以及后期跟踪服务。联合县人社局组织开展退役军人、随军家属、高校毕业生就业专场招聘会，邀请多家企业用工单位，为退役军人提供“订单式”“定向式”岗位，搭建退役军人与企业之间的沟通桥梁。

【拥军优属】 2022年，县退役军人事务局利用元旦、春节等重点节日，积极组织走访慰问驻云部队官兵、离退休军队老干部、1—4级伤残军人和中华人民共和国成立前入伍老兵等退役军人。“八一”建军节期间举行“集中送喜报”活动，为全县获得“三等功”的军人家属送喜报、慰问金和献花，提升军人军属的荣誉感。县双拥办公室支持国防和部队建设，帮助武警云霄中队改造车库、协助通讯连云霄工作站进行营区房屋修缮。

【宣传报道】 2022年，县退役军人事务局加大退役军人宣传报道力度，向市级及以上有关媒体投稿报道，被“学习强国”学习平台、福建双拥、新福建、《闽南日报》、今日头条、《国防时报》等媒体转载报道，进一步增强退役军人的荣誉感、归属感、获得感，营造“尊崇军人、尊重军人”的浓厚氛围。

经济管理

发展计划管理

【2022年国民经济和社会发展年度计划】 地区生产总值完成231.05亿元，增长6.5%，完成年度计划的100.46%；全社会固定资产投资（不含农户投资）完成160.90亿元，增长16.1%，完成年度计划的114.60%；规模以上工业总产值完成114.35亿元，增长8.4%，完成年度计划的99.43%；社会消费品零售总额完成114.70亿元，增长6.4%，完成年度计划的99.74%。其中，限额以上社会消费品零售总额完成17.93亿元，增长39.2%；实际利用外资（验资口径）完成1.1亿万元，完成年度计划的292.01%；一般公共预算总收入完成12.09亿元，增长15.0%，完成年度计划的105.13%。其中地方一般公共预算总收入完成9.14亿元，增长20.6%，完成年度计划的114.25%；城镇居民人均可支配收入达40935元，增长7.0%，完成年度计划的98.45%；农村居民人均可支配收入达23684元，增长9.3%，完成年度计划的101.73%。

（张 蔚）

【重点项目建设】 2022年，云霄县安排重点项目168个，总投资1675.73亿元，年度计划投资206.8亿元。1—12月累计完成271.91亿元，完成年度计划的131.48%。计划新开工项目100个，开工92个。计划竣工、投产项目99个，竣工80个。

市级以上在建重点项目50个，总投资1531.89亿元，年度计划投资141.36亿元。1—12月累计完成197.99亿元，完成年度计划的140.07%。计划新开工项目20个，开工20个。计划建成项目14个，建成11个。

省级以上在建重点项目（不含省管项目）11个，总投资180.35亿元，年度计划投资25.13亿元。1—12月累计完成32.88亿元，完成年度计划的130.87%。计划新开工项目5个，已开工5个。计划建成1个，建成1个。

（方文波）

【项目招投标管理】 2022年，云霄县发改局进一步优化招投标程序，加强和规范工程项目招标投标管理，简化公开招标方式核准程序、规范评标行为、创新中标候选人推荐制度、优化中标公示时间。继续推行“不见面”开标，开标时间从原先的2个多小时，缩减到现在的半个小时以内，提速75%以上，降低企业的投标成本，减少人员的聚集风险。是年，全县建设工程招标项目175个，在漳州工程交易中心开标项目7个；在云霄工程交易中心开标项目168个。总投资预算33.05亿元，中标价30亿元，节约资金3.05亿元，节约率9.23%。

（方丽珊）

【项目审批与服务】 2022年，云霄县发改局事项总数75个，“一趟不用跑”事项75个，“一趟不用跑”占比100%；全流程网办事项49个，全流程占比65.3%。其中，行政许可事项23个，法定时限460天，承诺时限36天，时限压缩比率92.2%，即办件数25个，即办件占比33.3%，极大方便群众办事。是年，累计备案项目161件，总投资149.85亿元，其中外商投资备案3件；审批事项140项，涉及项目127个，总投资200亿元。按时办结率100%，实际办理时间比承诺时间提前68%。

（方丽珊）

【维护市场价格稳定】 2022年，云霄县发改局进一步加强市场价格监测预测预警，提升价格监测数据信息的及时性、准确性和完整性，当好党委政府的参谋助手作用；组织开展对供水供电供气的收费项目收费标准、收费依据进行检查，创造良好的营商环境；根据省市统一部署，在春节期间，启动农副产品平价商品销售工作，进一步平抑物价，惠及民生；规范制定民办学校收费，促进全县教育事业有序发展；加强对行政事业性收费的监管，完成2022年云霄县行政事业性收费报告工作，确保减免政策执行不落空、不走样，创造良好的营商环境；启动价格联动补贴机制，对优抚保障对象发放价格临时补贴131.77元，计43597人次。

（郑育纯）

【价格认证服务】 2022年，云霄县发改局完成各类价格认定事项438件，认定金额23516万元。其中，涉税认定个案13件，认定金额18486万元；涉案425件，认定金额5030万元。

（林 静）

财 政

【概况】 2022年，全县一般公共预算总收入完成12.09亿元，占预算的100.35%，同口径增长15.04%。其中，上划中央收入2.96亿元，下降10.21%；地方一般公共预算收入9.14亿元，占预算的100.17%，同口径增长20.63%。一般公共预算支出31.43亿元，占预算的113.7%，比上年同期增加6.05亿元，增长23.82%。

【支持重点领域建设】 2022年，县财政局筹集资金24亿元，支持滨北新区建设，下港、莆下和演武亭棚户区改造，县医院、新党校建设，开发区、列屿、陈岱工业园区等重点项目建设。有效满足重点项目建设的融资需求，拉动经济增长。

【向上争取资金】 2022年，县财政局向上争取资金25.74亿元。其中，财政专项资金8.20亿元，地方政府债券资金17.54亿元。主要投向交通水利、社会保障、医疗卫生、生态环保、乡村振兴、产业园区基础设施等重点民生领域，发挥债券资金投资拉动作用。

【存量资产盘活】 2022年，县财政局全面梳理云霄县存量资产情况，筛选出可盘活的项目，建立资产台账，采取灵活有效方式进行盘活。完成智慧停车项目策划包装工作，将6272个一类停车位以特许经营形式转让，提高资产使用效益。加快县属国有企业转型升级，对21家国有企业进行整合，优化国有资本布局结构，提升国企市场化投融资能力，推动高质量发展，充分发挥国有企业经济促进作用。

【减税降费】 2022年，县财政局落实组合式减税退税政策，严格执行制造业中小微企业阶段性税收缓缴。全年办理增值税留抵退税1.37亿元、制造业中小微企业税收缓缴0.60亿元，缓解企业资金困难和经营压力。落实阶段性房租减免政策，减免租金0.03亿元。严格落实支持中小企业政府采购政策，授予中小企业签订政府采购合同的项目11个，合同金额1.37亿元。简化信贷流程，为受疫情影响的中小微企业、个体工商户办理无还本续贷，共办理无还本续贷436户、金额16.24亿元。

【助力乡村振兴】 2022年，拨付耕地保护和一次性种粮补贴资金1300万元，保障粮食安全生产。投入资金2800万元，建设高标准农田1万亩。培育省级优质农产品示范基地7个、拨付400万元支持建设省级“一村一品”专业村4个，促进特色现代农业高质量发展。争取上级专项补助资金5100万元，支持巩固拓展脱贫攻坚成果同乡村振兴有效衔接，坚决守住不发生规模性返贫底线。整合上级专项资金2800万元，专项用于省级乡村振兴试点示范村和实绩突出村建设，促进云霄县产业振兴。支持乡村旅游宣传及基础设施建设，投入650万元用于农村边远三区广电网络建设，满足广大人民不同精神文化需求，切实丰富人民群众的文化生活。

【惠民实事落实】 2022年，县财政局持续增加民生的投入，努力增强人民群众的获得感、幸福感、安全感。全年累计民生支出19.62亿元，占一般公共预算支出的76.60%，超全省平均水平。落实教育支出“两个只增不减”，统筹安排教育领域资金7.5亿元，深入实施城区学位扩容和薄弱学校改善与能力提升计划，支持新建、改扩建公办幼儿园3所，推进基础教育均衡优质发展。优化配置财政支出结构，补齐文化支出短板，支持文化惠民工程。全年投入2540万元，主要用于支持向东渠精神教育实践基地建设、陈政墓、燕翼宫、秋瑾故居、何氏家庙文物保护和非物质文化遗产保护。

【社会保障水平提升】 2022年，县财政局聚焦特殊困难群体，持续实施社保民生工程，完善社会救助制度，推进养老服务体系建设。连续提高企业退休人员养老金，达到人均每月2306元。下达城乡居民基本养老保险财政补助资金1.2481万元，补助居民参保缴费和保障养老待遇发放。下达资金5143万元，将城乡居民基本医疗保险政府补助标准从每人每年不低于580元提高到不低于650元。下达困难群众救助补助资金6895万元，推动完善困难群众救助补助政策，将省定低保最低标准从4750元提高到9780元。下达2239万元，保障残疾人基本生活，支持残疾人事业发展。下达1331万元，落实优抚对象生活和医疗保障待遇，连续4年提高部分优抚对象抚恤和生活补助标准。拨付医改资金0.26亿元，支持公立医院改革发展，完善公共医疗卫生体系建设，推进卫生健康事业发展。支持农村区域性养老服务中心建设，开展居家和社区养老试点。

【类金融服务与监管】 2022年，云霄县共有典当行4家，分别为宏泰典当、聚本典当、信银典当、信实典当。融资担保机构2家，分别为华阳担保、支农融资担保有限公司，其中支农融资担保有限公司为政府性融资担保。将类金融相关的23项行政审批事项进驻行政服务中心，做好类金融行业的设立、股权变更、增资、减资，名称变更等常规业务办理。并对相关类金融机构进行了水电气、营业场所、设施设备等安全风险点排查检查工作。

【金融风险防控】 2022年，人民币各项存贷款总额474.22亿元，同比增速21.75%，增速位居全市各县（区）第一。辖区银行业累计办理无还本续贷758笔、金额14.78亿元。围绕房地产金融风险和重点企业、重点项目信贷风险、中小银行等重点领域，全面开展辖内金融风险隐患的梳理和排查。2022年总体风险可控，无金融领域重大风险情况。

【市场主体纾困】 2022年，财政局协同金融机构加大政策宣传力度并主动服务企业，完成全省第8期100亿元规模的中小微企业纾困贷款发放。年内辖区内金融机构通过“金服云”平台与企业累计成功对接90笔贷款，累计放款金额3.02亿元。纾困贷款共发放147笔，发放金额5.56亿元。会同有关部门加大创业担保贴息政策宣传和实施力度，重点引导金融机构积极扩大创业担保贷款业务规模，重点对交通运输、餐饮、住宿等行业小微企业和个体工商户的支持，提供精准专业，高效，快捷的“一站式”服务，按照贴息政策，将县级应承担的贴息部分纳入年度预算。全年累计发放39笔个人创业担保贷款，涉及金额608.26万元。

【防范处置非法集资】 2022年，财政局联合人行、银保监组、金融保险机构先后两次进入老年大学宣传，向老年人介绍非法集资主要表现和危害，普及基础金融知识，引导老年人提高警惕，远离非法集资，谨防受骗。通过LED电子显示屏滚动显示、悬挂横幅等方式，警示维护个人金融信息安全，免受非法集资诈骗侵害。协同县公安局、市场监管局、民政局等部门和乡镇（开发区）进社区、进学校、进工厂等，向基层群众普及防范非法集资金融知识。在老年大学、各银行保险网点、电视台等投放原创视频《守住钱袋子 护好幸福家》，提高云霄县广大群众特别是老年人群体对非法集资的防范意识和识别能力。作品作为漳州6支优选作品之一，被推荐参加全国处非联赛短视频大赛，且于5月25日获得福建金融平台推广，12月9日刊登至《闽南日报》。

【政府采购和投资评审】 2022年，云霄县实施政府采购的项目121个，预算金额4.29亿元，其中免收投标保证金的金额达2501.15万元，免收或减收履约保证金的金额达910.29万元，减轻了参与政府采购供应商的经济压力。持续加大财政投资评审力度，强化对重大项目、重大产业资金的评审和跟踪问效，严控项目随意变更、增加投资。全年财政投资评审已完结送审金额29.71亿元，审定金额28.18亿元，核减金额1.53亿元，核减率5.14%。

【债务风险防控】 规范债务管理，及时还本付息，加快债券支出进度，督促乡镇配合主管部门，尽快形成实物工作量，跟进债券资金库款回补整改工作，确保债券资金安全。强化预算约束和财政承受能力评估，制订暂付款分年化解规划，厘清暂付款性质，多措并举，逐年消化存量暂付款，严控新增暂付款；跟进财政体制改革思路、措施、时间表，抓好基础数据测算，储备应对举措；科学调度库款，促进财政平稳运行。

【预算管理改革】 全面实施零基预算，坚持尽力而为、量力而行，既全力落实“三保”，又不做过高承诺，确保适应财政承受能力。按照“够用不滥用、快进不冒进、可行又可能”的原则，完善预算支出标准建设，将支出标准作为预算编制的基本依据。坚持政府过紧日子。建立节约型财政保障机制，将过紧日子常态化，严控一般性支出，更好节用裕民。同时推进“业务＋技术”双轮驱动的新的预算管理一体化系统建设，促进财政监督、绩效管理与预算编制、执行全面深度融合。

（张欣欣）

税 务

【税费收入】 2022年，县税务局实现各项税费收入259734.05万元，同比增收85421.69万元，增长49%。累计实现税收收入87870.04万元，占比33.83%。累计实现非税收入和社保费171864.01万元，占比66.17%。为市场主体减轻税费负担和增加现金流28649.78万元，其中增值税留抵退税12342.02万元。

【“非接触式”办税】 2022年，县税务局全面推进“非接触办税”。为做好疫情防控工作，全面推开非接触办税，在托邮政代开电子普票的基础上，拓展委托航信代开电子普票，实现手机代开发票。通过税企交流微信群发布“非接触式”办税相关信息，呼吁并辅导纳税人、缴费人通过“非接触式”电子办税（费）渠道办理业务，引导群众通过电子税务局、“闽税通”App、O2O、自助办税终端等渠道进行业务办理。

【税收营商环境优化】 2022年，县税务局打造青年税务团队。设立全省统一的“税悦工作室”，积极实施“青蓝计划”，及时回应群众诉求，着力解决纳税人问题。加强信用体系建设，统一部署安排，坚持客观公正、标准统一原则，大力宣传辅导，准确客观评价，完成辖区企业年度纳税信用等级评价工作。2022年度市对县营商环境指标考核云霄县“纳税”指标排名第一。

【税费治理效能提升】 2022年，县税务局推进税收征管数字化升级和智能化改造，落实“全电”发票扩围试点工作，实现受票企业“预先服”全覆盖；依托“5C+5R”数据分析，提升业务办理准确性和执法服务规范性。坚持“税费皆重”，顺利完成土地出让金等非税收入划转任务；推行执法责任制，切实做到有权必有责、用权受监督、违法必追究。健全行政决策制度体系，持续推进依法科学民主决策，处理3起破产清算案件。

【税收宣传】 2022年，县税务局认真做好全国第31个税收宣传月活动，将税收宣传与“献礼党的二十大”系列宣传紧密结合起来，深化活动主题，用好“线厅联动 问办协同”创新模式，以网络连线、直播互动方式，提升宣传效果，共举办宣讲会3次，发放宣传材料3000余份，全年共刊用市级及以上媒体稿件55条。

（林奇恩）

审计

【概况】 2022年，云霄县审计局完成审计项目32个（含配合项目4个），开展中项目4个。审计查出问题涉及金额3103.76万元，其中违规金额285.21万元，管理不规范金额2818.55万元。审计处理处罚2278.66万元，其中审计处理应上缴财政233.37万元，应归还原渠道资金94.67万元，应减少财政拨款或补贴25.61万元，应调账处理1925万元，出具审计报告和专项审计调查报告32篇，提出审计建议105条，移交云霄县纪委监委和相关主管部门问题线索4条，落实中央八项规定及其实施细则精神“1+X”督查移送问题线索1条。

【预算执行情况审计】 2022年，云霄县审计局根据省厅工作方案要求，实行省、市、县三级联动方式，开展云霄县2021年度县本级预算执行情况、决算草案和其他财政收支审计及县林业局、县交通局部门预算审计，同步嵌入实施建设通道枢纽功能专项审计、2022年新冠疫情防控资金和物资审计、疫情防控惠企纾困政策落实情况专项审计调查、县地方政府债券与隐性债务专项审计。重点关注县级及县直部门预算执行和决算草案编制、零基预算推进、财政资源统筹、财政支出政策落实、转移支付资金分配管理、重点领域财力保障、国有资产管理、贯彻落实中央八项规定及其实施细则精神等情况。在预算执行审计项目嵌入实施大数据分析与核查、信息化建设专项资金审计、“1+X”督查，实现县一级预算单位数据分析审计“全覆盖”。

【政策落实跟踪审计】 2022年，云霄县审计局开展乡村振兴专题政策审计2个，重点关注农村人居环境整治专项资金管理和使用、农村改厕、垃圾和污水治理、黑臭水体治理、畜禽粪污治理、村容村貌提升情况。开展省重点项目审计1个，即县第二自来水厂建设项目，促进项目及时投产。

【经济责任审计】 2022年5月18日，云霄县审计局牵头组织召开2022年度经济责任审计工作联席会议暨2022年经济责任审计工作动员会，传达学习《中共福建省委审计委员会办公室印发〈关于贯彻落实党政主要领导干部和国有企事业单位主要领导人员经济责任审计规定的若干措施〉的通知》相关规定，重点介绍2022年经济责任审计工作总方案主要内容。是年，开展领导干部经济责任审计项目13个，其中完成跨年度项目7个、开展中项目2个。重点关注领导干部贯彻执行重大经济方针政策、决策部署，重大经济事项决策、执行及效果，经济风险防范、遵守财经法纪制度、落实党风廉政建设责任等情况，促进领导干部履职尽责、担当作为。

【自然资源审计】 2022年，云霄县审计局结合1个林业局经济责任审计项目同步实施开展林业局领导干部自然资源资产审计。重点关注领导干部贯彻执行县委生态文明建设方针政策和决策部署、遵守自然资源管理和生态环境保护法律法规、相关目标任务完成、相关资金征管用和项目建设运行等情况。

【审计整改】 2022年，云霄县审计局做实审计整改“下半篇文章”，多次召开审计发现问题整改专题会推进会，呈报县委审委会和县委县政府有关领导，并报送相关部门，通过压实审计发现问题整改责任，推动整改落实见效。

【审计委员会】 2022年5月19日，召开十四届云霄县委审计委员会第二次会议，传达贯彻中央、省、市审计工作相关会议精神，审议通过《2021年云霄县审计工作情况和2022年工作要点》《云霄县2022年审计项目计划》；7月14日，召开十四届云霄县委审计委员会第三次会议，审议通过《2021年度云霄县本级预算执行和其他财政收支情况的审计报告》；10月27日，召开十四届云霄县委审计委员会第四次会议，传达学习中央、省、市审计委员会会议精神，审议通过《2021年度云霄县本级预算执行和其他财政支出审计查出问题整改情况报告》。

（黄赐杰、江 煜）

统 计

【概况】 2022年，云霄县统计局围绕“产业发展项目建设攻坚年”活动和“七比一看”竞赛，强化统计业务培训，深入基层开展调研指导，更好服务决策、服务公众，为建设富美新云霄提供有力的统计保障。

【统计年报和定期报表工作】 2022年，云霄县统计局严格按照国家统计制度方法要求，注重加强对各专业数据的审核、验收和检查，进一步强化统计法治意识与业务能力双提升，高标准完成投资、工业、贸易、农业、服务业、能源、科技、劳动工资、房地产、建筑业、住户调查、粮食产量面积调查、畜禽调查、“四下”企业调查等各项常规统计专业2021年年报和2022年定期统计报表报送工作。是年全县“四上”企业联网直报率达100%。

【统计基层基础】 2022年，云霄县统计局推动出台《云霄县进一步加强统计基层基础建设实施意见》和《云霄县统计局开展统计基层基础规范化建设督查工作方案》，推动“统计基层基础建设情况”纳入县对乡镇（开发区）年度绩效考核的内容，压实各乡镇（开发区）及有关部门工作责任，形成工作合力。同时，进一步强化业务培训和检查指导，不断夯实基层统计基础。

【统计法治建设】 2022年，云霄县统计局多措并举积极营造依法治统、依法统计的法治环境，进一步推动统计法治建设。加强统计法治宣传，推动出台《云霄县贯彻落实〈福建省防范和惩治统计造假、弄虚作假责任制规定（试行）〉实施意见》，通过举办“宣传贯彻《统计法》”专题灯谜活动、“学习贯彻党的二十大精神暨庆祝《统计法》颁布39周年”书画作品展，进一步树牢数字底线意识，坚决彻底防范和杜绝数据造假、以数谋私的违纪违法行为；落实统计机构责任制，严格执行《关于统计机构负责人和统计人员防范和惩治统计造假弄虚作假责任制规定》，切实落实防范和惩治统计造假弄虚作假的领导责任、监督责任、主体责任和相关责任；强化统计执法检查，加大统计执法检查力度，严肃查处统计对象尤其“四上”企业虚报、瞒报、漏报等违法违纪行为，提升执法检查效果。2022年，查处一起涉嫌构成提供不真实统计资料的统计违法行为，予以立案并处警告，罚款0.3万元。

【统计分析服务】 2022年，云霄县统计局主动适应发展新常态，加强统计调研分析，围绕全县经济“开门红”“双过半”“全年稳”和“产业发展项目建设攻坚年”活动及“七比一看”竞赛，提出预警分析和研判意见。撰写的呈阅件被县领导批示32篇次。

【城乡住户调查】 2022年，云霄县统计局在全县15个样本点开展城乡住户调查工作。云霄县城调队组织业务人员深入调查户，开展入户回访和记账检查指导工作，并逐月做好数据的录入、审核、上报工作。云霄县2022年居民人均可支配收入30948元，增长7.9%；居民人均生活消费支出20821元，增长7.2%，其中城镇居民人均可支配收入40935元，增长7.0%，城镇居民人均生活消费支出28113元，增长6.6%；农村居民人均可支配收入23684元，增长9.3%，农村居民人均生活消费支出15595，增长7.9%。

（方建德、张 帆、康彦喆）

市场监督管理

【双打工作】 2022年，云霄县市场监管局贯彻落实省、市“双打”办和县委、县政府工作部署，坚持服务防疫大局、关注民生保障、聚焦执法主业、突出整治成效的总体思路，坚持高站位、高标准、高质量、高强度，全覆盖地推进打击侵权假冒违法行为专项行动。是年，立案查处生产、销售假冒伪劣食品案件19起，罚没款38.55万元；立案查处侵犯商标权案件25起，罚没款13.2万元；立案查处假冒专利权案件6起，罚没款0.05万元。

【打击走私工作】 2022年，云霄县市场监管局出动执法人员362人次、执法车辆126辆次，组织开展打击流通领域走私行为，检查各类相关经营主体计483户次。加强对相关经营主体的日常巡查，严格按照《福建省反走私综合治理工作规定》等相关法律法规的要求，坚决查禁走私行为，促进有关商户守法经营；强化事前、事中监管，加强反走私的法治宣传教育，加大对广大商户法律法规宣传教育力度，增强经营者的法律意识和守法意识；发动广大人民群众积极参与，充分发挥“12315”消费申诉举报热线、网络平台的作用，积极拓宽投诉举报的渠道；加大案件查办力度，对经营无合法来源商品、进货未履行进货查验义务等行为严厉查处。是年，立案查处经营无合法来源商品案件4起，罚没款3.37万元；查处未履行进货查验义务等行为违法行为19起，罚没款12.33万元。

【成品油质量管控】 2022年，云霄县市场监管局结合云霄县实际，继续巩固成品油质量管控整改工作成果，做到有组织、有保障、有具体措施、有责任分工，确保全县成品油质量管控整改工作顺利开展。是年，对辖区加油站（点）销售的油品进行监督抽检，成品油抽查17批次。经检验，被检批次的成品油均符合相关标准。

【野生动物市场监管】 2022年，云霄县市场监管局根据《关于转发国家林业和草原局等十一部委开展“2022清风行动”的通知》部署，在辖区内开展打击野生动物非法贸易“清风行动”。清理整顿非法经营市场和商户，各市场监管所、检查大队对宾馆饭店、养殖场等相关交易市场进行拉网式排查，及时发现和查处非法收购、出售食用野生动物及其制品的行为，依法严肃查处非法出售禁用猎捕工具以及非法制造、销售违法工具等违法行为，取缔非法制造窝点、作坊等；强化同公安局、林业局、海洋渔业局等部门执法协作，形成执法合力，加强面上摸排、网上巡查和信息共享，及时发现线上线下非法贸易野生动植物行为。是年，县市场监管局累计出动人员130多人次，排查农贸集市、餐馆等场所105家，未发现违法违规行为。

【殡葬行业专项治理】 2022年，云霄县市场监管局加大对殡葬用品市场的监管力度，配合民政部门打击非法制造、销售殡葬用品等行为。依法查处无照经营婚丧喜庆用品行为，打击殡葬行业经营单位滥用市场支配地位搭售商品、经营迷信用品等违法违规行为，查办不依法明码标价、分解收费项目多收费、强制服务并收费等违法违规案件，及时受理和依法处理群众涉及殡葬行业方面的投诉举报，妥善解决殡葬服务纠纷，维护市场经营秩序。是年，县市场监管局出动执法车辆26辆次，执法人员82次，检查相关经营户32户次，未发现有相关违法行为。

【“铁拳”行动】 2022年，云霄县市场监管局坚持问题导向、目标导向，聚焦关系群众生命健康安全的重点商品，贴近群众生活的重点服务行业，以及农村与城乡接合部市场、制售侵权假冒伪劣商品多发的重点区域，重拳出击，严厉打击以下11类违法行为：销售药残超标的畜产品、水产品以及“瘦肉精”的肉类；脏乱差店家入驻外卖平台等问题；食品中超范围超限量使用食品添加剂和添加非食用物质和药品（简称“两超一非”），宣称减肥和降糖降压降脂等功能的食品中添加药品；生产销售“偷工减料”劣质钢筋、线缆；生产销售劣质儿童玩具；中介机构“乱收费”；

翻新“黑气瓶”；农村市场“山寨”酒水饮料、节令食品；“神医”“神药”等虚假广告；流通市场成品油违法行为；销售“非法添加”、假冒伪劣儿童化妆品；校外培训机构侵犯消费者权益。

【直销监管工作】 2022年，云霄县市场监管局对县内直销企业、分支机构、服务网点、经销商对照《直销管理条例》《禁止传销条例》的规定进行不定期检查及明察暗访，针对直销企业经营中存在的不规范现象，特别是直销企业及经销商涉及虚假宣传的行为，采取企业约谈、行政指导等多种方式，指导企业进行整改和规范。同时，加大宣传力度，充分运用多种宣传载体特别是互联网新媒体，广泛宣传报道直销监管情况，发挥正面引导和舆论监督作用，共同维护公平竞争的市场秩序。

【网络监管】 2022年，云霄县市场监管局重点打击网店经营主体“未规范公示信息、未按要求公示促销信息、违法违规发布商品和服务广告、侵犯消费者权益”等行为，督促网络经营者规范节日期间促销行为，履行法定责任和义务，自觉守法合规经营。为了进一步规范网络餐饮服务经营行为，切实保障人民群众“舌尖上的安全”，结合实际情况，县市场监管局加大网络交易监管力度，强化餐饮服务第三方平台重点整治。通过巡查、监督检查、专项整治和约谈方式，强化网络餐饮服务第三方平台、食品配送经营主体的监管。同时，结合当前疫情防控工作要求，加强餐饮服务从业人员（食品配送人员等）团队的疫情防控和个人健康卫生管理，推行无接触配送服务、规范佩戴口罩、加强食品配送工具及设备的卫生消杀等。强化入网餐饮服务提供者重点整治，结合开展学校食品安全治理、落实食品领域源头赋码和进货查验主体责任专项整治行动、实施餐饮质量安全提升行动、“餐饮安全你我同查”活动等，严格餐饮服务提供者入网许可管理和餐饮服务提供者的食品安全监管。提升平台维权点建设，在美团、饿了么营业场所设立“12315”投诉举报维权点，公开投诉举报方式。

（何炜阳）

质量技术监督

【特种设备安全监察】 2022年，云霄县市场监管局重点开展“城镇燃气安全排查整治”“云霄县特种设备安全大检查”“危化品安全风险集中治理”“特种设备超期未检专项整治”“电梯质量安全提升行动”“‘黑气瓶’整治巩固提升行动”等专项行动。全年出动执法人员707人次，检查特种设备使用单位206家次，发现安全隐患66个，发出安全监察指令书66份；立案14起，罚没款入库43.8万元。是年，云霄县（含常山华侨经济开发区）有特种设备使用单位540家，在册各类特种设备3341台，其中气瓶充装单位3家，学校、医院、商场等特种设备重点使用单位59家，全年特种设备零事故，安全形势较好。

（杨宏坚）

【重点工业产品质量安全监管】 2022年，云霄县市场监管局对全县获得工业产品生产许可证生产企业开展全覆盖监督检查。开展生产领域产品质量监督抽查工作，配合国抽、省抽完成3家企业8个批次产品抽检。

【质量强县工作】 2022年，云霄县市场监管局深入推进质量强县战略，提升质量总体水平，组织全县3家企业共同开展质量提升行动；推荐3家企业参与福建省政府质量奖三年滚动培育计划；开展“质量月”活动，检查各类企业10余家，发现问题企业1家，下达责令改正通知书1份。

【认证认可与检验检测监管工作】 2022年，云霄县市场监管局组织专家对实验室进行资料及现场评审2家次，完成4家检验检测机构全覆盖监督检查，组织2家检验检测机构参加省局实验室能力验证工作，深入10家企业开展认证宣传活动，对3家产品认证企业进行监督检查。

【标准计量工作】 2022年，云霄县市场监管局通过强制检定平台，对全县强检计量器具进行网上审核备案，20项社会公用计量标准投入使用。指导、帮助辖区企业参与国家标准制修订工作，1家企业参与1项国家标准制修订。

（林华雄）

工商行政管理

【商事登记改革】 2022年，云霄县市场监管局结合“三提三效”行动，为各类市场主体提供“妈妈式”服务，打造“企业开办一件事一站式”改革升级版，强化帮办代办和志愿者服务；通过深化企业登记“全市通办”“证照分离”改革全覆盖，积极稳妥推进“一址多照”“集群注册”，企业开办“一网通办”“一业一证”“证照联办”“简易注销”等综合实施商事登记改革，持续优化审批服务，进一步激发市场主体活力和创业创新创造，促进市场主体数量有效增长。是年，云霄新增企业市场主体2238户，同比增长62.17%，增长率位列漳州市第一；新登记法人企业893户，同比增长15.07%，增长率位列漳州市第三。2022年11月16日，《福建日报》新福建客户端刊发《云霄县市场监督管理局多措并举激发市场主体活力》；2022年11月24日，《海峡消费报》刊发《硬招实举服务市场 营商环境提质升级》；2022年12月29日，“云霄县：创新‘审管互动’模式激发市场主体活力”入选福建省深化“放管服”改革典型经验。

【“企业开办一件事”服务】 2022年，云霄县市场监管局依托企业开办“一网通办”平台，实现相关数据同步采集、业务并联办理、结果实时共享。推行自主申报的名称和设立登记一并办理，企业名称平台通过“自助查重、关联提醒”功能对拟定名称进行自主查询、比对。实行经营范围规范化登记，经营范围升级为“智能搜索”“套餐选择”“自主申报”，申请人只需勾选生成，即可实现跨地区、跨部门经营范围无缝衔接、快速申报。实行企业住所（经营场所）申报承诺制，大幅减少人工干预，实现符合条件的企业设立登记“即报即办”。窗口企业开办时间稳定压缩在0.5个工作日以内。落实“一窗受理、一个环节办理、一窗出件、一个工作日办结”的要求，实现企业登记、公章刻制、发票领取、银行开户及医保、社保、住房公积金缴存，用电、用水、用气登记全程入驻办理。实行网上自助刻章，由公章制作服务单位向公安部门备案。税务部门推行网上申领发票和税控设备，推行电子发票，实行新办纳税人“套餐式”服务。企业办理设立登记，可自主选择商业银行网点预约银行开户，勾选自己要办理的业务套餐。

【“证照分离”改革全覆盖】 2022年，云霄县市场监管局规范“证照分离”审批行为，对所有涉企经营许可事项实行清单管理，逐项列明事项的责任单位、事项名称、设定依据、审批层级和部门、改革方式、具体改革举措、事中事后监管措施等内容，按照直接取消审批、审批改为备案、实行告知承诺、优化审批服务等四种方式分类推进改革。及时向社会公布，并调整更新政务服务事项类型，修订完善办事规则、服务指南和业务流程。是年，施行“食品经营许可（仅销售预包装食品）”由审批改备案，办理备案1638件。全面推行证明事项和涉企经营许可事项告知承诺制，企业和群众在办理涉企经营许可事项时行政机关以书面形式将证明义务、证明内容以及不实承诺的法律责任一次性告知申请人，申请人书面承诺符合告知的相关要求并愿意承担不实承诺的法律责任，行政机关不再索要有关证明并依据书面承诺办理相关行政事项的工作机制。依托福建省政务服务业务协同平台，推送给相关部门，推广电子证照运用，确保市场监管、税务、人社、统计等部门数据统计口径、监管主体底数一致，实现涉企经营信息的归集共享。在职能监管领域大力强化事中事后监管，根据风险评估增加高风险经营者的检查频次，加大执法力度，对实际情况与备案信息内容不相符的违法违规行为从严处理，将虚假备案、违规经营等信息记入企业或个体经营户食品安全信用档案，对失信主体开展联合惩戒，形成闭环管理。

【"一照多址"登记试点改革】 2022年，云霄县市场监管局实行住所与经营场所分离登记，即对市场主体在住所以外开展经营活动，属于同一县区级登记机关管辖的，申请增加经营场所备案，经营场所证明事项实行告知承诺制。使用公安二维码标准地址数据，实现企业标准化地址（住所或经营场所）登记模式。同时，允许"一址多照"，即同一地址可以作为两个以上市场主体的住所（经营场所）；允许格子间办公、工位注册；允许电子商务、软件开发、管理咨询、设计策划、文化创意和服务外包等；允许使用住宅作为住所（经营场所）。

【"证照联办"改革】 2022年，云霄县市场监管局对于同一市场监管部门内核发的营业执照和许可证件，通过推行"一套材料、一窗受理、合并审批、同步发证"等模式，并整合预包装食品、药品、医疗器械经营许可（备案）信息，实现同一市场主体只需到一个窗口申请，提交一套材料，即可一次性办齐营业执照和相关许可证（文书），最大限度减少各环节衔接和等待时间，降低市场主体非经营性成本，提升全流程办事体验。市场监管领域"证照联办"，对法定代表人（负责人）身份证明、委托书及委托人身份证明、住所（经营场所）证明等共性材料只需提交一份；只需到一个窗口、一套材料、当场办结、同时出证照。是年，"证照联办"1466户。

【"个体工商户服务月"活动】 2022年，云霄县市场监管局聚焦个体工商户面临的困难和诉求，充分动员各方面力量，推动各项纾困政策落地落实，共同促进个体工商户健康发展。以"送服务、办实事、促发展"主题在全县开展"个体工商户服务月"活动，召开3场服务座谈会，通过微信公众号开辟专栏，开展政策解读、入户调研、LED显示屏循环滚动宣传等形式，积极主动为经营者提供高效便捷的服务，深入个体工商户经营一线，摸实情、问需求、送政策、解难题，利用逐户走访宣传、业务咨询等方式，向经营者发放宣传单、宣传资料以及个体工商户服务专项调查二维码，宣传国家鼓励、支持和引导个体工商户发展的相关政策，倾听其面临的困难和诉求，帮助个体工商户解决实际困难和问题，计发放宣传手册200余份、专项调查问卷77份。开设"我帮办"，积极主动为经营者办理个体工商户证照的"绿色通道"，积极支持新产业、新业态和新经营模式发展，扶持直播电商产业快速发展，引导微商、电商、短视频创作者、带货达人等创业。是年，全县有从事互联网经营的个体市场主体60934户，从事短视频创作、带货经营的直播市场主体258户。

【推进主体注销便利】 2022年，云霄县市场监管局落实《福建省企业简易注销登记办法》及《福建省个体工商户简易注销登记办法》，坚持便捷高效、公开透明、控制风险的原则，简化企业注销流程和申请材料；改变公告形式，以国家企业信用信息公示系统公告替代传统报纸公告，扩大企业简易注销适用范围。企业通过国家企业信用信息公示系统《简易注销公告》专栏主动向社会公告拟申请简易注销登记的《全体投资人承诺书》，公告期20天满后，企业只需要提交规范简易注销登记申请材料，登记机关对符合简易注销条件的当场作出准予简易注销登记的决定。同步推行"证照并销""一件事"，简化注销登记流程，将市场监管领域营业执照注销与仅销售预包装食品、食品经营许可证、食品生产加工小作坊登记证、低风险食品生产许可证照注销等事项"一件事"，简化注销登记流程，将市场监管领域营业执照注销与仅销售预包装食品、食品经营许可证、食品生产加工小作坊登记证、低风险食品生产许可证照注销等事项"合并为一"，实现"一窗受理、同步注销"，方便企业、个体经营者退出经营，做到准入、退出便捷。是年，开展"证照并销"业务627件，市场主体真正享受到政策便利。

（柳文兴）

【商标保护与推广】 2022年，云霄县新增一枚地理标志商标"马铺虎尾轮"，共有地理标志商标39枚，还有一枚"梁山茶"在审理中。县市场监管局加大地标知识宣传力度，利用云霄地标示范区宣传视频，以地标为核心，用镜头展示和记录云霄地标示范区是如何一步步建设而成的，利用各种宣传媒介，通过展示云霄地标驿站的建设，地标产品的产业，宣传云霄地标示范区的成果，扩大地理标志示范区的影响力。积极申报创建国家地理标志产品保护示范区。加强沟通协调，部门配合，组织材料申报创建国家地理标志产品保护示范区；国家知识产权局正式批文下发，确定国家地理标志产品保护示范区筹建名单，“国家地理标志产品保护示范区（福建云霄）”在列，筹建期3年（2022年10月至2025年10月）。县市场监管局和农业农村局共同牵头，历经多次征求意见和十几稿修改，形成《云霄县地理标志产业高质量提升实施方案》，内容包括工作目标、工作任务、要素保障等，方案于10月20日以中共云霄县委办公室、云霄县人民政府办公室名义印发。在漳州市市场监管局大力支持下制定的《云霄县国家地理标志保护示范区建设实施方案》，于11月16日上报福建省知识产权局。加强地理标志商标和专用标志的授权使用备案。积极宣传、指导、协调云霄县地理标志产业协会及各地标注册人做好地理标志商标和专用标志的授权使用备案工作，新增各类云霄地理标志商标使用许可备案191份，督促已获地理标志商标授权许可使用登记备案的企业，组织相关材料向省局申报地标专用标志的核准、下载使用。有序推进地标场馆建设，提升云霄县地标馆建设水平，完成云霄县地标馆整体提升设计方案并开始建设，列屿镇人家村地标展馆建设在有序推进中、和平乡棪树村枇杷展馆升级改造完成、“创建云霄白石地理标志展馆（驿站）请示报告”获批准并完成建设。探索地标授信及金融贷款机制，加强多部门联合，指导开展商标质押融资，实现商标价值的转化、利用和提升。云霄农信社与中国人民银行云霄支行签订2亿元支农再贷款授信协议；与云霄县市场监管局签订战略合作协议，向其所属的地理标志产业协会授信10亿元，用于支持全县40个地标产品的信贷资金需求；向从事经营云霄县域地标产品经营户代表进行授信。是年，“马铺淮山”地标进行质押贷款170万元。持续开展商标侵权专项执法行动，办理各类商标案件42起，其中地理标志商标案件19起、普通商标案件19起、奥林匹克专用标志侵权案件4起。积极打造地标馆商标品牌指导站，云霄县地标馆商标品牌指导站“高标打造商标指导平台 全面支撑地标产业发展”做法获2022年度国家知识产权局优秀案例推广。

【专利工作】 2022年，云霄县市场监管局调整充实云霄县知识产权工作领导小组成员，成立云霄县知识产权纠纷人民调解委员会莆美、列屿、下河3个知识产权调解工作室。着力解决好企业间存在的知识产权纠纷和矛盾问题，落实工作责任，落细目标任务，强化部门协作，强化资源共享和信息互通，加强横向联系和沟通对接，形成工作合力，推动知识产权创造、保护、运用工作制度化、规范化。提升知识产权服务水平，实施知识产权宣传进机关、进企业、进学校、进社区活动，积极开展知识产权企业“大走访、大调研”，宣传知识产权法律法规和相关优惠政策，鼓励企业积极申请发明专利，提升自身的知识产权创造力和竞争力。是年，全县有效发明专利87个，其中高价值发明专利23个，即将届满10年的发明专利4个，战略性发明专利24个。指导企业强化知识产权运用，推动无形资产价值市场化，促进企业通过专利质押获得融资，既保证生产资金需要，又得到贴息优惠，合计2980万元，其中漳州市鸿益饲料有限公司200万元、云霄县福兴诚新型建材有限公司980万元、漳州市华威电源科技有限公司1600万元，另外福建省国晟义发生态茶业有限公司一笔1000万元的贷款在办理手续中。推荐企业积极申报省级国家级优势企业，“漳州华锐锂能新能源科技有限公司”被认定省级优势企业，“漳州市华威电源科技有限公司”和“福建粤海饲料有限公司”被认定国家级优势企业。加大知识产权宣传力度，通过媒介积极宣传知识产权相关法律法规和相关政策，“4·26”世界知识产权日期间在微信头条、网易号、头条号等8家自媒体宣传推广云霄地标产品，打造云霄地标品牌形象。开展知识产权专项执法行动，夯实知识产权执法联动协作基础，依法适用惩罚性赔偿规则，针对食品、保健品、家用电器等重点领域开展专利专项执法行动，办理101起专利案件，其中专利标注不规范案件87起、专利纠纷案件10起、假冒专利案件4起。积极推进知识产权公共服务平台信息分析及公共服务网点建设，扶持推荐“云霄县地理标志产业协会”利用自身的资源、人才和地理位置优势申报省级知识产权信息公共服务网点，为云霄企业提供知识产权方面的优质服务。

（黄宽林）

【消费维权工作】 2022年，云霄县市场监管局接全国“12315”平台投诉举报件7919件，其中投诉2276件、举报5631件；“12345”平台992起，现场投诉13起，邮寄投诉17起，诉转案4起，挽回经济损失37.7万元，每件投诉全部做到及时处理，按时回复。从商品投诉来看，投诉受理量较大的商品主要有一般食品、服装、鞋帽。从服务投诉来看，投诉受理量较大的服务主要有餐饮和物业服务。县市场监管局与相关部门联动，配合漳州市便民服务平台“12345”、县信访局做好调解工作，与法院、公安、司法、农业、城建房管等单位密切配合，推动消费纠纷诉非联动工作机制开展，加强联动合作和信息共享。积极推进ODR（在线消费纠纷解决）企业发展工作，新发展3家ODR企业，计发展7家ODR企业，分别是漳州市恒晟商贸发展有限公司、漳州新华都百货有限责任公司云霄宝城店、福建金汤湾海水温泉度假酒店有限公司、云顶酒店、移动公司、电信公司、云霄县众越虚拟产业园运营管理有限公司，是年，ODR企业办理的投诉件有4起。

【“3·15”国际消费者权益日活动】 2022年，云霄县市场监管局注重宣传教育，通过网站、微信公众号和视频号等新媒体开展消费维权宣传，例如在微信公众号和视频号上发布消费维权倡议、宣传片；在企业LED显示屏播放消费年主题宣传标语等。开展消费维权知识网上有奖答题活动。开展“3·15”国际消费者权益日活动，邀请县领导到市场、超市、企业进行现场指导，并在云霄电视台播出，营造“3·15”权益日宣传氛围，集中收看“3·15”晚会。开展消费维权进校园、进社区宣传活动。

（朱福生）

食品药品监督管理

【药械化市场概况】 截至2022年底，云霄县有药品批发企业1家，医疗器械生产企业4家，药品零售企业104家，医疗器械经营企业129家，县级医疗机构3家，社区卫生服务中心1家，民营医院4家，乡镇卫生院9家，村卫生所（室）201家，个体诊所54家，校园卫生站6家，较大规模化妆品经营企业38家。是年，云霄县市场监管局药械化监管工作围绕省市场监管局、市市场监管局和云霄县委、县政府关于药品安全监督工作要求和部署，压实主体责任，明确目标强化职责，强化风险管控和专项整治，坚守药械化安全底线，切实保障药械化安全有效。

【药械化市场监管】 2022年，云霄县市场监管局以“全覆盖、治源头、提实效”为主线，加强药械化市场监管，日常监督检查与“双随机、一公开”（随机抽取检查对象，随机选派执法检查人员，抽查情况及查处结果及时向社会公开）检查相结合，完成13家药品零售企业检查工作，并将检查结果录入“福建市场监管一体化平台”。根据上年度信用等级评定结果，县市场监管局随机抽查被检查主体197家，随机抽取相对应检查人员开展监督检查，检查结果全部录入“福建省药械综合监管平台”，确保药品市场安全。审查新开办药品经营企业12家，医疗器械经营企业备案13家，换发药品零售经营许可1家，三类医疗器械经营企业延续2家，云霄县城乡药械市场布局合理，群众购药方便。收集、审核、评价ADR 396例，报告数943份/百万人（指标数为800份/百万人），其中新的、严重的报告占比32.6%；MDR病例89例，报告数212份/百万人（指标数为180份/百万人）；化妆品不良反应报告40

例，报告数95份/百万人（指标数为90份/百万人），药械化安全风险监测评价工作稳步落实。是年，药品追溯赋码方面，云霄县辖区药品零售企业100%入驻药品追溯平台，实现集采中选药品、血液制品等重点品种可追溯；医疗器械唯一标识覆盖面方面，云霄县2家试点单位完成UDI（医疗器械唯一标识符）建设，县医院UDI系统投入使用，县中医院组织对全院人员进行UDI系统使用培训，将于培训后正式启用。制定“规范药房”管理制度范本，药品分类标签、票据装订册封面及各种表格统一规范；建立专业化帮扶指导队伍，强化现场指导培训，严格验收标准，分步开展试点验收，综合评分≥90%的视为合格，全县申请试点创建医疗机构98家，其中1家因病申请延缓验收，经过考核验收，有92家试点单位通过考核，5家试点单位未通过考核，通过率95%。有效提高基层医疗机构药品使用环节质量管理水平，进一步保障公众用药安全有效；根据零售药店类别以及年度监督检查情况、行政处罚情况评定企业风险等级；辖区有药品零售企业104家，其中一类A级企业77家、二类A级企业27家，分类分级情况均在社会共治系统中录入划分完毕，通过分级分类提升监管效能，保障辖区药品质量安全。配合公安、应急等部门开展药品类易制毒化学品监督检查，坚决防止药品类易制毒化学品流入非法渠道；有规划、有部署地开展麻精药品专项治理，打击违法违规行为。联合公安、卫健等部门对15家申请使用麻精药品的乡镇以上医疗机构和民营医院开展监督检查；日常检查将含特殊药品复方制剂作为重点检查品种，确保麻精药品、含特殊药品复方制剂“来源可查，流向可溯”，严防严管严控麻精药品、含特殊药品复方制剂流入非法渠道。加强药品网络交易监管，接收审查药品网络销售企业信息报告，建立健全监管台账，将药品网络销售纳入日常监管；定期对辖区药械化网络销售企业进行线上监测，及时更新监管底数，排查违法违规行为；及时核查漳州市市场监管局移交的网络交易违法线索，收到市市场监管局移交线索6条，根据线索查处“化妆品违法广告案”1起，5起因当事人未在本辖区经营，将核查线索移交经营者实际经营地市场监督管理部门。加强药械化行业安全生产管理，将药械化经营企业安全生产工作与药械质量安全监管工作同部署、同落实，及时排查安全隐患、整治隐患、确保药械行业生产安全。是年，发放《福建省药监局致药品生产经营企业安全生产倡议书》105份，检查药械经营企业142家次、化妆品经营企业28家次。

【药品安全专项整治】 2022年，云霄县市场监管局着力开展药品（含医疗器械、化妆品）安全专项整治工作，成立云霄县2022年药品安全专项整治行动领导小组，与公安、医保联合印发工作方案，强化部门联动，严厉打击药械化各种违法违规行为。是年，检查药械化经营使用单位1128家次，责令整改38家次，办理一般程序案件41起，结案33起，罚没款183.97万元。开展药品经营和使用环节专项行动、涉疫药品经营使用环节专项治理、打击利用网络无证经营药品行为、麻精药品专项检查、整治农村医疗机构药品使用行为。以疫情防控类医疗器械、集中带量采购中选产品、装饰性彩色隐形眼镜、医疗美容药品医疗器械、无菌和植入性医疗器械等产品为重点，开展医疗器械质量安全风险隐患排查整治。开展化妆品“线上净网 线下清源”专项治理；进一步深化“自己管、网上查”专项治理；有针对性规范儿童用妆安全，着力打击不依法依规履行进货查验义务行为。

【基本药物制度实施】 2022年，云霄县市场监管局按照国家局《关于加强基本药物质量监督管理的规定》，严格基本药物和药品集中采购配送及市场监管。开展国家组织集中带量采购中选药品质量监管；加强对辖区医疗机构中选药品购用情况的监督检查，督促医疗机构对药品进货严格检查验收，按照要求储存养护、使用药品；配合省市场监管局、市市场监管局做好药品监督性抽检工作，强化基药质量监管。是年，抽检药品39批次。

【监管能力标准化建设】 2022年，云霄县市场监管局被推荐为县级药品监管能力标准化建设创建示范单位，9月，省药品监督管理局将云霄县确定为市县药品监管能力标准化建设第一批重点培育单位。根据省市市场监督管理局工作部署，印发《云霄县推进药品监管能力标准化建设的实施方案》，成立领导小组，强化监管能力建设的组织领导；建设专业化药品检查员队伍，科学整合药品监管力量，配备熟悉药品监管业务的领导1名，分管药械化执法监督检查业务，执法大队、药械化股、审核审批股、食品快检中心、各监管所至少配备1名具备药学及药学相关专业、法学、计算机专业的人员，共21人组成药品监管人员库，建立一支相对固定的药品监管队伍，统一负责辖区药品监管工作，提升监管效能。

【药品安全和产业促进工作】 2022年，云霄县市场监管局经县政府同意，成立由分管副县长担任组长，县政府办公室、县委政法委、县市场监管局、县公安局主要领导为副组长，县委宣传部等13个成员单位组成的“云霄县药品安全和产业促进领导小组”，印发《云霄县药品安全和产业促进领导小组关于印发云霄县药品安全和产业促进领导小组职责、组成及工作制度的通知》，筑牢药品安全和产业促进基础。

【法律法规宣传】 2022年，云霄县市场监管局通过多种形式宣传教育，普及药械化法律法规及安全使用知识。在“3·15”国际消费者权益日、“药品科技活动周”、“化妆品安全宣传周”、“医疗器械安全宣传周”、“安全用药月”期间，发放法律法规读本、宣传材料，接受群众咨询。通过云霄电视台、云霄融媒、移动短信平台、药品经营企业店前LED屏幕等渠道发布法律法规公益宣传片、安全科普宣传视频及信息，大力开展药械化法律法规及用药用械安全知识宣传，提高公众知晓率和自我保护能力。

（张育勤）

【食品监督抽检工作】 2022年，云霄县市场监管局依据抽检计划开展监督抽检，对食用农产品、预包装食品、餐具等进行监督抽检，依据抽检结果对违法违规的经营者进行处理。

【“一品一码”追溯体系建设】 2022年，云霄县市场监管局督促食品生产经营单位建立健全食品安全可追溯体系，加大对新取证食品生产经营单位的培训力度，持续强化“一品一码”追溯体系应用，推进“一品一码”追溯体系建设，推动追溯体系建设提质、扩面、增效，确保产品来源可查、去向可追、风险可控、责任可究。

【食品生产加工小作坊监管】 2022年，云霄县市场监管局推进小作坊集中加工区建设，开展小作坊食品安全提升行动，做好小作坊普查建档、目录建立、核准准入、监督检查、抽检监测、品牌创建、信用体系建设等工作，实现小作坊普查建档率100%，同时将小作坊纳入“一品一码”追溯体系建设。持续开展食品小作坊专项整治，通过打击整治、规范提升，促进小作坊规范发展。

【流通环节食品安全风险整治】 2022年，云霄县市场监管局坚持问题导向，分级建立风险清单，围绕防范风险、排查风险、治理风险、化解风险，突出重点，深入开展流通环节食品安全风险排查整治。对监督抽检不合格食品销售者开展专项检查，核查问题原因，对违法违规的食品销售者进行处罚并督促销售者认真整改。

【农村假冒伪劣食品专项整治】 2022年，云霄县市场监管局以农村地区、城乡接合部为主，全面清理食品生产经营主体资格，严厉打击制售“三无”（无生产日期、无质量合格证、无生产厂名称）食品、假冒食品、劣质食品、过期食品等违法违规行为，坚决取缔“黑窝点”，实现风险隐患排查整治常态化，提升农村食品安全水平。

【市场销售食用农产品质量安全监管】 2022年，云霄县市场监管局对食用农产品集中交易市场组织开展专项检查，跟踪落实整改情况，严格查处问题市场开办者和经营者。坚持问题导向，严格问题处理，查清产品来源及问题原因，严厉查处非法添加及农兽药残留超标违法行为。加大部门协作力度，及时通报发现问题，提请相关部门加强源头监管，加强与公安部门配合，查处典型违法犯罪行为。

【冷链食品安全监管】 2022年，云霄县市场监管局深入排查，建立涉及冷库的销售者名单，同时开展专项检查，督促冷藏冷冻食品经营者严格履行主体责任，落实进货查验记录制度。加强冷库猪肉、禽肉、牛肉、羊肉等动物检疫合格证明文件的检查，保障食品安全。同时，将进口冷链食品企业作为重点监管对象，要求企业经营场所相应显著位置公示“进口冷链食品”字样，公示“核酸检测阴性报告、消毒证明”。督促企业严格落实购入进口冷链食品提前24小时报备制度。进口冷链食品须取得报关单、检验检疫证明、消毒证明、核酸检测证明，方可对外流通、加工、销售。对冷链食品生产、经营企业开展常态化检查，对企业的实际生产、经营产品及原料产地等进行检查，确保不遗漏任何一家进口冷链食品企业。同时，要求冷链食品企业签署承诺书，对其购入的食品原料产地、从业人员等信息做到真实完整，严格落实企业主体责任。

（曾 玫）

农业·农村

综 述

【概况】 2022年，全县农林牧渔业总产值100.4亿元，同比增长5.3%，超过全市平均水平0.7个百分点，增幅排名全市第6；2022年农民人均可支配收入23684元，同比增长9.3%，低于全市平均水平0.1个百分点，增幅排名全市第6。农村居民收入增长明显快于城镇居民，增长速度连续第13年领先城镇居民，农村居民收入与城镇居民收入差距逐渐收窄。全县水果、茶叶、蔬菜、畜禽、水产、林竹、花卉苗木、食用菌、中药材、乡村旅游、乡村物流等11个优势特色产业全产业链总产值310亿元。“云霄枇杷”入选省农业农村厅首届乡村特色产业品牌形象设计创意大赛“十佳”品牌创意。下河乡下河村获评2022年度全国乡村特色产业超亿元村和2022年“清新福建·气候福地”。云霄县获评2022年度省级落实促进乡村产业振兴、改善农村人居环境等乡村振兴重点工作成效明显激励县，是全市唯一入选的县。

（吴杨斌）

【种植业发展】 2022年，云霄县粮食作物播种面积7146.67公顷，总产量4.90万吨，粮食作物播种面积和产量比上年度略增；水果种植面积1.26万公顷，产量30.20万吨，产值24.6亿元；茶园总面积843.93公顷，总产量1692吨；蔬菜种植面积9067公顷，产量19.6万吨，产值8.9亿元。

【畜牧业】 2022年，云霄县生猪规模养殖场274家，生猪存栏15.21万头；肉牛规模养殖场2家，存栏3519头；肉羊规模养殖场2家，存栏2987只；肉兔养殖场2家，年出栏7500只。肉鸡年出栏27.55万羽；蛋鸡存栏7.9万羽；水禽年存栏66.33万羽。

【渔业】 2022年，云霄县渔业总产值39.91亿元，比上年增长2.6%；渔业水产品总产量27.17万吨，比上年增长1.44%。全县水域滩涂养殖2319.98公顷。

【林业】 2022年云霄县植树造林1111.1公顷，森林经营3691.7公顷，森林抚育3163.2公顷，封山育林528.5公顷。全年全县总采伐量19.85万立方米。

【农村发展】 2022年，云霄县158个行政村经营性收入100%实现10万元以上（其中，43个行政村经营性收入达50万元以上）。

脱贫攻坚成果巩固

【监测帮扶机制】 2022年，云霄县乡村振兴局组织乡村干部走访排查农户和脱贫户30889人次，推动解决困难129个。排查中发现1户疑似存在返贫风险，按照程序将其纳入监测进行重点帮扶。全年“一键报贫”系统收到一键报贫申请40条。其中，申请人误点29条，贫困户申请11条（8户）。经乡镇干部入户核实，把符合条件的1户贫困户，及时按程序纳入监测系统。

【脱贫户挂钩帮扶】 2022年，云霄县委组织部、县乡村振兴局印发《关于进一步明确挂钩干部自然变更后干部结对帮扶脱贫户的通知》，重新安排干部结对挂钩帮扶142户建档立卡脱贫户。全县脱贫户3002户，分别由2652名干部结对挂钩帮扶。

【产业就业帮扶】 2022年，云霄县级财政投入保持稳定，安排县级衔接资金2076.74万元。延续产业帮扶措施，发放中央、省级衔接资金594万元，扶持脱贫户发展特色优势农业和农产品加工；落实脱贫人口小额信贷应贷尽贷，2022年全县脱贫人口小额信贷贷款存量472户1487.699万元，覆盖率15.62%；落实脱贫人口稳岗就业，全县农村保洁员、保绿员、生态护林员等公益性岗位吸纳脱贫人口就业，公益性岗位在岗63人（其中脱贫人口34人），全县1个扶贫车间及6个扶贫基地吸纳脱贫人口28人就业。

【民生保障政策】 2022年，云霄县延续民生保障帮扶政策，全县支付城乡低保金5305.9万元，供养金1479.8万元，临时救助3287人次673.3万元。落实教育补助政策，资助脱贫家庭在读全日制中、高等职业教育的子女，补助脱贫家庭在校学生293人86.85万元，全县免费教科书投入638.51万元、营养餐补助300.3万元。落实医疗保障政策，全年资助医保缴费免缴653.22万元，补助全县脱贫对象医疗叠加保险政策3146人次182.5万元。

（方艺豪）

乡村振兴

【试点示范】 2022年，云霄县推进和平乡棪树村等11个省级乡村振兴试点村41个项目建设和省级乡村振兴实绩突出村陈岱镇竹港村3个项目建设，累计完成投资4180万元，占年度计划投资4067万元的102.8%。“洋坑棪树线”“下河坡兜线”“礁美荷东线”3条市级乡村振兴“串点连线成片”线路谋划19个竞赛项目，累计完成投资2499.1万元，占年度计划投资1843万元的135.6%，“下河坡兜线”入选2022年省级乡村振兴“串点连线成片”精品线路。

【产业兴旺】 2022年，云霄县水果、茶叶、蔬菜、畜禽、水产、林竹、花卉苗木、食用菌、中药材、乡村旅游、乡村物流等11个优势特色产业全产业链总产值310亿元。创建省级现代农业（枇杷、蔬菜）产业园，实施农产品地理标志保护工程，地标产品增加至40个，获批筹建国家地理标志产品保护示范区，下河乡下河村连续3年入选全国乡村特色产业亿元村。落实特色现代农业“六十工程”建设，新增市级农业产业化龙头企业8家，新建4个农产品产地初加工中心，新增7个优质农产品标准化示范基地，新增申报“三品一标”农产品7个，新增“一村一品”特色产业示范村1个，新增闽台农业融合发展示范基地1个。

【生态宜居】 2022年，云霄县出台《农村人居环境整治提升五年行动实施方案》《云霄县人居环境整治“八个一”工作机制》，深入实施人居环境整治“拆旧拓新”竞赛，全年累计“拆废拆破拆危拆违”等“四必拆”30.8万平方米、累计拓新1.86万平方米，获评全省2022年度落实促进乡村产业振兴、改善农村人居环境等乡村振兴重点工作成效明显激励县。完成81个村“多规合一”村庄规划编制，完成乡镇污水配套管网建设19.28千米，新建改建供水管网20千米，建设安全生态水系13千米。建成美丽乡村庭院450个，美丽乡村微景观158个，美丽乡村小公园27个，美丽田园3个，美丽乡村休闲旅游点2个。

【乡风文明】 2022年，云霄县成立乡村振兴志愿服务队；开展乡风评议活动70余场，挖掘移风易俗“三好”典型事例80个，报送“好村居”“好带头人”“好事例”等典型事例13个。建成向东渠事迹展示馆；出版乡村记忆丛书；乡镇（开发区）实现百姓大舞台、书画写生创作基地、基层综合性文化服务中心、新时代文明实践中心（所、站）全覆盖。

【治理有效】 2022年，云霄县197个村（社区）开展“一村一调研报告”专题活动，梳理群众急难愁盼问题289个，向有关乡镇和县直单位发出帮扶解决清单30份。在云霄融媒开设“学习二十大 村官谈规划”专栏，展播10期。开展“送党课下乡”活动112场。建立“掌上村情”数字化平台，以全景VR、指尖刷屏、文图形式展示各村情社情。印发《乡村治理积分制试点村指导意见》，全县筛选确定25个村开展“积分制”试点。在全市率先出台《云霄县关于进一步规范资产资源交易的指导意见》，清退收回各类津补贴、欠款、租金481.5万元，增加租金收入227.1万元，“三资”监管典型经验在全市推广交流。列屿镇人家村等16个村创新开展“村企合作抱团发展模式”试点，全县158个行政村经营性收入100%实现10万元以上(其中43个行政村经营性收入达50万元以上）。

【生活富裕】 2022年，云霄县统筹农村基础设施和公共服务布局，投入700万元提升农村公路安保，新建改建农村公路11.7千米，治理中小河流河长2千米。新建校舍面积1万平方米，普惠性幼儿园覆盖率96.7%。新建长者食堂4所、农村幸福院5所。

（李 岚）

农 业

【粮食生产】 2022年，云霄县继续落实粮食安全党政同责，县政府制定《调动农民种粮积极性稳定粮食生产十二条措施》，加大扶农惠粮力度。县农业农村局开展青枣果园套种粮食作物、连片设施大棚轮作种稻示范，挖掘种粮潜力。全年粮食作物播种面积10.72万亩，总产量4.90万吨，其中稻谷播种面积9.16万亩，产量4.18万吨，粮食作物播种面积和产量比上年度略增。粮食生产重点推广优质稻和绿色高质高效生产，推行水稻规模化经营、全程机械化生产、社会化服务；做好耕地地力保护补贴、实际种粮农民一次性补贴发放和水稻种植保险工作，2022年全县惠粮补贴实际发放1308.14万元，水稻种植保险实现全覆盖。

（林炳洪）

【水果生产】 2022年，云霄县水果种植面积1.26万公顷，产量30.20万吨，产值24.6亿元。其中，种植枇杷4924公顷，荔枝925公顷，蜜柚2292公顷，龙眼1212公顷，青枣1122公顷，杨桃735公顷，西番莲（百香果）90公顷。云霄枇杷、下河杨桃续报“全国名特优新农产品”称号。推广枇杷新品种“三月白”“香妃”“早白香”；引进“仙进奉”“红灯笼”“井冈红糯”以及“琼A4号”等荔枝优良品种，推广高接换种；推广番荔枝(凤梨释迦)产期调节、授粉技术，推广火龙果照灯产期调节技术，推广黄晶果种植；引进“台农13号”青枣、“钦蜜9号”百香果、“贵妃”黄皮等新品种。

（张明理、陈天佑）

【茶叶生产】 2022年，云霄县茶园总面积12659亩，总产量1692吨，主要品种有黄观音、铁观音、金观音、黄玫瑰、凤凰单丛、白鸡冠、金牡丹等。加工产品以乌龙茶为主。1月29日，乌龙茶制作技艺（云霄）获得第一批至第六批省级非物质文化遗产代表性项目目录扩展项目；3月11日，举行云霄黄观音茶艺之星选拔赛决赛；5月20日，举办茶叶规范化生产现场会；6月20—25日，举办“云霄县第六届茶叶评选赛”；8月5日，组织2家茶企参加第八届海峡（漳州）茶会，举行“云霄黄观音”名茶推介品鉴会；12月30日，举行云霄县茶叶产业“企业家沙龙”。

（蔡捷英）

【蔬菜生产】 2022年，云霄县蔬菜种植面积9067公顷，产量19.6万吨，产值8.9亿元。大棚设施主要栽培番茄、椒类、茄子、黄瓜等茄果类和瓜类，露地栽培有白花菜、西兰花、甘蓝、生菜、绿芦笋、黄秋葵、叶菜类等。全县大力推广蕹菜籽繁种，每年繁种面积近200公顷，产量350吨，产值800多万，主要种植云霄柳叶白梗蕹菜和“半青白”等品种。引进推广蔬菜新品种甜椒（“鲁斯卡”）、甜瓜（“阿鲁斯”）、“闽研3号”苦瓜、“福茄5号”长茄、大番茄（“MD209”“思倍德”）、小番茄（“釜山88”“千禧”“玉女”“紫流星”）等优良品种；推广基质栽培、测土配方施肥、滴灌喷灌节水灌溉、水肥一体化、嫁接育苗、病虫害绿色防控（黄板、蓝板、性诱剂、诱虫灯、防虫网、生物农药防治等）等技术，推广水稻—蔬菜水旱轮作模式。

（张明理）

【食用菌生产】 2022年，云霄县食用菌总产量1.95万吨，总产值9079.6万元。其中，金针菇生产面积8万平方米，年产量1.66万吨，年产值8500万元；秀珍菇生产规模120万袋，年产量180吨，年产值240万元。

（张明理）

【淮山生产】 2022年，云霄县推广种植“马铺淮山1号”“马铺淮山3号”“马铺淮山6号”等品种，推广淮山套管定向栽培技术。全县淮山种植面积273公顷，产量8562吨，产值3400万元。漳州何氏农业开发有限公司淮山加工新厂房及设备投入使用，主要生产有山药片、山药粉、淮山面、淮山面线、淮山粿、紫淮山粉、紫淮山片、淮山馒头、淮山锅边糊等加工产品。

（陈天佑）

【种业发展】 2022年，云霄县建立粮油、蔬菜、水果、食用菌、茶叶、中药材、水产等种业优新品种示范片26个，示范面积2245亩。农作物种质资源普查与收集行动普查和征集27个有效农作物品种资源，包括蕹菜品种5个，山药品种4个，龙眼和柑橘品种各3个，柿子和番石榴品种各2个，香蕉、梨、豇豆、芹菜、苋菜和萝卜等品种各1个。漳州市鑫鑫畜牧养殖有限公司获得种畜禽生产经营许可证（一级扩繁场）。云霄盈利丰水产科技有限公司缢蛏省级良种场、福建省宝森水产科技有限公司花蛤省级良种场被福建省海洋与渔业局列为省级良种场。

（方晓萍）

【农业执法】 2022年，云霄县农业农村局农业综合执法大队开展执法队伍培训，组织执法人员参加“2022年漳州市农业综合执法大练兵大比武”活动，并取得优秀组织奖和个人成绩第五、第六名的成绩。运用农资监管平台线上定期、不定期巡查进驻平台的110家农资企业，督促农资企业及时上传购销数据；农资执法检查出动执法人员512人次，检查农资经营主体128家次，执法抽检3批次，抽检农资样品39份。2022年依法办理动物卫生监督、肥料、农产品、农药等领域的案件13件，收缴罚款3.426万元，查封扣押20.34千克过期农药，扑杀经检测有禁用兽药的肉鸡257羽。

（吴锦怀）

【农产品质量安全监管】 2022年，云霄县农业农村局加强农产品质量安全监测，全年完成农产品农兽残检测速测单样3572批次。其中，蔬菜1685批次、水果1375批次、食用菌338批次、茶叶58批次、猪肉瘦肉精快检116批次，农残检测均合格，牲畜尿样瘦肉精检测均呈阴性。省、市级监督抽查227批次、县级例行监测450批次，合格率99.85%，均达国家标准水平。推进食用农产品承诺达标合格证与“一品一码”追溯并行管理，全年线上巡查生产记录信息录入情况8826次，督促指导生产主体及时、规范上传生产记录。全县纳入福建省食用农产品承诺达标合格证与“一品一码”追溯并行系统的460家生产主体，全年新增赋码出证11497批次。加大农业标准化建设力度，全年创建7个省级优质农产品标准化示范基地。其中，果树示范基地2个，蔬菜示范基地1个，茶叶示范基地1个，畜禽示范基地2个，食用菌示范基地1个。推动农产品品牌建设，全年新增“无公害产品”3个，换证续展16个；新增“绿色食品”1个；“云霄枇杷”获得2022年度福建十大农产品区域公用品牌。

（张　宏）

【农村经营管理】　2022年，云霄县推荐省级乡村治理体系建设示范村8个。年内158个村完成2021年度村集体资产清查工作和2021年农经报表统计工作。围绕省市县重大部署，持续开展村集体“三资”监管专项整治，至2022年底，全县10个乡镇（开发区）197个村均完成“三资”制度上墙和清产核资；清理整顿不规范合同，收回拖欠租金543宗501.94万元，增加租金收入271.03万元；清理被占用集体资产资源，收回资源性资产137宗合计面积1800.7亩，收回资金28.64万元；规范村级财务管理，收回账面欠款83笔41.67万元，清退各类津补贴7笔2.47万元，其他完善手续60件。全年宅基地审批94宗，合计面积10.906亩。其中，审批异地新建52宗，涉及面积5.873亩，审批原址翻改建42宗，涉及面积5.033亩。

（方丽华）

【农民专业合作社】　至2022年底，云霄县发展各类农民专业合作社316家。按产业划分，粮食类16家，水果类113家，蔬菜类61家，畜牧类29家，渔业30家，林业10家，其他57家。入社成员6320人，带动农户4.48万户，占全县农户总数的48.41%。至2022年底，全县县级以上农民专业合作社示范社84家。其中，国家级示范社1家，省级示范社（其中3家省级规范社）18家，市级示范社10家，县级示范社55家。

（方丽华）

【家庭农场】　截至2022年底，云霄县成立各类家庭农场2159家。其中，粮食类16家，水果类1425家，蔬菜类159家，畜牧类263家，渔业64家，林业36家，其他196家，带动周边4017名农民就业。至2022年底，全县县级以上家庭农场示范场150家。其中，省级示范场27家，市级示范场25家，县级示范场98家。

（方丽华）

【一村一品】　至2022年底，云霄县国家级“一村一品”示范村2个，即马铺乡客寮村（淮山产业）和下河乡下河村（杨桃产业）；省级“一村一品”专业村12个，其中2022年度新增3个：东厦镇船场村（番茄产业）、陈岱镇礁美村（巴非蛤产业）和列屿镇人家村（巴非蛤产业）；市级以上“一村一品”专业村19个，2022年度新增2个。和平乡泮坑村（茶叶产业）和火田镇瓦坑村（青枣产业）获省级衔接推进乡村振兴补助资金各100万元，全部完成项目建设；马铺乡枧河村（蜜柚产业）、云陵镇下城村（枇杷产业）争取到省级衔接推进乡村振兴补助资金各100万元。和平乡棪树村继续申报全国“一村一品”示范村。

（张明理）

【高标准农田建设】　2022年，云霄县投入1439.98万元建设高标准农田。主要建设区域面积600公顷，包含列屿镇、火田镇、陈岱镇、马铺乡、和平乡、下河乡等6个乡镇6个项目区。通过本轮高标准农田建设，新增和改善灌溉达标面积286.4公顷，新增和改善排水达标面积130.2公顷，灌溉保障率达90%以上，道路通达率达90%以上，项目区年直接受益农户9492户，项目区直接受益农民年纯收入增加总额1080.59万元。

（方　渝）

林　业

【林长制体系运行情况】　2022年，云霄县林长制以“三级林长抓监管、五项制度促运行”的总体思路，建立“一纵一横”组织格局，纵向设立三级林长192名，横向配备林业站工作人员、专职护林员132名。全面落实“林长+N”模式，完善“林长+警长”“林长+检察长”“林长+法院院长”联动体系，建立健全森林资源共建共管、共治共享机制，实现以“林长制”促“林长治”。2022年云霄县林长制工作获得市级考核第一名。

（汤一帆）

【造林育林】　2022年漳州市下达云霄县植树造林任务850公顷（含园岭林场116.7公顷），

实际完成1111.1公顷，完成率130.7%；森林经营任务3113.3公顷，实际完成3691.7公顷，完成率118.6%；森林抚育任务2613.3公顷（含园岭林场533.3公顷），实际完成3163.2公顷，完成率121%；封山育林任务500公顷，完成528.5公顷，完成率105.7%。

（方 纯）

【森林资源管护】 2022年，云霄县严格控制采伐限额，加强林木采伐源头管理，全县采伐限额19.85万立方米，限额内采伐量9.83万立方米，占采伐限额的49.5%。全年全县采伐许可审批313宗849.26公顷，蓄积量10.08万立方米，建设项目使用林地29件63.22公顷。组织开展森林督查，依法保障森林资源安全。2022年度违法违规采伐区21个30.16公顷，蓄积量358.9立方米；违法违规改变林地用途项目13个2.99公顷；毁坏林地项目2个0.43公顷。年内查处涉林行政案件137起，行政处罚136人次；移交公安刑事立案3起。

（汤潮端）

【林业有害生物防治】 2022年，云霄县印发《云霄县2022年度松材线虫病防治实施方案》，强化属地责任，进一步落实预防为主、治理为要、监管为重的防控理念，以疫情监测为基础，枯死松树清除为核心、疫情除治为重点，强化除治措施，遏制松材线虫病扩散蔓延的趋势。全年完成松林改造提升253.3公顷，以菌治虫400公顷，药物防治95.1公顷，挂设诱捕器350个。东厦镇被省林业局撤销松材线虫病疫点乡镇。

（汤一帆）

【互花米草除治】 2022年10—11月，云霄县在全县辖区内（重点区域漳江口红树林保护区）开展互花米草除治工作，制定《云霄县人民政府办公室关于印发云霄县互花米草除治攻坚行动方案的通知》，成立互花米草除治攻坚工作领导小组及互花米草除治工作专班，落实成员职责，细化工作措施，全面推进除治工作。施工队伍采用人工+机械的方法治理，出动机械设备50台次，组织人工144人次，全面完成下达的371公顷除治任务，除治率100%。

（方 纯）

【森林防火】 2022年，云霄县在林区主要入口、林区企业木材加工厂等重点位置设置防火宣传牌200个，张贴标语、禁火令、通告及森林防火知识2.2万多张，挂设森林防火横幅80多条，发放宣传单及手册4.8万多份，发送短信110万条；加强火源管控，停止野外用火审批申请，加强重点地区、重点时段、重点人员的管控，全年累计处置违规用火16起；加强隐患排查，成立3支督查队伍，联合森林警察大队、林业行政执法大队等有关部门，开展森林火灾隐患大排查大整治活动及林区违法用火行为专项整治活动，累计出动森林防火督查226人次，排查森林火灾隐患19处，整改森林火灾隐患19处。

（黄泽辉）

【森林防火宣传活动】 2022年9月28日，云霄县林业局联合县公安局森林警察大队在和平乡开展森林防火宣传活动，出动森林防火宣传车21车次，在各村庄、林区宣传《森林防火条例》《中华人民共和国森林法》等法律法规和科学防火、安全灭火知识，发动森林防火巡护宣传员180人次走村入户分发宣传材料，教导广大群众严禁在林区、野外违法用火，严格遵守森林防火规定，时刻绷紧森林防火安全这根弦，宣传活动取得了预期的效果。

（汤一帆）

【野生动物保护】 2022年，云霄县围绕“珍爱湿地，人与自然和谐共生”“关注旗舰物种保护，推进美丽中国建设”“保护野生动植物，筑牢生物安全屏障”等宣传主题，组织开展世界湿地日、世界野生动植物日、爱鸟周、第三十二届保护野生动物宣传月等宣传活动，线上进行网络、电视、广播、微信平台等宣传，线下通过悬挂宣传横幅20余条、张贴标语60多张、发放宣传资料4000余份等形式进行宣传。联合公安、农业农村、交通运输、市场管理、执法大队等部门开展野生动植物保护执法行动和候鸟保护“清网行动”，共清理鸟网600多米，解救鸟类65只，严厉打击破坏野生动植物的违法犯罪行为。

（汤一帆）

【第三十二届保护野生动物宣传月活动】 2022年10月26日，云霄县林业局在县人民公园开展“保护野生动植物,筑牢生物安全屏障”主题宣传活动，发放《中华人民共和国生物安全法》《中华人民共和国野生动物保护法》《野生植物保护条例》等法律法规，以及《国家重点保护野生动物名录》《国家重点保护野生植物名录》等各类宣传材料800余份、悬挂横幅4条、张贴宣传标语20多张，宣传野生动植物资源保护的基本常识、法律法规，引导群众自觉参与野生动植物资源保护。

（方 纯）

【林下经济】 2022年，云霄县加快培育一批林下经济产业龙头和专业合作组织，不断完善“龙头企业+专业合作组织+基地+农户”的产业化体系，带动林业产业增值和林农增收。漳州镜花缘生态农业开发有限公司以种植名贵花卉苗木、林下种植中草药和开发乡村自然生态观光旅游为主，林下经济种植黄花倒水莲、牛奶根、牛大力、风柜斗草等中草药，种植面积200亩。福建省子红袍茶业有限公司主要种植黄观音、紫红袍等茶叶品种，通过茶园林下套种黄花倒水莲，走出多品种共同种植的新模式。套种面积约130亩，主要以生态林下种植、人工锄草、天然有机肥水灌溉的传统管理模式种植生态品种，并且通过制茶技术将黄花倒水莲的叶子、花制成黄花倒水莲茶，畅销全省各地。全年全县新增新型经营主体12家，新增林下经济面积988.3公顷。截至2022年12月，全县林下经济面积累计13.2395万亩（其中，林下种植面积达4.802万亩，林下养殖1.8675万亩，采集加工0.306万亩，景观利用6.264万亩），产值5.3501亿元。2022年，云霄县林业局发放省级林下专项补助资金 145万元。

（方 纯）

【桉树科学经营专题讲座】 2022年3月7日，云霄县林业局举办“坚持生态优先，提升森林质量”桉树科学种植专题讲座，特邀林业系统高级工程师洪长福作专题讲解。市林科所、县林业局领导班子及业务骨干，各乡镇林业站，县林业种植户代表、家庭林场代表等70余人参加讲座。洪长福从桉树种植政策历史经纬、种植养护管理、规划设计、树种选择、混交林改造、历史文化变迁、生态问题解析等各方面展开论述，以翔实的实例和数据全方位介绍桉树产业的利与弊，展示其生物学特性、生态和经济价值、丰产和可持续经营的措施。通过讲座，与会人员对桉树有更为客观的认识，对合理规划、科学种植桉树重要性的有了新的认识。

（方 纯）

水 利

【水资源概况】 云霄县流域面积50平方千米以上独流入海的河流有漳江，流域面积50平方千米以下独流入海的小河流主要有山前溪、磨石溪、下曾溪等。全县多年平均水资源总量10.98亿立方米。其中，境内地表水资源量8.74亿立方米，入境水资源量2.19亿立方米，地下水资源不重复计算量540万立方米。2022年办理取水许可证27本，水资源费应收尽收245万元。

（洪灿琛）

【水旱灾害防御】 2022年，云霄县根据县气象局统计数据，全县平均降雨1867.9毫米，较往年同期平均降雨量1785.5毫米多4.6%，基本持平。漳江来水量每秒21立方米，与往年平均来水量每秒35.16立方米比较少40.3%。2022年3月开展水利工程汛前安全大检查，参检人员67人次，检查工程142处。其中，检查水库93座，堤防工程21处46.01千米，水闸36座。5—7月，县内经历四次单日降雨超过50毫米的短时强降雨过程（5月12—13日、6月7—9日、6月14日、7月6日），强降雨期间，下沉干部到一线巡检170人次，全县无灾情报告。全年降雨较为集中于上半年，降雨579.9毫米，较历史同期多70.2%。进入8月下旬，持续高温少雨天气，部分乡镇局部出现气候干旱。县气象局组织2场次人工增雨，发射增雨炮弹4枚，全县3处烟炉燃烟作业60根，一定程度上缓解用水紧张。根据省防指要求，有供水任务的水库暂停下泄流量、暂停发电、提高渠道通水效率等有效调度，全县冬春季用水基本得到保障。

（汤继城）

【水生态保护修复】 2022年，云霄县实施1个重点县水土流失综合治理项目和1个水土保持生态村治理项目，完成水土流失治理面积683公顷，水土流失率降至10.43%；全年植树造林980公顷、封山育林570公顷；全年依法依规完成28个生产建设项目水土保持方案审批；依法征收水土保持补偿费87万元。

（王德成）

【河湖执法】 2022年，云霄县全年县乡级河湖长巡河湖1710人次，整改落实2038个涉河涉水问题；出动执法人员1445人次，检查工业企业482家次，立案查处涉水环境违法案件6件，行政处罚82.84万元。排查清理牛蛙养殖93场，清理养殖面积1504公顷。县河长办、县水利局自行摸排的四乱问题以及市水利局委托第三方暗访的四乱问题56宗。其中，乱建问题2宗，乱占问题10宗，乱堆问题44宗，全部整改完成。年内强制拆除小型洗砂机1台；水事行政处罚9起，处罚款27万元。开展峰头水库“三无”船舶整治，调查核实9个行政村113户船主，全部吊装清理在库无登记船舶。

（林启祥、张 胜）

【河湖综合治理】 2022年，云霄县持续推进化肥农药双减量，全县化肥、农药使用量比2016年减少12%以上。优化施肥结构，改进施肥方式，推广绿肥种植面积76.5公顷，施用商品有机肥面积30公顷，有机肥施用面积606公顷，实施稻田秸秆还田93公顷，测土配方技术推广面积832.5公顷次，全县化肥减量399吨；农作物病虫害绿色防控技术推广面积990.3公顷次，统防统治面积528.15公顷次，农药使用量比上年减少13.84吨。农业清洁生产行动，实现秸秆、地膜资源化利用。年内，秸秆综合利用率91%，大棚薄膜回收率85%。

（林启祥）

【安全生态水系项目】 云霄县下河乡漳江干流上河至下河段安全生态水系项目建设地址位于云霄县下河乡境内漳江流域，建设河道6.0千米，概算总投资939.76万元，省级补助资金720万元，2022年底完成全部主体工程。

（洪灿琛）

【农村饮水工程维修养护】 2022年，云霄县实施陈岱镇、东厦镇、火田镇、马铺乡、和平乡、下河乡等6个乡镇农村饮水工程维修养护39处，补助资金208.2万元，工程覆盖服务人口6.35万人。

（郑复炉）

【城乡供水一体化项目】 2022年，云霄县实施云霄县城乡供水一体化工程建设，工程累计完成投资2.03亿元，完成管网铺设20千米，扩建完成马铺水厂1座，新增供水规模4000立方米每天。

（郑复炉）

【中小河流治理工程】 云霄县云陵镇下坂段防洪堤工程位于城区左岸，2022年度加高或加固提升下坂堤岸2千米，受益人口0.407万人。

（郑复炉）

【漳江水闸中型灌区节水改造项目】 漳江水闸中型灌区节水改造项目概算总投资1255.72万元，该项目包含渠道防渗加固改造2.22千米，渠道疏浚25.28千米，重建农桥7座，改造盖板涵7座，重建水闸3座，灌区信息化建设1套。项目于2022年6月13日完成立项建议报告技术审查及实施方案编制。项目建成后，可产生改善灌溉面积1.19万亩、年新增节水能力112.83万立方米，灌溉水利用系数由0.56提高到0.6，灌溉保证率达到90%等效益。

（郑复炉）

峰头水库

【水资源调度】 2022年，云霄县流域累计平均降雨1750毫米，来水量约2.5亿立方米，为多年平均来水量的76%。全年供水约3643万立方米（其中，向古雷区域供水2700万立方米，向云霄城关供水约845万立方米，核电临时供水98万立方米），发电用水约15800万立方米，全年上网电量1633万千瓦时。7月5日18时开闸泄洪，漏泄量1000万立方米，通过削峰错峰，减轻下游的防洪压力，确保防汛安全。

【项目建设】 2022年，峰头水库运行中心投资56.332万元完成向东渠渠首段维修养护工程，改善闸门及3座启闭房外观形象，更新维护3座水闸电气设备及电线等；投资35.7万元完成35千伏峰云线供电线路应急抢修及全线改造，提高输电线路安全系数，提升电力保供能力；投资33.15万元改造升级峰头水库运行中心网络安全，提升中心网络安全防护能力，满足等级保护建设要求。投资12.27万元建设节水型机关，7月，通过水利行业节水型单位验收。

【水环境生态保护】 2022年，峰头水库运行中心贯彻落实河湖长制，推进水污染防治、水生态保护和水资源管理，提升水库水质。全年投放鲢鱼、鳙鱼等滤食性鱼苗90万尾，推进以鱼控藻“生态渔业”；开展常态化巡逻143次、联合执法4次、制止驱离违规钓鱼50多起、没收渔网400多米、绞线机6台，巩固清“四乱”成效；完善水华防控及预警机制，通过投放鱼苗、加密水质检测次数等举措，抑制水华发生，保障饮用水水源安全。2022年峰头水库水质保持在Ⅱ—Ⅲ类水（不计总氮），符合《地表水环境质量标准》（GB 3838—2002），全年水质总体稳定向好。

【安全生产管理】 2022年，峰头水库运行中心投入安全生产维护养护资金328万元。严格执行安全生产责任制，加强电站机修安全制度建设，开展安全生产月活动及应急演练教育；全年组织24次安全生产大检查，发现一般安全隐患54项，整改54项；对1号、2号机组进行电气常规性试验，保障设备安全运行。

（黄　维）

畜牧业

【家畜饲养】 2022年，云霄县生猪规模养殖场274家，生猪存栏15.21万头；肉牛规模养殖场2家，存栏3519头；肉羊规模养殖场2家，存栏2987只；肉兔养殖场2家，年出栏7500只。福建漳州绿野农业开发有限公司、云霄县奕铭养殖有限公司、漳州杰成养殖有限公司等3家养殖场成为国家级产能调控基地。云霄县益泰农养殖有限公司、云霄县万来养殖农民专业合作社、漳州市鑫鑫畜牧养殖有限公司等3家养殖场成为省级产能调控基地。漳州市鑫鑫畜牧养殖有限公司获得种畜禽生产经营许可证（一级扩繁场），参加2022年福建省畜禽养殖标准化示范场的创建活动并通过省级考核。

【家禽饲养】 2022年，云霄县家禽主要饲养肉鸡、蛋鸡、水禽等。肉鸡规模化养殖主要在陈岱镇、火田镇，肉鸡年出栏5万羽以上2家，年出栏27.55万羽；蛋鸡规模化养殖集中在火田镇，蛋鸡存栏3万羽以上2家，存栏7.9万羽；水禽养殖主要分布在东厦、火田、陈岱等乡镇，年存栏66.33万羽。

（张　帆）

【动物免疫】 2022年，云霄县组织供应强制免疫疫苗：高致病性禽流感疫苗123.5万毫升、猪口蹄疫疫苗48.75万毫升、牛羊口蹄疫疫苗2.205万毫升、小反刍兽疫0.23万头份。县级财政配套疫苗经费40万元、疫情监测及应急物资储备经费6万元。全县全年免疫高致病性禽流感疫苗247.88万羽次；免疫猪口蹄疫39.07万头次，免疫牛、羊口蹄疫疫苗2万头次，免疫小反刍兽疫0.84万头次；春、秋两季100%完成应免畜禽强制免疫任务，各强制免疫病种免疫抗体合格率均超过国家规定的70%，全年无发生区域性重大动物疫情，并通过市级组织的动物疫病防控工作绩效延伸考核。

【动物疫病监测与检测工作】 2022年，云霄县动物疫控中心实验室完成检测畜禽样品8166份，其中检测H5、H7亚型高致病性禽流感血样分别为1686份、843份，检测鸡新城疫血样80份；检测猪O型口蹄疫、A型口蹄疫、猪瘟、高致病性猪蓝耳病血样各282份，检测牛O型口蹄疫、A型口蹄疫血样各203份；检测羊O型口蹄疫、A型口蹄疫、小反刍兽疫血样各40份；流调采样市场禽类病原学监测H5、H7亚型禽流感病原分别为875份、1000份；开展畜间布病基线调查，检测牛、羊、猪布鲁氏菌病分别为452份、250份、1012份；开展非洲猪瘟入场入舍采样，检测非洲猪瘟314份，超额完成省、市、县下达的年度免疫抗体检测与流行病学调查监测任务。

（林建民）

【养殖污染治理】 2022年，云霄县畜禽粪污资源化利用项目漳州康弘农牧有机肥处理中心和云霄县荣福家庭农场沼液资源化利用基地建成并通过验收，2家企业分别获得财政补助175万元和140万元。

（张 帆）

农业机械

【概况】 截至2022年底，云霄县农业机械总动力17.57万千瓦。年内在册大型拖拉机91台/4149千瓦、耕整地机械716台/1995千瓦，水稻插秧机142台，联合收割机10台，农用水泵7054台，节水灌溉机械771台（套），机动植保机械11286台（套）。

【农业机械化】 2022年，云霄县农作物耕种收机械化综合水平超过76.3%。特色小型农作物机械化、设施种植机械化、养殖设施机械化，农产品加工含茶叶、水果、地瓜等机械化得到普及。新型农机服务组织发展迅速，全县全年耕、种、收、运输、加工、修理、中介、营销等领域农机化服务队、农户超万个（户），外地收割机进入县域作业300多台次。

【农机政策扶持】 2022年，云霄县农机站依据《2021—2023年云霄县农业机械购置补贴实施意见》，线下在东厦镇、和平乡、下河乡等购机集中地受理申请、登记、审核等“一站式”服务，线上通过手机App申请办理补贴等服务，全年发放微耕机、增氧机、旋耕机、电动果树修剪机等农业机械购置补贴101.195万元，125户农户受益。

【农机安全生产】 2022年，云霄县农机站联合交警、交通、乡镇等部门开展执法6次，重点查处违规载人、酒后操作、超速超载行驶等违法违规现象。采用展板、横幅、宣传小册等形式开展安全生产宣传，利用机手培训、拖拉机年检、驾驶证换发、农机修理点、农民购机等时机进行安全生产宣传、教育、培训，全年布置展板10次、悬挂横幅10次、发放宣传册600多册。深入田间、场院、乡村道路、茶果园，开展农机生产检查、隐患大排查、大整治活动31次，农机相关安全生产人员97人次参加，发现一般隐患10处，现场整改隐患10处，整改率100%。组织开展送检下乡3次，16台套各类型拖拉机通过年度检验。落实农机报废补贴，促使达到报废年限的机车及时报废，不带病使用，年内农机具报废补贴2台（套）。

（何江云）

水稻原种场

【现代农业产业园技术服务体系试验站建设】 2022年，云霄县水稻原种场申报2022—2023年云霄县创建现代农业产业园(枇杷蔬菜)项目，投建现代农业产业园技术服务体系试验站。项目地址在东夏镇水稻原种场试验基地，投入96.61万元，包含8亩温室大棚、多媒体电教室、果蔬农残检测室等设施设备建设。该试验站主要探索解决设施大棚内生态环境条件逐年恶化、土传病害严重、土壤营养元素平衡被破坏、农药降解较差、土壤板结、酸化、盐渍化、元素比例失调等土壤连作障碍问题。至11月底，项目全部建成通过验收。2023年，将依托现代农业产业园技术服务体系试验站开展蔬菜、水稻品种试验、示范推广、气象监测、土壤地力监测、现场培训、技术指导等服务。

【良种试验推广】 2022年，云霄县水稻原种场早季试验示范“两优837”“荃优837”“荃优212”“紫两优737”“昌两优8号”等5个水稻新品种，以及抗旱水稻品种“旱优73”和推广示范品种“荃优822”。“旱优73”，生育期152天，亩产562千克，枝秆粗壮，抗倒伏，较耐旱（较其他品种节约水30%—40%），可在县域内较缺水的地方推广种植。“昌两优8号”亩产750千克，是5个试验品种中最高产量；“荃优822”，连续3年作为水稻原种场对照作物，亩产都在650千克以上，可成为全县主推品种。

【耕地（水稻土）质量监测】 2022年，水稻原种场继续与漳州市农业农村局土肥站合作，在水稻原种场试验基地开展水稻土质量监测工作。通过每年的水稻施肥对比试验，取得不同地块的土样10份，并将土样送至漳州市农业局土肥站检测化验，具体化验结果作为漳州市农业局土肥站指导全市土肥工作的重要参考数据。通过对农作物的土壤质量的监测，灌溉和施肥都可以做到更加及时合理，便于改善农作物生长的环境，从而提高农作物的品质。

【土壤墒情自动监测站建设】 2022年，云霄县水稻原种场与县农业农村局土肥站共同合作，在东厦镇埭洋村试验基地建设占地约350平方米的土壤墒情监测站。该监测站于2022年底建成，依托云霄县水稻原种场管理，能够实时监测指定区域土壤的墒情情况，农业管理人员根据墒情监测数据确定指定区域土壤的干旱情况，及时指导开闸灌溉作业，防范大面积土地干旱的情况发生。云霄县农业农村局土肥站每月根据监测数据发布农田土壤墒情简报2期，为指导农业生产提供科学决策。

园岭国有林场

【概况】 2022年，云霄园岭国有林场以调整生态公益林的树种结构为主线，加大营林投资力度，提升森林质量。全年省级生态公益林桉树三级改造面积53公顷。全年收入3176.74万元，其中木材生产与销售5204立方米，收入661.4万元。全年支出1852.92万元，其中营林投资390.28万元。

【营林生产与管理】 2022年云霄园岭国有林场造林128公顷（其中木材战略储备林建设95.8公顷），完成造林任务的110%；实施生态修复7.5公顷；中幼林抚育711.4公顷，其中施肥666.7公顷；病虫害防治面积185.2公顷；林道维修92千米。

【基本设施建设】 2022年云霄园岭国有林场投入资金121.12万元，建设场部大门及围墙；投入37.68万元，建设森林公园旅游步道1.6千米；投入25万元，与白石村共建火田镇白石村农贸市场。

【护林防火】 2022年云霄园岭国有林场联合上级林业主管部门开展护林防火宣传，出动宣传车3次，发放宣传材料3000份，立宣传牌20个，挂宣传横幅30条，短信宣传30万条。全年维护防火路128.1千米；投资7.5万元在圆峰、溪坪管护站建设森林消防水池3个，总蓄水量75立方米；补充配足2个防火物资及抢险救灾物资储备库。林场组织在岗人员成立25人半专业扑火队伍，并组织10名在岗人员与火田镇白石村共建1支20人的半专业扑火队伍；组建5个固定巡逻小队，结合防火、防假、防毒、防“两违”等工作，开展日常巡护。年内组织林场半专业扑火队员开展扑火和逃生演练3次。

（方教育）

工业与清洁能源

工业经济

【概况】 2022年，云霄县积极贯彻落实市委、市政府“突出工业、突破工业”的决策部署，以产业发展项目建设攻坚年活动为抓手，突出做大做强清洁能源、电子信息、食品制造等三大主导产业，以漳州核电为龙头，以抽水蓄能电站、闽粤联网工程等重大项目为引领，突出打造“一县一业”特色，着力培育一批新的“百亿产业”集群。规模以上工业企业94家，规下企业（用地5亩以上）35家，工业总产值114.35亿元，工业用电4.70亿千瓦时，实现工业税收2.51亿元，合计用工1.43万人。2022年工业用电较2021年用电增长7.57%；2022年工业总产值较2021年工业总产值增长15.6%。用电与工业产值匹配增长。

【园区建设】 2022年，云霄县工业园区紧紧围绕“一区一湖两园三线”总体布局，推进园区建设，以光电、食品加工、新能源为主导产业，积极打造标准化工业示范园区。营造一流营商环境，在基础设施建设、技术创新等方面给予政策倾斜，推动工业项目和企业向园区集中。特别是大力推进云翔产业园建设，园区是云霄和厦门翔安山海协作共建产业园区，位于沈海高速公路东西两侧，规划面积2800亩，计划总投资100亿元，以东、西两侧为界，分为两期开发建设，东侧一期面积1450亩，西侧二期1350亩。园区以沈海高速、324国道、高铁为支撑，以益树大道和东辅路为依托，形成一纵六横的交通路网，内有益树大道、树洞四路及奥克兰路、瓦窑路。

【规模工业发展】 2022年，云霄县实现规模工业总产值114.35亿元，同比增长15.6%；完成技改投资34.72亿元，同比增长218.2%，排名漳州市各县区第一；完成制造业投资18.28亿元，同比增长74.2%，排名漳州市各县区第三。推动企业技术创新，促进产学研联合，加大研发力度，在提高产业层次、提升核心竞争力上下功夫，开发具有自主知识产权的新技术、新工艺、新产品，提高中小企业的自主创新能力。海峡彩亮公司申报并通过福建省专精特新中小企业评定，云星电子、海峡彩亮、华锐锂能、金立电子、华威电源、瑞联电路板、粤海饲料等7家企业被认定为福建省专精特新中小企业，专精特新企业数与规上企业数占比为7.8%，处于漳州市各县区中上游位次。落实惠企政策，助力企业发展，兑现各项工业惠企资金1027.65万元。

（张剑宇）

产业发展

【清洁能源产业】 2022年，云霄清洁能源产业有规模以上企业

4家，实现产值4.88亿元，占云霄规模工业比重4.5%，实现税收2047万元，同比增长4.24%。华威电源公司实现产值2.9亿元、纳税1002.46万元；华锐锂能公司实现年产值1.22亿元、纳税355.72万元；汇海风电公司实现年产值0.47亿元、纳税794.62万元。

核电项目1、2号机组总投资424.66亿元，截至2022年底累计完成投资311.86亿元。1号、2号机组开工建设，3号、4号机组获得核准，5号、6号机组开展可研工作。抽蓄项目完成洞挖施工，主体项目完成征地扫青工作。上下库连接道路开工，项目主体底下厂房开工。闽粤联网项目总投资32.17亿元。

【电子信息产业】 2022年，电子信息产业有规模以上企业18家，实现产值18.6亿元，占全县规模工业比重的16.3%，实现税收1733.5万元。云星电子公司年实现年产值4.4亿元、纳税398.98万元；为乐电气公司实现年产值1亿元、纳税255.98万元；海峡彩亮公司实现年产值6.49亿元、纳税111.76万元。

【食品制造产业】 2022年，云霄食品制造产业有规模以上企业19家，实现产值28.33亿元，占全县规模工业比重的24.77%，实现税收2339.1万元。云霄初步形成以省级龙头企业东州冷冻（2022年产值0.7亿元、税收31.95万元）、乐华食品（2022年产值1.0亿元、税收194.78万元）等主要果蔬企业为代表的果蔬农产品加工产业；以鲜品冷冻食品（2022年产值0.59亿元、税收100.11万元）、康海水产品（2022年产值0.36亿元、税收8.36万元）等主要水产品企业为代表的水产品产业；以及以利众诚（2022年产值2.51亿元、税收246万元）、阳弘生物果干（2022年产值0.14亿元、税收87.32万元）等主要休闲食品企业为代表的休闲食品加工产业的三大食品支柱产业体系。以富佳宝食品工业园为龙头，推动利众诚、阳弘生物等食品企业加快新零售网络建设，发展枇杷、杨桃等本土特色农产品深加工，培育海洋生物战略性新兴产业，推动食品产业集约化、产品多元化、技术高端化、营销现代化，打造云霄“中国食品名城”。

（张剑宇）

清洁能源

【概况】 中核国电漳州能源有限公司由中国核电和国家能源集团按51%、49%的股比出资组建，负责核电、水电、风电等多种形式新能源的开发和生产。公司努力打造“国之华龙、兼容并蓄、处处风光、无限生态”的中国特大型清洁能源基地，2022年，重点建设总投资1000亿元核电项目、总投资100亿元的抽水蓄能项目以及华龙科技文化园。

【核电项目】 漳州核电项目规划建设6台百万千瓦级华龙机型核电机组，并留有扩充2台核电机组建设的位置，总投资超1100亿元，其中一期工程开工建设。2022年，漳州核电一期工程“开顶法”全面成功实践。二期工程（3号、4号机组）获项目核准。

【抽蓄项目】 抽水蓄能电站项目距漳州500千伏变电站约40千米。项目规划建设6台30万千瓦可逆式水轮发电机组，总装机容量180万千瓦，总投资约100亿元，是福建省重点项目，是福建省2022年在建装机容量最大的抽水蓄能电站项目。2022年，云霄抽蓄项目“两洞”工程完工，主体工程开工建设。

【华龙科技文化园】 华龙科技文化园打造集科技创新、文化宣传、培训教育、运维技能、人才公寓等于一体的综合体建筑，占地200亩，建筑面积21.24万平方米，总投资为14.5亿元。一期工程建设中。

【青径风电场】 青径风电场总装机容量1.95万千瓦，是中核集团在闽首个建成发电的风电场。2022年，全年上网电量2869万千瓦时，完成年度EVA（经济附加值）和利润目标。

（吴 琳）

电力工业

【清洁能源】 2022年，云霄县境内投产清洁能源主要有光伏、风力和水力发电。并网分布式光伏发电项目397个，合计装机容量25044.21千瓦，同比增长55.79%。新增并网项目65个、容量8968.51千瓦，均为低压光伏发电项目。光伏发电项目全年上网电量1914.30万千瓦时，同比增长74.19%。全县有青径风电场（1.95万千瓦）、曾江风电场（3万千瓦）等风电项目，无新增风力发电并网项目。全年上网电量11058.20万千瓦时，同比增长10.46%。小水电入网电站数量与2021年一致，水电站有23座，在运机组47台，合计装机容量29430千瓦，发电量6155.98万千瓦时，同比增长170.41%。

【用电结构】 2022年，云霄县全社会用电量139909.70万千瓦时，同比增长5.99%。其中，城乡居民生活用电54592.59万千瓦时，同比增长2.25%，占比39.02%；第一产业用电9882.07万千瓦时，同比增长11.41%，占比7.06%，第二产业用电量51284.46万千瓦时，同比增长8.63%，占比36.66%；第三产业用电量24150.57万千瓦时，同比增长7.15%，占比17.26%。第二、第三产业用电比重逐步增加，成为主要用电增长点。云霄县供电公司实现售电量13.33亿千瓦时，同比增长5.86%。

【电网规模】 截至2022年底，云霄境内有1座220千伏变电站、容量240兆伏安，7座110千伏变电站、容量494.5兆伏安，6座35千伏变电站、容量51.5兆伏安。110千伏及以下线路126条，其中110千伏线路8条124.27千米，35千伏线路14条138.72千米，10千伏线路104条1338.70千米。公用配变1499台、专用配变1020台。

【电网建设】 2022年，云霄县供电公司坚持高质量发展主线，多维度开展配电网诊断分析，推动电网高质量发展。精准落实电网投资，开展2022年配电网诊断分析和规划编制，全面梳理配电网负面清单，完成10千伏供电单元现状结线图绘制。按序时完成全年电网项目174个，完成投资8197.26万元。紧盯电网发展短板，有序推进重点项目，推动110千伏下坂变二期、向东变顺利投产送电，新增2台主变压器，容量100兆伏安，有效满足城区负荷增长需求。开工35千伏东厦输变电工程。完成投运配改项目64项，新建及改造10千伏线路18条51.63千米，新增99台配变3.87万千伏安，阳下Ⅵ配变新建工程获评省电力公司第一季度优质工程。加快电网数字转型，完成110千伏列屿变、云陵变“全顺控”改造，投运147台四遥开关，建成13条标准自动化线路、6组标准化网架。改造HPLC（高效液相色谱）智能电表4.71万户，覆盖率57.56%。

【供电保障】 2022年，云霄县供电公司持续贯彻云霄县“能源新城”战略，全力配合当地重大工程，助力闽粤联网工程竣工投产，实现福建、广东两省电网互联互通、余缺互补。漳州核电500千伏送出工程109基塔全部交地，220千伏水晶输变电工程开工建设。科学防范大电网安全风险，及时完成8条10千伏线路负荷切割和8条新线路启动送电，实现电网安全迎峰度夏，完成闽粤联网启动送电、中共二十大、中高考等重要保供电任务。完成“护网2022”“闽盾2022”专项行动。严格执行上级疫情防控政策，规范调整疫情防控放开后防疫举措，实现员工健康、供电服务“两不误”。

【供电质量】 2022年，云霄县供电公司坚持以减少停电为工作重心，推动故障压降，全年整治大分支、单辐射等网架问题17项，整治重载、低电压异常台区74台。实施带电作业440场次，不停电作业化率89.19%，在漳州市首家实施“蜈蚣梯”配合带电立杆作业，实现用户平均停电时长2.64小时，比降36.38%。整治高故障多表位表箱302只，故障同比压降61.94%。强化同期线损协同治理，2次入选国网线损管理“百强县”、13次入选“百强所”。云霄县供电公司全年综合业绩指标漳州市排名第二，获评漳州供电公司先进工作单位。

【供电服务】 2022年，云霄县供电公司坚持以客户为中心，持续深化新时代“双满意”工程，“双满意”工程被列为县委、县政府为民办实事项目。持续优化电力营商环境，县政府出台《云霄县用电容量1250千伏安及以下企业外线建设专项资金管理办法》，建设费用由县财政全额补助。推进阳光业扩工程，高压业扩项目送电89户6.96万千伏安，报装时长5.69个工作日（不含配套工程时长），比降24.23%。走访调研客户199户，解决客户诉求问题51项。开拓综合能源服务，挖掘综合能效新兴业务意向9项，签订4个智能运维项目和2.5兆瓦分布式光伏项目。严格管控客户意见工单数量，全年处置意见工单129件，同比下降38.28%，保持国网“95598”零投诉。推进营业厅智能化转型，莆美营业厅入驻行政服务中心，下河、和平、马铺、火田转型为电子自助营业厅。

（吴基灵）

二轻工业

【概况】 2022年，云霄二轻联社定期开展企业安全生产隐患大排查活动，同下属企业签订《企业安全生产责任书》，并召开安全知识培训会；党员干部积极参与全县疫情防控工作，关爱困难职工和困难党员，帮助解决困难职工生活中的实际难题，确保二轻联社下属企业稳定。

【职工暖心】 2022年，云霄二轻联社关爱困难职工和困难党员，元旦、春节期间慰问困难职工197名，发放慰问金8.9万元，帮助困难职工改善生活条件。走访慰问行动不便、身患疾病的困难老党员。积极协助符合退休标准的职工申报福建省无力参保县及以上集体所有制企业退休人员老年生活保障金。听取综合厂职工反馈企业社保缴纳问题，邀请县税务局业务人员、综合厂职工座谈协商，并及时落实协商成果，解决综合厂37名职工社保补缴及今后正常缴费问题。

电商与商贸服务

电子商务

【概况】 2022年，云霄县工信局聚焦巩固脱贫攻坚与乡村振兴开展工作，推进云霄县农产品进城和工业品下乡畅通的农村现代市场体系。2022年云霄县快递收件量达1011.19万件，派件量达3231.49万件，全县电商交易额实现稳步增长。

【农特产品上行服务】 2022年2月，云霄县组织支点农业、海佳味、盈漳果蔬、好农康、何氏淮山、一包香等6家农产品电商企业参加“漳州产·全球销”展会。企业采取“线上+线下”相结合的方式，在展会上向群众推介云霄农产品，促进云霄县农特产品的知名度和影响力。通过信息宣传、媒体报道宣传，增加全县农特产品附加值，为企业增收致富夯实基础，活动期间累计销售额约12万元。

【企业与平台对接服务】 2022年4月，云霄县工信局组织云霄县3家企业（支点农业、百鲜集供应链、顶掌柜）参加“第四届双品网购节暨非洲好物网购节”。活动期间成交订单2.8万单，销售额达225.8万元。

【电商培训】 2022年，云霄县举办农村电商能力提升培训活动，邀请县域知名短视频、直播网红达人等进行分享交流，围绕“直播间话术”“提升视频数据”“视频+直播的变现技巧”等主题为参训学员答疑解惑，并在课堂上展开交流学习。

（张晨晖）

商贸服务

【菜篮子工程建设】 2022年，云霄县工信局帮助云霄县10家基地评选为省级城市副食品调控基地，推荐漳州市云农农业发展有限公司、云霄县益泰农养殖有限公司、云霄县丰达园生态养殖专业合作社等3家规模较大、管理规范、市场保供作用明显、产销数据报送及时的基地为省级重点副食品调控基地，保障市场副食品供应稳定。

【加油站（点）监管】 2022年，云霄县工信局对辖区内16家加油站进行年检。开展加油站安全隐患大排查大整治活动，通过检查，确保云霄县16家加油站均使用国六标准的油品，均无发现违法违规情况。

【拉动内需扩大消费】 2022年12月23—25日，云霄县工信局在万星广场举办2022“全闽乐购·福见云霄”美食嘉年华活动，组织全县39家食品企业、小吃参展。以“线下展销+线上直播”相融合的形式开展，设置电商直播区，邀请电商企业及网红主播进行直播带货，同时吸引一批抖音探店达人自发到现场宣传拍摄。线下邀请歌手、舞蹈团体进行专场演出，开展互动猜歌赢取小礼品、商家优惠券等趣味活动。

【繁荣夜间经济】 2022年，云霄县工信局帮助云霄县威惠美食广场向上申请漳州市夜间经济聚集示范区，成为漳州市首批夜间经济聚集示范区；帮助云霄县县福建省枇鲤粑辣餐饮管理有限公司成功申请“闽菜馆”。

（方杨烨）

国有商业

【安全生产管理细化】 2022年，商业总公司加强安全生产，充实调整管理力量，筹划安全生产工作，注重加强安全知识培训，开展警示教育、消防演练及安全生产大检查活动，提高干部职工消除安全隐患能力。并扩大安全宣传范围，落实应急值守工作，增加安全资金投入，于细微处抓好安全管理工作。

【综治维稳】 2022年，商业总公司制订综治维稳工作年度计划，与基层单位签订责任书，层层落实责任。加强普法宣传，走访慰问下岗困难职工，对发生的矛盾纠纷，及时妥善处理。2022年，商业总公司在人社局支持下投入208950元，慰问困难职工410名。

【助力乡村振兴】 2022年，商业总公司加强走访慰问，及时掌握挂钩户情况，开展为民办实事服务，助推乡村振兴工作，并投入18000元助力挂钩对象整治人居环境、助力就医及发展生产。

【巡察整改】 2022年，商业总公司持续推进抓好巡察整改工作，督促基层单位清理挂账，特别是清理拖欠干部职工社保、医保费用代垫的款项。累计清理应收款249.04万元，应付款111.59万元。

（方龙章）

对外经济贸易

【外商投资概况】 2022年，云霄县新设立外商直接投资企业数4个，合同利用外资共5555万美元；全年验资到资1696万美元，完成年度计划（1378万美元）的123.1%。

（方杨烨）

【外贸进出口概况】 2022年1—10月，云霄县外贸出口总额完成10.01亿元，同比增长49.5%；进口总额完成2.32亿元，同比增长78.79%；进出口总额完成12.33亿元，同比增长54.24%。主要出口产品有食品、化妆品、服装、高新技术产品等；主要进口产品有海草、木材等。

（方玲）

粮食储备与供应

【储备粮管理】 2022年完成轮换任务，经春、秋两季省、市普查，县级地方储备粮库存粮食均达到总体安全、数量准确、品质良好、粮情稳定，符合“一符、三专、四落实”的要求。储备粮库存通过市粮食质量安全抽查检测，质量安全指标均达100%。大埔中心粮库完成智能化升级改造项目，完成粮仓空调安装，实现充氮气调杀虫新技术应用和低温准低温绿色储粮目标。

（方文生）

【粮食供应保障】 2022年，云霄县重新修订《云霄县粮食安全应急预案》，6月组织应急培训演练，提高应急保障水平。县粮储局、财政局出台《云霄县引粮入云奖励资金管理办法》，鼓励企业多形式引粮入云。全面推进粮食应急体系建设，实现粮食应急供应网点县域、乡镇全覆盖。

（方文生）

物资供应

【概况】 2022年，县物资总公司推进安全生产诚信体系建设，杜绝发生火灾爆炸事故；杜绝发生民用爆炸物品仓库被盗、被抢事故；杜绝发生人员重伤以上事故；做好疫情防控工作；实现轻伤事故和职业病危害为零。

【安全生产】 2022年，县物资总公司继续提升企业安全生产标准化建设水平，增强安全防范治理能力。重点做好民爆物品储存库出租安全管理工作，实现无火灾和无爆炸事故；无被盗和无丢失事故；无人员伤害事故。

（卞伟毅）

供销合作

【农产品流通】 2022年，云霄县供销联社培育农产品流通主体，新发展云霄县众励种植专业合作社、云霄县佳运果蔬农民专业合作社、云霄县源林果蔬农民专业合作社、云霄县建益果蔬农民专业合作社、云霄县艺群果蔬专业合作社、云霄县聚森果蔬专业合作社联合社等6家农民专业合作社。其中，云霄县源林果蔬农民专业合作社、云霄县建益果蔬农民专业合作社、云霄县艺群果蔬专业合作社等3家为基层社入股合作社。

【生产、生活资料经营】 2022年，县供销联社确保农村生产、生活资料供应，重点抓好农资化肥供应。根据漳州市发改委下达的化肥冬储任务，分解冬储任务指标。3月底，云霄县供销系统完成优质肥（尿素、复合肥等）存储量7515吨，小化肥（碳铵、磷肥等）9115吨，合计16630吨，远超市发改委下达给云霄县供销系统的化肥冬储任务3500吨。春耕期间，全县供销系统农资经营网点做到“不涨价、保供应”承诺，确保疫情期间农资供应充足。

【农资科技服务下乡】 2022年4月29日，县供销联社联合陈岱镇人民政府、云霄县农业农村局等部门在陈岱镇开展农资科技服务下乡活动，组织农技专家和庄稼医院医生现场为农民提供农资科技咨询，指导安全用肥用药，同时，为农户免费发放复合肥。

【“保供促销工程”建设】 2022年，县供销联社推进“保供促销工程”建设，推进基层社升级改造，进一步完善农村流通网络体系，重点对薄弱基层社车圩供销社进行改造升级。依托下河南塘果蔬集散中心项目，向上争取补助资金30万元，自筹资金20万元，将原南塘购销站重新改造利用，7间门市占地面积约340平方米，10月，该项目竣工并投入使用。

【“三位一体”综合合作试点工作】 2022年，县供销联社推荐120户专业合作社、家庭农场到农信社办理“三位一体”贴息贷款，成功为67户农民专业合作社（家庭农场）解决生产资金贷款1818万元，单笔贷款最高到100万元，授信期限3年。2022年兑现14户贷款一年期满的农户贴息资金9万多元。马铺望水尖家庭农场通过贷款30万元扩大养猪规模，增收10多万元，该成效于4月18日被《人民日报》报道。

【地标产品供销有限公司成立】 2022年3月14日，县供销联社下属集体企业云霄县供销社资产运营管理中心注册成立云霄县地标产品供销有限公司，8月完成筹备工作，正式开业运营。依托云霄县作为“全国地标第一县”的品牌优势，发挥供销社为农服务的平台作用，带领农民专业合作社和生产、销售、物流等企业，构建产销合作新模式。2022年，云霄县地标产品供销有限公司销售总额约292万元。其中福建海事局、福州闽货公司、厦门港务集团及福建广电集团的网络平台订单、地标微信小程序销售额约140.49万元；云霄县约79家企、事业机关单位中秋节采购云霄地标产品作为工会福利，销售额约119.55万元；其他销售渠道销售额约31.86万元。

【农资市场管理】 2022年，云霄县供销联社统筹云霄县陈岱供销社购销站、云霄县农资公司高塘农资配送中心和云霄县中兴公司农资配送中心3个主要农资供应点形成系统服务网络，满足各个区域的化肥农资需求，做到货源充足，质量保证，价格稳定；严格把控农资商品质量，确保各经营网点从正规渠道购进农资商品，严格执行产品质量责任制，杜绝假冒伪劣、过期失效农资商品流入供销系统经营网点；配合相关执法部门加大农资商品监管力度，组织专门人员深入各农资中心、经营网点进行农资质量、价格抽查，确保为广大农民提供质优价廉的农资商品。

（方 慧）

烟草专卖

【卷烟打假】 2022年，云霄县烟草专卖局（分公司）规范打假刑事案件移交程序，持续健全打假责任机制；参加“春雷”“打假治乱”“冬春攻势”等专项行动；主动与乡镇及职能部门沟通联动，将县局24小时备勤制度与联合包片巡查、织密海岸巡防紧密结合；与县法院联合全国首推执行“反假劝导令”，强化打假普法宣传，综合治理持续深化；自查涉假窝点18个，查获假烟649.6万支，查获烟丝8.95吨；查获海上走私假烟168万支，案值约201万元。

【市场管理】 2022年，云霄县烟草专卖局（分公司）加大考核目标引导力度，加强对囤积卷烟、真烟非法流入等真烟异常流通案件的情报信息的收集和分析，加大对仓储、运输环节的监控和打击力度，有力震慑违法经营户。立足“黑、灰、黄”三色名单，综合运用“错时、交叉、突击”等方式，完善跨区域大户联合治理机制。许可管理坚持“总量控制，盈利决定、分类布局、诚信管理”原则，落实排队公示登记制度，严格控制新增客户，全面畅通许可清退出口，确保合法高效。强化电子烟监管，做好电子烟政策解读，逐步过渡常态化监管。

【营销网建】 2022年，云霄县烟草专卖局（分公司）全面优化终端生态，提升终端数据质量，建设完成农网“海丝新晟”流通品牌三家核心终端、两家合作终端。

（方谊静）

金融业

综述

【金融运行】 截至2022年末，云霄县金融机构本外币各项存款余额212.42亿元，比上年增加23.21亿元，增长12.26%；本外币各项贷款余额261.8亿元，比上年增加59.55亿元，增长29.45%。

【货币发行】 2022年，人民银行云霄县支行加强发行库管理，做好第二代货币发行管理系统上线试运行工作。做好现金分析测算和现金调拨，确保常态化疫情防控背景下现金需求。截至2022年末，发行支库累计投放27.99亿元，累计回笼15.57亿元，净投12.42亿元。优化现金管理服务力度，针对基层派出所办理户籍业务找零难问题，主动协调县公安局与县农信基层网点，通过网点兑换、商摊兑换等就近兑换方式加大小面额票币兑换力度。加大反假币宣传力度，严厉打击制贩假币行为。

【信贷工作】 2022年，人民银行云霄县支行贯彻执行稳健货币政策，管好用好各类央行资金，推动金融服务实体经济。截至2022年末，全县再贷款余额3.72亿元，比上年增长14.65%。做好央行两项直达工具接续转换政策工作，落地普惠小微贷款支持工具激励资金566.85万元，带动辖区2家地方法人金融机构实现普惠小微余额增量3.74亿元。开展民营和小微企业“首贷培植”行动。截至2022年末，辖区普惠小微企业贷款余额90.76亿元，比上年增长36.05%。辖区金融机构通过“金服云”平台发放贷款237笔、6.25亿元。突出支持绿色金融，截至2022年末，辖区绿色信贷余额103.54亿元，比上年增长52.1%。推进“点燃‘红’色引擎，‘贷’动地标活力”一县一品专项行动，指导辖区金融机构创新信贷产品（云标贷、地标贷）、发放漳州市首笔地标商标专用权质押贷款、推行“地理标志+保险服务”模式等方式做活地标产业。截至2022年末，地标类贷款余额18.52亿元，比上年增长44.52%；地标类贷款平均加权利率6.44%，比上年下降1.2个百分点。

【反洗钱工作】 2022年，人民银行云霄县支行加强反洗钱监管，约谈辖区2021年反洗钱分类评级中排名靠后的金融机构，督促辖区2家法人金融机构落实洗钱和恐怖融资风险自评估。推进打击治理洗钱违法犯罪三年行动计划取得实效。2022年收到金融机构上报可疑交易报告1份，涉及交易金额525.23万元，指导金融机构向公安机关报案，年底已破案。密切与县公安局、县检察院、县法院协作，发掘徐某某妨害信用卡管理案中存在“自洗钱”情节，推动该案以洗钱罪起诉，已判决。加强反洗钱宣传，开展线上线下宣传活动。

【支付结算】 2022年，人民银行云霄县支行开展涉案银行账户整治。组织召开辖区打击治理电信网络新型违法犯罪工作会议，向辖区金融机构发出支付结算风险提示2份，密切警银协作。与县公安局建立《打击电信网络诈骗快速联络机制》，与县检察院、县公安局、县银保监组联合印发《关于在打击治理新型网络违法犯罪中加强协作配合的意见》。配合县联席办在全省率先全面试点实施ATM（自动取款机）取款加载人脸身份识别。有效遏制涉案银行卡较快增长态势，2022年涉案银行卡268张，比上年下降10.67%。做好移动支付便民示范工程建设。指导县农信社完成“威惠庙夜市文化街区”移动支付一条街场景建设，助力夜间消费移动支付便民化。

【外汇业务】 2022年，人民银行云霄县支行促进跨境贸易投资便利化，全年辖区银行运用跨境金融服务平台为企业办理出口应收账款融资共38笔1255万美元。推进中小微企业外汇套保首办拓户专项行动，全年共有11家企业办理15笔外汇衍生品签约，金额165.3万美元，其中8家企业为首办户。组织开展打击非法集资、地下钱庄、跨境赌博、网络炒汇和骗税等宣传活动，提高社会公众辨别能力和防范意识。加强事中事后监管，防范和化解跨境资金流动风险。开展打击外汇违法违规行为，维护辖区外汇金融安全。

【国库】 2022年，人民银行云霄县支行做好疫情防控资金和直达资金拨付工作，全年云霄县国库防疫资金拨付共98笔918.46万元。落实留抵退税政策，全年云霄县国库办理个人所得税汇算清缴退税16305笔638.73万元，办理增值税留抵退税166笔15087.01万元。推动国债“下乡”，全年累计销售国债26笔462.28万元，其中乡镇网点销售18笔333.48万元。

【征信管理】 截至2022年末，人民银行云霄县支行办理个人信用报告查询19402份、企业信用报告查询202份。加强征信业务非现场监管，引导辖区接入机构强化征信合规和信息安全管理工作，守住信息安全风险底线。深化对台征信工作，扩大证书应用范围，指导辖区金融机构走访台企台胞、不定期汇编和推送持证的金融优惠措施。截至2022年末，辖区累计14名台胞、6家台企获得漳州市台商台胞金融信用证书。推动应收账款融资业务发展，辖区中小微企业通过应收账款融资服务平台累计融资5笔，金额4.06亿元。

（方泽城）

银行业监管

【概况】 截至2022年末，辖区共有银行业机构8家，银行业网点40个，分布于城郊网点23个、农村网点17个；辖区另有离行式自助银行12家，实现辖区11个乡镇场标准银行网点全覆盖和183个行政村便民服务点全覆盖。辖区银行业总体稳健运行，截至2022年末，辖区各项存款210.54亿元，比年初增加25.31亿元，增长13.66%；各项贷款262.85亿元，比年初增加59.31亿元，增长29.14%。其中，涉农贷款128.43亿元，比上年增速27.1%。小微企业贷款90.76亿元，比上年增速36.05%，增速高于各项贷款增速6.9个百分点。

【金融服务实体经济】 2022年，云霄银保监管组全力支持惠企纾困，推动辖内银行机构用足用好再贷款资金和优惠政策，发放纾困贷款167笔，金额5.56亿元，推动首贷户、信用贷和无还本续贷“三项贷款”增长，推广银行机构实现500万元以下县域房产抵押贷款自评估，引导云霄联社贷款利率同比下降103个BP。加大对重大项目和基础设施建设支持力度，对接国家能源战略部署，推动银行保险机构加大对核电项目的重点支持力度，为国家“双碳”目标贡献金融力量。截至12月末，累计发放核电贷款100.24亿元，全年新增贷款37.66亿元，承保漳州核能源公司雇主责任险保额10.38亿元，为中核集团福建云霄抽水蓄能电站工程提供授信71亿元，保额323亿元。优化新市民金融服务，截至12月末，引导云霄联社发放“新市民贷”余额2126.28万元，发放创保贷29户、余额464.05万元，“无间贷”余额924.21万元，满足新市民创业申贷、续贷需求。满足新市民住房信贷需求，辖内银行机构为核电员工安置房项目配套个人按揭贷款额度1.9亿元。为新市民创业公司承保保额3.8亿元企财险，降低新市民创业风险。开展“我为群众办实事”调研8次，实地走访云霄核电和小微企业7家，解决企业诉求8个，为企业对接融资需求9050万元，其中全年对专精特新企业新增授信6643万元。

【金融服务乡村振兴战略】 2022年，云霄银保监管组借鉴漳浦县创新服务乡村振兴示范经验，构建县乡村三级联动金融服务体系，联合县委组织部启动“党建+金融+乡村振兴”，在全县各乡镇成立5个“福农驿站”、17个乡村振兴金融服务站，牵线银保机构党组织派出金融指导员共计100名，靠前对接金融服务需求。发挥地标产业“几家抬”工作机制，围绕云霄“地标第一县”区域品牌，协同县人行、县农业农村局等多部门出台《云霄县点燃“红”色引擎，“贷”动地标活力专项行动方案》，引导云霄联社向云霄县地理标志产业协会授信10亿元，并发放全市首单地理标志质押贷款产品“云标贷”，助推“地标”变现。

【金融风险防控】 2022年，云霄银保监管组创新以考促学手段，指导机构建立员工内控合规应知应会题库并组织全员培训，通过巡查对3家机构、9个网点、28人进行现场答题测试，推动合规文化入脑入心。强化沟通后督机制，参照任前考察谈话标准，约谈机构网点负责人，通过面谈充分了解尽职履责、合规意识等情况，对履职不尽责、不合规以及履职能力不匹配的人员，通过提示函的形式督促机构调整岗位2人。紧盯安全生产工作，采取“银保监+公安+银行安防专家”的模式成立联合巡查组，对辖内银行保险机构开展春节前安全大检查、“五一”安全保卫巡查、上半年安全防范专项行动排查、重要时点安全巡查共4轮巡查，覆盖全辖23家机构、38个网点，发现问题67个，完成问题整改60个，问题整改率89.6%。盯紧信用风险防控，加强对大额贷款、新增不良贷款、自助循环贷款等风险隐患跟踪监测，严控新增大额授信，严防贷款资金流入违规领域，全年对机构发出监管通报3份、《风险提示单》5份，责成机构处罚人员18人、金额1.2万元。

【消费者权益保护】 2022年，云霄银保监管组推进金融纠纷多元化解机制建设，成立云霄县消保工作“一站两中心”，推进金融诉源治理，维护金融消费者合法权益。截至12月末，累计办理银行业保险业投诉纠纷超400件、调解成功106件、金额687.97万元。强化金融消保宣传，持续开展防范处置非法集资、打击电信网络诈骗、打击整治养老诈骗专项行动、金融知识宣传月等各类消保宣传活动，切实守住百姓“钱袋子”。组织银行保险机构开展进社区、进超市、进公园等各类外出宣传49次、发放纸质宣传册1500余份、发布原创网络宣传作品10条、阅读点击达1.5万次、参与群众达1.35万人次。

（黄 玮）

银行业

【中国银行云霄支行】 截至2022年末，云霄中行人民币各项存款余额25.76亿元，较年初新增2.4亿元；外币各项存款余额552万美元，较年初新增57万美元。人民币各项贷款余额29.64亿元，较年初新增8.43亿元。贷款不良率0.45%，较年初下降0.01%，其中公司不良为零，资产质量总体良好。

2022年，云霄中行强化金融力量，全面落实“六保”任务。公司贷款新获批项目18家，普惠小微企业贷款余额19668万元，贷款总投放71笔，其中纾困贷款4笔合计1540万元，科技贷3笔合计3000万元，漳州市首家获批并实现投放人行设备再贷款300万元，叙作无还本续贷25笔，金额人民币1亿元。落实“六保”任务，助力民营企业平稳过渡。

“断卡”行动以来，云霄中行严格落实断卡行动及账户管控相关要求，多渠道加大“断卡”行动宣传力度，持续加强管控。承担云霄县群众保障卡服务工作，担负起“服务民生、普惠金融”的社会责任。在服务农村金融方面，充分挖掘当地特色行业，持续推出特色行业信贷产品，大力支持乡村振兴。

（吴艳蓉）

【中国工商银行云霄支行】 2022年，各项人民币存款19.08亿元，比上年增加3.07亿元。其中，居民存款余额13.62亿元，比上年初增加1.52亿元；对公存款5.46亿元，比年初增加1.55亿元。国业方面，全年完成新增国际业务全量客户9户，任务完成率113%，完成国际结算量28273万美元，完成率141%，业务指标取得重大突破。支持实体经济，开展普惠金融服务，全年各项贷款总额40.72亿元，比年初新增12.52亿元，其中对公贷款余额30.81亿元，比年初新增13.08亿元。

（沈跃溪）

【中国农业银行云霄支行】 截至2022年末，全行本外币各项存款34.35亿元，比年初增加4.1亿元，比上年增加1.12亿元。各项贷款余额67.17亿元，比年初增加14.33亿元，增长35.66%，比上年增加1.68亿元，增量排名同业第一。实现营业收入1.65亿元，比上年增加0.42亿元；实现拨备前利润1.29万元，比上年增加4000万元，增长44.56%；拨备后利润1.09亿元、净利润8032万元。支行连续六届被福建省委授予“省级文明单位”称号，被福建省分行授予“2022年度风险管理先进单位”称号，连续20年实现无刑事案件、无违规、无重大责任事故“安全年”。

（高一明）

【中国建设银行云霄支行】 截至2022年末，建行云霄支行一般性存款余额319612万元，其中企业存款114501万元，储蓄存款205112万元，当年新增43468万元；本外币各项贷款余额392019万元，其中公司类贷款223423万元，个人类贷款168596万元，当年新增84301万元；五级分类不良贷款余额964万元，比年初减少85万元，不良率0.26%。当年实现账面经营利润9340万元，上缴税收800万元。

2022年，建行云霄支行持续开展金融服务乡村振兴和“一县一品”工作，利用“闽果贷”“闽茶贷”“闽林贷”“闽禽贷”以及“小微快贷”系列产品，为客户提供信贷支持，精准服务农业特色产业，助力乡村振兴。截至12月底，支行普惠金融贷款时点余额41030万元，比年初新增1263万元，授信客户数和授信总额度均创历史新高。支持地方重点项目建设，主动对接地方政府民生基础设施项目，坚持提高制造业贷款比重，积极营销绿色融资，以金融支持经济持续恢复和高质量发展，截至12月底，支行累计提供2亿元左右个人住房信贷支持，投放绿色信贷8.92亿元，其中新投放漳州核电固定资产贷款6.80亿元，余额18.52亿元。

（方毅勇）

【云霄县农村信用合作联社】 截至2022年末，云霄县农村信用合作联社现有网点17个，离行式自助银行7间，ATM（自动取款机）及CRS（共同申报准则）自助设备53台，遍布全县所有乡镇；布设小额支付便民点150个，实现全县行政村全覆盖。2022年，云霄县农村信用合作联社存贷规模首破110亿元，财务收入首破4亿元，税收缴纳达5439万元，是云霄县域唯一一家纳税超5000万元的企业，稳居全辖金融机构首位。各项存款总额62.48亿元，比年初上升7.87亿元，增长14.4%；各项贷款余额49.23亿元，比年初增加8.35亿元，增长20.4%，获评漳州市“2022年度突出经济贡献企业”、云霄县“2022年度经济建设突出贡献奖”。

（蔡巧芳）

【邮储银行云霄县支行】 截至2022年末，邮储银行云霄县支行个人储蓄存款余额63844万元，较上年新增6233万元，公司存款余额39269万元，较上年新增1962万元。各项贷款余额23.82亿元，较上年新增6.42亿元。持续推进信用村建设，截至2022年末累计评定信用村169个，年新增创建信用村99个。以“小康贷”品牌为抓手，加快产品创新，探索推出适合40个地标产业项目的服务方式和信贷产品，继续推出具有地方特色的专属金融服务。推广普惠小微信用贷款业务，进一步减费让利，切实加大对小微企业的金融支持力度，2022年支行累计发放小企业法人贷款2.6亿元，无还本续贷余额0.96亿元。

（吴艺燕）

【福建海峡银行云霄支行】 2022年，福建海峡银行云霄支行资产总额8.81亿元，比年初增加1.59亿元，增长22%；日均存款余额5.88亿元，比年初增长1.15亿元，增长24%；日均贷款8.69亿元，比年初增加2.25亿元，增长35%。内部考核创利收入0.27亿元，同比增长50%。缴纳税款253.66万元。

（黄小玲）

【云霄润发村镇银行】 截至2022年末，云霄润发村镇银行资产总额41585.33万元，比年初增加3214.95万元，各项存款余额为34812.68万元，比年初增加3208.02万元，各项贷款余额为31691.41万元，比年初增加1728.31万元。全年实现利润252.28万元，缴纳税款116.13万元（含企业所得税、营业税及附加、个人所得税、增值税等）。

（董泽聪、郭易琳）

【兴业证券云霄营业部】 2022年，兴业证券云霄营业部实现营业收入1101.97万元，利润总额574.49万元。截至2022年末，客户的托管A股总市值为11.3亿元，累计销售各类产品15286.2万元；全年新增普通客户账户数935户；全年各类证券交易金额累计数达323.7亿元。

（朱若凡）

保险业监管

【概况】 2022年，云霄县保险主体共有14家，其中财险机构8家，人身险机构6家。全年全县实现保费收入36842.69万元，比上年增长7.08%，其中财险机构实现收入15176.78万元，比上年增长23.44%，人身险机构实现收入21665.91万元，比上年下降2.02%。全县农险保费收入1147.03万元，赔付金额459万元。

【特色农产品险种发展】 2022年，云霄银保监管组创新发展优势特色农产品险种，推动人保财险全省首创“脱贫户枇杷低温气象指数保险”，为全国驰名地标产品“云霄枇杷”提供260万元气象风险保障，实现保险助力脱贫人口产业帮扶；推动人保财险、国寿财险创新设施大棚蔬菜种植保险，为1385.34亩大棚蔬菜提供5918万元风险保障，提升特色农业保险覆盖面。

【重点人群保险保障】 2022年，云霄县辖内5家保险机构合计实现9.88万人参保“惠闽宝”、保费收入127.44万元，提升民众大病医疗风险保障水平。推动辖内保险机构为全县原脱贫和低保人口、困难妇女、60岁以上老人、政策性计生家庭等人群分别提供补充医疗保险和贫困人口意外险、“两癌”女性安康险、意外医疗险、计生家庭意外伤害险，参保人数达2.42万人、合计保费515万元、风险保额达5亿元，缓解低收入人群因病返贫风险。

（黄 玮）

保险业

【中国人寿保险股份有限公司云霄县支公司】 2022年，中国人寿保险股份有限公司云霄县支公司实现股份公司总保费8657.43万元，其中续期保费6087.51万元，长险首年保费1650.21万元，10年期及以上期交保费1114.22万元，比上年增长34.55%，短期险保费919.71万元，比上年增长7.34%；全年赔付支出1567.85万元，比上年增长16.36%。

（曾李李）

【中国人民财产保险股份有限公司云霄支公司】 2022年，中国人民财产保险股份有限公司云霄支公司实现保费收入7279.33万元，缴纳各项地方税收842.26万元。组建警保联动服务队伍，设立车架管社会服务站、机动车登记服务站、警保联动交通安全劝导站，助推全县电动车、摩托车上牌工作，做好定责工作，疏通勘察渠道，提高交通效率，服务群众。结合县域实际情况，推陈出新多项服务民生类保险保障方案，发挥保险的补偿功能。

（吴 雯）

【平安财产保险云霄支公司】 2022年，中国平安财产保险股份有限公司云霄支公司实现保费收入3150.6万元，比上年增长 21.73%。全年承保财产险、团体意外险等非车产品530.6万元，比上年增长61.68%。2022年理赔金额1974.35万元，比上年增长11.79%。

（方艺辉）

【中华财险云霄营销服务部】 2022年，中华联合财险保险股份有限公司漳州中心支公司云霄营销服务部经营财产保险、人身保险、涉外保险业务，全年保费收入318万元，其中车险297万元，增长5.31%，全年赔款支出184.16万元。

（林若莹）

【平安人寿云霄营销服务部、第一营销服务部】 2022年，平安人寿云霄营销服务部和第一营销服务部合计保费8059.47万元，办理理赔案件783件，理赔金额 978.1万元，标准案件2日结案率90.29%。

（何淑惠）

交通·通信

运输与管理

【行政服务工作】 2022年，云霄县交通运输局行政审核审批工作进一步深化“放管服”改革，优化营商环境，创新工作方式。依托福建省电子证照系统，通过线上“一网通办”，积极推出“上门服务”的创新提升行动，真正实现政务服务“马上办、网上办、就近办、一次办”。是年，办理工程许可类18件，工程备案13件，运管许可类12件，上岗证核发换发共375件，生成电子证照392张，客货运输车辆年审910件，跨省通办42件，异地年审38件，主动上门为企业办理中华人民共和国道路运输经营许可证一宗及中华人民共和国道路运输证10张，办结率为100%。开展执法护航畅通物流，靠前服务，助企解困，采用政企双重联动保障，积极主动为企业大件设备运输服务，护送核电和闽粤联网项目设备运输车辆12批次。

（汤伟尧）

【客运服务】 2022年，云霄县拥有客运企业6家，车辆100部（客运班车43部、旅游包车57部），核定座位数3598个。开通客运班线23条，省际班线2条、县际班线11条、县内班线10条，其中农客班线15条。全县6家道路客运企业全部纳入年度质量信誉考核，评为AAA级客运企业2家、AA级客运企业4家。春运期间，车况良好的省际旅游客车为返乡和返岗农民工提供“点对点”省际包车服务，赴云南省、四川省和湖北省等地12趟次、运送489人次。客运站落实“三不进站、六不出站”（危险品不进站、无关人员不进站、无关车辆不进站；超载营运客车不出站、安全例行检查不合格营运客车不出站、旅客未系安全带不出站、驾驶员资格不符合要求不出站、营运客车证件不齐全不出站、出站登记表未经审核签字不出站）安全管理责任。客运驾驶员在驾驶过程中做到“五不一确保”（不超速、不超员、不疲劳驾驶、不接打手机、不关闭动态监控系统，确保乘客生命安全）。落实农客油补车补政策，按规定进行公开公示发放补助资金。加强车辆动态监控平台日常管理，客运车辆全部落实安装北斗终端，覆盖率100%。规范客运站场管理，做好场地车辆消杀，持续做好疫情防控工作。

（方妙真）

【公交车、出租车服务】 2022年，云霄县公交车运营企业有长顺公共交通有限公司1家，车辆数22辆，开通13条公交线路。出租车企业有云霄县顺冲出租车有限公司、云霄县中联汽车出租有限公司2家，车辆总数44辆，其中云霄县顺冲出租有限公司参与“村村通客车”项目运营。网约车有云霄县世丰行新能源有限公司、漳州宝顺网络科技有限公司、漳州顺路汽车服务有限公司、漳州大联汽车服务有限公司4家，车辆总数43辆。全县辖区（包括个别无农客通行的偏远乡村）均可采用网约车方式出行，158个建制村村村通客车。在全县范围内重新拟定、规划、优化公交站点和线路，扩大城区群众公交出行范围；公交车内设置驾驶安全防护栏，确保司机驾驶和乘客乘车安全。规范出租车运营管理，运营车辆设施齐全，计价器和北斗终端正常运转，随时掌握车辆动态。

（方妙真）

【货运服务】 2022年，云霄县拥有普通货运企业数29家，车辆数569辆，吨位数7169.4吨；危险品货运企业3家，车辆数18辆，吨位数123.66吨。纳入符合2021年质量信誉考核条件的有3家危险品货运企业、21家普通货运企业，拟定为AA级危险品货运企业3家、普通货运企业21家。加强货物运输管理，建立安全生产管理体系，在册12吨以上货车全部安装北斗终端监控系统。加强农村物流网络建设，促进完善县、乡、村三级物流配送机制，畅通农产品进城和工业品下乡双向流通渠道。在疫情防控期间，做好货物运输正常通行保障，发挥流通企业、电商平台作用，推进批发市场、物流配送和销售终端互联互通。把粮油、蔬菜、肉蛋奶、水产品等农产品纳入生活必需品保障范围，运载口罩、大米等急需物资，保畅保通物流运输。

（方妙真）

【水路运输】 2022年，云霄县交通运输局协同属地政府全面清查县内河乡镇船舶，落实“封港清查”工作。内河水上安全整治行动开展13次，派出检查人员90人次，检查船舶98艘次，对全县内河乡镇船舶实行常态化监督管理。是年内河乡镇船舶在册数29艘，台账齐全、船况基本正常。每个乡镇船舶临时停靠点设置垃圾及废油回收设施，每艘船舶均配备生活垃圾及废油回收桶，防止回收垃圾造成的二次污染，保障内河水域无污染现象。配合相关部门开展船舶用油抽检工作，规范船舶使用合格油品。

（方妙真）

【行业管理】 2022年，云霄县交通运输局部署道路旅客运输企业、道路货物运输企业、公交与出租公司、维修企业质量信誉考核工作，加强行业管理，推动交通运输经济指标增长。鼓励引导绿色低碳出行，推广使用新能源和清洁能源汽车，做好交通运输生态环保工作；推进城乡客运一体化，运营好农村公路，实现村村通客车，促进农村客货运输创优提质；建设好县、乡、村三级物流网络体系，落实辖区内车辆北斗监控系统的安装和管理，加强运输车辆的动态监管。贯彻落实疫情防控各项工作，做好日常交通运输保障。各客运、出租、公交企业设置集中检查观测点，全面落实测体温、“一米线”查验“八闽健康码”，落实全程佩戴口罩、乘客信息登记、客座率控制等防控措施，做好人员密集区域、交通运输工具的清洁、通风、消杀等工作。驾驶员上岗时必须佩戴口罩、车辆勤通风、勤消毒，准时准点发车、按计划线路运行。严格落实各项防控措施，强化客运站、驾校、维修厂等公共场所防控管理，防控思想不松、防控力度不减。

（方妙真）

【驾驶员培训】 2022年，云霄县交通运输局贯彻落实《机动车驾驶员培训管理规定》（交通运输部令2022第32号），对全县8家机动车驾驶员培训机构进行规范化管理。督促驾培机构根据规定建立健全相关档案，对辖区驾校的经营资格、经营行为进行监督检查，全年驾培市场稳定、零投诉。是年，全县各驾培机构审核签发汽车培训记录5746人次（小车5668人次、大车78人次），摩托车培训记录869人次。

（方妙真）

【车辆维修】 2022年，云霄县拥有各类维修企业85家，其中一、二类维修企业22家。云霄县交通运输局对车辆维修企业坚持分类管理、预防为主、安全高效、节能环保的原则，对道路运输车辆在保证符合规定的技术条件下，按要求对车辆进行维护、修理、检测，保持车辆技术状况良好，保障运输安全，促进节能减排。贯彻落实“三检合一”（道路货运车辆安全技术年检、综合性能检验年审和尾气排放检验三项车辆的检查合一）和推进“跨省通办”制度，增加便民服务举措。

（方妙真）

【信访服务工作】 2022年，云霄县交通运输局网上信访24小时不打烊，坚持“提高效率、转变作风、服务群众”，经常数日连轴转。全年处理信访事项328起，其中“12345”平台273起，“12328”交通系统平台46起，国网、省网、内网网诉平台信访事项3起，群众来信来访信访事项2起，国务院“物联网督查”留言和人民网领导留言板留言4起。县交通运输局寄出告知通知书5份、答复意见书6份，不予受理告知书1份。是年，通过入户走访了解情况、疏导安抚、现场会商、签订息防息诉协议，成功化解一起跨度14年的历史遗留积案。全年信访业务做到及时查阅率100%、按期答复率100%、群众满意率100%，年度考核满分，信访业务多次受到上级部门肯定。

（张锦喜）

交通执法

【超限运输执法】 2022年，云霄县交通运输局筹建3个车辆超限运输科技治超点，分别在G357下河路段、G228陈岱路段、漳州沿海大通道（云霄段），覆盖十条车道，推进人工执法向科技智能非现场执法转变。县交通运输综合执法大队联合县公安局交警大队治超执法开展34次，查处超限车辆100余辆，卸载货物1534.2吨，货运车辆超限率严控在2%以内。检查各类企业232家，公布重点货运源头企业3家。深化超限“一超四罚”（对路面查获的超限超载车辆，在交通运输综合行政执法机构责令消除违法状态、公安交通管理部门处罚记分后，依法对货运车辆、驾驶人、道路运输企业和货运源头单位实施追踪查处），不断完善和落实超限超载运输车辆“一车一档”登记制度，及时将查处违法超限货运车辆案件信息，录入“福建省交通综合行政执法管理信息系统”进行公示。

【路政管理执法】 2022年，云霄县交通运输综合执法大队派出人员6196人次、执法车辆1520辆次，坚持国省干线和农村公路并重，营造“畅、安、洁、优”公路通行环境。向属地乡镇政府移交县乡村公路水路路政执法权，推进行政执法权限向基层延伸，优化流程、规范管理。5支中队按照各自分片乡镇的责任区域开展道路巡查，交通执法巡查公路里程18472千米，公路执法监督检查2138次。路政违法案件查处140件，路政违法行为纠正制止267件，确保公路完好、安全、畅通。是年，落实市政府开展“百路千村”“两违”综合治理行动，扩大执法覆盖面和涉路违法行为执法力度，在属地政府的组织下，联合有关部门全力攻坚“两违”综合治理难题，加大路域环境整治力度，整治公路两侧违法建筑物和构筑物。拆除非公路标志148面，清除堆积物110处、676.9平方米，整治平面交叉路口42起，整治违法搭建路口和占用公路、挖掘公路2起，查处滴、撒、漏车辆污染公路13起。

【道路客运执法】 2022年，云霄县交通运输综合执法大队常态化开展整治“黑车”非法营运和出租汽车客运秩序专项执法行动。以打击各类非法客运和出租汽车违法经营行为的专项执法行动为重点，查处非法从事客运“黑车”93辆，最大限度保护人民群众合法权益和出行安全。加大道路旅客运输企业、客运站场和客运车辆及驾培、租赁行业等的监管、整治力度。是年，派出人员3206人次，检查客运服务企业及驾培、租赁行业226家，寄递企业36家，督促现场整改186起，发出整改通知书6份，有力有效维护辖区道路交通运输秩序持续稳定、健康、有序发展。

【货运监管执法】 2022年，云霄县交通运输综合执法大队加大道路危险货物运输监管力度，查处危险品运输车辆38辆，严密排查安全隐患，及时消除潜在安全隐患。加大货运物流行业安全监管力度，检查物流企业17家，联合相关部门加强对货物受理环节不按要求开箱验视、不留存托运人真实信息等违法违规行为的监督与查处，提升了物流快递企业履行主体责任和安全防范意识。

（黄大良）

交通运输安全

【安全生产工作】 2022年，云霄县交通运输局在全县交通运输系统开展“打好安全检查百日会战坚决防范化解重大安全风险专项行动”“安全隐患大排查大整治工作”“安全生产专项整治三年行动巩固提升工作”“交通运输安全生产大检查专项行动”等专项行动。开展元旦、春节、清明、“五一”国际劳动节、中秋、国庆节前安全生产大检查及“防风险、除隐患、保平安、迎二十大胜利召开”安全生产集中攻坚行动，开展全国两会安全监管工作，全力保障重大活动和重点时段的安全生产工作。着力防范化解安全生产重大风险，坚决遏制特重大安全事故发生。坚持从源头入手，突出重点，强化监管，提高企业安全管理意识，打牢企业安全管理基础，切实压实企业主体责任。是年，派出人员2700余人次、执法车辆830余辆次，检查企业856家次，排查一般隐患90项，责令企业立即整改或限期整改，整改率达到100%，确保运输行业安全生产无事故。

【消防安全工作】 2022年，云霄县交通运输局建立健全相关管理措施和工作制度，采取定期和不定期相结合的方式开展消防检查工作，对全县道路客运、旅游客运、城市公交、出租车客运、危险品货物运输、普通货物运输、机动车驾驶员培训、机动车维修等企业采取“双随机、一公开”、“四不两直”（不发通知、不打招呼、不听汇报、不用陪同接待，直奔基层、直插现场）办法进行抽取检查。坚决遏制较大及以上事故，最大限度减少各类消防安全事故发生。是年，派出人员1300余人次，检查企业189家次，检查出10项消防安全隐患，现场整改10个，所有整改全部到位。

【安全宣传工作】 2022年，云霄县交通运输局开展“安全生产月”、“12·2”全国交通安全日、“119”消防宣传月等宣传活动，通过集中宣传及进企业、进单位、进小区等形式，发放安全生产宣传单7000余张、安全宣传扇子700余把、宣传袋450个、雨伞150把、厨房围裙180件、LED屏宣传口号70条，提高广大群众交通法规意识、安全意识和文明意识，共同打造和谐、安全、畅通的道路交通环境。

【平安交通工作】 2022年，云霄县交通运输局扎实开展“平安交通”“平安公路”“平安车站”建设活动，把“平安建设”活动作为常态化任务重点抓，按照平安建设工作要求，围绕“保稳定、促和谐、谋平安”创建目标，层层签订责任书，加强组织领导，落实工作责任，完善平安建设机制和工作职责、工作要求、具体措施和责任分解，不断提升平安建设工作水平。充分发动群众，建立齐抓共管工作机制和治安防控体系，按照“预防为主、教育疏导、依法处理、防止激化”原则，营造道路运输行业治安良好氛围。

【禁毒专项工作】 2022年，云霄县交通运输局根据云霄县毒品问题工作30项重点工作事项任务清单，进一步加强交通运输行业涉毒隐患排查整治，坚决切断毒品流通渠道，堵住利用交通运输渠道实施违法犯罪活动。是年，派出人员200余人次，检查客货运场站25家次，检查寄递物流企业80家次，检查企业过程中未发现涉毒违法违纪行为，全县寄递物流企业全面落实“三项制度”；派出人员100余人次，检查内河乡镇船舶50余艘次，检查过程中未发现涉毒船舶违法违纪行为。积极配合公安部门，依法履职联动配合，加强路面联合执法检查，加强监管行业场所、车辆、船只和路段主动检查查验，开展联合执法8次，派出人员100余人次参加，检查车辆150余辆次，执法过程中未发现运输车辆涉毒违法违纪行为。

【寄递物流安全监管工作】 2022年，云霄县交通运输局作为寄递物流安全管理工作牵头单位，突出属地管理职能，强化跨部门、跨行业联合执法，坚持源头治理、综合治理，从源头上防范利用寄递物流渠道实施违法犯罪行为。检查执法过程中严格执行“三项制度”，针对寄递物流中可能存在的易燃易爆、管制刀具、枪支炸药、毒品、非法出版物、假冒伪劣香烟等等各种违禁品，解决寄递物流货物受理环节验视不合格、安检走过场、不留存托运信息和瞒报货物品名等突出问题。坚决防止不法分子利用物流运输、客运班车、汽车租赁等渠道实施违法犯罪活动。常态化开展寄递物流安全管理工作专项治理，切实保障全县寄递物流行业安全、规范、有序，推动深入开展寄递物流安全管理工作。2022年，检查寄递物流企业188家次，发现一般隐患26项，现场整改26项。

【公路水路安全联防工作】 2022年，云霄县交通运输局作为全县公路水路安全管理工作牵头单位，组织协调各成员单位全面开展公路水路安全联防工作，加强联合执法，以创造“平安公路”“平安车站”为抓手，切实履行“安全监督”职责，加强对长运集团云霄分公司、长顺公共交通有限公司、宏兴旅游客运公司等客运企业安全监管，积极开展“打非治违”专项行动，及时发现和打击行业非法违法生产经营建设行为，治理纠正违规违章行为，净化公路交通环境，有效打击非法经营行为。充分利用北斗卫星终端等技术手段实时对客运车辆实施动态监管，强化对长途客运班线、车辆、驾驶员的监督管理。全面落实内河乡镇船舶管理，开展内河水上交通安全专项整治，加强内河水路交通安全监管，严厉打击内河通航水域违法违规行为，防范和遏制水上自然灾害风险隐患事故发生。

（蔡立林）

交通基础设施建设

【云霄核电大道建设】 本项目是云霄核电大道通往漳州核电产业园区的主要道路，工程路线总里程为1.552千米，道路等级为三级公路，设计速度为40千米/时，路基宽度为20.5米，双向四车道水泥砼路面，总投资4749万元。工程项目开工建设以来，云霄县交通运输局积极靠前服务，配合当地政府做好规划建设用地的征迁工作，指导施工队伍疫情防控，帮助施工现场车流交通疏导，护航大件施工设备运输，协调施工承包单位制定科学的施工组织方案。项目建设克服疫情影响等困难，通过增加施工机械数量、增加施工班组、增加工作时间，实行两班倒施工，加强项目质量管控，确保施工进度和施工质量。项目于2022年10月27日完成主线道路贯通，12月20日完工验收。

（林 沛）

【农村公路建设】 2022年，云霄县交通运输局以“产业发展项目建设攻坚年”暨“七比一看”竞赛活动为契机，以乡村振兴为抓手，推进农村公路建设。是年，完成马铺乡上石线、国火线大路口至乌螺村、石芹村至大仑村路面改造，开发区益宝山村东山园道路拓宽、太平洋基耕路硬化，火田镇古和线道路改建，东厦镇东崎村山后自然村东山线改建，东厦镇竹塔村横山自然村环村道路硬化，和平乡河径线和陈岱镇坑内线改建等工程项目，计长16.712千米、投资3238.4万元；实施农村公路养护工程76.841千米，投资803万元；完成马铺乡上石线（C093）道路及石古后桥改建工程（新改建一座1×10米现浇简支实心板梁桥），投资262万元；完成火田镇圆峰村白东线（C247）道路岭顶桥改建工程（新改建一座3×16米预应力混凝土简支空心板梁桥），投资409万元。

（方浩森）

【“四好农村路”建设】 2022年，云霄县、乡镇两级路长办公室以及县交通运输局执法、运输服务、公路管理等部门结合“智慧路长”软件平台以及手机App服务，建立路长制数据中心，实现信息资源共享。高效推进落实各级路长分级管理，县道巡查人员及农路专管员网格化管理，及时上报公路险情、协调应急处置、开展路域环境整治、闭环监督和量化考核等工作。以“四好农村路”建设为主要抓手，不断提高农村公路标准，完善道路设施，健全管理机制，加强公路管理和养护，确保公路畅通，提高农村物流效率，促进农村社会经济发展。

（方文才）

公路养护

【小修养护】 2022年，云霄公路分中心深耕主责主业，全力做好公路养护管理工作，养护公路总里程98.598千米，完成综合好路率98%。及时修补坑槽裂缝，封闭砼路面裂缝，确保路况良好；及时维护国省干线标志标线、公里牌、百米桩、轮廓桩等设施工作，确保设施完善、标线清晰、标志完好。修补路面坑槽1400余平方米，清灌缝封闭16千米，砼路面修补坑槽约300平方米，落实汛期、节假日值班值守及公路巡查养护，及时疏通排水系统、排查处置汛期公路险情，确保道路安全；强化班站内绿地及管辖线路绿化的养护管理，提升班站内部绿化养护成果。

【养护工程】 2022年，云霄公路分中心推动项目建设，完成公路养护工程19个，投入资金913.51万元，保质保量完成公路养护工程项目。完成G357线常山开发区平交口路面改造工程，项目路线总长300米，项目总投资102.41万元；提升桥梁21座，项目总投资69.9996万元；完成G357线下河段路面标线工程，里程16.685千米；完成路面标线面积4671.6平方米，项目总投资23.6647万元；完成G357线涵洞检查通道、帽石及桥梁检查通道修缮工程，修缮桥涵检查通道606.3米、涵帽74道，项目总投资20.3043万元。

【路产保护】 2022年，云霄公路分中心探索路政管理新思路，加强与县交通综合执法大队协同协作，开展联合整治行动22次，参加人员142人次，清理堆积物41处/1187平方米，清理“滴、撒、漏”46处/1062平方米，取缔摆摊设点5起，拆除非法搭盖2处，制止检查滴撒漏货车31辆次。认真履职尽责，有效维护路产路权，是年上路巡查204天次/235车次，出动人员992人次，纠正、制止违章413起；加强路域环境整治，办理路政许可案件1起，办理协议式管理案件10起，办理路产损坏赔偿案件2起，收取赔（补）偿费508485元；收取核电顶管破坏路基赔（补）偿费454175元，有效规范相关施工单位建设行为，路产路权得到有效维护。

【安全生产】 2022年，云霄公路分中心紧盯薄弱环节，坚持靶向治理，坚决防范和遏制安全生产事故，维护分中心安全生产，形势持续稳定。建立健全机制，形成监管责任落实情况定期通报制度，落实安全生产举报奖励制度；抓好责任落实，成立不同单位联合行动组1个，125人次参与，召开联席会议4次，联合处理事项5次，签订网络安全、涉密安全等相关责任书150多份，涉及人员67人；加强隐患排查及整改，是年开展各类安全行动和日常安全隐患整治行动42场次，排查出安全隐患84处，整改率100%；积极组织学习宣教，广泛开展安全警示教育，计开展相关安全提醒22场次，发布LED显示屏宣传标语32条，参加人员达500多人次。

【养护新技术】 G357线常山开发区平交口路面改造工程是云霄公路中心与同济大学“道路交叉口沥青路面抗车辙和坑槽技术研究”研究课题室外试验项目。该工程项目施工路段总长300米，总投资102.41万元，以信号灯控制的平交口停止线内的车辙和坑槽病害为研究对象，以控制车辙和坑槽损坏为目标，提出道路交叉口路面结构和材料抗车辙和坑槽设计标准。为准确获取高模量沥青混凝土(BBME-13、EME-20)的现场结构响应模量，评价课题研究成果，改造工程在沥青面层内埋设应变传感器和温度传感器，以记录车辆加载过程的沥青混凝土温度、应力的变化情况。2022年改造后，路面焕然一新，道路通畅平整，现场交通井然有序，行车舒适度大幅提升。

【护航闽粤联网大件运输】 闽粤联网换流站工程是国家电力发展“十四五”规划重点项目。2022年，云霄公路分中心与县交通执法大队通过领航接力的方式，全程动态护航。13台特高压换流变压器分13次运输，每次运输车辆和货物总重达489吨，运输路线全长60千米，途经17座桥梁、127座涵洞。为满足路桥的运输标准需要，交通、公路部门提供全程服务，在最短的时间内完成审批、检测、加固桥梁、试运行等工作。在重点路段，安排公路路政人员进行疏导管控分流，养护人员即时查看桥涵运载情况并报送监测信息，对加固处理的桥梁进行全方位的跟踪摸查，发现问题及时修复处理，全力确保每次运输车辆安全通行。在各部门多方协调努力下，13台特高压换流变压器全部顺利抵达工地现场，为闽粤联网工程的建成投运打下坚实基础。

【“共享司机之家”改造升级】 2022年，云霄公路分中心党支部充分整合现有资源，把党建和精神文明建设与推动“共享司机之家”高质量发展深度融合。设置党建文化园地，开辟党建文化角，建设党员活动室，定期更新读书角报刊书籍，提升“共享司机之家”文化氛围；创建“党员为民服务岗”，通过党建示范引领，立形象树典型，带动公路分中心全体干部职工立足岗位担当作为，不断提升公路养护管理水平，提升为民服务的实效，提升“共享司机之家”创建成效；融入公路元素，提供交通地图、公路服务、路线查询、云霄特产咨询等服务，打造具有公路地方特色的“共享司机之家”。

（张雪琴）

铁路

【客车运行班次】 2022年，停靠云霄动车站的旅客列车简明时刻表为90车次。其中，上行38车次，下行52车次。

【客运量与购票乘车服务】 2022年，云霄动车站发送旅客952321人，日均发送2609人，最高峰为清明节，当天发送约15700人，受疫情持续影响，较2021年发送旅客1158755人有所回落。下车旅客数与上车旅客数基本持平，营业总收入9575万元。是年，云霄动车站办客90车次，比最初2013年13车次增加77车次，能够宽松地满足旅客平时出行需求。偶有节假日购乘难情况，主要为旅客网上跨站抢票、集中出行所致。网上和窗口预售均为提前15天。节假日有加挂、加开客车。

【设施建设】 2022年，方便旅客出行，云霄动车站投入696万元，增设3个电动扶梯，1个下行，为检票口通往地道；2个上行，分别为地道通往2号、3号站台。电动扶梯5月7日动工，9月27日启用。增设1个母婴候车室，以方便母婴。增加1名站台防护员，维护站台秩序。添置1台保洁洗涤机，维护环境卫生。站台增设绿化带，由专人维护管理，美化环境。站内每月进行不少于1次的“四害”消毒。重新更换站台牌，由固定灯光替换灯带显示。投入11万元对3个站台护栏进行加固，提高安全性。

（方智敏）

中国邮政

【概况】 中国邮政集团有限公司福建省云霄县分公司属公用企业，主要负责县内邮政通信网的建设、运行、经营与管理，受政府委托承担普遍服务和特殊服务义务。现有从业人员220人，邮政支局所13个，邮储网点6个。全县行政村100%直接通邮，邮路里程1285千米，通邮投递频次、邮政网点营业时间均已达到国家普服标准。2022年，县分公司出口邮件202.2万件，进口邮件335.4万件，县城区域实现“县到乡T+0”，农村支局实现“县到乡T+1”配送时效。全年县分公司总收入完成4372万元，同比增长20.5%；利润完成1039万元，完成年计划的104.7%，收入、利润增幅再创新高。

【邮政基础性业务】 2022年，县分公司累计完成报刊订阅流转额1183万元，其中教育杂志社《学生周报》46125份，党报党刊14580份；函件业务主营线下媒体联网业务、车优保、腾邮项目、数字明信片等新型媒介，针对各级党组织的不同需求，提供个性化、定制化“党建有声图书墙”，以“互联网+党建”模式将学习教育与新媒体有机融合；集邮业务以个性化邮票项目、定向开发项目、线上业务等为重点，与邮协合作，抓好新邮预订、生肖邮品和年册销售，对接广大集邮爱好者需求，结合本地特色开发产品，线上线下齐发展。全年发行邮票45304枚，集邮品册数49076册。

【现代金融业务】 截至2022年12月31日，代理金融余额规模达15.88亿元，年净增1.43亿元，市占率10.25%；全年累计保费销售2809.52万元；非货币基金全年净增3512.39万元，中邮证券有效户数完成率105%。积极倡导绿色金融，宣传无纸化客户业务办理，电子渠道替代率高。

【现代快递物流业务】 2022年，云霄县内全网邮路优化。全县13个支局、81个邮件自提代投点、34个村邮站、36个邮乐购站点、17个便民站等新型末端投递点，已开通3条县内转趟邮路，分别为常山、陈岱、列屿线；火田线；东厦、下河、和平、马铺线，确保做好“最后一公里”普服工作。

【农村电商】 2022年，县分公司推进“电商+惠农”活动，积极拓展批销大客户，依托“邮乐网”电商平台优势，打造线上线下融合、农产品进城与工业品下乡双向流通格局，巧以商流带动资金流、物流协同发展，寄递枇杷、杨桃、柚子、地瓜和花茶等，帮助农产品进城。与云霄县农业农村局签订乡村振兴、助农扶贫战略合作框架协议，贯彻落实中央和省委、省政府关于实施乡村振兴战略的决策部署；加强政企合作，推进“邮快合作”“交邮合作”“警邮合作”等，补齐农村地区流通短板。

（吴 丹）

中国电信

【运营业务】 2022年，中国电信云霄分公司移动天翼用户达12.7万户，宽带用户7.2万户，高清ITV用户达4.7万户，主营收入及基础业务预算创新高。全年助力地方政府完成移民创业园综合楼集中医学观察点监控网络采购项目、圣城建筑工程有限公司健康驿站监控网络设备采购项目、漳州能源生产通讯业务服务项目、云霄县医院专网Wi-Fi项目、列屿镇人民政府出港上岸重点人群人脸识别系统项目、中共云霄县委宣传部网络舆情监测服采购项目。

【基础设施建设】 2022年，中国电信云霄分公司完成FTTH（光纤到户）接入光缆和光端口工程、政企组网型专线光缆工程、东厦综合业务接入区等光缆一期工程（综业）、第二批FTTH接入光缆和光端口工程等4个工程立项与施工，进一步满足用户网络需求。

【网络安全维护保障】 2022年。中国电信云霄分公司开展网络安全隐患大排查，对存在的安全隐患建立台账，闭环管理，及时安排解决，提升网络健壮性。全县所有机房蓄电池进行容量放电测试、更换云陵母局2组蓄电池，杜绝电源安全隐患；对2个老旧变压器进行退网改造，并入公网，提升通信电源可靠性，节约用电成本；全县共完成光缆纤芯与业务电路资源整治23处，提升网络健壮性。进一步落实装维防诈工作，提高防范固定电话类业务入网涉诈风险，涉诈管控指标本地行业领先，全年无发生网信安全事件。

【网络建设】 2022年，中国电信云霄分公司完成5G室外基站29个站点的建设任务并开通工作、10个室分站点的建设及开通、9个海域覆盖站点建设及开通，完成9个光缆工程的设计、施工及投资建设，并勘察设计上报网络健壮性方面双路由建设方案，进一步满足用户需求。

（张晓丹）

中国移动

【运营业务】 2022年，云霄移动分公司坚持“五个领先、四个发展”理念，落实“快一步、快百步”的发展要求，增进团结协同，围绕“收入提升、规模增长”开展生产经营工作，全年移动客户规模达27.1万户，宽带客户达8.9万户，宽带份额53.4%。

（曾晓婷）

【"数字云霄"建设】 2022年，云霄移动分公司大力推进"数字云霄"建设，以5G、人工智能、物联网、云计算、大数据、边缘计算等信息技术为抓手，助力全县信息化发展水平持续提。

数字政务方面。推进"互联网+政务服务"工作。云霄移动承建的云霄县委、县政府建设政务OA在政务部门内全面推行公文电子化网络化流转，推进电子公文应用。承建县防汛视频会议系统传输线路，为省、市、县、乡镇搭建联网视频会议系统公共平台。持续推进国库支付传输线路建设，配合推进政府、医疗、教育、旅游、住建等整体行业的数字化应用。数字工地5G智慧建造。承建核电"5G智慧工地"项目，通过数据可视化呈现工地各要素的状态和关键数据，对进场施工队、工程进度等相关数据进行多维度分析，确保管理过程精细化，数字化管控。

数字综治方面。主动对接客户侧需求，承建云霄县公安局"智慧小区"监控和"雪亮人脸"的建设需求，建设7个乡镇的平安乡村综治监控接入，提升平安乡村管控效率，助力地方政府综治数字化水平提升。

数字民生方面。承建云霄县社保局便民信息化服务网点网络服务项目，为第二期38个行政村提供100兆宽带接入服务。承建农业生猪养殖场视频监控94个点位养殖监控。承建民政局电安设备11套，助力地方政府提升火灾防控科技化、信息化水平。承建云霄水务公司信息安全二级等保护，保障客户信息安全，助力城乡供水一体化工作稳步推进。

数字教育方面。承建县教育系统云桌面集成项目，涉及全县所有公办学校，保障教育机构利用云计算、大数据等新技术，创新基础教育信息化建设和管理模式，建立健全面向基础教育的网络安全防护技术和管理体系，进一步提高基础教育管理信息化水平。承建县初中生升学体育考试电子化技术覆盖，确保考试更加客观和公平，最大程度上保证学生利益。

（陈灿辉）

【网络建设】 2022年，云霄移动分公司发挥网络潜力护航市场发展，补齐短板打造无线精品网络。新建700兆至5G站点174个，2.6G—5G站点42个，实现各乡镇农村区域广度覆盖，热点区域全面覆盖，并实现景区、海域、党政军、高校、商圈等特色场景有效覆盖。有线建设方面，2022年宽带项目建设端口1万个，通过大规模聚集区建设提高宽带服务能力。

（方镇伟、林 洁）

中国联通

【概况】 2022年，云霄联通共有员工44人，自有营业厅2家，其他营业网点65家。截至2022年末，用户突破7万户，宽带用户7千户，年收入3605万元，年上缴利税181万元。

【网络建设】 2022年，云霄联通加快移动宽带互联网建设步伐，加大技术、业务、应用和产品创新力度。截至年末，云霄联通分公司3G基站总数量累计337个，4G基站总数量累计429个，5G基站总数量累计128个，全县行政村信号覆盖率达99%。

（赵 颖）

广电网络

【网络建设】 2022年，福建广电网络集团云霄分公司投入387.11万元进行工程建设，项目建设立项40个，共铺设光缆73.887千米。其中，2022年度云霄分公司火田镇七里铺、水头村、岳坑村ODN（光分配网）网工程7.308千米；云霄分公司下河乡世坂村、上河村等7个村ODN网工程16.187千米；云霄分公司下河乡内龙村、石屏村、后山村ODN网工程7.634千米；云霄分公司云陵开发区树洞村、益宝山村等5个村ODN网工程10.527千米；云霄分公司莆美镇阳下村、佳兜村等4个村ODN网工程5.895千米；云霄分公司陈岱镇董塘村、双岭村ODN网工程6.368千米；云霄分公司岁屿镇广电机房至云霄中心机房第二路由（东厦镇段）

县干工程17.724千米；云霄分公司G357(原S201)陈岱镇岱东村至常山开发区（陈岱镇呈安村段）管线迁改工程0.355千米；云霄分公司常山财政专线、集团文保、县图书馆等5个其他集客ICT（信息通信技术）工程1.889千米；共计完成28个村和社区项目的双向网改及3个新建小区的新区入网，双向覆盖用户数21488户。双向覆盖率达到88%。

【乡村振兴项目建设】 2022年，福建广电网络集团云霄分公司投入县域光网全覆盖建设工程建设资金303.82万元，分两期建设。其中第一期6个ODN网工程、5个双向FTTH工程已完成建设。第二期立项23个双向FTTH工程，6个已完成立项批复并已完工，17个正在走立项审批流程。云霄分公司推进美丽乡村“三线”整治示范村建设，于11月全面完成坡兜FTTH网改工程建设和线路整治工作。在“爱家商城”设立“云霄地标馆”专区，宣传推介地标产品，已推出云霄县地标产品18种。“万福千屏”项目建设工程完成将军山公园、威惠庙广场2个高清电子大屏建设。

（方 欣）

云霄经济开发区

综 述

【工业经济】 2022年，云霄经济开发区有规上工业企业10家，实现规模工业产值126148.2万元，比上年增长18.4%；限额以上社会消费品零售企业8家，1—12月零售总额10930.3万元，比上年增长160.7%；1—12月完成固定资产投资44123万元，比上年增长62.1%，其中制造业投资完成20066万元，比上年增长250.7%；1—12月工业税收净收入2437.84万元。1—12月，出口额5159.7万美元，比上年增长90.5%（其中振牌出口4063万美元、鲜品出口636.5万美元、美贴士出口250.5万美元、格菱电器出口202.9万美元、鑫创鑫出口6.81万美元）；1—12月，公共财政总收入完成6495万元，完成率107.69%；地方公共财政收入完成4731万元，完成率113.74%。

【农业经济】 2022年，云霄经济开发区引导各村对其“三资”情况进行摸底整合，依托园区发展辐射带动优势，对积极引办企业的行政村按照《云霄经济开发区关于村级组织引办企业税收分成奖励办法》比例给予相应的税收分成奖励。2022年，辖区8个行政村根据税收分成标准共获得奖励101.3万元，其中马山、上坑、大埔3个村完成村集体经济经营性收入50万元以上，增长显著。

【招商引资】 2022年，云霄经济开发区外出招商13次，其中参加市、县领导外出招商活动6次，全年接洽意向投资项目15个，签约项目9个。总投资额21.91亿元，在全县“比项目招商”中排名位列第一。新签约二产、三产项目数量9个，分别是华隆汽配物流、新型包装材料项目、冻干食品生产项目、SMT贴片制造、电器生产制造项目、枇杷花茶生产项目、海洋特种工程材料产学研中心、人造板机械生产基地建设项目、电子信息产业项目。新签约重大项目4个，分别是电子信息产业项目、人造板机械生产项目、冻干食品生产项目（二期）、华隆汽配物流项目。截至2022年底签约项目开工6个，开工率为67%。工业用地出让面积47.4亩，办理建设工程规划许可面积3.02万平方米，清理厂房34.48万平方米，新建工业厂房面积达20.8万平方米。新增入库制造业投资项目5.55亿元，规模以上工业3个，资质建筑企业1个，限额以上贸易业企业3个，规模以上服务企业2个。

【重点项目】 2022年，云霄经济开发区重点项目共计投资10.9亿元，开工建设项目14个，新增入库项目13个，新增入库项目计划投资额13.22亿元，新增项目投资额33亿，新策划项目转化率达78.9%。

【科技创新】 2022年，云霄经济开发区利用相关扶持政策，支持企业创业创新。鼓励海峡彩亮（漳州）光电有限公司申报省级新型研发机构、“双创之星”，华锐申报“首席科技官”。鼓励企业积极申报高新技术企业，截至2022年底，全区有云星、华锐等8家高新技术企业。支持鑫创鑫、利众诚食品、中福新材料、振牌海洋生物科技等现有企业技改升级，促进公爵食品、宝宝乐食品、门捷新材料、富兴通、格菱电器制造等企业新上规模，推动产业向智能化、高端化转型升级。

开发区建设

【基础设施建设】 2022年，云霄经济开发区加快园区基础设施配套建设，策划生成一批项目，积极打造标准化工业园区。

云翔产业园：重点推进“云翔（奥克兰电工设备）产业园基础设施配套工程——云达路、翔宇路、奥克兰路、树洞横四路、东辅路、云翔产业园创业服务中心（一期）”项目，其中东辅路、云达路、树洞横四路、翔宇路、奥克兰路等5条道路于2022年3月陆续开工建设，完成工程量的85%、支付工程款2741万元，云达路、横四路已完工验收，东辅路、翔宇路、奥克兰路等3条道路完成综合管道铺设、水混层铺设、桥梁桩基浇筑、大部分路面浇筑及部分人行道铺设；创业服务中心（一期）施工单位已入场进行项目部建设、场地围挡等前期准备工作。云霄县库区移民创业园挡墙及排洪沟工程已完成招标，施工单位已进场。

富佳宝食品科技园片区：推进云霄经济开发区富佳宝建材工业园东侧进厂道路硬化工程、马山大道人行道广场砖修补及马山村路口入口硬化及其他零星工程、云霄经济开发区水厂道路硬化工程，全部完成竣工验收。

临港工业园片区：推进核能源低碳产业园区成片开发、云霄经济开发区下径—高山楼片区泵站及压力管道工程。成片开发委托上海开艺设计集团有限公司单位编制控制性详细规划及委托中泉海峡（福建）环境科技有限公司编制成片开发方案，2022年完成《核能源低碳产业园区一期》现状地形图修测工作、现状调研，准备好基础材料，但该项目因被剔除城镇开发边界而取消。云霄经济开发区下径—高山楼片区泵站及压力管道工程项目完成方案设计，该项目拟与其他建设项目合并生成项目包，申请专项债资金。

【自治组织建设】 2022年，云霄经济开发区结合学习教育常态化制度化，根据每个时间段的理论热点与理论难点制订教育培训内容和学习计划，并及时带领党员干部学习，提高广大党员学习内容的时效性和适用性，保证广大党员能够随时掌握党和国家理念、政策、方针的动向。根据实际业务需求增设计算机、打印机等办公设备，持续完善规范化群众接待室、调解室、视频监控室等，统筹综治平安建设工作。

【产城融合】 2022年，云霄经济开发区围绕“产业发展项目建设攻坚年”，全力攻坚“一厂四园”（污水处理厂，云翔产业园、富佳宝食品科技园、亚琦物流商贸园、奥克兰电工设备产业园）建设，积极构建实力、活力、魅力兼具的产城融合新业态。继续推进亚琦物流商贸园、宏冠高铁中心城等项目建设，促进文旅体和会展夜间经济融合发展，打响“漫步云霄”品牌，培育形成新的经济增长点，进一步推动以云霄动车站为中心的高铁商业圈发展繁荣，打造辐射和服务云霄周边城市及闽粤地区百万人口的商贸大市场。

【生态环保】 2022年，云霄经济开发区持续推进人居环境整治专项行动。成立工作专班，发挥主体责任，各村党支部重在压实党员、工作队责任，组织发动各方力量。充分利用村广播、微信群、LED显示屏等载体，结合入户宣传、发放宣传手册、张贴宣传标语等，为人居环境整治创造良好氛围。2022年9月，下径村获第二批省级乡村治理示范村称号。加强污水基础设施建设补齐短板。针对污水管网建设中存在的检查井底座漏水，墙体破裂、下沉，管道胶圈脱节等质量问题，对全区污水管网进行彻底排查，存在质量问题及时抢修。针对漳州汉鼎智能驱动科技有限公司和漳州吉龙祥实业有限公司无法纳管的问题，开展云陵工业开发区祥龙路至国道324段污水管道工程，主要建设DN300污水管长约300米，检查井12座，通过污水管道建设，将污水收集至现状污水主管道，该项目于2022年2月21日竣工验收。2022年3月，对上坑1号泵站的变压器进行提升，由100千伏扩容为250千伏，并对上坑1号泵站部分管道进行提升改造，均衡水量，提升泵站的处理能力。

【土地集约利用】 截至2022年底，云霄经济开发区已供应建设用地面积约18250亩，已达到供地条件土地面积约19310亩，土地供应率约为92.3%，土地建成率约为88.6%，综合容积率为2.09%。

城乡建设与管理

城市建设

【城区建设】 2022年，云霄县计划实施城市建设品质提升项目（六个提升一个样板）87个，项目总投资107.61亿元，年度计划完成投资30.34亿元。全县共实施城市更新工程项目24个，计划总投资33.86亿元，计划完成投资11.56亿元，累计完成投资12.5亿元，占比108.14%；生态连绵工程项目12个，计划总投资0.08亿元，计划完成投资0.08亿元，累计完成投资0.08亿元，占比100%；交通通达工程项目12个，计划总投资6.48亿元，计划完成投资2.89亿元，累计完成投资3.09亿元，占比107.08%；安全韧性工程项目27个，计划总投资4.57亿元，计划完成投资2.57亿元，累计完成投资2.72亿元，占比105.69%；农村水环境治理工程项目1个，计划总投资0.05亿元，计划完成投资0.05亿元，累计完成投资0.05亿元，占比100%；农村风貌管控工程项目6个，计划总投资34.91亿元，计划完成投资3.04亿元，累计完成投资3.32亿元，占比109.29%；省级典型样板工程项目5个，计划总投资24.5亿元。计划完成投资6.52亿元，累计完成投资8.43亿元，占比129.35%。

【城市道路及配套设施】 2022年，云霄县城区道路总长192.23千米。道路总面积407.44万平方米，人均城市道路面积23.06平方米。交通通达工程方面，2022年共实施10个城市道路建设项目，计划总投资6.45亿元，计划完成投资2.85亿元，累计完成投资3.06亿元，占比107.16%。城市道路建设方面，市下达任务为10千米，累计完成建设10千米。其中滨北路道路工程规划新建道路5763米，计划总投资规模47031万元，截至12月底，累计完成投资21000万元，完成部分路基工程、管线工程等。云翔（奥克兰电工设备）产业园基础设施配套工程规划新建道路5条共2952.43米，计划总投资规模4504.9万元，截至12月底，累计完成投资3200万元，翔宇路、树洞横四路、云达路、奥克兰路等完成建设，东辅路进行路灯安装及安保工程。云霄县原东林电子东侧道路建设工程规划新建道路691米，计划总投资规模2874万元，截至12月底，累计完成投资2000万元，完成路基工程、管线工程等。大路街改造工程、金霞北路（将军大道至立人学校路口）改造工程、云霄县溪云路南段道路建设项目、（云陵镇、莆美镇）背街小巷整治工程等均已完工投入使用。云霄县演武亭小区北侧道路工程、云霄县环湖路道路建设工程、山美村山美路道路工程等按照进度有序进行。城市公共停车设施建设方面，莆政路东侧、金霞路北段2个公共停车场均已完工，新建停车位213个。

（蔡祥伟）

【棚户区改造】 2022年，云霄县

城市棚户区改造与旧城改造工作相结合，至2022年底完成楼仔脚片区、渡头片区、复兴路东段片区、威惠庙片区、复兴东（旧实验小学）片区等5个旧城片区的改造建设及回迁安置工作。复兴东（旧实验小学）片区建成安置房（二期）408套约3.38万平方米，于2022年11月底完成回迁选房工作。旧党校片区位于云霄县云陵镇渡头社区旧党校片区，项目征迁总用地面积约4.3万平方米，共拆除建筑物面积约5.01万平方米，涉及商品房5幢138户，自建房40户，宅基地1户，征迁户数179户及公建单位云霄县党校，项目完成净地后采用“招拍挂+回购”的方式于2022年4月由漳州利盛房地产开发有限公司取得并建设安置房。

（张文龙）

村镇建设

【农村厕所革命】 2022年，云霄县继续以补建、提档、升级为重点，新建一批、改建一批、提升一批农村公厕。全年云霄县建设农村公厕5座（东厦镇1座、火田镇1座、陈岱镇1座、列屿镇1座、和平乡1座），均于2022年底前竣工验收并投入使用；云霄县现有的347座农村公厕均已纳入农村生活垃圾治理市场化管护内容，落实“一长两员”制度，公厕的日常管理做到规范化、标准化。

（汤 瑶）

【农村垃圾治理行动】 2022年，云霄县以“美丽云霄”农村生活垃圾治理专项行动治理为抓手，7个乡镇1个开发区、138个行政村10个涉农社区33.89万名农业人口（常住人口约18.48万人）产生的生活垃圾治理，探索完善科学的垃圾清扫转运管护机制，推动形成垃圾转运由市场化运作、村庄垃圾清扫由镇村组建保洁队伍负责落实的“双线结合”运行模式。除云陵镇、莆美镇以外，7个乡镇均已完成了“双线”分离，常态化开展垃圾清扫、转运处置。云霄经济开发区因市场化合同尚未到期，暂时采用村庄保洁、垃圾转运、农村公厕管护等打捆打包进行市场化运营管理。保洁公司按村人口基数每500人配备1名保洁员，全县现已配备农村保洁员763名，保洁员定时上门收集垃圾，并对所有村庄区域进行清扫保洁和转运，实现日扫日清。

（汤 瑶）

【农村污水治理】 云霄县将人口集聚、生态敏感位置的所有村庄生活污水治理全部纳入县污水处理设施及配套管网PPP项目，提升污水治理水平。云霄县农村生活污水处理设施及配套管网PPP项目建设涉及云陵镇、东厦镇、火田镇、陈岱镇、列屿镇、下河乡、马铺乡、和平乡等8个乡镇。建设污水处理站173座，覆盖收集117个行政村225个自然村、约17.2万名常住人口的生活污水，设计污水处理量16570立方米每天。采用多级接触生物氧化工艺收集处理，实现尾水达到一级B以上的排放标准。铺设污水收集管网总长度约779.14千米（主管444.44千米，入户管334.7千米）。该项目的合作期为30年，其中建设期为2年，运营期28年，累计完成投资约6亿元，开工建设173座污水处理站（完工投入使用172座，在建1座），完成8个乡镇117个行政村225个自然村的污水收集管网约851.019千米。从2021年10月开始，已竣工验收8批次97个行政村192个自然村153座污水处理站及其配套管网。

（汤 瑶）

【裸房整治】 2022年，云霄县上级下达裸房整治任务数为1000栋，云霄县实际完成裸房整治2273栋，整治完成率227.3%。

（张联雄）

【农村危房改造】 2022年，云霄县住建局持续组织各乡镇（开发区）按照县乡村振兴局和民政局推送的农村低收入群体等重点对象名单，开展住房安全筛查和危房鉴定；各乡镇（开发区）排查出14户农村低收入群体等重点对象存在住房安全保障问题，均全部纳入农村危房改造，其中修缮加固5户、拆除重建9户，8月全部竣工并录入全国农村危房改造信息管理系统；上级下达的24.64万元补助资金通过扶贫资金在线监管系统拨付至农村危房改造对象的“一卡通”账户。

（汤伟民）

【水环境治理】 2022年，云霄县共实施10个水环境治理项目，计划总投资0.51亿元，计划完成投资0.42亿元，累计完成投资0.44亿元，占比104.46%。县城区生活污水处理提质增效方面，市下达污水管网建设任务10千米，全年实施9个项目，完成污水管网建设15.3千米，雨污水管道检查、清淤及修复12千米。其中云霄县中心城区污水治理提质增效工程（北部片区市政道路污水管网建设）总投资3000万元，建设污水干管及收集管10.21千米，雨污水管道检查、清淤及修复12千米，已完工。云翔（奥克兰电工设备）产业园基础设施配套污水管网工程总投资200万元，建设5条污水管网共1645米，已完工。云霄县环湖路污水建设工程规划建设污水管网1108米，计划总投资1000万元，截至12月底，完成项目扫青及部分管网建设。累计完成投资400万元；云霄县原东林电子东侧污水管网建设工程规划建设污水管网802米，截至12月底，完成管网建设700米；人和路及周边配套污水管网（溪福路、双溪路）工程规划建设污水管网1532米，截至12月底，完成管网建设1200米；大路街污水管网改造工程、金霞北路（将军大道至立人学校路口）污水管网改造工程、云霄县溪云路南段污水管网建设项目、云霄县演武亭小区北侧污水管网工程等均已完工投入使用。农村水环境治理方面，闽粤联网换流站废水处理及回用工程已完工，主要涉及污水处理及中水回用建设，设计处理规模330立方米每天，建设配套管网约200米，总投资508万元。

【排水防涝】 2022年，云霄县共实施6个排水防涝工程项目，计划总投资0.50亿元，计划完成投资0.24亿元，累计完成投资0.36亿元，占比148.34%。市下达雨水管网建设任务8千米，年度累计完成雨水管网建设9.77千米。其中人和路及周边配套道路（溪福路、双溪路）雨水管道工程规划建设雨水管网2662米，计划总投资2000万元，截至12月底，完成管网建设2100米，累计完成投资1000万元；云霄县环湖路雨水建设工程规划建设雨水管网1147米，计划总投资800万元，项目建设中，截至12月底，累计完成投资200万元。云翔（奥克兰电工设备）产业园基础设施配套雨水管网工程规划建设五条雨水管网共4606米，总投资2000万元，已完工。云霄县溪云路南段雨水管网建设工程、金霞北路（将军大道至立人学校路口）雨水管道改造工程、大路街雨水管道工程改造工程均已完成建设。

【供水保障】 2022年，云霄县共实施10个供水保障工程项目，计划总投资3.34亿元，计划完成投资1.85亿元，累计完成投资1.92亿元，占比103.50%。老旧水厂改造提升方面，云霄县第二自来水厂建设工程第二季度完成主体建设并运行，第三、第四季度完成绿化及二装建设。项目计划总投资2.5亿元，年度累计完成投资1.5亿元。供水管网建设方面，市下达供水管网建设任务10千米，年度累计完成建设10.23千米。其中云翔（奥克兰电工设备）产业园基础设施配套供水管网工程、云霄县演武亭小区北侧供水管网工程、云霄县溪云路南段供水管网建设项目等，共规划建设供水管网3934米，已完工投入使用。云霄县城乡供水一体化工程（一期）—金霞加油站至莆政路迎宾门段供水管网规划建设给水管网10千米，项目按进度有序进行，截至12月底，完成管网建设3千米。人和路及周边配套道路（溪福路、双溪路）给水管道工程、滨北路供水管网工程、云霄县原东林电子东侧供水管网建设工程、云霄县环湖路供水建设工程等有序推进，全年完成供水管网建设3300米。

【景观提升】 2022年，云霄县共实施12个景观提升工程项目，均已完工。计划总投资0.08亿元，计划完成投资0.08亿元，累计完成投资0.08亿元，占比100%。城市公园绿地建设方面，莆美镇莆质美“口袋公园”、莆美镇莆北村“口袋公园”、云陵镇尚都之畔“口袋公园”、下河乡政府对面“口袋公园”、莆美镇益宏公园改造提升建设项目、万城花园“精品公园”等公园建设项目及县城区5处立体绿化景观提升项目均已完工投入使用。生态连绵工程方面，郊野绿道提升改造工程（将军山酒庄西侧至公安局训练场西侧段）、南山寺郊野公园整治提升工程及绿道提升工程、云霄县绥阳公园提升改造工程、云霄县下港公园提升改造工、云霄县政府停车场及周边环境绿化改造提升工程等9个项目均已完工，提升绿化绿道品质，完善公园夜景。

市政公用事业

【生产运行安全工作排查整治】 2022年，云霄县住建局开展市政公用行业生产运行安全整治工作，抓好市政道路交通安全巡查维护整改，解决关于道路隐患、人行道广场砖破损、井盖噪声扰民、排水排污等方面的群众来电来访诉求25件，及时排查隐患，精准整改到位。加强城市道路养护，认真消除道路隐患。清理修复路缘石破损、道路路面破损、人行道护栏及路面破损等道路安全隐患183处。协同县交警大队排查处理好行人过街、机非分离、人车分离等安全设施配置，道路交通护栏设置等，保障道路交通安全。加强县城区道路“钉子阵”问题监管，完成“钉子阵”隐患整改工作，修复完成县城区部分道路路灯、治安监控、指路牌、路名牌、道路防护栏等各类依附道路竖立杆线的基座螺丝钢钉裸露没有防护措施问题整治212处，其中，路灯基座49处，治安监控杆基座45处，指路牌、路名牌及道路标志牌基座118处；完成路面上已拆除广告牌、防护栏、减速坎、施工围挡等遗留的裸露螺丝、钢钉等“钉子阵”问题整治121处。加强城区主次干道路灯照明巡查维护，覆盖城区路段102.05千米，及时排查整改城区及国道路灯线路短路、路灯破损、线缆外露、灯罩破损、灯杆倾斜等问题142处，确保城区及国道主次干道路灯照明正常运转，确保主干道装灯率100%、亮灯率99%，设施完好率达95%以上，保障人民群众出行照明安全问题，提高城市亮化水平。推进城市桥梁专业化、市场化管理养护，完成9座桥梁“一桥一档”的档案建立，纳入社会化维护工作中。加强城市桥梁隧道隐患整治，编制完成云霄县城市桥梁检测评估和养护维修管理制度，制定云霄县城市桥梁生产安全综合应急预案，做好日常巡查及年度检测工作。加大市政排水设施监管力度，修复、更换各种井盖设施58处，保障人民群众出行安全。深化消防安全隐患的排查整治，会同云霄水务公司等维护单位对市政道路消火栓进行全面普查，完善市政消火栓清单和问题清单，确保市政消火栓完好率达100%。

【水环境治理】 2022年，云霄县住建局完成县城区内河、排水沟及污水管网清理淤泥量9137立方米，完成市政排水管网清淤8.3千米。修复各类雨污水井盖破损等安全隐患209个。加强临泰水闸内垃圾漂浮物清理。完成东方明珠生活污水一体化处理站建设项目，处理站位于云霄县下坂村东方明珠小区旁，服务人口1000多人，拦截收集处理小区居民排放的生活污水，日处理量为100立方米每天，该项目生活污水执行《城镇污水处理厂污染物排放标准》（GB 18918—2002）中的一级A标准排放。

【污水处理】 2022年，县城区污水处理厂污水处理总量达1586.5万吨，出水稳定达到一级A排放标准。剩余污泥量8355.35吨，安全处置量8355.35吨。实现稳定运行，达标排放，无污染事故发生。加快推进云霄县滨北区第二污水处理厂建设，设计处理规模4万吨／天，一期建设2万吨／天，用地选址位于开漳大道，用地规模约5万平方米，水质达到一级A排放标准，预估总投资2.5亿元。项目已开工建设。

【中心城区污水治理提质增效工程】 2022年，云霄县住建局加快推进云霄县中心城区污水治理提质增效工程。项目涉及云陵镇、莆美镇、下河乡、火田镇（滨北新区）等乡镇约30平方千米，主要新建及改造雨污水管网273千米，对现状177千米的雨污水管网进行清淤、检测及修复。排查整治九大污染源，彻底解决县城区黑臭水体治理问题。新增一体化污水提升泵站5座、补水泵站1座及智慧水务系统1套，建设云霄县第二污水处理厂一期工程，设计规模为2.0万立方米每天，部分构筑物按远期设计规模为4万立方米每天建设。项目总投资16.1亿元（含第二污水处理厂），于2022年10月开工建设，建设工期3年。

【园林绿化】 2022年，云霄县城建成区绿化覆盖面积1096.71公顷，绿地面积955.09公顷。公园12个，公园面积269.74公顷，公园绿化服务半径覆盖的居住用地面积601.16公顷。县城建成区绿化覆盖率42.51%，绿地率39.50%，人均公园绿地面积18.12平方米。全面实施城市大环境绿化，南面建设南湖湿地生态园，公园面积约700亩，配套景观绿化及河道整治、湿地建设等，其中建设湿地面积约300亩，绿地花海面积约240亩，北面建设西湖文化公园及其配套设施。全面实施绿化提升行动，完成324国道及辅道莆政路绿化改造，对道路市政公路范围的侧分带、边分带、行道树，节点绿地进行绿化，绿化面积3.05万平方米。推进民生园林建设，将绿色与历史文化、廉政文化、旅游文化相融合，融汇云霄特色民风民俗，提升七星山、将军山、南湖公园、西湖公园等主题公园，打造独具云霄特色的文化品牌示范点。为民办实事，改造提升云霄主体公园——人民公园，改造面积约11180平方米。2022年，将军山公园投入10万元对将军山公园排水沟及2座公厕化粪池进行清理，清理排水沟300米。投入4万元对公园路灯、路面、防护隔栏进行维护，更换路灯65盏，更新路面排水沟盖板36个，更换加固防护隔离栏8处。与县红十字协会共创将军山公园红十字宣教点1处，配备AED除颤仪1套。

建筑业

【建筑工程招标投标】 2022年，云霄公共资源交易中心监管工程项目公开招标51项，公开邀请招标110项，共计161项［其中施工招标141项，项目总承包（EPC）4项，监理招标6项，勘察设计招标10项］。公开招标项目（工程量清单计价）全部进入福建省公共资源交易系统房建和市政工程子系统进行电子交易，实施网上招标，投标人通过网络申请投标，取消现场报名，并网上下载资格审查文件及招标文件。对省内施工企业工程项目的中标信息，合同信息、人员变更信息进行备案、全面反映真实的招投标项目合同管理相关主要基本信息，提高招投标市场的诚信度，防止弄虚作假，净化招投标市场，使招投标工作更加透明。没有发生投诉事件。

【建筑工程监督管理】 2022年，住建局受理建设工程许工许可38件，房建项目共计建筑面积828954.15平方米，市政工程总长度9366.51米；建设工程质量安全站严格按照《福建省建设工程质量安全动态监管办法》（2018版）规定每个季度对每个在建项目开展动态“双随机”评价，全年组织开展125次“双随机”评价，发出整改通知书125份，查出隐患问题778条。给予施工单位共记1822.29分、项目经理记1822.29分，给予监理单位共记116.5分、总监记116.5分。

按照年度专项检查计划安排，分两次邀请市建筑机械协会委派机械专业技术人员协助质安站对全县所有在用建筑起重机械的项目全覆盖排查：2022年5月30日至6月22日排查在用的48台塔式起重机和59台施工升降机的相关档案资料和现场起重机械实际安全运行状况。涉及19个在建项目，检查发现313条安全隐患，发出19份限期整改通知单，已全部整改完成并反馈；2022年10月10—14日排查在用的39台塔式起重机和59台施工升降机的相关档案资料和现场起重机械实际安全运行状况。涉及20个在建项目，检查发现271条安全隐患，发出20份限期整改通知单，已全部整改完成并反馈。

【施工安全管理】 2022年，县住建局分成3个行动小组对云霄县45个在建施工项目施工扬尘进行整治，共检查在建项目45个，发现48条问题，发出整改通知书37份，已全部整改完成并反馈，立案处罚6起，罚款9.9万元。6月16日，在云霄县下港片区棚户区改造建设项目（01地块）组织开展2022年度云霄县建筑工地标准化管理品质提升暨“永临结合”绿色施工现场观摩会活动，通过铝模+爬架的施工工艺、阳台栏杆和消防立管“永临结合”绿色施工方法、临边洞口定型化标准化防护设施的观摩，提升安全文明施工标准化水平。“华龙科技文化园一期工程（地块一科展中心）”将申报创建省优和省标化工地，树立模范标杆带头作用。组织2场有关质量安全培训会，其中，建筑工地安全管理专题培训会参训人员92人；房建市政工程有限空间作业施工安全专题培训会参训人员85人。

房地产业

【房地产建设情况】 2022年，云霄县年度新开工项目1个（建发·云玺项目），新开工面积约13.24万平方米，在建房地产开发项目13个[华天福满家园、亚琦·云霄万贸中心、圣城一号、列屿镇新农贸市场、建发·南湖印、东方明珠2号、宏冠·高铁新城、漳州渠诺百世商城、弘桥·云锦里、金铜城、供销（云霄）国际农商城、金园华祥、建发·云玺]。

【房地产市场】 2022年1—12月，批准商品房预售面积59.80万平方米；新建商品房销售3335套，面积33.30万平方米，比上年增长1.37%。二手房交易1648套，面积19.83万平方米，比上年下降23.5%。

住房公积金管理

【概况】 2022年，云霄县住房公积金新开户单位66家，新增缴存1612人，比上年增长7%。截至12月底，全县住房公积金实缴单位423个、实缴职工17862人。全年归集住房公积金3.57亿元，比上年增长13%。截至12月底，累计归集总额30.74亿元，归集余额9.52亿元，比上年增长6%，全县住房公积金人均缴存余额5.35万元。全年住房公积金提取总额2.6亿元，其中住房消费类提取2亿元，占提取额的77%。全年发放住房公积金个人住房贷款（含贴息贷款）1.92亿元，比上年增长23%。截至12月底，累计发放个人住房贷款18.2亿元，贷款余额9.8亿元，个贷使用率为103%。截至12月底，全县住房公积金存量贷款继续保持零逾期，无风险。

【惠及民生】 2022年，云霄县支付住房公积金3.16亿元用于职工购买刚需和改善性住房，解决457户职工“住有所居”问题。截至12月底，累计支持6790个家庭享受住房公积金低息贷款，减轻住房消费支出。全年全县使用住房公积金购房可间接提供房地产销售税收收入4700多万元，支持地方经济的发展。截至12月底，累计提供县财政廉租房补助资金4000多万元，为云霄县保障性住房建设提供资金保障。使用住房公积金购建房比重逐步增大，2022年购房人数占全县购房人数比例为20%，使用住房公积金购房占全县金融机构贷款比例为18%，促进房地产市场健康稳定发展。

【政策调整】 2022年3月10日出台“职工家庭购、建自住住房提取住房公积金支付房款或偿还商业性住房贷款的，取消住房公积金贷款次数和房屋套数限制”政策。5月16日出台“购买新建商品住房职工提取住房公积金支付首付款”政策、《漳州市灵活就业人员缴存使用住房公积金管理暂行办法》。

6月8日，出台阶段性支持政策（期限至12月31日）：受疫情影响导致延迟缴存住房公积金的单位，疫情结束3个月内向市住房公积金中心书面说明情况并完成补缴的，可视同正常缴存，不影响职工申请住房公积金贷款；提高住房公积金提取用于支付租金额度，标准由每人每月500元提高到600元。

6月21日再出台阶段性住房公积金支持政策，职工家庭购买新建商品住房申请住房公积金贷款属于第二次申请或购买家庭第二套住房的，全市首付比例统一调整为不低于30%；申请组合贷款购房的，结合商业银行首付比例的相关规定执行。缴存职工家庭购买新建商品住房申请住房公积金贷款的，只需提供购房所在地不动产登记机构出具的房产登记信息查询证明。按照国家生育政策生育二孩或三孩职工家庭申请使用住房公积金贷款的，其最高可贷额度在现行政策基础上另加5万元。政策有效期至2022年12月31日。

6月21日，出台调整住房公积金缴存标准。从2022年7月1日起至2023年6月30日，全市公积金缴存上限：缴存比例为12%，月缴存额（包括个人及单位缴存部分，下同）为5630元；缴存下限：缴存比例为5%，月缴存额为182元。

11月29日起，实施“带押过户”个人再交易住房公积金（组合）贷款政策。

【服务改进】 2022年，云霄县加快推进“互联网+公积金”服务进程，开通租房提取住房公积金线上办理渠道。新增“已签约冲还贷职工网上还本”业务，实现缴存职工在签约报账制冲还贷的情况下，还可直接通过手机或网厅提取公积金偿还住房公积金贷款本金。全年共有37个住房公积金服务事项，26个事项已实现全流程网办，其中2022年新增10个全程网办事项，网办率达70.27%。推动高频服务事项“跨省通办”全面落地。根据住建部、省住建厅的统一部署，提前完成住建部新增3项“跨省通办”服务事项，实现让“数据多跑路，群众少跑路”，解决业务办理“两地跑”难题。

住房保障

【保障性住房经营管理】 2022年租金总收入122.99万元，其中直管公房租金收入4.55万元，公共租赁住房（含廉租房）租金收入118.44万元。

【年度保障性住房工作任务】 根据《福建省住房和城乡建设厅关于固化2020—2021年、公布2022年棚改和公租房项目清单的通知》，云霄县2022年度无新增棚户区改造工程开工任务，主要为续建往年安置房及发放年度租金补贴，具体项目如下：

云霄县莆美镇莆下村村民安置房建设项目总建筑面积226526.59平方米，建设安置房1012套，总投资约9.8亿元，2022年计划投资2亿元，至12月底年度完成投资2亿元，工程进度为1—12号楼及幼儿园装饰装修、电梯安装及配套工程施工。

云霄县下港片区棚户区改造建设项目总建筑面积455812.49平方米，建设安置房2101套，总投资约23亿元，2022年计划投资约6亿元，该项目至12月底年度完成投资6亿元，01地块主体结构施工并同步进行砌体、粉刷工程；02地块地下室、主体结构及配套工程施工。

云霄县复兴东（旧实验小学）片区棚户区改造项目（二期）总建筑面积67488.92平方米，建设安置房408套，总投资约3.01亿元，2022年计划投资1亿元，该项目至12月底年度完成投资1亿元，于2022年11月21—24日完成回迁选房工作。

云霄县年度发放租金补贴100户，于2022年5月15日开始受理，共计受理168户，经审核比对，符合条件165户，于9月16日发放165户租金补贴合计21.68万元到户。

城市管理

【市容市貌综合整治】 2022年，县城管局以创建全国文明城市为契机，24小时轮班开展市容大整治，重点对主城区主次干道、背街小巷内乱搭乱盖的铁皮、伸缩遮阳篷等进行全面拆除，实现城区面貌“大整容”。全年集中整治市容市貌100余次，查处流动摊点850余处，占道经营（装修）1200余家，拆除违规横幅、一店多招、老旧大型广告牌等740余个，面积共8400余平方米；拆除历史遗留“微两违”6000余个，面积5万余平方米。

【金霞路段整容扮靓】 2022年，县城管局对金霞北路两侧可视范围一店多招、废弃店招等进行统一治理，拆除不规范广告店招163个，统一规划并设置店招牌192个，将破损老旧墙面改造成手绘文化宣传墙，提升创城宣传氛围。

【工程运输车（渣土车）整治】 2022年，县城管局联合其他相关部门开展执法97次，出动执法人员369人次，依法查扣违规渣土车辆65辆。立案处罚“滴撒漏”违规渣土运输车辆29辆，处罚金额为1.41万元。

【“百路千村”“两违”综合整治】 2022年，云霄县“两违”综合治理处置年度目标66万平方米，全县完成“两违”治理112.65万平方米，占年度任务的170%，两违App结案率100%。

【农贸市场管理】 2022年，县城管局抓好市场内日常经营秩序，做好市场周边迂回流动摊贩管理，引导入市经营，严格落实归行入市、入档摆放、亮照经营，督促市场内各经营户严格按照规划的位置规范摆卖，严禁占道经营，保证市场内各通道的畅通；实行清洁保洁包干责任制，清除卫生死角，清理淤泥、地面积水，疏通下水道等；购置更新一批消防设施，对各市场、商场残旧的消防灭火器、消防栓等设施进行升级更新更换。

【市容环卫保洁】 2022年，县环卫站增加主干道、背街小巷清洗频次，实行7天一轮精细化冲洗，将保洁重心逐渐向绿化带、下水道口等薄弱地段延伸，解决城区卫生死角的“脏乱差”问题，联合属地乡镇、社区清理陈年垃圾杂物3000余车。

【物业消防安全专项整治三年行动】 2022年，开展物业执法检查96次，出动人员384人次，累计排查发现一般隐患38项，发出整改通知书20份，均已整改闭环。督促辖区物业服务企业进驻“漳州智慧城管”系统，纳入行业监管，接受信用评分。物业服务企业入库率100%，项目入库率达94.5%。

【燃气安全排查整治】 2022年，县城管局牵头各有关单位开展燃气执法检查646次，发现一般隐患201条，整改201条。瓶装液化气方面立案10起，结案10起，罚款金额13.9万元，查扣违规钢瓶564个；管道燃气方面，共查处违规施工2起，行政处罚1万元。

【老旧小区改造】 2022年，县城管局积极向上争取资金支持，提升老旧小区的改造品质，改造提升人大、建委宿舍，工商宿舍等2个小区，策划53个老旧小区、主城区3个农贸市场和多条背街小巷的提升改造项目，争取通过申请专项债和上级补助，补齐城市短板，完善城市基础配套设施。

【信访投诉】 2022年，县城管局共计受理电话投诉828起，均及时转接处置部门。受理“12345”平台案件1235条，均按期查阅、回复。受理信访案件60件，均已按期办理结案。

【开展公共收益专项整治】 2022年，县城管局对辖区18家物业企业37个物业小区项目开展实地检查，开具整改通知书30份，督促整改问题49条，核查出公共收益金额200余万元，其中应存专户金额约140万元，已督促物业服务企业存入公共收益专项账户金额45.47万元。

【盘活闲置资产】 2022年，经县政府授权，云霄县城管局作为云霄县主城区智慧城市（智慧交通管理）项目的实施机构，对云霄县主城区现有停车源进行信息采集、汇聚、整合及管理，盘活城市存量停车资源，当年已完成前期准备、特许经营招标等工作。

（林 昕）

圣城集团

【概况】 福建云霄圣城投资集团有限责任公司属国有独资有限责任公司，注册资本为10亿元，有12家全资子公司和3家股份制公司。集团公司主要承担城市基础设施建设与运营管理，承接城市棚户区改造和保障性住房建设，实施城市规划区内村民安置房建设，认真做好国有资产管理，适时开展房地产开发，补齐民生短板，改善人居环境，积极发挥其在城乡建设方面的生力军作用，推动城市建设，促进云霄县又好又快发展。2022年，圣城集团各项目建设工作均按时序进度推进。截至12月，完成投资额231421万元，完成年度计划的100.5%。获得“2022年度经济建设贡献奖”等称号。

【国有资产经营效益】　2022年主营业务收入49132万元，较成立初期增长47202万元；总资产达714600万元，较成立初期增长409700万元；缴纳税金4647万元；完成养鸡生蛋、破壳消薄等重点攻坚任务，国有资产保值增值率100%。

【城市配套设施项目】　云霄县人和路及周边配套道路工程项目位于云霄县人和路，由云霄县兴云建设发展有限公司建设。包含3条市政道路，分别为人和路、溪福路和双溪路，路线全长1413米，配套雨水、污水管道、照明、综合管线等。总投资9660万元，累计完成投资7100万元，2022年5月开工。

云霄县滨北路道路工程项目位于云霄县滨北路，由云霄县兴云建设发展有限公司建设。项目道路总长5763米．滨北主路全长4197米，主要建设路基、路面及防护工程、桥涵工程、交通工程、管线工程（含给水、雨水、污水、电力、通信等管线）、道路照明、绿化等其他配套设施工程。总投资47913万元，累计完成投资4830万元。

云霄县委党校建设项目位于云霄县下河乡，由云霄县兴云建设发展有限公司建设。项目占地约42666平方米，建筑面积约27600平方米，涵盖报告厅、行政综合楼、教学楼、学员宿舍楼、学员餐厅、四史馆、家风家训馆、警示教育馆、图书馆等及附属设施。总投资20800万元，累计完成投资20150万元，截至2022年12月底尚未完工。

云霄县溪云路南段道路建设项目位于云霄县莆美镇，由云霄县兴云建设发展有限公司建设。项目路线起点位于南湖路，终点位于安置地边。道路设计总长为217米，道路宽度为40米。总投资1118万元，累计完成投资961万元，2022年9月开工。

云霄县演武亭小区北侧道路工程项目位于云霄县莆美镇，由云霄县兴云建设发展有限公司建设。项目起点位于公园路，终点位于将军大道。道路设计总长为449米，宽16米。主要建设：路基路面、交通工程、排水工程、照明工程、电力通信管道工程、绿化工程、给水管道、燃气管道。总投资1216万元，累计完成投资1016万元，2022年9月开工。

云霄县原东林电子东侧道路建设工程项目位于云霄县下河乡，由云霄县兴云建设发展有限公司建设。项目路线起点位于金霞路，终点位于规划道路边，道路长691米，宽24米。主要建设：路基路面、交通工程、雨水、污水、照明工程、电力通信管道工程、绿化工程、给水管道、燃气管道。总投资2874万元，累计完成投资2700万元，2022年9月开工。

云霄县环湖路道路建设工程项目位于云霄县莆美镇，北起美霞大道，东至绥阳东路，由云霄县兴云建设发展有限公司建设。道路设计总长1127米，道路宽度为24—40米，含1座混凝土空心板梁桥。总投资7296.53万元，累计完成投资1000万元，2022年12月开工。

【保障性安居工程项目】　云霄县莆美镇演武亭村村民安置房建设项目位于莆美镇公园路东侧、君宝路北侧，由云霄县房地产综合开发公司建设。项目总建筑面积148626.75平方米，主要建设8幢商住楼及农贸市场、地下停车场、零售商店、物业管理、社区管理用房等。建设安置房767套，配套建设小区道路、绿化、强弱电、给排水、电梯、夜景等工程。总投资71000万元，累计完成投资71000万元。2022年10月完工。

云霄县莆美镇莆下村村民安置房建设项目位于云霄县莆美镇人和路南侧、英济路西侧，由云霄县房地产综合开发公司建设。项目总占地面积69716.37平方米，建设用地面积53247.39平方米，总建筑面积226525.59平方米，主要建设安置房1199套，配套相关设施。总投资98000万元，累计完成投资93905万元。截至2022年12月底尚未完工。

云霄县复兴路东段旧实验小学片区改造建设项目（二期）位于云霄县云平路东段，由云霄县房地产综合开发公司建设。项目总建筑面积67488.92平方米，主要建设三栋高层住宅（408套）、一栋幼儿园、沿街店面、党建用房、社区服务站、社区卫生室、文体活动室、居家养老服务站、物业用房、公厕、地下室等。总投资40500万元，累计完成投资40500万元。2022年11月完工。

云霄县下港棚户区改造建设项

目位于云霄县下港片区，由云霄县房地产综合开发公司建设。项目用地面积 106774 平方米，总建筑面积 455240 平方米，主要建设安置房 2383 套，配套相关设施。总投资 233000 万元，累计完成投资 200250 万元。截至 2022 年 12 月底尚未完工。

云霄县莆美镇中柱村安置房建设项目位于云霄县美霞大道北侧、溪云路东侧，由云霄县房地产综合开发公司建设。项目总占地面积 11806.05 平方米，总建筑面积 48531.21 平方米，主要建设安置房 284 套，配套商业设施、物业管理用房等配套设施，配套建设小区道路、绿化、强弱电、给排水、电梯、夜景等工程。总投资 33329 万元，累计完成投资 10260 万元，2022 年 10 月开工。

云霄县陈岱镇岱北村村民安置房建设项目位于云霄县陈岱镇，由云霄县房地产综合开发公司建设。项目建设 7 幢 19 层住宅楼，用地面积 26363.27 平方米，总建筑面积 99142.27 平方米，主要建设安置房 320 套、商品房 259 套及相关配套设施。总投资 47377.5 万元，累计完成投资 7225 万元，2022 年 10 月开工。

云霄县云陵镇享堂村村民安置房（二期）建设项目位于云霄县将军大道西侧、第三期保障房东侧，由云霄县房地产综合开发公司建设。项目建设用地面积 14340.08 平方米，总建筑占地面积 2845.75 平方米，总建筑面积 59032.92 平方米，主要建设安置房 341 套及配套建设道路、绿化、强弱电、给排水、电梯、夜景等工程。总投资 37100 万元，累计完成投资 6540 万元，2022 年 11 月开工。

【社会事业项目】 云霄县圣城一号（翔球广场 3 号地块）工程位于国道 324 线西侧下坂村南侧，由云霄县圣城房地产开发有限公司建设。共建设商品房 314 套、商业店面 70 间，总建筑面积 55696 平方米，配套建设周边道路、景观绿化等。计划总投资 26000 万元，累计完成投资 21142 万元，截至 2022 年 12 月底尚未完工。

【云霄县福圣教育发展有限公司】 2022 年 6 月，成立云霄县福圣教育发展有限公司，主要定位是为云霄县教育系统提供从建设到运营的专业服务，致力于云霄县教育系统相关经营、运营、代建、租赁、服务等业务，为当地政府推进教育现代化提供服务保障和工作支持。

【云霄圣城城市运营管理有限公司】 2022 年 11 月，成立云霄圣城城市运营管理有限公司，主要定位是云霄县域智慧城市建设、管理、运营，通过综合施策，围绕“盘活存量、分步实施”工作思路，建设全县的智慧停车管理平台，统筹县域交通资源，整合现有路内、路外停车资源，提升市政基础设施建设和管理水平，实现设位规范、停车有序、安全便民的停车管理目标，推动城区停车管理规范化，逐步解决停车难等问题。

【漳发新能源（云霄）有限公司】 2022 年 12 月，圣城集团与福建漳发新能源投资有限公司合资成立漳发新能源（云霄）有限公司，主要定位是云霄县域内新能源产业的投资、建设和运营，主要业务范围：太阳能发电、风力发电等新能源的电力生产与销售；投资、建设、运营云霄县域光伏电站与充电桩；开展储能开发、发电与销售；碳排放权交易、碳汇服务。

【整合资源】 2022 年 11 月，县粮食购销有限公司、漳州市常山云粮综合服务中心、云霄县储备粮管理有限公司归并圣城集团管理，主要定位是承担云霄县储备粮油轮入轮出及储存管理等工作。

（方 都）

资源与环境

自然资源管理

【耕地保护】 2022年，漳州市下达云霄县耕地保护任务：补充耕地274亩（其中水田140亩）、旱改水提质改造69亩、建设占用耕地耕作层土壤剥离再利用面积86亩。截至2022年底，云霄县补充耕地备案入库451.51亩（其中水田388.71亩），完成旱改水316.11亩，完成表土剥离再利用143.2亩，均超额完成任务。

（蔡如林）

【建设用地报批】 2022年，云霄县各类项目用地需求得到保障。全年上报并获省政府批准城市批次建设用地13个、先行用地1个；农用地转用与土地征收总面积58.86公顷，其中农用地面积55.46公顷（耕地面积12.48公顷）；由云霄县人民政府审批的农村村民住宅建设用地1个，使用集体土地1.45公顷，其中农用地面积1.44公顷(耕地面积0.11公顷)。

（蔡如林）

【国有土地使用权出让】 2022年，云霄县供应各类项目用地51宗，供应土地总面积139.07公顷，收取土地出让金95250.44万元。其中，拍卖出让8宗，出让面积11.41公顷；挂牌出让5宗，出让面积19.10公顷；协议出让2宗，出让面积2.61公顷；划拨供应36宗，用地总面积105.95公顷。划拨补办出让2宗；补缴违约金2宗；超计容面积2宗；改变用途6宗。

（蔡钦荣）

【地质灾害防治】 2022年，云霄县自然资源局全面排查、核实辖区内的地质灾害点和高陡边坡点，确定地质灾害点26处，高陡边坡点262处；编制实施《2022年云霄县地质灾害防治方案》；按照“三在前”原则（监测在前、预警在前、转移在前），完善地质灾害群测群防网络，重新制作地灾点警示牌19个、高陡边坡点警示牌45个，发放防灾明白卡、避险明白卡1359份。安装地质灾害自动监测仪19套。落实汛期地质灾害24小时值班制度，组织近100人坚持24小时轮流值班。年内落实省、市地质灾害治理项目6个，争取补助资金563万元，受益群众52户223人。至2022年，实现连续16年地灾“零伤亡”，被市自然资源局授予先进单位称号。

（柯松洲）

【地籍管理】 2022年，云霄县第三次全国国土调查工作全部结束，调查成果通过全国三调办核查。云霄县三调成果经县政府批准在自然资源局门户网站进行公告。全县主要地类数据如下：全县共有耕地4492.65公顷，园地24252.47公顷，林地49600.63公顷，草地395.47公顷，湿地1734.13公顷，城镇村及工矿用地5206.91公顷，交通运输用地1798.84公顷，水域及水利设施用地 6121.07 公顷，其他土地 1741.76 公顷。

（陈文庆）

【矿产资源管理】 2022 年，云霄县自然资源局完成矿产资源总体规划编制审批并公布实施。顺利通过上海督察局矿产资源例行督察。至 2022 年底，全县持证矿山 7 家。其中，地热 3 家，建筑石料 3 家，高岭土 1 家。开展砂石专项整治工作，严厉打击非法违法采矿行为，全年立案查处非法采矿案件 2 宗，罚款 15.65 万元。

（柯松洲）

【执法检查】 2022 年，云霄县自然资源局严格落实《国土资源动态巡查责任制》，监察大队、国土资源所、村级协管员三级巡查网络全年动态巡查 2100 多次，部门联合执法 327 次，发现并制止各类自然资源违法行为 366 起。继续开展年度“卫片”执法检查，按照自然资源部办公厅关于印发《土地卫片执法图斑合法性判定规则》通知的要求，划分图斑涉及地块，逐宗核查地类、规划和审批情况。全县图斑 646 个，面积 341.06 公顷。其中，合法新增建设用地 209 个，其他用地 387 个，违法用地 50 个，依法对 50 个违法用地查处整改。

（执法大队）

【不动产权登记】 2022 年，云霄县自然资源局继续推行不动产登记“外网申请、内网审理”的服务模式，一般不动产登记办理时限压缩至 1—3 个工作日内，全年办理不动产产权证书 5697 本；不动产产权证明 7785 件；办结率均达到 100%。开通企业办证绿色通道，实行工业企业办证“90 分钟办结”的优质服务，全年工业企业办证 113 宗。

（吴依萍）

【规划编制】 2022 年，云霄县自然资源局完成《云霄县溪云路北侧道路工程控制性详细规划》《云霄县吉业路以北、阳光大道以西地块控制性详细规划》等 13 个地块的控制性详细规划报批；完成《云霄县莆美镇中柱村安置房修建性详细规划》《云霄县海洋局南侧、宝城路东侧地块修建性详细规划》等 4 宗建设项目修建性详细规划审批；完成“建发·云玺”“云霄县陈岱镇岱北村村民安置房”等 30 宗建设项目总平面图及建筑设计方案审批；完成“科创园园区道路工程一期”等 27 个用地规划选址；完成 81 个村的村庄规划（东厦镇 9 个、火田镇 9 个、列屿镇 5 个、陈岱镇 10 个、下河乡 14 个、和平乡 14 个、马铺乡 19 个、云陵镇 1 个）。

（罗长阳、方明坤）

【收件办理】 2022 年，云霄县自然资源局全年受理办件 178 件，准予许可办结 131 件。办理用地预审与选址意见书 30 宗，用地面积 75.271 公顷；办理建设用地规划许可证 10 宗，建设用地面积 28.66 公顷；办理建设工程规划许可证 39 宗，总建筑面积 752710 平方米，市政道路总长度 9189 米；办理个人建房（改建）14 宗，总建筑面积 2327 平方米；规划条件核实意见书 27 宗，总建筑面积 362847 平方米，市政道路总长度 2479 米；临时用地审批 8 宗，总用地面积 70.84 公顷。采矿权延续 1 宗；采矿权抵押备案 2 宗；简易办理个人建房 41 宗，总建筑面积 9808.16 平方米，个人规划核实 30 宗；“双随机”公示 70 宗，公告 77 宗。

（吴锦辉）

海洋与渔业

【概况】 2022 年，云霄县渔业总产值 39.91 亿元，比上年增长 2.6%。渔业水产品总产量 27.17 万吨，比上年增长 1.44%。其中，海洋捕捞 6473 吨，淡水捕捞 981 吨，海水养殖 249367 吨，淡水养殖 14890 吨。全县在册管理渔船 306 艘。其中，捕捞渔船 255 艘、捕捞辅助船 11 艘、养殖渔船 40 艘。全县水域滩涂养殖证发证 188 宗，养殖面积 2319.98 公顷。其中，海域水域养殖证 128 宗，面积 2014.647 公顷；陆地水域滩涂养殖证 60 宗，面积 305.333 公顷。“云霄列屿巴非蛤”获评福建十大农产品区域公用品牌；“云霄县汤东义家庭渔场”获评省级示范家庭农场；“云霄县礁美水乡渔村生态旅游度假区”获评省级“水乡渔村”休闲渔业示范基地；人家村、礁美村获评省、市级“一村一品”（波纹巴非蛤）专业村。云霄县海洋与渔业局获评2021年度漳州市食品安全工作先进集体。

【渔业产业发展】 2022年，云霄县人家二级渔港、礁美二级渔港建成完工；山前中心渔港、长洋二级渔港开工。云霄县省级现代农业（贝类）产业园完成园区面积现状测量和园内道路硬化、拓宽以及自来水管道扩容工程。建设优质水产新品种试验示范基地46.87公顷，引进推广绿盘鲍、牡蛎、波纹巴非蛤、寻氏肌蛤4个优质水产新品种，新增产值800万元。县财政投入100万元补助水产品冷冻加工业扩能，支持福建茂泰食品有限公司建设鱼糜加工生产线2条，支持福建仁兴实业有限公司建设水产急冻生产线2条。

【渔业安全生产】 2022年，云霄县建立渔船安全管理工作机制和联防联控责任体系，全年组织渔业安全宣传教育下乡进村30场；开展警示教育11场621人，船员持证培训13期438人；举办全县渔业安全生产应急演练1场；开展海上巡查105次，港口巡查492次，检查各类渔港、澳口1086个次，登临检查渔船293艘次，排查整治事故隐患219项；立案办结渔船违法违规案件37宗，罚款人民币34.96万元；取缔拆解“三无”船舶119艘。2022年，全县未发生渔船水上生产安全事故。

【水产品质量安全】 2022年，云霄县海洋与渔业局开展入户入企科技宣传和技术指导310户次；举办水产品健康养殖技术及质量安全培训班6场246人。县海洋与渔业局自主完成水产品快检98批次，完成监督抽检35批次，配合省市抽检水产品63批次，全部检测合格；全年检查水产养殖场、育苗场22场次，饭店 17家、农贸市场9个、海鲜收鲜点5家；立案办结水产品质量安全违法违规案件1起；2022年全县未发生水产品质量安全事件。

【涉渔生态环保治理】 2022年，云霄县海洋与渔业局“扫海清网行动” 落实“应拆尽拆”，八尺门海域围网等养殖设施清退206.35公顷；全年清理海上违规网具32槽44口，清除网具5210米、清除竹竿3311支、泡沫浮球7472粒，绳子13070余米、清海面积约38.77公顷；拆除红树林保护区内新增吊养设施24处，面积4.53公顷，全县海上无超规划养殖。分类分步开展漳江流域和诏安湾海域水产养殖综合整治，完成11个淡水养殖尾水排放口溯源排查；完成5家规模以上海水养殖企业养殖尾水治理示范创建；推广规模以下海水养殖企业绿色健康养殖模式，引导使用低磷饲料，聘请省市级专家开班授课6场。水生生物放流活动投入210万元，举办放流活动3场。其中，漳江水域放流鱼苗90万尾，东山湾放流鱼苗592万尾、虾苗1.63亿尾、贝类苗种164万粒。牛蛙养殖污染“点题整治”排查清理牛蛙养殖93场，面积6.68公顷。

（黄晓雄）

漳江口红树林国家级自然保护区

【概况】 2022年，漳江口红树林国家级自然保护区管理局努力打造“岸清水绿滩净，自然生态优美，生物多样性丰富，人与自然和谐”重要湿地，管理经验及保护成效连续在央视、新华社、人民网、中国纪检监察报等国家级媒体刊播18次。参与2022年世界地球日第六届“最美地球印记”评选活动，获评“优秀作品奖”。举办“教育部生物学课程野外实习虚拟教研室骨干教师培训会及教学研讨会”。

【红树林退养还湿】 云霄县按照省市整改方案要求，落实红树林生态环境问题整改任务，2022年3月完成退养还湿604.8公顷，占总任务数562公顷的107.6%。红树林退养还湿整改工作7月通过省级核查验收、12月通过省督察办和生态厅第二专员办联合开展的现场核验。

【生态修复】 2022年，漳江口红树林国家级自然保护区管理局争取中央财政林业专项资金投入

1306万元，开展有害生物除治、红树林恢复、生物多样性监测等工作，完成保护区范围内互花米草除治371公顷、三叶鱼藤除治36公顷。同时，委托福建省林业科学研究院开展红树林病虫害防治研究和实验，探索病虫害防治长效机制。全县统筹推进保护区海漂垃圾集中清理和常态化保洁，与漳州环境集团签订海漂垃圾清理协议，形成海上打捞、岸边清理、陆上转运的海漂垃圾常态化清理机制，2022年累计清理海漂垃圾1215.5吨。

【生态文明建设实践点成立】 2022年漳江口国家级自然保护区入选福建省习近平新时代中国特色社会主义思想研究中心漳州市首批生态文明实践点。该实践点严格落实保护区“生态优先、保护优先”原则，紧紧围绕学习宣传贯彻党的二十大精神工作主线，立足本地丰富自然资源优势，统筹绿色资源和教育基地平台，利用保护区独特的生态优势，持续推进与厦门大学等高校联系，实现校地合作，优化整合红树林保护措施，不断创新红树林保护区宣传教育方式方法。组建“福小宣·红树林小分队”宣讲队伍，宣讲员采取喜闻乐见、丰富多样的形式，进校园、社区，开展红树林保护宣传教育，传播环保理念。年内开展4次宣讲活动。

【“双碳”研究启动】 2022年11月，漳江口红树林国家级自然保护区管理局与厦门大学专家教授讨论交流滨海湿地双碳合作，聚焦蓝碳研究与落地应用，共同达成滨海湿地双碳基地共建框架协议，合作构建蓝碳实践示范区、蓝碳科普示范区。通过开展红树林湿地固碳、碳汇相关基础科学研究，发展壮大红树林湿地蓝碳产业，探索推进红树林蓝碳交易，扩宽红树林湿地生态价值实现渠道，助力云霄绿色高质量发展。

（涂怡静）

生态环境保护

【概况】 2022年，云霄县高塘渡口国控断面水质均值Ⅲ类；峰头水库库心、峰头水库出口、云霄公路桥和下河桥等4个主要流域省控断面水质均值Ⅲ类；峰头入库、水尾、下楼村南侧、东车村下游和七口桥等5个省考小流域监测断面水质均值Ⅲ类；云霄县风吹岭自来水厂饮用水水源水质达标率100%。全年空气质量达标天数比例99.5%，细颗粒物（PM2.5）浓度均值16微克/立方米，PM10浓度均值29微克/立方米，均达到考核要求，空气质量综合指数优于2021年同期。近岸海域5个国省控监测点位，优良水质点位比例80%，较2021年（60%）提升20个百分点；优良水质面积比例82.66%，较2021年（47.53%）提升约35个百分点。

【行政审批】 2022年，云霄生态环境局持续深化“政务服务标准化、规范化、便民化”改革，加大力度减程序、减环节、减材料、压时限，全面实现环评审批事项“邮寄办”“网上办”“掌上办”。全年办理行政审批事项201件。其中，办理行政许可事项61件［环评审批29件、排污许可证核发18件、夜（午）间建筑施工作业许可14件］；办理公共服务事项140件（排污登记44件、环保设施竣工验收33件、应急预案备案15件、环境影响登记表备案47件、环境影响后评价备案1件）。

【环境监管】 2022年，云霄生态环境局依法开展日常执法巡查及“双随机、一公开”监管，出动执法人员1562人次，检查工业企业591家次。按照“四个第一时间”要求，及时受理、调查、处置、反馈信访有关事项，解决百姓身边生态环境问题，全年受理“12369”环保管理平台投诉35件，受理“12345”便民服务平台投诉233件，办结率100%。全年查处环境违法案件13件，下达行政处罚决定15起（罚款金额135.64万元），办理查封扣押案件2起，下达查封扣押决定书2起，办理行政拘留移送案件3起。全面监管10个三级网格、196个四级网格，2022年，云霄县环保网格员开展巡查44995次，上报环保事件25629起，有效转化案件9件。

【碧水保卫战】 2022年，云霄经济开发区部分村庄生活污水治理民生基础设施补短板项目完工并投入试运行，年度完成投资2118万元，建设马山村等7个村农村生活污水收集管网及新建污水处理站5座，污水收集管网73.57千米，新增污水处理能力200吨／天。同时，动态更新农村黑臭水体清单，形成并公布29条农村黑臭水体清单；完成8条国控优先治理类农村黑臭水体的治理工作，完成投资1972万元，治理面积7.5万平方米；完成7条群众反映强烈的农村黑臭水体的治理工作。中柱港等9条农村黑臭水体治理工程纳入市级项目包，争取中央补助资金3503.76万元。

【大气保卫战】 2022年，云霄县推动涉气建设项目提升改造，完成汉嘉工艺品、粤海饲料等6个废气治理项目；停用或改造10蒸吨及以下燃煤锅炉8台。全县3家在用机动车排放检验实施新检测规范工作。强化建筑、道路、施工工地颗粒物污染防控，不定时检查42个在建施工项目，发现问题35条，下发责令整改通知书22份，停工通知书1份，立案处罚2起。网格化保洁54条主次城市道路，并增加清扫作业和洒水频次。

【净土保卫战】 2022年，云霄县通过分类治理与耕地土壤农产品协同监测，将火田镇25.73公顷严格管控类耕地动态调整为安全利用类，全县受污染耕地安全利用率93%；管控建设用地土壤污染风险，完成18个变更用途地块土壤污染状况调查。

【碧海保卫战】 2022年，云霄县推进入海排污口排查整治，完成入海排口年度采测，逐步开展入海排口“一口一策”分类整治。结合农村生活污水治理PPP和提升补短板建设项目，推动村镇混合污水排口治理。组建专业海上环卫队伍，形成常态化清理转运机制，累计清理海漂垃圾1883吨，海漂垃圾密度203.88平方米／公里，显著优于省考目标474平方米／公里。规范海上养殖行为，全面完成养殖发证登记工作。

【突出生态环境问题整治】 2022年，云霄县全力推进红树林退养还湿，累计完成退养604.8公顷，占总任务数562公顷的107.6%，扎实开展互花米草除治，互花米草年度任务371公顷全部除治完成。有序推进诏安湾综合整治，改善海湾水质，清理竹港溪海域底播滩涂200多公顷，推广低磷水产养殖饲料，落实水产养殖尾水治理，完成沿岸白礁等5个行政村污水治理。

（张艺娜、张宇翔）

科学技术

科技政策落实

【项目申报】 2022年，县工信局组织云霄县共信电商文创园发展有限公司成功申报市级优秀众创空间。培育福建淘多多网络科技有限公司快纪科技服务事业部通过2022年漳州市市级技术转移机构备案。组织中核国电漳州能源有限公司“中国先进压水堆高效放射性废水处理材料研究和产业化”项目申报STS计划配套项目，获得奖励资金40万元。组织福建利众诚食品有限公司等2家公司申报市级“双创之星”和“首席科技官”人才遴选，福建利众诚食品有限公司张远志获评“首席科技官”。

【科技政策奖励情况】 2022年，县工信局组织福建利众诚食品有限公司申报福建省2021年科技创新券补助，获得5.55万元资金；兑现海峡彩亮（漳州）光电有限公司等13家公司2020年度研发经费分段补助，奖励金额达405.7万元。组织漳州金宝达服饰有限公司等18家企业在福建科技计划项目信息系统进行申报，获得奖励资金435.3万元。

（蔡美玲）

科技队伍建设

【科技特派员行政村全覆盖】 2022年，县工信局根据《中共漳州市委办公室 漳州市人民政府办公室关于印发〈关于深入推进科技特派员制度助力乡村振兴的实施意见〉的通知》和全市科技特派员工作推进会部署要求，县委、县政府高度重视科技特派员工作，全面深入推行科技特派员制度，加大科技人才选拔力度，全力推动行政村科技特派员全覆盖，促进科技特派员工作向二、三产业拓展，推动乡村振兴战略在云霄县全面实施。2022年全县共选派176名科技特派员入驻云霄县行政村和服务企业（其中省级科技特派员21名，市级科技特派员16名，县级139名）。全县完成行政村科技特派员全覆盖，科技特派员工作稳步推进。

【科技特派员工作成效】 2022年，县工信局组织漳州绿州农业发展股份有限公司科技特派员服务团队成功申报省级科技特派员补助项目，获得奖励资金25万元。完成推荐省市最美科技特派员，其中云霄县科技特派员廖燕珍、郑荔平2人被评为漳州市“最美女科技特派员”；成功推荐福建省优秀科技特派工作案例，云霄县科技特派员廖燕珍的“发挥部门优势，气象高科技助力生态高颜值”的案例被评为福建省科技特派员工作优秀案例。

（蔡美玲）

科技成果应用

【科技“小巨人”企业培育】 2022

年，县工信局开展科技“小巨人”领军企业申请工作，推荐鑫创鑫自动化设备科技（漳州）有限公司申报科技“小巨人”领军企业并获得通过。截至2022年底，全县科技“小巨人”领军企业达到8家。推荐福建利众诚食品有限公司申报2022年度科技“小巨人”企业享受研究开发费用税前加计扣除，获得奖励资金51万元。

【高新技术企业培育】 2022年，县工信局积极培育高新技术企业组织推荐福建澳林镁环保科技有限公司等2家企业首次申报国家高新技术企业，组织鑫创鑫自动化设备科技（漳州）有限公司等3家企业申报参加国家高新技术企业复审；2022年全县共有3家企业成功申报高新技术企业，截至年底全县有效期内高新技术企业共计21家；促进科技创新发展八条措施，福建省奥克兰光电科技有限公司等14家企业涉及奖励资金达324.59万元。

（蔡美玲）

科普宣传

【漳州市创新创业大赛筹办】 2022年8月2日，云霄县工信承办的以“创新引领，创业筑梦”为主题的2022年漳州市创新创业大赛成功举办。大赛首次与央企（中核国电）联合举办，并搭建科技招商新平台，结合赛事举办“绿色能源+双创”论坛，在全市属首创之举。云霄县工信局组织22家企业参赛，共有3家企业获奖，分别获得二等奖、三等奖、优秀奖各1家，获得奖励资金32万元。此次大赛促进云霄县绿色清洁能源可持续发展、产业集群培育以及科技创新发展，掀起了全县创业创新的热潮。

【线上科技政策培训】 2022年，县工信局加强科技政策宣传、培训。组织企业参加线上直播培训，观看市科技局组织的高新技术企业申报线上培训；组织企业参加市科技局开展的科技大讲堂政策宣讲和“双创之星”“首席科技官”政策解读线上培训。举办云霄县研发费用归集线上直播培训会，邀请统计专业人员为各乡镇、开发区工业办主任、负责统计业务人员、高新技术企业和规模以上企业财务负责人和负责统计填报人员进行研发费用归集培训，确保做到应统尽统，提升全社会的研发经费投入。通过线上培训，有效提升云霄县工业企业的自主研发意识，提高创新能力、有效结合科技惠企政策促进企业发展。

（蔡美玲）

地震监测

【地震测报信息化】 2022年，云霄县地震办通过微机联网和手机短信，及时接收省地震监测中心发布的福建省及附近海域地震活动信息，及时了解云霄及周边地区地震活动情况。重大节假日加大值班力度，每日向市地震局上报震情“零”报告。

【地震动物宏观观测点监测】 2022年，云霄县3个动物宏观观测点（火田镇岳坑村的吉嘉禽畜养殖有限公司、和平乡河塘作业区的漳州康弘农牧有限公司和东厦镇洲渡水产养殖场）始终保持连续无间断观测的良好状态，并由专人做好数字统计和管理。

【台网队伍建设】 2022年，云霄县地震办按地震监测工作规范，对强震台与烈度速报台进行常态化维护管理，全年仪器正常运行，云霄县强震台位于云陵镇元光小学校园内，烈度速报台位于火田镇水头村水库旁。

【地震预警信息发布终端建设】 2022年，全县223处地震预警信息发布终端正常运行，保持终端在线率达85%以上，地震监测预报能力得到有效提升。

【地震安全性评价】 2022年，福建漳州核电500千伏线路输出工程大跨越段地震安全性评价顺利完成，云霄县地震办严格落实抗震设防要求，按照《区域性地震安全性评价管理办法》规定，对漳州核电站—东林变电线500千伏输电线路漳江大跨越段进行地震安全性评价，服务云霄重大项目建设。

【地震灾害风险普查】 2022年9月，浅层地球物理勘探在云霄县城控区开展，该项目由中国地震局地球物理探测中心承担，云霄县地震办召开地震灾害风险普查浅层地球物理探测工作协调会，协调各相关部门通力协作、密切配合，服务保障地震灾害风险普查工作顺利开展。此次浅层地震勘探在云霄县城探测到一条正断层 FPYX1，为前第四纪断裂。根据断层位置、剖面特征及地质构造背景，推测该断层为上杭—云霄断裂带在云霄县城区的反映，勘探成果将为云霄县在做国土空间规划时有效规避地下断裂带，保障人民生命财产安全。

【防震减灾应急疏散演练】 2022年，云霄县地震办在云霄县各中小学、幼儿园、社区、机关、企业举办地震应急疏散演练活动，累计100余场，发放宣传册2万余册。进一步普及安全知识，增强公众的安全意识，真正掌握在灾害中能够迅速逃生、自救、互救的基本方法，提高公众抵御灾害和应对紧急突发事件的能力。

【地震应急避难场所维护管理】 2022年，云霄县有16个地震应急避难场所，覆盖云霄县10个乡镇(开发区），总面积达110407平方米，可临时安置约6.4万名受灾群众。地震应急避难场所均按国家III类标准建设，场所内设有平面示意图和各设施所在地导向牌，并配备应急物资储备房，应急物资储备房内有发电机，可供临时发电。还设有应急篷宿区设施、应急厕所、医疗救护与卫生防疫设施、应急供水设施、应急排污系统等设施，基础设施基本完善。每个避难场所有专人负责，明确管理员管理职责和应急启用规则，保障救灾物资和设施安全，巩固创建成果，确保所有地震应急避难场所真正发挥作用，惠及民生。

【防震减灾知识宣传】 2022年，云霄县地震办利用“5·12”国家防灾减灾日、“7·28”唐山大地震纪念日、国际减灾日等时段，开展防震减灾宣传活动。组织参加漳州市第二届防震减灾科普讲解大赛，并分别取得二等奖、优秀奖和优秀组织奖的好成绩。在县人民公园开展防灾减灾日现场咨询问答活动，以悬挂横幅、设立展板、发放宣传单、现场咨询等形式开展宣传，为群众普及防灾减灾、应急避险技能等知识。举办云霄县首届防震减灾书画大赛，以“减轻灾害风险，守护美好家园”为主题，比赛分为绘画类和书法类（毛笔书法和硬笔书法），共收到近千幅作品，最终评出一、二、三等奖共42名，优秀奖若干名。举办云霄县第二届防震减灾科普讲解大赛，比赛采取线上视频比赛、评委现场打分的方式进行，通过视频用生动、活泼的语言阐述地震基础知识、科学避震方法等内容，取得了良好的科普效果。深入革命遗址开展防震减灾科普宣传活动，向当地村民发放《福建省防震减灾条例》主题漫画、《防震减灾》科普常识等宣传册100余份，对防震抗震知识进行耐心讲解，活动之后留下100余份宣传材料放置坪水乡苏维埃革命陈列馆供村民了解学习。联合县实验幼儿园、县第二实验幼儿园举办防震减灾科普体验馆开放日活动，在云霄元光中学的防震减灾科普体验馆开展“防震减灾”科普宣传系列活动，充分发挥科普馆的宣传“主阵地”作用。邀请云霄县宣讲团成员在将军山学校、英济小学等地举办防震减灾科普讲座，并进行防灾减灾应急疏散演练活动。利用LED等各种媒介物加大科普宣传力度。在县政府大楼LED、各学校醒目位置、防震减灾成员单位大门、各避难场所、各地震安全示范社区的醒目位置于5月10日起滚动播放防震减灾宣传主题。开展信息推送平台精准宣传。向全县党政机关、企事业单位推送防震减灾短信10万条，提示关注防震减灾人人有责。及时对云霄县5个国家级地震安全示范社区和16个应急避难场所宣传栏的科普内容进行更新，进家入户发放宣传手册宣传防震减灾知识。制作防震减灾宣传单、灾害风险普查手册、《福建省防震减灾条例》等宣传手册和宣传雨伞、保温杯等用于防震减灾宣传。

（陈晓逸）

教育

综述

【学校建设】　2022年，云霄县新建列屿中学实验综合楼及宿舍综合楼、陈岱小学教学综合楼、莆美幼儿园综合楼二期（B区）等3所学校，完成列屿紫阳小学教学综合楼项目建设，续建陈岱竹港幼儿园、云霄县第三实验幼儿园、东厦浯田小学教学综合楼3个项目，投入资金4893万元，建设面积17321平方米。启动云霄一中新校区迁建项目、云霄职业技术学校迁建项目及第三实验小学建设项目工程前期工作。加大基础教育装备配备力度，投入资金843.5万元，为所有考点配置5G屏蔽器、建设5个考点网络安全等级保护及中考体育考试考点设施，完成150间“中小学近视防控教室照明改造”，为学校添置学生课桌椅、教学多媒体、办公设施、厨房设施等。

（张小景、汤兆贵）

【教师队伍】　2022年，云霄县招聘中小学幼儿园新任教师67名；新增招聘小学幼儿园编外教师40名。认定并发放中小学幼儿园教师资格证书465本。办理教师退休手续139名。加大师德师风的监管和惩治力度，要求各校定期报送19种师德师风不良行为排查整治情况。加强名师队伍培养，选派113名校长及教师参加省级基础教育师资培训，遴选漳州市第七批中小学骨干教师51名。发放追加教师奖励性绩效工资总量、多渠道提高教师待遇。按照《关于妥善解决辞退代课教师问题的实施方案》，对当年度新增符合条件的41名辞退代课教师发放养老补助金。

（蔡志鹏）

【招生考试】　2022年，研究出台《云霄县2022年义务教育学校招生意见》，统筹安排新学年招生工作，义务教育阶段民办学生占比11.99%，低于15%规定。落实各级各类考试的组织标准和举措，健全考试招生疫情防控工作体系和安全隐患排查调处机制，顺利完成高考、中考、学考等11场省级及以上考试工作，参考60177人次；2022年全县报名参加普通高考人数2236人，报名参加高职分类考试的有1278人，两项兼报的211人。已通过兼报高职分类考试被录取的考生56人，高考应考考生2180人，包含历史组考生714人，物理组考生1466人，有277位考生外语选考日语。全县中考报名考生10673人，九年级5596人，八年级5077人，中招普高录取人数2918人，录取率52.1%；公费幼儿师范生录取4人。

（陈晓宏）

【民办教育】　2022年，全县共有民办学校118所，其中民办中等职业学校1所，民办初中1所，云霄县将军山学校增设高中部，民办十二年一贯制学校1所，民办幼儿园105所，校外培训机构10所。贯彻落实中办、国办《关于进一步减轻义务教育阶段学生作业负担和校外培训负担的意见》，出台《云霄县2022年整治校外培训机构不规范问题减轻中小学生校外负担工作方案》，运用校外培训机构监管综合协调机制，联动相关部门，按照专项治理工作方案，明确职责，全面启动专项治理行动，结合部门职责，加强联合执法，义务教育阶段学科类校外培训机构非营利性校外培训机构占比100%；100%录入全国校外教育培训监管与服务综合平台；100%按要求落实预收费资金监管措施，在全国校外教育培训监管与服务综合平台上机构合规率和资金监管率均达100%；义务教育阶段学科类培训机构100%建立并全面使用《中小学生校外培训服务合同（示范文本）》。通过加强联合执法，进一步规范全县校外培训机构的办学行为。

（朱永文）

【校园安全】 截至2022年12月，全县有16所学校被评为省级“平安校园”，全县95％学校通过新一轮“平安校园”达标创建，漳州市教育局评定云霄县“平安校园创建”和校园及周边治安综合治理工作分数为9.5分。持续推进学校消防安全标准化管理工作，其中一级达标学校20所，二级达标学校36所，三级达标学校193所；2022年度“平安单位”创建工作考核材料在县直机关单位考核评比中被评为第一档，在2022年县直单列考核部门安全生产工作考评中获得优秀等级，在2022年县直机关单位消防工作目标责任制考评中荣获第二名。开展校园周边专项整治活动，清理流动摊点45起，完善交通安全设施18处，解决其他类隐患16起。积极组织广大师生开展安全教育活动，发放《告家长一封信》及各类宣传单15万余份。维护学校安全稳定，开展校园反邪教警示教育，开展无证民办幼儿清理整顿和校外寄托机构规范管理。

（郭伟彬）

【学校德育】 2022年，以培育和践行社会主义核心价值观为主线，开展“学习新思想，做好接班人”“扣好人生第一粒扣子”等主题教育。改革创新思想政治理论课，10个课题通过漳州市第八期漳州市中小学德育研究专项课题立项。开展“强师德、铸师魂”向周广深老师学习活动，表彰128名“云霄县中小学优秀班主任”、46名“云霄县中小学先进德育工作者”。开展“小手拉大手，共创文明城”主题教育实践活动、绿色学校创建活动，76所学校被授予“绿色学校”称号。举办中小学生田径运动会、师生暑假读一本好书等活动，教育局、元光中学、将军山学校、实验小学荣获全市第十届“魅力之光”杯全国核电科普知识竞赛优秀组织奖。

（谢伟源）

【学生资助】 2022年，县教育局精准识别建档立卡家庭子女、低保、孤儿、事实无人抚养儿童、残疾等贫困学生，采取多种形式加大资助政策宣传力度，确保各级各类学生资助全面、及时、足额发放到位。全县全年发放各级各类资助资金共1679.01万元，受益学生16809人次。其中，发放学前教育政府助学金64.5万元，受助学生656人次；发放义务教育营养餐补助245.85万元，受益学生6005人次；发放义务教育生活补助134.25万元，受益学生3846人次；发放高中国家助学金126.02万元，受助学生1091人次；高中免学费人数512人次，免学费金额40.96万元；发放中职助学金29.4万元；受助学生294人次；中职免学费受助人数5030人次，免学费1008.21万元；发放福建省富闽教育助学金28.5万元，受助学生57人次；开展大学生生源地信用助学贷款工作，发放助学贷款3761.20万元，受助学生 4165人次。

（张建全）

基础教育

【学前教育】 2022年，云霄县共有幼儿园136所，其中公办33所、集体办2所、民办101所，小学附设班23个。在园幼儿数14136人，公办园8870人，民办园5266人。全年新建2所公办幼儿园，扩建1所幼儿园、2个附设班。增加公办学位720个，在公办幼儿园就读幼儿占比提高至62.75%。

全面修订《云霄县示范性幼儿园评估办法（修订）》《云霄县示范性幼儿园评估标准（修订）》，指导2所幼儿园申报市级、县级示范性幼儿园。开展普惠性民办幼儿园资格认定及管理工作，发放补贴资金83.76万元，推进普惠性民办幼儿园公益普惠发展，普惠率占比达到96.72%。落实学前教育学生资助工作和惠民政策，资助幼儿人数302人，下达资助资金29.5万元。完善学前教育管理信息的录入、审核等管理工作。各级示范性幼儿园结对帮扶乡村小规模学校附设幼儿园（班）、农村民办幼儿园，推动农村薄弱幼儿园提高办园水平和保教质量。

（何晓莹）

【小学教育】 2022年，云霄县共有小学106所，其中完小校68所，教学点38所，十二年一贯制学校1所，九年一贯制学校2所，在校生31598人。云霄县教育事业立足新发展、新理念、新格局，全面贯彻党的教育方针，深入落实乡村振兴战略，大力推进中央“双减”政策落实，强化“五项管理”，开展课后延时服务。积极推进与厦门名校的师徒结对帮扶、教育对口交流协作，深入开展城区优质学校与乡村小学对口帮扶。深化义务教育均衡发展，大力推进乡村温馨校园建设，继续推进省义务教育管理标准化学校创建工作，积极参与漳州市优质小学教育资源孵化工程。学校坚持“五育”并举，全面落实课程计划，开齐开足课程，深化教学研究，优化质量考评，不断提升小学教学质量。

（柳启祥）

【中学教育】 2022年，云霄县有中学16所，其中初级中学8所、九年一贯制学校2所、完全中学4所、高级中学1所、十二年一贯制学校1所。初中在校生13943人，高中在校生7168人。学习贯彻中央、国务院关于教育评价机制改革政策，推进中小学课后服务和“双减”落地生效，启动中小学教学教研提质增效三年行动计划，成立中小学学科指导组，实施青年教师专业培养“88862”工程，云霄一中分校、元光中学对接厦门一中开展“师徒结对”，助力教育教学质量提升。落实公民办同步招生、就近入学和电脑派位录取的招生政策，逐步压减民办教育占比，保障义务教育阶段学位，全县初中义务教育管理标准化占比100%。建立初中3个教学教研集团，推进城乡教育一体化，初中教育呈现出均衡发展的态势。继续推进普通高中课程改革，新办将军山学校高中部，充分发挥云霄一中教育集团的引领作用，做大做强全县普通高中教育。

（林尚德）

【特殊教育】 2022年，云霄县特殊教育学校设有复式教学班6个，在校生61人，送教上门学生73人，在编教师18人，兼职送教教师44人。在办学实践中，学校坚持以生为本，确立“为了每一个特殊孩子的发展”的办学理念。坚持以“德育为首要，教学为中心，康复为根本”的原则，从“为了特殊孩子的一切”出发，拓展教育空间，优化办学条件。特殊学生在优质教育资源支持下，多元课程和活动的体验中，潜能得到开发，能力得到培养，缺陷得到补偿，满足学生和家长对优质特殊教育的需求。深入落实“双减”政策，积极开拓烘焙课、陶艺课等特色课程，充分发挥“云霄县特殊教育资源中心”的功能作用，开展随班就读培训，推进融合教育发展。

（柳启祥）

职成教育

【云霄职业技术学校】 2022年，云霄职业技术学校招收新生1080人，有840名学生毕业，在校生总数3026人，学校增设康复技术1个专业。在教育教学方面，高职招考共报考680人，本科上线6人，专科上线640人；在省技能大赛中荣获一等奖2项、二等奖1项、优秀奖4项，选送学生朗诵作品获省三等奖；在校际合作方面，与福建工贸学校签订对口协作协议，对口帮扶，达成协作。

【云霄唯美职业技术学校】 2022年，云霄唯美职业技术学校招收新生131人，在校生290人，学校增设音乐表演，运动训练2个专业。联合云霄人社局、常山人社局、东山人社局等线上、线下培训11248名学员，项目包含企业职工“互联网+”、农业局一品一码、社会两后生等技能培训；与福建省旅发集团旗下福旅教育科技有限公司联合办学。

【云霄电大工作站】 2022年，云霄电大工作站招收新生475人，毕业生182人，在校生1937人，被福建开放大学授予“招生工作先进集体”称号，云霄电大工作站被核准为云霄开放大学，向东渠、乌山革命根据地入选福建开放大学大学生爱国教育基地。

【云霄县老年大学】 2022年，云霄县老年大学学员502人，学会15个，会员796人，开设课程154门，班级13个。

【县级社区教育中心】 云霄县设有1个县级社区教育中心，云霄社区学院有专职教师14人，兼职教师17人，管理人员4人，志愿者28人，学院下辖乡镇学校10所，教学点183个。

（何联合）

文化·旅游

文 化

【社会文化】 2022年，县文化体育和旅游局组织中青年文艺队伍参与“万福进万家”云霄县百位书法家写送春联活动、“向人民汇报”云霄县2022年新年歌舞晚会、戏曲晚会、云霄县迎新春文艺宣讲、云霄县2022年文化、科技、卫生“三下乡”集中服务活动启动仪式、云霄县庆元宵书法作品展、“巾帼心向党，喜迎二十大”——云霄县“庆三八”女子书画展、云霄县庆祝2022年文化和自然遗产日直播活动、“喜迎二十系列活动”、漫步云霄书画作品展、惠民演出（曲艺专场）、喜迎二十成就图片展、“强国复兴有我”演讲比赛等。充分利用网络媒体形式，依托“云霄文艺”微信公众平台先后发布“福见云霄春满园”线上“福”字展览、云霄县非物质文化遗产项目展播、“福见云霄”云霄县庆元宵书法作品线上展览、云霄原创MV线上展播、云霄县纪念红军攻克漳州90周年书法作品网络展、“喜迎二十大，丹青绘我家”漫步云霄书画作品邀请线上展、“平安云霄，共建共享”喜迎二十大成就图片展等活动。

【文化遗产保护】 2022年，县文化体育和旅游局搜集整理非遗项目材料，组织“乌龙茶制作技艺（云霄）”项目申报第七批省级非遗代表性项目，获得省政府确认通过；完成云霄县市级代表性传承人2021年度评估工作。完成漳州市第九批非物质文化遗产项目申报（云霄老金枣制作技艺、云霄老菜脯制作技艺、“白石老酒”酿造技艺），完成云霄县第六批非物质文化遗产项目评选工作。坚持非遗进校园、进乡村传习活动。举办“小梅花潮剧班”培训并排练《耍枪》《乌山颂》等节目参加文艺展演活动；在列屿中学、莱埔小学、竹港村、壹叁培训学校开设“黄金漆画”“闽南木雕”“潮剧”“乌龙茶制作技艺”等项目传习培训班，邀请省市级传承人教学。举办威惠文化圩日暨2022年“文化和遗产日”宣传活动，举办“云霄味”推广、地标产品推介、非遗项目展演等。2022年，县文化馆分别在列屿中学、陈岱镇竹港村开办开设黄金漆画、闽南木雕制作工艺项目培训培训班，共招收学生70余人。

【文化交流】 2022年，县文化馆组织书画家创作防疫主题作品，选送参加漳州画院、漳州美术馆举办的“艺”起抗疫——漳州市书画作品网络展；编排拍摄本地话防疫短剧《清明节，疫情防控要注意》在云霄融媒平台播放。

【其他工作】 2022年，县文化馆组织非遗传承人、舞蹈、声乐及其他公益性讲座近10次，参加800余人。创办“将军山文化讲堂”，不定期举办各类文艺讲座，包括音乐、舞蹈讲座等。多次组织书法家到陈岱镇、莆美镇等乡镇义务写春联，到学校、企业开展笔会活动。组织文化艺术团、文化志愿者到陈岱镇、莆美镇、开发区等乡镇举办文艺演出。

（方素芬）

新闻出版与广播电视

【新闻出版】 2022年，《云霄乡讯》共发行期刊52期，以“乡土、乡情、乡音”为着力点，开设“云霄县老干部诗词摄影作品展示”“抗疫诗歌欣赏”“云霄党史故事”“平安云霄”“云政时评”“云霄记忆”“我为群众办实事”“村支书谈人居环境整治”“创城在行动”“乡村振兴进行时”“非凡十年•两新风采”“大学习、大调研、大讨论”“喜迎二十大、奋进新征程”“喜迎二十大•巾帼丹青颂”“闽山闽水物化新•非凡十年”“学习宣传贯彻党的二十大精神”等栏目，充分展现地域文化魅力，积极传播云霄声音，报道云霄正能量。

【广播电视】 2022年，云霄县融媒体中心全力推进媒体融合步伐，构建全媒体传播矩阵，创新直播宣传报道新方式，优化5G智慧广播、云霄乡讯数字报刊，扩大传播覆盖面；围绕中心大局，精心策划新闻选题，主动对接上级媒体，搭建了与人民网、新华社、福建广播影视集团等主流媒体合作的高层次、权威性对外宣传平台；开通入驻新华社、央视频、人民号、视频号、抖音号等新媒体平台，切实发挥主流媒体舆论阵地作用。2022年，云霄县融媒体中心被省委宣传部评为“全省优秀县级融媒体中心30强”；被福建省广播影视集团评为“全省供稿工作十强县级台”；被闽南日报社评为“宣传报道优秀单位”。

（汤培坚）

旅 游

【旅游数据统计】 2022年，云霄县共接待旅游人数275.64万人次，比上年降低12.2%，旅游收入27.92亿元，增长率为-12.4%。

【旅游宣传活动开展】 2022年，云霄县旅游发展服务中心结合2022年中国旅游日“‘感悟中华文化，享受美好旅程’——闽山闽水物华新”主题，开展“5•19”中国旅游日活动，进行“漫步云霄”文旅宣传，现场分发文旅文创品、旅游宣传手册共500多份，推介宣传“漫步云霄”精品旅游线路；旅游日当天，云霄县云顶温泉大酒店在漳州市艺术馆宣传推广滨海旅游资源，助力旅游市场恢复和发展；年初，与云霄县融媒体中心合作，拍摄出品新的旅游宣传片《漫步云霄 品味古郡》，将坡兜畲族村、向东渠实践教育基地等新景点融入进去，全面系统地介绍云霄旅游资源，感受云霄作为能源新城、文化强县、生态福地的独特魅力；“漫步云霄”微信公众号发布《国庆怎么嗨，吃喝玩乐看过来～》等旅游宣传帖60余篇，宣传和推介云霄旅游景点及旅游活动，发布疫情防控安全提醒、节假日旅游安全信息，营造浓厚的安全生产氛围。

【旅游线路规划】 2022年，云霄县旅游发展服务中心根据上级文旅部门工作部署要求，做热2.5天文旅市场，促进旅游市场复苏，围绕“微游两天半”主线，设计“开漳古郡，生态名城云霄休闲2.5天游”旅游线路及森林步道休闲线路，涵盖了旅游景点、美食、住宿、购物等要素，串联起旅游特色村、传统古村落、红色文化旅游景点，以点带面助力云霄旅游市场复苏。

【旅游企业纾困】 2022年，云霄县旅游发展服务中心根据《漳州市文化和旅游局关于进一步调整暂退旅游服务质量保证金相关政策的通知》，为旅行社提供办理暂退旅游质量保证金的服务，完成云霄县3家旅行社暂退旅游质量保证金的办理。帮助国家AAAA级旅游景区金汤湾风景区争取到帮扶纾困资金16万元，助力企业渡过难关。

【旅游基础设施建设】 2022年，云霄县旅游发展服务中心向上争取项目补助资金20万元，推进福建省金牌旅游村——和平乡棪树村旅游服务中心项目建设，年内已建成并通过验收，完成内部设计布置工作；全年争取景区提升补助资金30万元，用于建设金汤湾大众茶馆和特色商品销售点；校对并更新国家AAAA级旅游景区金汤湾旅游区中英文标识牌，提升旅游服务质量。金汤湾通过国家AAAA级旅游景区复核；漳州云顶温泉大酒店被全国温泉旅游企业星级评定委员会评为国家五星级温泉旅游企业，云顶温泉被全国温泉旅游泉质等级评定委员会评为优质珍稀温泉；根据漳州市文化和旅游局组织开展的“花样漳州，趣玩一夏”十佳系列评选活动，云霄县乌山红色旅游景区、云霄县向东渠事迹展示馆、云霄县七高礤（革命老区村）入选十佳红色旅游胜地；云霄县南湖生态湿地公园入选十佳婚纱摄影基地；云霄县下河村、白石村、棪树村入选十佳旅游村；云霄县金汤湾海水温泉旅游度假区入选十佳亲子旅游地。

（张彤）

卫 生

【基层卫生健康】 2022年，全县居民健康档案电子建档率达99.79%，老年人规范健康管理率78.17%，0—6岁儿童健康管理率96.35%，老年人、儿童中医药健康管理率分别为74.42%、83.06%，早孕建册率和产后访视率分别为96.69%、96.97%，高血压患者规范管理率、2型糖尿病患者规范管理率分别为92.74%、93.66%，严重精神障碍患者健康管理率97.41%，肺结核患者管理率100%，传染病、突发公共卫生事件报告率均为100%，国家一类疫苗接种率均在95%以上。全县基层医疗卫生机构组建158个团队、390名卫技人员开展家庭医生签约、履约服务。全县常住人口38.76万人，家庭医生签约服务共签约19.2万人，常住人口签约率49.51%，重点人群14.12万人，已签约10.56万人，签约率74.79%。有农村脱贫人口16338人，已签约16338人，达到应签尽签。

【医药卫生体制改革】 2022年，医共体内部双向转诊、远程心电、远程影像、实验室检验、基层电子病历等上线使用，医共体内部检查和检验结果互认，乡镇卫生院提供远程心电、远程影像、实验室检验服务共计13616人次。县级公立医院全年门诊急诊数787014人次，比上年同期增加32193人次，比上年增长4.26%；公立医院出院人数33920人，比上年同期减少4271人，比上年下降11.18%；医疗服务收入（不含药品、耗材、检查、化验收入）占比37.97%，比上年同期提高0.18个百分点；门急诊人次平均费用237.03元，比上年同期减少8.88元，比上年下降3.61%；出院患者次均医药费用6177.72元，比上年同期减少763.33元，比上年下降11%，患者就医负担有所减轻。

【综合监督】 2022年，县卫健局做好医疗、传染病防治、公共卫生、职业健康、食品安全等监督工作，立案查处17起，罚没金额14.915万元。查处非法行医案件2起，办理公共场所卫生许可证131件，其中新办119件，延续14件，变更8件；对辖区内32家二次供水单位的设施环境及卫生管理开展专项整治工作。对县域内集中式供水水质进行定期抽检13处，检测出厂水12份，合格率为100%，末梢水128份，合格率为100%；做好生育三孩夫妇的登记服务工作，加强对适龄、育龄人群的优生优育、妇幼保健、生殖健康等问题的咨询指导，落实好免费的卫生计生服务项目；根据福建省人民政府关于废止《福建省社会抚养费征收管理办法》决定，向县人民法院撤销强制执行申请74件。

【职业健康】 2022年，县卫健局针对建材、石材加工、化工、铅蓄电池等行业进行监督执法，发出整改监督意见书60份。全县已开展放射诊疗工作的医疗单位15家，取得放射诊疗许可证单位15家；放射工作人员48名，持有放射工作人员证42名；有放射诊疗设备32台，取得许可29台，取得职业病危害预评价批复3台。

【项目建设】 2022年，县医院整体迁建项目完成投资1.3亿元，完成主体结构封顶，进入装修阶段；建设东厦镇卫生院竹塔分院，概算投资801.9万元，总建筑面积2221.36平方米，已竣工；建设下河中心卫生院医技楼，概算投资500万元，总建筑面积1532平方米，已竣工。

【队伍建设】 2022年，事业单位公开招聘卫生人才82人，其中编内48人、编外34人；通过福建省省级“三支一扶”招募“三支一扶”支医岗位5人；定向委培招生22人，其中定向乡镇卫生院高职高专层次医学人才12人，定向县级医院本科层次医学人才10人；做好2022年毕业定向委培生24人的就业安置工作；新设立8家名医工作室，分别为：云霄县医院设立福建省立医院刘佳华名医工作室、福建省立医院方主亭名医工作室、福建医科大学附属协和医学黄昌明名医工作室，云霄县中医院设立厦门仙岳医院王文强名医工作室，云霄县妇幼保健院设立漳州市医院杨舒萍名医工作室、福建省妇幼保健院郑祥钦名医工作室、葛品名医工作室、郑备红名医工作室。截至2022年度，全县已共设立20家名医工作室。

【人口监测与家庭发展】 2022年统计年，共上报当年出生2943人，出生率6.45‰，其中政策内出生2891人，政策符合率98.23%，出生性别男1608人，女1335人，出生性别比为120.4（以女性为100）。初婚1255对，初婚率2.75‰。全县共兑现农村奖扶1470人，奖扶金201.48万元；城镇奖扶950人，奖扶金116.28万元；原农村独女贡献奖347人，奖励金12.49万元；农村二女扎奖励7029人，奖励金253.04万元；新农合补助14132人，补助资金508.75万元；农居保补助9390人，补助资金28.17万元；计生低保户290户低保金增长10%，增发25.66万元；慰问计生特殊家庭77户（含伤残家庭），慰问金额9.24万元；发放特别扶助对象124人，特扶金171.53万元；护理费补助1人，每年护理费补助0.6万元；特扶家庭继续落实公交车乘车补助、意外伤害保险、免费体检、参加新型养老保险等相关补助制度。各乡镇（开发区）全县婴幼儿照护服务机构在市场监管部门注册登记75家，托位3573个，千人均托位7.8个。申请备案28家，通过备案4家，托位473个。建成1所省级具有示范效应的普惠婴幼儿照护服务机构（云霄县爱瑷托育园），并通过省、市验收。

【老龄健康及养老服务】 云霄县医院、中医院和9家乡镇卫生院2022年被省卫生健康委评为“老年友善医疗机构”。医养结合机构云霄庆泰老年病医院更名为云霄颐康老年病医院。按照五星级养老服务中心标准提升改造东厦镇敬老院，于11月完工并投入使用。县政府购买的居家养老服务惠及云霄县11500名老人（其中5600人享受居家养老线下服务）。建设长者食堂6所（云陵镇塘坪社区、陈岱镇礁美村、和平乡径仔村、列屿镇人家村、下河乡仙石村、开发区马山村），拓展互助养老服务功能，设置老年人助餐点，为周边老年人提供就餐、配送餐服务。全县79371人享受社会保险养老金。其中，机关事业单位养老保险4346人，社会劳动养老保险13180人，城乡居民养老保险61845人。发放80—99周岁无工资性收入的老人高龄补贴和百岁老人营养补贴686.59万元。

【新冠疫情防控】 2022年底，根据国家、省市疫情防控优化措施，围绕“保健康、防重症”目标，重点抓好重症床位建设、发热门诊（诊室）建设和急救设备配备，实现平稳转段。

【县医院医共体】 2022年4月，县医院被国家卫健委纳入“千县工程”医院名单。推进“千名医师下基层”的工作，选派医疗骨干在管理、技术、学科建设等方面对医共体成员单位乡镇卫生院的医生进行传帮带，累计下乡50人次，诊疗

368人次。落实双向转诊机制，建立转诊、会诊的“绿色通道”，全年向上转诊498例，向下转诊64例；开展医学检查检验结果互认，全年上传互认检查结果46303例、检验结果190555例。8月获呼吸与危重症医学科（PCCM）规范化建设认证。实施按疾病诊断相关分组（DRG）收付费管理，推进“药价保”集成改革；9月22日，省立医院与县医院签订帮扶协议，授予“省立医院合作帮扶”牌匾；9月通过福建省全科医学培训中心实地评审，12月获培训基地单位授牌。2022年县医院14名医师获漳州市2022年第一批市级高层次D类人才。2022年选派出医护骨干近130人次，奔赴泉州、厦门、漳州、福州及海南等地支援核酸采样、检测工作。

【中医院医共体】 2022年3月云霄县中医院晋升为三级中医医院；5月26日，云霄县中医院医共体医院被福建省卫生健康委员会被列为2022年度共享中药房及中药配送服务建设试点项目，构筑县、镇与乡村之间上下联动的中医药便民服务网络体系；2022年云霄县中医院中药资源普查队发现的福建省植物新种“漳州越橘 *Vaccinium zhangzhouense*”，在北京冬奥会和冬残奥会期间进行为期两个月的展示。“漳州越橘”是国家中药资源中心在全国遴选出的12份新物种标本中，福建省唯一一个被选中的新物种；中医院儿科于2022年9月获批第三届漳州市中医重点专科建设项目。

【疾病预防控制】 云霄县法定甲乙丙类传染病共发病2864例，总发病率为695.89/10万；死亡2例（艾滋病2例），死亡率0.49/10万；其中甲乙类传染病1087例，总发病率为264.12/10万；丙类传染病1777例，总发病率为431.77/10万。2021年至2022年底甲类传染病无病例报告；乙类传染病具体分布情况为病毒性肝炎423例、梅毒323例、肺结核162例、新型冠状病毒感染120例、淋病25例、百日咳14例、猩红热8例、艾滋病6例、伤寒+副伤寒3例、出血热2例、布病1例；丙类传染病具体分布情况为其他感染性腹泻病811例、手足口病705例、流行性感冒243例、流行性腮腺炎16例、斑疹伤寒1例、急性出血性结膜炎1例；全县适龄儿童免疫规划11种疫苗接种率具体分布：乙肝99.58%，卡介苗99.65%，脊灰97.86%，百白破98.49%，含麻类97.38%，A群流脑98.71%，A+C群流脑96.07%，乙脑97.48%，甲肝96.91%，白破92.31%。

妇幼保健

【妇幼健康公共卫生服务】 2022年，免费产前筛查全县任务数700人，完成759人，完成率为108.43%；全县新增叶酸服用人数达2774人，任务完成率308.22%，新增叶酸服用依从率达86.16%，叶酸知识调查知晓率达100%；地中海贫血防控项目2022年任务数650对，完成采血655对，完成率100.77%；全县初婚登记为1381对，婚检人数为479对，婚检率为34.69%。通过婚前医学检查，婚检检出疾病率11.54%，检出疾病总人数110人（其中男性40人、女性70人）；孕前优生检测项目任务数1400人，完成人数1247人，完成率89.07%。孕产妇免费艾滋病检测2934人，其中发现艾滋病抗体阳性1人，孕中期终止妊娠；梅毒检测2934人，检出梅毒感染孕妇8人；乙肝表面抗原检测2934人，检出乙肝表面抗原阳性193人；全县活产数2789人，代谢性疾病筛查采血数2747人，筛查率98.49%，先心筛查数2726人，筛查率97.74%。

【妇幼保健管理】 2022年，全县产妇总数2995人，系统管理2877人，管理率95.3%。孕妇建卡2877人，建卡率96.06%；产前检查2928人，产前检查率96.99%。全县住院分娩活产数3019人，住院分娩率100%。高危孕产妇筛查数1517人，高危产妇管理1517人，高危产妇占总产妇50.56%，管理率100%，高危住院分娩100%。产后访视2925人，访视率96.89%。全县7岁以下儿童37953人，其中5岁以下25113人，3岁以下14050人；7岁以下儿童体检数36913人，儿保健康管理率达97.26%，3岁以下儿童系统管理数13574人，管理率96.61%；5岁以下儿童死亡数9人，婴儿死亡数6人，死亡率分别为2.98‰和1.99‰；满6个月母乳喂养率82.77%；5岁以下低体重发生率1%；贫血患病率5.28%。2022年全县新生儿管理情况：新生儿访视率为96.16%。开展托儿所及幼儿园工作人员及儿童进行健康体检，共体检在园儿童17309人、幼教与保育人员健康体检1241人（合格发证1236人）、入园入托前健康体检3452人。

【医疗服务工作】 2022年，云霄县妇幼保健院住院分娩人数1575人，活产数1585人。全年门诊诊疗193216人次，比上年上升0.48%，住院2681人次，比上年下降6.13%，医院总业务收入为3586.97万元，比上年下降0.67%。2022年云霄县妇幼保健院完成中医馆建设项目。云霄县妇幼保健院患者满意度调查在全市二级及以上公立医院排名第二。

（张婷婷）

体育

【竞技体育】 2022年，云霄县共组织280多名运动员参加漳州市第十四届运动会跆拳道、武术散打、篮球甲组、篮球乙组、足球甲组、足球乙组、田径、乒乓球、羽毛球、游泳、三人制篮球等11个比赛项目，取得15枚金牌、27枚银牌、41枚铜牌的成绩，总分1085分；组队参加全市全民健身广场舞比赛，取得全市第二名的成绩；漳州市云霄县皮划赛艇基地参加2022年福建省第十七届运动会，获得皮划赛艇项目金牌1枚、银牌3枚、铜牌3枚，并向省队输送2名运动员。

【群众体育】 2022年，县文化体育和旅游局推进全民健身与全民健康深度融合，举办“福建省全民健身运动会之云霄赛事”8场；年内新成立云霄县越野跑协会；顺利实施为民办实事项目，深入贯彻实施《全民健身计划》，加快城乡社区公共体育基础设施建设，采购一批体育健身室外器材，并安装在各乡镇健身点，满足群众健身活动需求，云霄县社区场地设施健身路径实现全覆盖。

【体育场馆建设】 2022年8月，云霄县足球训练中心（一期）项目已通过竣工验收并投入使用；体育微乐园南湖生态园建设面积800平方米，将军山公园体育微乐园430平方米，总投资额40多万元，该项目在遵循儿童友好优先的原则上，以儿童需求为导向，以原地形地貌为依托，营造色彩斑斓的童真世界，为儿童玩乐、亲子活动提供优良的环境。

（江奇）

社会民生

人力资源

【专业技术人员管理】 2022年，云霄县人力资源和社会保障局做好监督和指导各系列的职称评审工作，对全县各系列送评的材料进行查阅预审，使职称评审工作规范、有序进行；做好事业单位岗位设置方案核准和人员聘用备案工作；做好工勤人员技术等级考试（免试）资格审核工作，及时完成上级下达的任务。根据漳州市人力资源和社会保障局下放中级职称评审权限到县级精神，组建云霄县中小学幼儿园教师中级职务评审委员会，服务于全县中小学幼儿园教师中级评审工作。是年，现场审核机关事业单位工勤人员技术等级考试报名98人；职称评审审核844人，其中初级422人、中级326人、高级96（其中正高级15人）；职称聘任中高级职称328人，其中高级78人。

【录用调配管理】 招聘工作：2022年全县公开招聘事业单位工作人员171名，其中教育系统65名（包括人才引进研究生8名），卫生医疗系统招聘65名（包括2021年春季专项招聘急需紧缺人才1名，2022年毕业定向委培大专17名），其他事业单位招聘41名；专项招聘急需紧缺人才4名（研究生2名、本科生2名）；定向乡镇卫生院培养高职高专人才12名，定向县级医院本科层次招生10人。大中专毕业生服务基层工作：是年招募的19名“三支一扶”大学生，9月23日派遣到基层工作；做好全县在岗35名“三支一扶”日常管理和服务工作（包括每月工资的发放、协议的办理、考核等工作）；“服务社区计划”高校毕业生招募7名，已到各个社区服务。联合组织部制定事业单位管理岗位职务职级晋升方案。晋升十级管理岗位工作人员到九级管理岗位九级职员23名，人均月增资额631元。做好事业单位干部职工日常管理工作，考核任免股级职务45人；办理干部职工调动68名；转正见习期满人员85名（不包括教育系统）。高层次人才的申报审核：认定市级高层次现有人才D类42人，6人申报当中；认定市级高层次现有人才E类4人；申报省级高层次现有人才B类1人、C类2人；新增主导产业33个，审核当中；新增人才审核入库413人。编外人员管理：通过摸底，向县政府提供有效可行的编外人员管理方案建议，为云霄县编外人员管理规范提供依据。

【工资福利管理】 2022年，云霄县人力资源和社会保障局根据年度考核结果审核发放2021年机关及参公单位工勤人员年终一次性奖金；事业单位工作人员2021年考核合格以上晋升薪级工资6478人，月增资576542元，人均89元。根据省、市文件审批发放事业单位工作人员基础绩效奖金。组织实施机关、事业单位工作人员退休政策，对79名达到退休年龄人员办理退休手续，并对全县符合退休条件的人员进行在职基金核减和退休基金核增。办理正常工作调动、考录人员工资转移手续342人；办理转正定级、学历变更工资手续203人；办理晋升职务、工人等级晋升工资手续18人；办理乡镇补贴、教龄、特岗津贴及其他津补贴调整变动手续413人；办理受处分人员的工资核减手续；办理职称聘任手续1622人。核准机关事业单位工作人员及离退休人员病故后的遗属抚恤和生活补助37人，调整全县退职人员基本养老金和遗属生活补助标准。办理全县机关、事业单位工作解除聘用合同11人。

【人才服务】 2022年，云霄县人力资源和社会保障局扎实做好人事人才公共服务工作，重点做好大中专毕业生档案管理、毕业登记等业务工作。截至2022年12月，档案在库总量18126份，完成扫描8659份；做好流动人员档案寄递服务，确保相关人员档案及时流转。

【退休干部管理】 2022年，云霄县人力资源和社会保障局稳妥实施退休政策，强化日常工作管理。围绕“六个老有”和落实“两个待遇”这条主线，做好退管工作。继续加强基层退管队伍建设，抓好市退教协、县老年活动站等退管联系点建设，夯实工作基础，畅通全县各系统退管工作联系渠道；严格执行机关事业单位工作人员退休规定，年初列出达龄退休人员名单，提前1个月发通知，当月办退，第二个月发放退休金，是年办理机关事业单位工勤人员和机关事业工作人员达龄退休人员91名；组织慰问，开展2022年春节慰问退休人员活动，并送去慰问金。

（方伯尧）

劳动就业

【就业和再就业】 截至2022年12月，云霄县城镇新增就业人数1453人，完成计划数的181.63%；失业再就业人数361人，完成计划数的171.90%；就业困难人员再就业人数272人，完成计划数的111.02%。是年，漳州市人力资源和社会保障局分解下达云霄县就业补助专项资金430万元，用于公益性岗位补贴、见习人员补贴、一次性稳就业奖补等就业专项支出396.54万元；上级失业保险金补助收入825.17万元，全部按规定用于失业保险金发放、失业保险稳岗返还，失业保险扩大支出范围等；专账资金技能提升上年结余62.74万元，上级补助收入15万元，农村转移劳动力培训支出55.70万元；见证补贴支出12.52万元。

【职业培训】 2022年，云霄县人力资源和社会保障局根据《福建省就业工作领导小组办公室关于过渡期职业技能培训有关工作的通知》（闽就工办〔2022〕2号）精神，持续落实技能提升培训工作。截至2022年12月底，累计职业技能培训2653人，其中农村转移劳动者992人。通过“授人以渔”，切实解决特殊群体的就业问题，也更好地服务全县发展大局。

（方伯尧）

社会保障

【概况】 2022年，云霄县人力资源和社会保障局进一步完善社会保障体系建设，坚持一手抓扩面，一手抓管理，基本实现社会保障城乡全覆盖，初步形成适应市场经济体制的多层次的社会保障体系框架。

【城乡居民养老保险】 截至2022年12月底，云霄县城居保参保人员19.5744万人，城居保养老金领取人员6.1845万人。截至2022年12月底，城居保基金收入9993.43万元，基金支出9206.64万元，基金累计结余29471.94万元，个人账户累计结余27832.92万元。截至2022年12月底，应纳入被征地养老保障人员15人，实际发放被征地养老保障金人员15人，历年发放被征地养老保障金计18.9733万元，项目征收耕地历年累计8477.4963亩，预留社会保障资金历年累计预留11825.3783万元。

【企业社保】 2022年，云霄县人力资源和社会保障局巩固养老金100%社会化发放成果，确保全县企业离退休人员按时足额领取基本养老金。截至2022年12月底，全县离退休人员12935人，月人均养老金2305元。加强与税务部门协调与配合、共同完善养老保险统筹机制，建立健全养老保险业务管理制度，积极配合税务部门做好疫情防控期间社会保险缓缴费工作，截至2022年12月底，全县养老保险参保单位1976户，在职参保职工56021人，征收养老保险费20878.56万元，养老保险待遇拨付27142.91万元。推进退休人员社会化管理服务工作，推进国有企业退休人员社会化管理工作，完善社会化管理服务工作的具体实施，实现退休人员移交工作平稳过渡。做好工伤保险工作，完善工作程序，规范审批手续和支付项目，保证基金的专款专用，截至2022年12月底，全县各类企业、事业、行政单位纳入工伤保险人数44048人，征收工伤保险基金1001.21万元，工伤保险待遇拨付1017.88万元。协助县政府、财政局做好无力参保的县级以上集体所有制企业退休人员老年生活保障金领取资格审核工作，协助相关部门做好项目的代发放工作，做到按月足额及时发放，保障参保人员的权益，截至2022年12月底，发放云霄县符合无力参保退休人员的生活保障金827人，支付543.13万元 。积极开展参保扩面工作，云霄县人力资源和社会保障局社会劳动保险中心通过召开工作会议、走访乡镇、印发社会保险参保宣传单3万余份、微信短信转发宣传等多方式、多渠道进行全面宣传精准扩面工作，下达给各乡镇扩面参保任务数近6100人，截至2022年12月底，云霄县2022年企业职工养老保险参保扩面工作取得阶段性成效。开展社会保险基金管理风险排查工作，对养老保险待遇审核、发放、资格认证等管理情况，与待遇发放相关的信息系统和社保卡管理情况，稽核内控、基金监督工作情况进行自查排查，截至2022年12月底，全县有一人冒领养老金未追回，未追回金额18070.5元；处理达到退休年龄满一年以上未享受养老保险待遇人员47名，计703745.87元；处理死亡一年以上未清退个人账户54户，计155667.11元。加强与退役军人事务局联动，探索创新服务工作机制，提高服务质量，做好涉及退伍军人的社保关系转移工作。

【工伤认定】 截至2022年12月底，计收到工伤材料齐全并受理件数161起。

【机关社保工作】 截至2022年12月底，云霄县纳入机关事业单位养老保险参保单位181家，参保缴费人数8088人，通过税务部门计征缴养老保险费和职业年金13475万元。

【劳动与社会保障监察】 2022年，云霄县人力资源和社会保障局劳动保障监察大队加大劳动监察执法力度，维护劳动者合法权益。受整体经济环境影响，截至2022年12月底，收到投诉、举报案件及欠薪反映的电话及来访登记163起、人社部平台161起、福建省移动监察平台19起、“12345”平台885起、到现场投诉29起，计1257起（含重复投诉），正在办理5起。积极开展劳动用工执法检查，截至2022年12月底，日常巡查中主动检查各类用人单位108户，涉及劳动者8685人；开展劳动用工执法检查专项行动6次，涉及职工8685人，审查用人单位报送书面材料13户，涉及职工697人；深入社区、乡镇企业宣传劳动保障法律、法规，举办普法宣传咨询，增强用人单位依法规范劳动用工及职工维权的意识，建立和谐劳动关系。依法确保劳动者权益，制定实施欠薪应急保障金实施办法，设立财政专户，存入欠薪应急保障金100万元；制定建设领域农民工工资保证金制度，及时办理缴交施工企业的保证金确认及退还，是年，云霄县农民工工资保证金存量15户2845万元（其中现金626万元、保函2219万元）。开展薪酬调查55户次。

（方伯尧）

医疗保障

【概况】 2022年，云霄县（含常山）城镇职工基本医疗保险参保人数4.32万人，城镇职工医疗保险基金收入16853万元，支出18867万元；云霄县（含常山）城乡居民基本医疗保险参保人数37.25万人，人均筹资标准980元（中央、省、市、县四级财政配套650元，个人缴纳330元），城乡居民医保基金收入36309万元。

【总额预算管理】 2022年，云霄县纳入医保基金总额预算管理的定点医疗机构有13家，其中公立11家、民营2家。是年，城镇职工医保基金支出4737.8万元，全年指标5599.3万元，基金节支率15.39%；居民医保基金支出4737.8万元，全年指标5599.3万元，基金节支率2.03%。城镇职工医保基金支出全年序时进度为84.61%，基金支出同比下降17.6%，较2021年同比下降的有12家医疗机构，其中下降幅度达15%以上的有10家；13家总控医疗机构城乡居民医保基金支出全年序时进度为97.97%，基金支出同比下降14.8%，较2021年同比下降的有12家医疗机构，其中下降幅度达5%以上的有10家。总体基金支出均未超序时进度，基金支出总体呈现下降趋势，有7家总控医疗机构的序时进度指标和同比指标同时达到总控要求，两项指标均超标情况未出现。

【落实医疗救助制度】 2022年，云霄医疗保障局完成对医疗救助对象计30615人进行医疗救助身份标识，实现困难群众100%参保；实现医疗救助“一站式”即时结算服务，未直接结算的及时手工受理，通过医疗救助手工受理累计救助46人，救助金额104259.09元。构建“基本医保、大病保险、医疗救助”三重医疗保障体系，全县建档立卡贫困对象，第一道精准扶贫补助2735人，总补偿额为63.35万元；第二道精准扶贫补助606人，补助167.27万元。

【开展稽核检查】 2022年，云霄医疗保障局检查辖区内定点医药机构92家，现场检查率100%。主动申请解除定点零售药店医保协议3家，不配合年度检验不再续签定点零售药店医保协议1家，追回违规或违约金额993.81万元。加强协议履约管理，开展定点医药机构全覆盖检查，杜绝医保定点零售药店的违规行为，专项检查74家定点零售药店，处理5家药店，追回医保基金2060.1元；利用“医保智能审核监控系统”“医保远程监控系统”，开展疑点筛查，提高监管效能，对18家定点医疗机构进行智能审核，追回医保基金计20.9万元。

【医保支付方式改革】 2022年，云霄医疗保障局积极推进住院医疗费用按病种分值付费为主的多元复合式医保支付方式改革政策，报送包括县医保经办机构、卫健局、医疗机构在内的9名人员纳入市病案、信息管理、临床等领域DIP改革专家库，有14家定点医疗机构纳入DIP付费管理试点工作。

【公共服务能力建设】 2022年，云霄医疗保障局推行“综合柜员制”标准化服务窗口，实现医保业务通收通办，全面常态化落实“好差评”工作机制，实现医保窗口服务评价器“一事一评”，全年总评价件数6239件，好评率达到100%。坚持服务事项“零积压”“零差错”的医保服务理念，新单位参保登记从平均用时0.08小时缩短至0.01小时，提升企业办事的体验感和满意度。构建市县乡村四级医保经办服务体系，推动医保经办便民服务下沉乡镇（开发区）、村（社区），辖区内乡镇（开发区）便民服务中心实现提供17项医保便民服务，村（社区）级提供2项医保便民服务，明确分管领导，医保服务专兼职工作人员218名。

（许素芬、陈宇龙）

民政工作

【低保动态管理】 2022年，云霄县民政局加强低保动态管理。是年，云霄县城乡低保标准为家庭人均收入9780元，城市低保人均补助水平453元／月，农村低保人均补助水平380元／月。截至2022年底，全县城乡低保6757户10919人，特困供养对象942人（其中建档立卡对象纳入农村低保2931人、特困供养114人），计发放城乡低保金4931.7954万元、高龄补贴90.6万元、特困供养金1455.9015万元。开展低保边缘家庭认定，认定低保边缘家庭943人。7月，为全县城乡低保对象、特困供养人员发放一次性生活补贴每人150元，计169.665万元。7—10月，发放临时价格补贴139.848万元。

【“救急难”工作】 2022年，云霄县民政局及时高效实施“救急难”工作。先后4次下拨乡镇临时救助备用金235.88万元，用于对受疫情影响和因突发性、紧迫性问题导致基本生活陷入困境的困难群众及时实施急难救助，计发放急难救助资金730.923万元，救助困难家庭3665人次。

【儿童福利保障工作】 2022年，云霄县民政局持续做好孤儿及事实无人抚养儿童保障工作。全县有农村留守儿童97人、孤儿15人、事实无人抚养儿童165人。是年，计发放孤儿及事实无人抚养儿童基本生活保障金281.5万元，发放孤儿助学金5.75万元。

【残疾人“两项补贴”】 2022年，云霄县民政局持续做好残疾人“两项补贴”发放工作。截至2022年底，全县领取困难残疾人生活补助金6396人、护理补助金6122人，计发放残疾人“两项补贴”资金1713.315万元。

【流浪乞讨救助管理工作】 2022年，云霄县民政局重视流浪乞讨救助管理工作。1—12月，流浪乞讨救助支出22.81万元，救助人数计49人，送治4人，跨省护送3人，联系亲属接回5人；支出方便面47盒、矿泉水56瓶、棉衣13件、棉裤3件、棉被26床、夏装2套、寒冬送温暖食盒19份。

【殡葬改革】 2022年，云霄县民政局巩固殡葬改革成果，在云陵镇、莆美镇开展“集中治丧”、文明治丧行动基础上，从8月24日起，扩大“集中治丧”区域范围，“集中治丧”区域范围扩大到云霄经济开发区8个行政村。巩固县民政局、公安局、卫健局“三合一”便民服务窗口，提升服务质量。清明节期间，因疫情影响，县殡仪馆、石龙山公墓、陈岱镇公益性骨灰堂等殡葬服务机构暂停现场祭扫服务，由殡葬服务机构开展免费统一代祭扫服务，倡导网络祭扫。

【公益性骨灰楼堂建设】 2022年，云霄县民政局持续推进马铺乡、火田镇、莆美镇、东厦镇等四个乡镇公益性骨灰楼堂建设。截至2022年底，马铺乡骨灰楼建设项目竣工，总建筑面积1964.93平方米；火田镇公益性骨灰楼建设项目，完成项目用地审批，进入初设预算等工作；莆美镇骨灰堂建设项目，完成征地，进入初设预算，可行性研究报告阶段等工作；东厦镇公益性骨灰堂项目建设用地正进行调整纳入村庄规划，进入初设预算，可行性研究报告阶段。

【公益性生命公园建设】 2022年，云霄县民政局探索推进公益性生命公园建设。根据漳州市人民政府《关于印发漳州市公益性生命公园建设实施意见的通知》（漳政综规〔2022〕5号）精神，火田镇后埔村作为市级试点村，建设村级公益性生命公园村，规划用地面积5亩，9月开工建设，12月建成。

【社会组织登记管理】 2022年，云霄县民政局做好社会组织的登记、年报、管理工作，进一步培育发展和规范管理社会组织。是年，全县社会团体登记注册9家、变更项目8家、注销登记1家；民办非企业单位成立注册登记2家、变更项目6家、注销登记5家。至12月底，全县有社会组织314家，其中社会团体161家、民办非企业单位152家、基金会1家。社会组织年报首次实行通过登录福建省网上办事大厅进行网上填报、审核和网上公开，是年完成年报246家。其中，社会团体106家、民办非企业单位137家、慈善组织2家、基金会1家。组织开展“双随机”检查工作，通过县民政局网站及时公布社会组织登记、变更、注销、年检等相关信息，设立行业协会商会违规涉企收费举报电话，加强民间社会组织的监督管理。

【社会工作和志愿者服务】 2022年，云霄县民政局不断促进社会工作和志愿者服务事业发展，根据《对获得社会工作者职业资格证书人员给予奖励的实施方案》，发放获得社会工作者职业资格证书人员奖励金，奖励65名，奖金21.6万元。建立健全社会工作人才激励机制，积极动员全县民政系统工作人员、社会组织、村（社区）及各部门人员参加全国社会工作者职业水平考试。发展社会服务机构，成立登记社工机构1家。培育扶持社工机构，通过招标方式购买社会工作服务项目，落实社会工作服务项目1个。在全县建设9个社会工作服务站，配备22名社会工作者。大力推动乡（镇）、村（社区）开展志愿服务活动，做好志愿者注册、社会团体开展志愿服务网上审核工作，通过召开会议、微信宣传、宣传栏等多形式宣传志愿服务工作，在全县营造志愿服务的良好氛围。

【婚姻登记】 2022年，云霄县民政局办理婚姻登记相关业务3679条。其中，国内结婚1905对，涉外结婚14对，补发结婚证339对；国内离婚586对，涉外离婚1对，补办离婚证48本；离婚申请786对。

【区划地名管理】 2022年，云霄县民政局根据上级民政部门部署，对尚未审核的非行政区域、交通运输设施、水利电力通信设施、纪念地旅游景点、建筑物等五大类地名和单位名称进行审核，进一步完善全国地名信息管理系统信息，计完成3148条信息的审核，100%完成全县数据审核工作任务。根据国务院《地名管理条例》《福建省地名管理办法》规定，是年，新命名住宅区5处，即依山映月、金园华祥、英济仁和、西湖佳苑、云玺。

【基层政权与社区建设】 2022年，云霄县民政局不断加强基层政权与社区建设。加强社区人才队伍建设；在2021年全面完成村（居）民委员会换届选举的基础上，加强村（居）务监督委员会建设，进一步完善村级配套组织建设，推动村（社区）设立公共卫生委员会、妇女和儿童工作委员会；社区设立环境和物业管理委员会。完善村（居）民会议、代表会议制度，村（居）务公开制度，并推动各村（居）将村（居）民会议、代表会议研究事项、公开内容录入全国基层政权建设和社区治理信息系统。

【“平安边界”创建活动】 2022年，云霄县民政局开展“平安边界”创建活动工作，出台《关于开展“平安边界”建设活动的通知》，各乡镇（开发区）将“平安边界”建设列入重要议程，加强县级乡级行政区域界线、界桩管理，加大宣传力度，引导边界地区干部群众进一步强化法治观念，不断提高其对界线联检和平安边界建设的知晓率、参与率、满意度。是年，县乡级行政区域界线平稳安全，县乡边界和谐安定稳定。

（方　锶、朱镇荣、方美云）

老区工作

【革命“五老”优待工作】 2022年，云霄县民政局、老区办及时足额发放革命“五老”人员及遗孀的生活补助。从2022年8月1日起，调整福建省革命“五老”人员定期生活补助标准，在现行每人每月定期生活补助标准基础增加150元，调整后云霄县革命“五老”人员定期生活补助标准为每人每月1950元。革命“五老”人员遗偶的生活补助按每人每月250元发放。截至2022年12月底，全县有革命“五老”人员16人，“五老”遗偶36人，全年发放生活补助55.2万元。全面落实革命“五老”医疗补助政策，开展三次医疗补助，全年有3人次革命“五老”人员得到医疗费补助，计补助金额20541元，确保革命“五老”人员病有所医。春节、重阳节期间，组织开展走访慰问革命“五老”人员及遗偶，为革命“五老”人员及遗偶发放慰问金和慰问品价值8.92万元。

【老区项目建设】 2022年，省、市、县不断加大对老区村扶贫发展扶持力度。是年，省老区办下达云霄县老区专项扶贫发展资金40万元，经审核确定扶建项目4个，补助款项全部拨付到项目实施单位，均已完工。市老区办下达云霄县市级老区专项扶贫发展资金55万元，市级老区生产发展资金扶持马铺乡青美村绿美家庭农场百香果种植基地提升项目15万元、火田镇岳坑村菜脯家庭农场种植基地提升项目15万元、马铺乡峰头村丰达园生态养殖基地提升改造项目10万元、和平乡正方蔬菜初级加工项目15万元，项目都已完成施工建设。进一步修缮保护好革命遗址，是年向上争取革命遗址保护利用专项资金30万元，用于补助修缮下河乡仙石村云和诏第四区乌山革命斗争纪念馆30万元，补助款项拨付到项目实施单位，项目已完工，正在完善布展。进一步加强老区非文物革命遗址核对，根据2021年度普查结果，对云霄县革命老区非文物遗址画册内容进行认真核对及核实。加强政策宣传，引导动员云霄县社会组织广泛参与老区村乡村振兴，从传承红色基因、发展特色产业、抓好教育扶贫等方面开展交流对接，实现老区村全面振兴发展。是年，全县有14个社会组织与16个老区村实现牵手结对，在发展农村电商、种植技术培训、红色文化旅游、发展公益事业等方面，取得一定成效。

（方 锶）

移民安置

【概况】 云霄县大中型水库移民总人数29391人。2022年，省局核定享受直补移民14309人，登记到村项目扶持移民15082人，移民总人数、直补人数均排全漳州市第一位。移民分布全县11个乡镇（开发区），涉及46个行政村（包括省局指定托管的常山开发区深垅移民自然村）。

【移民后期扶持】 2022年，省水利厅批复云霄县库区移民后期扶持项目38个，下达移民资金4103.46万元（其中直补到人资金862.5万元，项目扶持资金3240.96万元）。云霄县库区移民开发中心着力推进项目实施进度，通过每月向各乡镇通报项目推进情况、直接向施工单位发送督办函等方式推进项目进度，要求所有的库区移民项目从设计、预算、招投标到实施、监理、竣工验收等全部由项目所在乡镇、村负责，库区移民开发中心负责督促、指导、服务，把好资金投向不越范围，项目实施内容不走样，全力推进项目开工、实施、验收，提高后期扶持资金使用效率，尽快完成资金拨付，投入使用，造福移民群众。

【资产型生产开发项目建设】 2022年，云霄县库区移民开发中心按照县委县政府“产业发展项目建设攻坚年”活动部署，服从“突出工业、突破工业”“大抓项目、抓大项目”大局，大力推进云霄县库区移民创业园有限公司做强做大。是年，创业园一期工程全部完工，1号、2号车间14层约18600平方米以及综合楼（员工宿舍及办公楼集合体）投入使用，经公开竞价招租为乐电气有限公司、鑫山航机械有限公司、沁之韵茶业有限公司、鑫熠密封件科技有限公司4家企业入驻。

（谢 熙）

老龄工作

【概况】 2022年，云霄县79371人享受社会保险养老金。其中，机关事业单位养老保险4346人，社会劳动养老保险13180人，城乡居民养老保险61845人。是年，云霄县医院、中医院和9家乡镇卫生院被省卫生健康委评为“老年友善医疗机构”；医养结合机构云霄庆泰老年病医院更名为云霄颐康老年病医院。

【养老服务中心建设】 2022年，云霄县民政局、老龄委继续推进区域性养老服务中心建设。东厦镇敬老院按照五星级养老服务中心标准进行提升改造，建设成既能集中供养城乡特困老年人，又能为经济困难的高龄、失能老年人以及其他社会老年人提供生活照料、康复保健、文体娱乐、助餐助急、精神慰藉等服务的，集机构、居家、社区养老服务功能于一体的区域性养老服务中心，该项目于11月完工并投入使用。

【居家养老服务】 2022年，云霄县民政局、老龄委全面推进居家养老服务工作，满足居家老年人多样化、多层次、个性化的养老需求，拟投入750万元为云霄县符合条件的老人购买居家养老专业化服务。截至2022年12月，政府购买的居家养老服务共惠及全县11500名老人（其中5600人享受居家养老线下服务）。

【长者食堂项目建设】 2022年，云霄县民政局、老龄委积极推进长者食堂项目建设，更好为全县居家老年人提供助餐服务。是年，云霄县建设长者食堂6所，为云陵镇塘坪社区长者食堂、陈岱镇礁美村长者食堂、和平乡径仔村长者食堂、列屿镇人家村长者食堂、下河乡仙石村长者食堂、开发区马山村长者食堂，拓展互助养老服务功能，设置老年人助餐点，为周边老年人提供就餐、配送餐服务。

【高龄老人优待工作】 2022年，云霄县民政局、老龄委全面落实高龄老人优待工作。继续发放80—99周岁无工资性收入的老人高龄补贴和百岁老人营养补贴，计发放高龄补贴、营养补贴686.59万元；重阳节期间走访慰问45名百岁老人并发放慰问金14.4万元。

民族事务

【少数民族工作】 2022年6月9日，召开云霄县委民族工作会议暨全县宗教工作会议，聚焦“铸牢中华民族共同体意识”主线和“中华一家亲”主题，坚持中华民族一家亲理念，树立“共同团结奋斗，共同繁荣发展”意识，不断增进各民族对中华民族的自觉认同，深化各民族交往交流交融，构建中华民族共有的精神家园，推动全县民族事业繁荣发展和各民族团结进步，把云霄建设成为开展民族团结进步的重要窗口。

【少数民族村建设】 2022年，云霄县下河乡坡兜畲族村全力打造乡村振兴发展样板，推进巩固拓展脱贫攻坚成果同少数民族乡村振兴有效衔接。坡兜畲族村各项建设既突出民族特色、融入民族元素，又让民族文化与产业可持续发展，实现小畲村大蜕变，村寨人居环境焕然一新、产业发展更加多元、群众生活丰富多彩。是年，成功举办畲族“六个一”（谱一曲畲歌、演一出畲戏、建一支畲舞队、编一部畲族故事集、学一套畲语、办一场摄影展）活动，坡兜畲族村获评福建省民族团结进步重点单位。

（郑海珠）

宗教事务

【宗教工作会议与宗教中国化工作】 2022年3月17日，召开全县宗教工作联席会议，总结部署全县宗教工作。坚持宗教中国化工作方向，教育、引导宗教界人士和广大信众爱国爱教，自觉遵守法律法规和教规教义，确保全县宗教领域安全稳定。

【宗教民间信仰工作】 2022年，云霄县统战部、民宗局开展抵御境外基督教渗透专项行动，努力维护全县基督教领域安定稳定的良好局面；开展宗教界“崇俭戒奢”教育活动，确保全县宗教领域不出现商业化、贪大求奢、借教敛财、铺张浪费等现象或行为，维护全县宗教界良好形象。

（郑海珠）

云霄县关心下一代工作委员会

【思想教育】 2022年，云霄县关心下一代工作委员会（简称云霄县关工委）以教育系统关工委为抓手，组织中小学生参观乌山革命历史纪念馆等红色教育基地；组织各中小学开展认真学习宣传贯彻党的二十大精神、“大手牵小手，永远跟党走”青少年演讲比赛暨“党史学习月”活动，订阅“新时代的好少年，红心向党”读本，举办“讲好云霄红色故事”主题征文比赛、演讲朗诵、知识测评等活动；推动红色文化进校园、进课堂、进家庭。组织不离校报告团围绕“红心向党”“扣好人生的第一粒扣子”“大手拉小手”等主题内容入校巡回报告。2022年各级宣讲员深入校园开展传承红色基因主题教育宣讲38场；举办各类党史征文、唱红歌颂党恩、童心向党绘画比赛、讲红色故事、参观红色教育基地等活动46场；开展传统节日活动60余场。莆美镇关工委组织文史人员编印祖训家风家规，在阳下历史文化建筑——古祠堂群建立青少年传统教育基地，全年接受基地传统文化教育的学生达2000人次。

【法治教育】 2022年，云霄县关工委会同政法系统的公安局、检察院、法院等部门到云霄将军山学校、云霄实验中学、元光中学等学校开展以“两法”为重点的法治讲座等各类普法活动10多场次，制作普法视频6个。开展“关爱明天，普法先行”主题青少年法治宣教活动96场次，受教育青少年19200人次。发放《中华人民共和国未成年人保护法》《中华人民共和国预防未成年人犯罪法》《青春法律絮语》《防范网络犯罪、跨境犯罪法律知识》等各类宣传手册5000余份。“六一”国际儿童节期间，联合教育局、民政局、妇联、和平乡政府、闽南师范大学等部门开展“携手落实‘两法’共护祖国未来”主题检察开放日活动。

【关爱帮扶】 2022年，云霄县关工委“元月送温暖”活动慰问革命老区和平乡、火田镇家庭贫困生23名9200元。新加坡华侨“陈东平、陈君任奖学奖教助学金”发放云霄一中、云霄二中、陈岱中心校、中心幼儿园奖学助学奖教资金合计10万元，336人受惠。阳下村关爱理事会全年关爱资助本村贫困户、贫困学生16万多元，并资助县内贫困户、贫困学生重病住院上“水滴筹”求助平台者，根据情况，给予4000元、6000元、8000元不等的资助。年内，全县各级关工委奖励扶助应届高考大学生和中学、小学生68万元，助学奖学766人。

【基层工作网络建设】 2022年，云霄县关工委以开展基层“五好”关工委示范点创建活动为契机，摸底调查10个乡镇（开发区）、20多个重点村、学校等基层关工委建设情况，重新核实、调整、完善、充实全县乡(镇)开发区、村(社区）关工委机构人员。调整充实政法口、教育口、农口关工委，以及关爱工作团、报告团、农技服务团等“三委”“三团”骨干成员，并颁发聘任证书。全县城乡社区创新建立50个“五老”工作室，动员更多“五老”投身关心下一代工作。

（蔡惠清）

云霄县慈善总会

【概况】 2022年12月，云霄县慈善总会完成换届，选举产生第三届理事会、监事会。县慈善总会利用慈善网络平台，及时发布善款募集和各项救助活动情况，公布救助对象名单，接受社会各界的监督。坚持自愿与担当原则，推动善款募集社会化、常态化，2022年“慈善一日捐”活动，募集善款106万元，全年发动社会各界认捐善款2255万元，到位善款1201.79万元。

【慈善救助】 2022年，云霄县慈善总会完善救助项目报批程序和资金拨付手续，统筹协调轻重缓急、节日时段的救助安排。全年开展各项救助5096人次，拨付救助资金414.62万元（含定向）。春节期间“慈善情暖千家慰问”活动，慰问重病、困难单亲家庭以及乡镇、开发区确认符合慰问条件的其他类型特殊对象1501人99.84万元；“重阳节安老慰问”活动慰问高龄老人3080人65.9万元（其中百岁及以上老人43人，每人慰问1200元）；“金秋助学”活动资助全县品学兼优、家庭贫困的学生321人99.04万元；重病应急救助及其他救助活动164人次，发放救助金134.84万元。

应急管理

防灾减灾救灾

【森林防灭火】 2022年，县森防办组织开展森林火灾隐患排查整治，强化火险预报和火情监测，严格落实24小时值班值守，有效遏制重特大森林火灾和人员伤亡事故的发生。10月28日，县政府办印发《云霄县森林火灾应急预案》，完善森林防灭火工作机制，提高森林火灾应急处置的科学性、针对性。11月15日，成功举办森林防灭火应急综合演练，进一步提升应急处突能力。全年投入11万多元购置森林防灭火物资装备，加强森林扑火队伍建设。

（蔡霖霖）

【防汛抗旱】 2022年2—3月，县防指组织汛前安全大检查，以乡镇自查、行业主管部门核查的形式，共计组织检查1040人次，排查防洪防潮工程、海洋渔业工程、城镇防涝排涝、地质灾害点、避灾安置点等防汛重点部位421处，排查隐患117处，逐一销号完成整改。2022年全县平均总降雨量1867.9毫米，整体与多年平均降雨持平，但在时间分布上雨季降雨偏多，春冬偏旱。县防指成功防抗影响云霄县3个台风（9号台风“马鞍”、20号台风“纳沙”、22号台风“尼格”）、防抗暴雨4次，召开防暴雨会商会18次，点对点视频调度乡镇（开发区）13次，下发明电51份，短信2.6万条，响应期间累计下沉干部8756人次，转移群众3945人次，无人员因灾伤亡报告。8月，承办“2022年漳州市防台风暴雨洪涝综合演练”，得到市防指领导的肯定。

（许晓杨）

【自然灾害】 2022年，云霄县先后发生低温冷冻、洪涝等自然灾害。截至10月20日，全县受灾人口4619人，紧急避险转移人口2014人，紧急转移安置人口45人；农作物受灾面积194.47公顷；倒塌房屋19间，损坏房屋47间，全县直接经济总损失796.63万元。7月下拨中央自然灾害救灾资金20万元，分配给各乡镇用于应急抢险和受灾群众救助工作。下拨2.59万元对122名因灾造成生活困难的群众进行冬春救助。做好全县农村住房叠加保险理赔工作，全县农房叠加保险共理赔45户，理赔总金额14.32万元。开展自然灾害避灾点安全隐患大排查大整治行动，对全县198处自然灾害避灾点进行全面检查。采购救灾物资21.5万元，调拨3批物资用于森林防灭火、防汛、疫情防控等工作。

（吴德坤）

应急处置

【应急救援队伍】 2022年，县应急局对森林防灭火、抗洪抢险、微型消防站等进行职能和队伍整合，探索建立“一专多能、一队多用”的综合应急救援队伍。每个乡镇（开发区）建立1—2支综合应急救援队伍，每支队伍15—20人，专门应对森林火灾、气象灾害、地质灾害等突发事件的抢险救援工作。联合退役军人事务局建立云霄县退役军人应急救援志愿者先锋队，该先锋队由县退役军人事务局牵头管理，应急管理局提供业务指导，配合政府相关职能部门开展公共场所、公共交通突发事件和各种自然灾害的应急救援与疏散任务，提供及时有效的服务和帮助。在重点时段，县消防救援大队、县级专业扑火队、乡镇（开发区）半专业综合救援队和社会救援团体等救援力量均进入应急备勤状态，做好应急救援准备。

（张　楠）

【应急指挥中心】　云霄县应急指挥中心设置在县行政办公大楼一楼，占地面积约200平方米，县财政预算500万元。2022年主要开展二期建设，以一期信息化工程建设为基础，主要完善应急指挥大厅（视频会议室）、值班室、网络机房等基础配套设施；利用信息技术手段，加强软件配套和设备配套，提高指挥中心管理和服务能力。截至2022年底，云霄县应急指挥中心已经完成验收投入使用，为值班值守、综合分析研判、协同会商、信息发布、应急指挥调度管理、应急现场及危险源音视频监测监控信息数据采集夯实基础。

（许晓杨）

【应急管理体系】　2022年，县应急局建立完善县乡村三级应急体系。县级完成应急管理综合执法队伍机构改革，组建“云霄县应急管理综合执法大队”，并升格为副科级单位，配备副科级大队长，进一步提升执法队伍力量。乡镇级以乡镇机构改革为契机，在全市乡镇机构改革中，率先设置乡镇应急管理办公室，主要负责承担安全生产等应急管理工作的综合监督管理，负责自然灾害的信息报告、先期处置、应急自救、灾后救助等工作。村级印发《云霄县关于加强村级事务专管员队伍管理的意见》，在158个行政村配备应急管理员，主要承担应急管理法律、法规和方针政策宣传、规章制度贯彻执行、主题宣传教育等工作，并配合上级部门开展安全生产事故调查和善后处理、上报安全生产、应急管理、森林防火、地质灾害、防灾减灾等信息，打通应急管理“最后一公里”，解决县乡村三级应急管理机制运行不顺畅、业务衔接脱节等问题。

（张　楠）

安全生产监督管理

【责任落实】　2022年，县委常委会、县政府常务会、党组会和县委理论学习中心组及时组织学习习近平总书记关于安全生产工作的重要论述和指示批示精神，全县集中观看《生命重于泰山——学习习近平总书记关于安全生产重要论述》专题教育片286场次。制定落实“一月一专题”制度，每月召开专题会，研究部署森林防灭火、防汛抗旱、道路交通、建筑施工、城镇燃气、消防、危化品、自建房、水上交通和渔业船舶等重点领域和元旦、春节、“五一”国际劳动节、国庆、两会等重点时段安全生产工作。在重点时段、重大节假日期间开展安全生产专项督导，每个月开展安全生产驻点督导，全面推动各项工作落到实处。在云霄县电视台开设《安全连万家》专栏，依托“云霄融媒”微信公众号开设安全检查“百日大会战”宣传专栏，建成云霄县首个安全文化公园，通过举办书画大赛、摄影展、安全随手拍和安全生产月、“森林防火宣传月”、“防震减灾宣传月”、“5·12”全国防灾减灾日等活动，扎实开展安全生产宣传。

（张　楠）

【安全生产专项整治三年行动】　2022年，县应急局扎实推进安全生产专项整治三年行动“巩固提升”、安全生产大检查、安全检查“百日大会战”和“防风险、除隐患、保平安、迎中共二十大胜利召开”安全生产集中攻坚等专项行动，全县共派出各类检查组1233个，督导检查2774次，检查企业6003家次，发现一般隐患2631条，整改2631条，重大隐患2条，整改2条，整改率100%；行政处罚116次，责令停产整顿14家，关闭取缔企业10家，暂扣吊销证照企业1家，约谈警示3家，罚款164.05万元。

（张明琛）

【重点行业领域整治】 2022年，县应急局深入开展消防安全、道路交通、工贸企业、危险化学品、烟花爆竹、城镇燃气等重点行业领域专项整治，堵塞各类安全漏洞。

消防安全方面，组织召开4次全县消防工作暨消防安全委员会工作会议，专题研究部署全县消防工作。县消防救援大队结合消防安全专项整治三年行动，制定下发了《2022年云霄县消防安全专项整治实施方案》，扎实抓好“三合一”（指人员住宿与生产存储经营一种或几种功能设置在同一建筑内的场所）场所、工业企业、出租房、群租房、老旧小区住宅电气火灾隐患排查等消防安全专项治理工作。2022年以来，监督检查社会单位场所806家次，发现隐患359处，下发责令改正通知书189份，办理行政处罚案件27起，临时查封9家，责令“三停”13家，罚款16.99万元。2022年开展消防培训活动260余次，张贴、发放消防宣传资料7000余份，联合移动公司发送消防提示短信110万条，提高全县人民群众的消防安全意识。

道路交通方面，交警大队严抓重点运输企业源头管理、道路安全隐患摸排整治、主要道路疏堵保畅、严重交通违法查纠以及交通安全宣传教育等工作。12月15日以来，深入机动车检测站5家次、客货运企业15家次，排查道路交通安全隐患8处，完成整改2处；查处各类交通违法行为17827起，其中酒后驾驶41起、醉酒驾驶1起、货车超载30%以上的1起、货车超载未达30%的131起、营运大中型客车超员1起、摩托车和超标电动车超员75起、其他车辆超员57起、重点车辆超速10%以上的1起、超速4起、未戴安全头盔780起、涉牌143起、涉证37起、未按规定使用安全带817起、闯红灯513起、违停4819起、违反禁令1816起、疲劳驾驶2起。交通运输局出动检查人员300余人次，执法车辆90余辆次，检查企业105家次，发现隐患8处，已整改8处，整改率达到100%。

工贸企业方面，开展工贸行业喷涂作业场所安全生产专项整治，通过11月摸排，全县涉及喷涂作业企业10家，12月中旬邀请专家对企业进行全覆盖服务指导，经专家排查隐患已要求企业进行整改。开展岁末年初工贸行业领域安全生产检查，开展督导检查8次，检查企业18家次，排查发现安全隐患69处。

危化品和烟花爆竹方面，全县共有危险化学品生产经营单位33家，其中生产企业1家，加油站16家，压缩气体零售3家，油漆经营6家，贸易直销7家。12月开展危化品专项整治行动，抽查危险化学品企业10家次，未发现违规安全问题。全县共有烟花爆竹批发企业2家，零售店22家。针对“两节”期间烟花爆竹销售旺季这一特点，1月12—13日，组织开展春节期间烟花爆竹检查，检查19家次，对检查过程中发现违规储存烟花爆竹的零售店进行立案处罚，印发《关于加强岁末年初危化品和烟花爆竹安全防范工作的警示函》。

燃气安全方面，主动做好指导服务、问题协调、进度跟踪，与漳州安然燃气有限公司云霄分公司完成签约，截至12月底已进场施工，累计完成改造居民户内改造149户，加装报警器127个、金属波纹管25个，自闭阀144个。1月1日，建立了餐饮场所燃气安全检查挂牌公示制度，并从人口较为密集的商业综合体、餐饮经营场所着手，以点带面，逐步推行。截至12月底，共出动执法人员55人次，排查出一般隐患15个，发出整改通知书5份，均已整改到位。

消防工作

【消防救援】 2022年，云霄县消防救援大队完成“2·7”大步山隧道事故救援和中共二十大安保等各项急难险重任务。截至12月底，大队共接出警217起，出动车辆498辆次、人员2598人次，其中火警141起，抢险救援45起，社会救助27起，全年未发生较大以上火灾事故，县城消防安全形势稳定。

【防火监督检查】 2022年，云霄县消防救援大队结合“三年行动”、冬春火灾防控、夏季消防检查、消防安全大排查大整治、党的二十大消防安保等工作，重点攻坚高层建筑、大型商业综合体、文物古建筑、仓储物流等高风险场所，督促落实人防、物防、技防措施，坚决防范“大火巨灾”；紧盯生产经营租住场所、沿街门店、老旧小区等低设防区域，加强电动自行车全链条消防安全监管，通过纠治用火用电用气、规范易燃可燃物管理、清理违规住人等手段消除问题隐患，有效减少“小火亡人”；依托消防安全专项整治三年行动，制定下发《2022年云霄县消防安全专项整治实施方案》，扎实抓好“三合一”场所、工业企业、出租房、群租房、老旧小区住宅电气火灾隐患排查等消防安全专项治理工作。2022年以来，大队监督检查社会单位场所806家次，发现隐患359处，下发责令改正通知书189份，办理行政处罚案件27起，临时查封9家，责令“三停”13家，罚款169865元。

【消防宣传教育】 2022年，云霄县消防救援大队通过发展乡镇（开发区）派驻文员、志愿者、网格员等多元化基层力量组成社会消防宣传队伍，结合“安全生产月”、“5·12”全国防灾减灾日、“119”消防宣传月、清明、国庆、中秋等重要活动和节日，以消防宣传“五进”为重点，以“请进来”“走出去”相结合的方式，持续深入开展《中华人民共和国消防法》《福建省消防条例》等消防法律法规宣传教育及消防培训演练。全年开展消防培训活动260余次，张贴、发放消防宣传资料7000余份，联合移动公司发送消防提示短信110万条，提高辖区群众的消防安全意识。

【马铺消防站入驻执勤】 2022年，云霄县消防救援大队坚决贯彻落实省、市“十四五”规划部署要求，积极走访马铺乡政府共商新消防站建设事宜，从消防站建设标准、职能定位、人员配备、经费投入、执勤训练等方面给出专业性建议，确保做好前期选址规划工作，并成立工作专班，配合指导马铺乡政府完成新消防站场室的设置和装修，稳步推进马铺乡消防站建设工作，截至12月底，已完成马铺小型消防站进驻执勤。

【“119”应急救援联动领导小组成立】 云霄县消防救援大队提升区域联防效能，按照“党委、政府统一领导，应急管理部门统筹协调，消防救援队伍主战主调，各类应急救援力量密切协同”原则，县政府成立云霄县“119”应急救援联动领导小组，在消防大队设领导小组办公室，承担机制建设、沟通联络、指挥调度等工作；与中核国电漳州能源有限公司签订共建协议，加强双方在日常消防管理、灭火救援等应急情况下的协调合作。

【消防队伍建设】 2022年，云霄县消防救援大队全面推进全县多种形式消防队伍建设工作，不断提升乡镇专职（志愿）消防队伍火灾扑救和抢险救援能力，加快乡镇专职（志愿）消防队员掌握基础灭火技能、提高扑救初起火灾的快速反应能力和灭火救援实战能力。12月中旬，成功举办2022年度云霄县乡镇专职（志愿）消防队伍比武考核，进一步提升乡镇专职（志愿）消防队伍火灾扑救和抢险救援能力。

【基层消防安全治理体系完善】 2022年，云霄县消防救援大队深化基层乡镇综合行政执法体制改革，扎实推进乡镇逐步实现“一支队伍管理执法”。各乡镇明确从乡镇综合执法大队中核定事业编制人员共计10名专职从事消防工作，承担协助指导乡镇消防工作、消防安全管理、消防行政执法、消防宣传教育培训等职责任务，完善基层消防安全治理体系。紧盯人员密集街区，结合火灾防控部署及三年行动，持续开展“三合一”场所排查整治工作，切实加强社会面火灾防控，截至12月底，共排查749家，清理住宿人员571家992人，落实技术改造178家，整改率100%，确保日常检查做到横向到边、纵向到底。持续开展出租房消防安全专项整治工作。集中对居住出租房开展一次全面摸排，并逐一列出问题隐患清单和整改责任清单。截至12月，累计排查10人以下1197栋，10人以上30人以下自建房租住场所79栋，30人以上自建房租住场所21栋，非自建房租住场所9栋。

【消防安保】 2022年，云霄县消防救援大队加大对辖区“高、低、大、化”场所的熟悉演练力度，深化建筑消防设施熟悉测试和实战应用；选取万星广场、移动大楼、电信大楼、万佳华盛公司为代表，进行无人机三维航拍建模，用于大队内部桌面推演；按照“备战、临战、实战、决战”四个阶段，完成了春节、元宵、全国两会、中共二十大等重大节日活动消防安保工作。

（郭国城）

乡镇概况

云陵镇

【概况】 云陵镇位于云霄县中部，镇城区坐落在大臣山与将军山之间的平原地带。辖区面积约16平方千米，有耕地75.5公顷、田地32.3公顷、山地900.3公顷、林地268.3公顷。管辖17个社区、4个行政村。云陵镇围绕县委、县政府“中心开发、南延北扩”发展战略，立足本镇实际，持续做大做强中心城市建设，发展繁荣城区商业圈，优化人居环境，为建设宜居宜业宜游新云霄贡献云陵力量。2022年云陵镇实现规模工业总产值2.3亿元，固定资产投资完成12亿元，限额以上社会消费品零售总额完成3.28亿元。全年一般公共预算总收入完成1.36亿元，地方一般公共预算收入完成1.07亿元。

【工业经济】 2022年，云陵镇围绕“产业发展项目建设年”“六比一看”工作部署，突出招商引资，着眼商贸发展，统筹推进稳增长、促改革、调结构、惠民生、防风险。2022年云陵镇安排重点项目15个，其中工业项目4个、城建项目9个、社会事业项目2个，项目总投资55.26亿元，2022年度投资12.25亿元，1—11月已完成11.52亿元，完成年度计划的94.07%，完成12个固投项目新增入库。落实“百名干部挂百企”，建立领导班子挂钩服务制度，为项目建设保驾护航。在2022年“七比一看”（比项目招商、比征地拆迁与耕地保护、比工业提升、比项目提升、比争取资金、比乡村振兴与生态建设、比新增“四上”企业，看高质量发展成效）工作中，在比项目招商方面，云陵镇外出招商4场次，签约项目15个，累计投资额4.41亿元，充分利用外出乡贤资源，加大招商力度。在比项目开竣工方面，云陵镇开工县级重点项目14个，建成或部分建成市级重点项目2个、县级重点项目4个。

【农业经济】 在产业兴旺方面，云陵镇枇杷种植面积约8000亩，产值3180万元；青枣种植面积约200多亩，产值约200万元。建成下城村农产品流转中心、枇杷品种示范园，实施生产区道路硬化2千米，谋划建设“下坂牛肉丸”地标产品一条街，加大县级以上龙头企业、合作社、家庭农场培育力度，建有市级农业产业化龙头企业1家，各类家庭农场82家、合作社17家，其中省级家庭农场1家、市级合作社1家。在生态宜居方面，围绕云霄县人居环境整治“八个一”工作机制要求，全面启动“清洁攻坚清零”专项行动，清理卫生死角1600处，清理垃圾370余车，拆除旱厕18间、清理沟渠5.3千米、“牛皮癣”5000余处；持续推进“拆旧拓新”竞赛，清理村内私搭乱建、乱堆乱放、破旧圈舍，整治残垣断壁。

【城乡建设】 2022年，云陵镇着眼“大城关”谋篇布局，以“一岸两园三路四区”的“十四五”规划为目标，立足县中部城市经济发展片定位，提出“产业兴镇、商旅旺镇、文明强镇”发展目标，结合旧城改造工作，推动镇城区三大片区建设成效初显。

推动以下港片区、旧实小片区双轮驱动的南片特色文旅区逐步形成。有序推进下港片区改造建设，01地块、02地块正在进行主体结构施工并同步推进砌体、粉刷工程及水电安装工程；旧实小片区2022年11月完成征迁户选房，12月底进行室外配套工程收尾。结合旧城改造，串联经堂口、和平路、云漳路、复兴路，打造特色步行街，促进东南老城区有机更新。

加快以建发·云玺、宏茂·依山映月等为核心的西北部商住新区建设完善。完成滨北新区31、32号地块及滨北路云陵段征迁任务，用时81天完成旧党校片区签约，推进享堂安置房（二期）建设，加快推动八卦山片区征迁扫尾，有序推进片区内房地产项目建设，金园华祥主体建筑已封顶；宏茂·依山映月正在进行地下室建设；建发·云玺2—6号楼进行楼层建设，1号、8号、9号楼进行地下室建设，西北面商住综合圈逐步完善。

加快以商旅夜间经济为核心的城中商贸圈繁荣提升。在结合旧城改造打造威惠美食广场的基础上，着力拉宽城中格局，2022年谋划推动威惠庙（二期）征迁改造工作，已完成前期摸底工作，城中夜间经济商业圈正逐步形成。

【文明创城】 2022年，云陵镇成立云陵镇创建全国文明城市工作领导小组，出台《云陵镇社区（村）创建全国文明城市工作考评实施细则》，全镇干部职工分为4个督查组，每周一、周五对全镇辖区进行卫生大清理，每周不定时到各社区（村）开展督查，将督查结果纳入社区（村）主干及“两委”绩效考评，强化责任落实。通过设置连片的或大型的文明城市公益广告及利用LED电子屏幕、围挡、宣传栏、展板传播等方式，弘扬社会主义核心价值观，推行市民公约、村规民约，鼓励晒家风、晒家训，结合党史学习教育、新时代文明实践等，广泛开展好邻里、文明家庭、十星文明户等评选活动，培育社会文明新风尚，营造浓厚氛围。对标对表全国文明城市创建标准，全面推进辖区环境卫生整治，落实“创建周”“创建日”制度，创新实施“141”工作机制，发放《告市民的一封信》《创城应知应会》等宣传材料2万余份，整改销号环境卫生问题1300条，投资85万元改造提升东市场、下坂集贸市场，引资建设建发客运站智慧停车场，配合城管局完成人大宿舍楼、经堂口工商宿舍楼等老旧小区改造，完成辖区“三线”整治9415户，推行创城小区精细化管理，市容市貌持续向好。2022年云陵镇荣获省级文明乡镇称号，辖区内汀洋社区连续7届荣获省级文明社区称号。

【平安建设】 2022年，云陵镇常态化推进扫黑除恶斗争，进行常态化治安巡逻，严把安全底线。深入开展“三合一”场所、燃气安全、企业安全生产、道路交通安全等重点领域排查整治，在重点路段设立警示牌、交通劝导站，在下城村临水临崖路段建设防护栏，保障交通安全。完成169间“三合一”场所排查整改，开展企业安全生产排查行动44次，督促75个问题完成整改，排查、拆除危房22处1124平方米，切实保障人民群众生命财产安全。严抓综治维稳。创新“1+2+N”网格化治理模式，打造望安社区市域社会治理现代化试点，实现矛盾化解在一线，共建和谐邻里小区。全面打击涉假、涉诈、涉赌、涉毒、涉黄等违法犯罪行为，2022年度辖区内市、县共查获成品、半成品烟384.81件，比上年下降34.9%，制假售假行为得到有效遏制。加大境外涉诈重点人员劝返力度，劝返部推重点人员11人。严控生态红线，加快漳江流域生态环境问题整改，沿江设立警示牌26个，发放宣传单3000张，查摆整治河道“四乱”问题31起，整治牛蛙、生猪养殖，对沿江长隆造纸、新感觉等存在污染风险的企业常态化开展检查，切实保护漳江母亲河；紧盯下港片区改造、旧党校片区改造项目施工造成的大气粉尘和噪声污染，落实整改措施。

【社会事业】 2022年，云陵镇在全镇21个社区村广泛开展“帮困送温暖”活动，切实保障困难群众基本生活。截至12月，对本镇低保家庭发放补助1090户1630人，补助金额为1030万元，发放80周岁以上老人生活补贴79万元，发放临时救助资金24万元。帮助14户50人贫困户稳定脱贫。2022年发放中央、省级资金共43700元，切实帮助脱贫户发展生产；为9名贫困学生发放“雨露计划”补助共2.55万元。

（张　敏）

莆美镇

【概况】 莆美镇位于云霄县中部，镇区地处城乡接合部，东连漳江出海口，南接云陵工业开发区，西北面是巍峨壮美的将军山，东南面是逶迤起伏的莆美大山，国道324线、将军大道穿境而过、下辖16个行政村、11个社区。全镇面积约40.1平方千米，现有耕地面积8639亩、山地面积4.02万亩；属南亚热带海洋气候，常年雨量充沛、阳光充足，年均气温21.2℃，降雨量1740.7毫米，常年无霜，具有独特的自然条件和地理优势。莆美镇常住人口10.3万（其中户籍人口5.1万人、流动人口5.2万人）。

截至2022年11月，全镇规模以上工业总产值11.99亿元，比上年增长14.81%；限额以上社会消费品零售总额1.84亿元，比上年增长8.3%；固定资产投资13.56亿元；外贸进出口总额1.49亿元，增长13.26%，实际利用外资165万元，一般公共预算收入1.97亿元，地方一般公共预算收入1.38亿元。1—11月，在全县“七比一看”竞赛中综合排名第五，其中“七比”竞赛排名第一。

【工业经济】 2022年，莆美镇强化招商引资，促进产业培育。持续强化一把手招商引资，引入新签约项目9个，总投资17.2亿元；新增非农固投入库项目15个，计划总投资23.79亿元。尚有重点在谈储备项目3个，储备商贸企业10家、工业4家、建筑业1家、服务业2家。以华龙科技园和漳江核苑为载体，对接核电工程、科创园发展、中核凯利、中核汇能等7家核电配套公司。推进用地扩容增效专项行动，“拔钉清障”攻坚任务完成8宗，在“七比一看”竞赛中该项目排名第一。激发村（社区）招商引资工作积极性，制定出台《莆美镇关于招商引资工作的若干奖励措施》，鼓励村（社区）引导辖区能人返乡创业。全年扶持新增新上规模以上工业企业3家、限额以上商贸企业10家、建筑资质企业1家、规模服务业1家。

【农业经济】 2022年，莆美镇打造特色农业，推介莆美枇杷、向北地瓜、向北米粉等优质品种。大力发展电商、微商等模式，拓宽农产品销售渠道。扶持壮大云峰粮油、福印茶叶、德润康实业等农副产品深加工企业，提升价值链、延长产业链、完善利益链。一村一策探索村财增收办法，2022年莆美镇全部行政村均实现10万元以上的村财收入，5个村实现50万元以上的村财收入，其中双溪口村、演武亭村实现100万元以上村财收入。

【城乡建设】 2022年，莆美镇深入落实“八个一”工作机制，研究制定莆美镇人居环境整治工作专项方案，扮靓人居环境。联合城管等部门，全面清理各类陈年垃圾、建筑垃圾，全年累计清运超过3000车次，清理各类生活垃圾2500余吨。深入开展“拆旧拓新”专项行动，重点拆除闲置猪圈、废弃旱厕、残垣断壁、危旧房屋，以及阻滞道路通行的各类违章搭盖、违法建筑，全年累计拆旧529宗，拆除面积25110平方米。注重为乡村提“颜”增“质”，镇、村累计投入1365.67万元实施道路硬化、沟渠改造、灯光照明等人居环境提升项目25个。开展文明创建活动，结合“创建周”和“创建日”活动，落实每周创建主题和重点任务，广泛发动挂钩机关及辖区志愿者服务队，通过“文明交通劝导、人居环境整治、楼道行动、‘牛皮癣’整治”等一系列志愿活动，积极引导群众自觉遵守公共秩序，养成文明生活习惯。根据镇情实际，将27个村社区划分为重点整治、常规整治两大类别，组建4支整治队伍，推进全镇“两违”整治工作，全年完成拆违13.16万平方米，整改省违法卫片图斑221宗、部违法卫片图斑29宗，拆除私设围栏、乱搭构筑物等相关设施约2000平方米。投入160万元开展街巷大整治，紧盯市容市貌、交通秩序、农贸市场、公共设施、空中缆线等痛点堵点关键点，聚焦老旧小区、背街小巷、“门前三包”等薄弱项提升。强化自查自纠，全年向各村（社区）开出整改督办单27份，提出问题45个，已全部完成整改，改善脏乱差现象。

【项目建设】 2022年，莆美镇加快项目建设，促进产城融合。南湖片区项目（含华龙科技文化园）完成征地599亩，完成率达98%。华龙科技文化园一期工程进度完成75%。谋划投资10.09亿元的科创园基础设施配套项目有序推进，其中投资约1.1亿元110千伏高压线迁改工程完成初步设计暨概算预评审，投资约2.13亿元的科创园园区道路工程（一期）完成土地农转工作，工程设计有序推进。总投资约3854万元的科创园旧国道莆美段及莆北村西侧道路提升改造工程进入招投标阶段。投入357万元建成莆东农贸市场项目，彻底解决莆东、莆北、莆南、莆下、前涂5个村约1.3万人口的“菜篮子”问题。结合用地扩容增效专项行动，完成对环南湖片区21家企业“退城入园”调查及走访宣传摸底工作。将军大道以西片区项目已完成调查摸底，完成测量471亩。中医院规划用地签约286户，已基本完成项目征地任务。一中高中部新校区迁建项目于9月13日启动征收土地预公告，开展地块权属调查和社会维稳调查。莆东、前涂生命公园完成选址、征地工作。顶溪—中柱片区项目片区计划用地约261亩，已完成全部摸底工作。

【社会事业】 2022年，莆美镇常态化开展扫黑除恶斗争，维护社会治安稳定。全力开展打假反诈“春雷行动”、打假治乱“冬春攻势”专项行动，始终保持对制售假冒卷烟违法犯罪和电信诈骗违法犯罪“露头就打”高压态势。配合公安局飞鹰突击队开展“趟山拔点”行动，全年捣毁制假窝点2处，拆除涉诈涉假窝点42处，坚决遏制“反弹回潮”苗头。严格对照部推的涉诈高危人员名单，以“一人一专班”的方式开展逼返劝返工作，全镇共有部推涉诈高危人员15人，已劝返7人。采取领导约访、调解仲裁等办法推动信访积案化解办结。加强社会治理体系建设，“平安三率”得到有效提升。发挥近邻党建“街道吹哨、各方报到”机制作用，全力化解基层治理的梗阻难题，全年15个小区党支部完成“为民办实事”项目73件。落实安全生产15条措施，深入开展全镇安全生产大检查行动及安全生产各类专项整治行动，全年开展执法检查指导服务164次，排查生产经营单位312家次，整改隐患202项；排查房屋结构安全隐患、经营性自建房屋安全隐患房屋28间，已全部整改完毕；排查“三合一”场所214家次，落实技术改造35家，消除隐患179家。强化危险化学品、烟花爆竹、食品安全、乡镇船舶、高层建筑及人员密集场所等重点行业、重点领域、重点区域隐患治理。推广“链工宝”App、进企业培训等方式宣贯新《中华人民共和国安全生产法》，推动辖区内企业落实安全主体责任。

【村（居）工作】 2022年，莆美镇推进村级阵地建设，对佳兜村、君豪社区和宝龙社区的村部功能进行提升，顺利完成县委组织部的验收，按照村级党员活动中心全覆盖的要求，实地走访各村、社区，要求泰景社区、绥阳社区等一批阵地不完善的村、社区进行整合、修缮并上报县委组织部。围绕城市基层党建重点任务，全年共有35个县直机关单位230名党员干部分别挂钩16个社区（村）。截至2022年12月，15个小区党支部共完成“为民办实事”73件，开展业主恳谈8次。有效解决居民身边的“关键小事”问题4件，调解物业纠纷30多起，发挥县直机关单位挂钩单位志愿者服务力量和近邻党建引领作用。持续巩固拓展村财增收三年规划成果，各村立足实际，深入挖掘资源禀赋，一村一策探索村财增收的路子，村集体经济发展壮大的目标有序推进。截至2022年11月，全镇16个行政村累计村财收入达654.74万元，比上年增长10%，全部行政村均实现10万元以上的村财收入，其中5个村实现50万元以上的村财收入。

火田镇

【概况】 火田镇地处云霄县北部，辖21个行政村和1个社区、98个自然村，人口5.8万人，地大物博，资源丰富，历史悠久，贤才辈出。镇域面积191平方千米，国道324线贯穿腹地16.7千米，是云霄县地域面积最大的乡镇。有火田菠萝、火田青枣、火田大茂山茶、火田金樱酒、火田金柑、火田生姜、西林龙眼和岳坑大蒜等8个国家地理产品标志产品。资源丰富，有溪口、后埔、官园、后门四大温泉资源点，建有家园温泉酒店，持续打造温泉养生游业态。有467公顷古茶树群落和约33公顷生态茶园，生态农业产业链逐步壮大。历史文化荟萃，素有“开漳古镇”的美誉，是漳州郡治的发祥地，云霄县唯一省级历史文化名镇，文化古迹甚多，有菜埔堡等38处文物古迹。

【经济发展】 2022年，火田镇实现地区规模工业总产值11.08亿元，增长7%；实现限额以上社会消费品零售总额2亿元，增长44.81%；实现固定资产投资8.64亿元，增长4.6%。实现一般公共预算收入1562万元，地方一般公共预算收入822万元，工业税收1781.43万元。全镇共有14个县级以上重点项目累计完成投资7.59亿元，完成序时进度的116.93%。

【重点项目建设】 2022年，滨北新区建设加速推进，新县医院迁建项目已进入二次装修阶段。第二污水处理厂项目用地74.33亩已完成征迁并于11月9日开工建设。气象站项目用地44.75亩全部完成征迁并投入建设。32号地块共33.69亩实现净地出让，依山映月房地产项目已开工建设。滨北路完成扫青300亩，东车段、西林、菜埔段全线贯通。抽蓄项目总用地5968.45亩，2022年完成征迁5580.5亩，完成93.5%。抽水蓄能电站项目进场交通洞、通风兼安全洞完成施工，全面启动建设35千伏施工用电、场内道路等配套工程，2022年11月9日抽蓄主体工程顺利开工。

【招商引资】 2022年，火田镇重点在谈项目有4个，计划总投资23.5亿元，分别为水果一、二、三产业融合发展项目（4.8亿元），云霄灵玲文旅项目（18亿元），家园水上乐园项目（6000万元），环保型高分子功能化新材料产业化项目（1000万元）。已签约项目有4个，总投资8亿元，分别为儿童康复医院项目（2亿元）、冷冻食品生产项目（4亿元）、新型装修装饰材料生产项目（1亿元）、木片单板加工项目（1亿元）。

【乡村振兴】 2022年，火田镇推进乡村振兴示范建设，精心打造“高田—圆峰—白石”“串点连线成片”示范线。实施省级乡村振兴试点示范项目11个，总投资620万元，已全部完工。完成12村的村庄规划编制。有效巩固脱贫成果。做好返贫检测，为7名脱贫户核实办理残疾证、26名脱贫户新增低保、12名脱贫户办理特困人员救助供养，发放中央、省级财政衔接推进乡村振兴补助资金48.14万元，向36名中高职在读贫困学生发放“雨露计划”补助10.65万元。

【人居环境】 2022年，火田镇优化人居环境，全力推进“扫干净、摆整齐、拆到位、保畅通”。结合各村发展实际开展拆废、拆破、拆危、拆违“四拆”行动，5—11月22个村（社区）累计拆旧面积35892平方米，位居全县第四。环保攻坚持续发力，着重做好火田溪、漳江支流、西溪（下楼段）水环境治理，重拳开展源头畜禽、牛蛙、生猪养殖整治，共清理牛蛙养殖点49个、畜禽养殖场16个、生猪养殖场4个。开展河湖“清四乱”专项行动，清理河道垃圾240余吨、淤泥1500余立方米。开展行洪清障行动，拆除河道违规建筑19处。加大河道“四乱”清理整治力度，顺利推进污水PPP项目，建成41个污水处理站并投入运行。着力整治非法采砂采石，守牢环保红线。

【精神文明】 2022年，火田镇积极打造“开漳第一古郡”品牌，整合旧漳州府、景阳楼、菜埔堡等文物古迹，挖掘陈元光、戴君胄、张士良等历史人物事迹，弘扬“艰苦创业、团结包容、继往开来”的开漳精神，打造“高田—火田—溪口—菜埔—西林”开漳文化长廊。修缮白石村云霄县首批党支部遗址交椅楼，建设白石党建公园和革命纪念馆，打造党史教育基地。完成高田村家风家训馆建设，22个村（社区）已实现村文化综合服务中心全覆盖。对627处的历史建筑进行建档，对20多处历史建筑、革命遗迹、保护建筑进行设计；依托镇、村综合文化服务中心，建设新时代文明实践所1处和实践站22处。为12名党员颁发“光荣在党50年”纪念章，弘扬榜样力量。

【民生保障】 2022年，火田镇新增办理低保119户209人、五保33户33人，发放种养补助3批75万元，发放健康教育扶贫补助15.95万元，帮助37名中职、高职教育学生申报“雨露计划”补助。完成3间困难户对象危房改造工程。持续落实“两不愁三保障”和饮水安全，贫困户优惠政策落实到位，贫困村村财收入均达10万元以上。完成水头、大坑、新园3个村的幸福院建设，改建火田村幸福院，补齐民生短板。社会保障日益完善，低保户、五保户、贫困户、残疾户、困难户应保尽保。落实“四个不摘”要求，向低保、特困供养、临时救助、无人抚养儿童等困难群众发放补助971.88万元，切实巩固脱贫成果。

【社会事业】 2022年，火田镇新建道路17.9千米、新通路灯11.45千米。福山旧村改造项目完成旧房危房拆除和土地平整工作。推进移风易俗，建设后埔生命公园，推行生态殡葬模式；圆峰祥云桥连接道路基本完工。完成2103栋（间）房屋安全隐患排查及37户困难群众住房安全鉴定。完成316户裸房整治，推进溪口裸房整治示范村建设。全镇垃圾处理实现“扫运分离”模式运营。便民服务有力提升，新设立公安户籍窗口、退役军人优待证办理及民政事项办理窗口，与农信社合署办公，为群众提供“金融、政务、民生、物流、电商”五位一体的综合性服务。

【云霄抽水蓄能电站项目开工】 2022年11月9日，福建云霄抽水蓄能电站工程顺利开工建设。该项目计划总投资100亿元，设计装机容量180万千瓦。工程建设总工期约70个月，建成投用后可为漳州核电提供调峰服务，形成核蓄一体化运营，并将承担福建电网的调峰、填谷、调频、调相及紧急事故备用等任务。火田镇充分发挥核电政企联席协调机制作用，落实好项目“两单一表”管理，实行专班服务、挂图作战、并联推进，做好土地征迁、组卷报批、移民安置等服务保障工作，形成政企联动、高效沟通、密切配合的工作格局，力促抽水蓄能电站工程全面推进。

（谢镇城）

东厦镇

【概况】 东厦镇地处闽南沿海、漳江出海口两侧，位于云霄县城东南5千米处，省道漳云线和漳诏高速公路贯穿全境，漳诏高速公路云霄出入口设在该镇，水路可通厦门、汕头等沿海各大城市，东距厦门经济特区105千米，南距汕头经济特区120千米，水陆交通非常便捷。全镇约有6万人口，下辖15个行政村和1个镇办农场，面积113平方千米。2022年，东厦镇落实全方位推动高质量发展超越要求，按照全县“产业发展项目建设年”活动部署，积极参与“七比一看”竞赛活动，踔厉奋发、勇毅前行，统筹推进经济社会各项事业发展。

【工业经济】 2022年，东厦镇完成规模工业总产值12.34亿元，固定资产投资41554万元，社会消费品限上零售总额7834.8万元，外贸进出口总额27692万元，实际利用外资50万美元，地方一般公共预算收入2402万元，一般公共预算总收入4531万元。

【农业经济】 2022年，东厦镇突出乡村振兴主题，策划生成总概算12.88亿元的东南片区乡村振兴示范专项债项目，申请年度资金8000万元，稳步推进东升埭海堤提升改造工程、云霄县北江水闸提升改造工程、漳江灌区农业灌溉设施建设工程等子项目建设。推进农业现代化，投资3600万元建设东厦镇蔬菜产业基础配套提升项目、东厦镇产业园区蔬菜主题服务中心建设项目、天弘标准化蔬菜生产基地及初加工建设项目、绿洲现代设施蔬菜园区产业升级建设项目、如德农场标准化设施蔬菜基地建设项目等5个省级现代农业产业园项目。

【乡村振兴】 2022年，东厦镇推动荷东村、佳洲村两个省级乡村振兴试点村串点连线，有序推进荷东村产业文化交流中心、林偕春孝廉文化馆等项目建设。推动1571.85公顷高标准农田水利设施改造提升，有效提升农业产值产量，12月，漳州市冬春农田水利建设暨秋冬“三农”重点工作现场推进会在东厦镇召开，疏浚渠道、冬修水利的做法得到市领导肯定。

【项目建设】 2022年，东厦镇围绕云霄县三大主导产业开展产业链招商，服务好奥克兰总部经济项目，发挥项目配套带动作用。全年签约集成电路引线框架、绿康食品生产项目等第二、三产业项目8个，总投资17.567亿元。践行“妈妈式”服务，加快推进海润、坤翔蛟、东盛达、仁兴等重点项目，长洋二级渔港项目投入建设。东厦镇“七比一看”竞赛取得全县第一名的佳绩，其中，“看产业发展”持续3季度位列全县第一，获得云霄县推动高质量发展超越先进集体称号。

【生态建设】 2022年，东厦镇开展红树林自然保护区常态化巡护，巩固9073.12亩红树林“退养还湿”成果，已通过市级核查验收和省级行业审查验收。全面加强红树林保护区互花米草整治，11月中旬提前完成全镇除治任务5564.8亩，红树林生态修复取得新进展。蔗港溪水生态环境修复治理工程纳入生态环境部项目库，到位资金1200万元。投入200万元完成洲渡黑臭水体改造，改善群众生活环境。严格落实人居环境整治“八个一”工作机制，推行“村每周一自查、片每月一互查、镇全年总考核”机制，基本完成陈年垃圾“清洁攻坚清零”任务，实行农村生活垃圾“镇转运、村自扫”模式，强力推动“拆旧拓新”行动，2022年共拆旧458宗28237平方米，排名全县前列。

【“三资”管理】 2022年，东厦镇以村级集体“三资”管理提级监督试点为契机，深化“三资”清查成果，全镇共完成问题整改354宗，为村集体增加收益463.32万元，相关经验做法获漳州纪委监委网站报道。以“三资”清理成果杠杆撬动村财增收“支点”，增强村级集体经济“造血”功能，全年全镇100%的村收入达10万元以上，浯田等5个村收入达100万元以上。

【民生保障】 2022年，东厦镇累计向262户建档立卡户发放中央生产补助资金65.62万元、省级扶持资金29.91万元。提前完成2022年为民办实事项目，区域性养老服务中心顺利竣工，实施荷步、浯田等村饮水安全建设工程，提升农村安全饮水保障水平。推进船场幼儿园、浯田小学等学校配套设施建设，筹集社会资金18.8万元用于奖教奖学，创新开展“小手拉大手”活动，促进基层社会治理与校园品德教育精细融合。

【安全生产】 2022年，东厦镇深入开展安全生产隐患大排查大整治，扎实开展六大专项整治行动，交通安全安装“支路哨兵”、海上安全推行编队出海、森林防火入校园开展“大手拉小手”活动，着力推进安全领域各项工作落实到位，全年东厦镇未发生过安全生产重大事故。

【平安建设】 2022年，东厦镇开展每周三“搜山清户”打假日专项行动，突出班子带队、党员冲锋、各村自查、片区联查，打好“无人机＋有人报”组合拳，有效遏制打假势头。坚决打击电信诈骗行为，着力劝返滞留缅北、阿联酋和“金三角”滞留人员。

【文旅资源】 东厦镇历史悠久，文化古迹甚多，有“海底森林”之称的国家级红树林湿地保护区、被誉为“东厦脊梁”的梁山、佳洲岛生态农业观光园、漳江出海口的“定海神针”石矾塔、天地会“洪门”创立地高溪庙与观音亭、白塔“龙湫岩”、竹塔“龙泉岩”等。东厦镇人文荟萃，佳洲岛是明朝乡贤林偕春的祖籍地，仙人峰上开漳圣王陈元光祖母魏妈的园陵守护着东厦镇。

【特色农副产品】 截至2022年底，东厦镇辖区地理标志商标已达9个，分别为佳洲岛贴沙鱼、漳江口跳跳鱼、东厦锯缘青蟹、漳江口大蚝、东厦文蛤、竹塔泥蚶、东厦缢蛏、漳江口竹蛏、云霄蕹菜。

陈岱镇

【概况】 陈岱镇是云霄县的南大门，是南部工业组团发展片的核心乡镇之一，东与东山县一水相隔，南邻诏安县，西与常山经济开发区交界，北与列屿镇接壤。距沈海高速八尺门站3千米，距云霄动车站12千米，G324、G357交织而过，交通顺畅便捷。全镇辖区面积68.1平方千米，下辖18个行政村，其中沿海村11个，总人口4万余人，常住人口3.9万人，基层党组织28个，党员1585人，山地面积1586.7公顷、林地面积1266.7公顷，耕地面积1933.3公顷，海域面积549公顷，海岸线长21.5千米。坐拥岱北、竹港工业区，有“礁美海瓜子”“东方鲀”“长寿菜”3个地标产品，金汤湾、大山海景、聚星楼等旅游资源丰富，是集工业、农业、商贸、旅游经济产业发展于一体的滨海城镇。

【工业经济】 2022年，陈岱镇全年实现一般公共预算收入4803万元，比上年增长3.98%；地方一般公共预算收入2747万元，比上年增长5.01%，工业税收累计3090.15万元；限额以上社会消费品零售总额9990.7万元，比上年增长372.5%，规模工业总产值28.69亿元，比上年增长22.4%，固定资产投资6.44亿元，比上年增长199.6%，全部完成全年奋斗目标任务。工业项目发展后劲有力，11个重点项目开工7个，竣工4个，其中市重点项目8个，累计完成投资6.48亿元。招商引资工作卓有成效，镇主要领导多次赴深圳、东莞、汕头等地开展招商引资，新签约世兴五金制品、东仔湾食品冷冻加工、食品冷链物流、中核云霄陈岱5万千瓦渔光互补等4个项目，计划总投资额8亿元。

【农业经济】 2022年，陈岱镇大力培植漳州鸿益冷冻食品有限公司等龙头企业，扶持发展一批农民专业合作社，形成以龙头企业为引领、农民专业合作社为支撑的现代农业发展新格局。建设“蓝色”经济带，依托海洋资源优势和八尺门打通历史契机，加快传统养殖业改造，提升现代渔业工程技术和设施装备水平，礁美村鲍鱼苗、白礁村美国红贝苗、坑内村东方鲀等水产养殖年产值达5亿元。建设“绿色”经济带，培植竹港村33.3公顷芭乐种植采摘园，年产值1500万元；推进岱南等3个村高标准农田建设，总计投入289.7万元，惠及136.7公顷耕地。探索“直播助农”新格局，挖掘本土电商公司、团队进驻“陈岱镇电商创业中心”，推介优质农副产品辐射带动农民增收。

【旅游经济】 2022年，陈岱镇围绕“建设宜居宜业宜创宜游滨海小城镇”总体目标，将生态旅游与经济建设齐抓共管，充分发挥陈岱生态资源优势，结合海产品发展，探索“海鲜+温泉”发展模式。邀请旅游专家进驻调研谋划，推动解决“金汤湾”奥利弗庄园项目容积率问题，配合福建金汤湾海水温泉度假有限公司与上级部门沟通，协调解决海域使用权问题，推进游艇码头项目。持续服务好金汤湾商业街、康养中心、颐养综合体等配套设施建设，探索游艇、垂钓、观光等海上休闲娱乐项目，发挥“玉岱金汤”旅游资源优势。整合沿线金汤湾、大山海景、聚星楼、陈景肃理学文化园等资源，融入G228线滨海旅游风景道建设，融入环东山湾经济发展圈。

【项目建设】 2022年，陈岱镇立足实际，明确发展定位，促进项目建设提速增效。完善基础配套，园区道路完成可施工范围内的清表、路基土石方工程19万立方米，污水处理厂完成部分钢筋加工棚及进厂道路浇筑、事故池和水解酸化池开挖支护及垫层施工和配套管网铺设，为壮大园区规模奠定基础。

全面拉大镇域框架，向北加快推进岱北工业园区、融商时代二期、商业广场建设，向南盘活岱东、岱南可建设用地用于房地产项目、休闲旅游等综合性开发。推进民生工程，陈岱中心小学教学综合楼总投入资金995万元，于10月完成主体结构验收，完成公路养护34千米，投入近140万元完成坑内线Y257单改双建设工程，基本完成聚星路道路提升改造工程。

【环境整治】 2022年，陈岱镇加快诏安湾综合治理，配合县环保局开展竹港溪水域黑臭水体整治“回头看”，成立专项工作小组指导污水排放隐患整改，关停双园村海鲜加工厂，清理海漂垃圾1664吨，完成竹港溪及南塘河段安全生态水系项目可研性研究报告。强化生活污水治理，完善竹港、峰外、岱山、呈安村生活污水配套管网建设，实现生活污水应收尽收。打击非法养殖，自查自纠牛蛙养殖41场，采用拆除养殖设施等方式实现去功能化。整顿水域沿岸养鹅、养猪场等污水直排问题，指导养殖户提升改造环保设施，4家养鹅场、13家养猪场完成排污技术升级改造。加强水产养殖污染防治，推广科学健康养殖技术，严禁使用高毒、剧毒药物进行水域滩涂环境消杀，清退八尺门海域底播养殖206.3公顷。

【社会事业】 2022年，陈岱镇坚持民生优先，解决群众急难愁盼问题。巩固脱贫攻坚成果，落实一键报贫1户，摸排报送符合2021—2022学年“雨露计划”补助条件学生21名，发放产业帮扶资金18.77万元。完善社会保障，办理新增低保65人，特困人员13人，无人抚养儿童2人，低保边缘户10户32人，发放困难群众临时救助金98户共183650元。关爱留守、困境儿童，发放80周岁及以上无工资性收入的城乡老人高龄补贴790900元，为6名困难残疾人申请“就业创业”。

【自治组织建设】 2022年，陈岱镇高度重视抓基层党建工作，紧紧围绕县委党建工作重心，推进镇村经济发展、社会稳定。推进“大学习、大调研、大讨论”活动，开展集中学习211场、“我讲微党课”21场、“宣讲进乡村”152场，参与党员达9800人次。双向激励推动组织建设，深入开展达标创星评定，根据各支部综合表现，评定五星级党组织2个，一星级党组织1个，营造“比学赶超”良好氛围。落实巡察整改主体责任，配合市委县级交叉巡察工作，规范开展专题民主生活会等组织生活，以巡察整改为契机，完善制度10项，整改问题76个。落实党风廉政建设责任制，开展廉政教育2次、集体谈话2次，培训党员干部280人次。

【特色农副产品】 2022年，陈岱镇依托区位条件和富饶的海产资源优势，养殖南美白对虾、东方鲀、东方螺等海产品，打造竹港芭乐等农业知名品牌。东方鲀外形可爱，浑身都是宝，其毒性非常低，营养价值丰富，有健脾、养胃、明目等功效。经特殊处理后食用，味道鲜嫩可口、胶质满满。其养殖业发源史可追溯到2000年前后，原产养殖区为咸淡水交互发达的曾江垦区。陈岱东方鲀品种日益丰富，养殖规模日益扩大，现主要集中于坑内村及“三江”（前江村、后江村、中江村）地区。芭乐也叫番石榴果，是桃金娘科植物番石榴的成熟果实，属热带水果，具有促进食欲、助消化、滋养皮肤等功效。竹港村种植有“珍珠芭乐”“四季芭乐”等优产品种，因常年阳光充足、土壤临海域等条件，果实口感独特。

列屿镇

【概况】 云霄县列屿镇位于福建省云霄县东南部沿海，总面积96平方千米，其中陆地面积47平方千米，海域面积49平方千米，处于东山湾底，海岸线逶迤绵长18.0千米，与漳浦县古雷半岛、东山县铜陵镇隔海相望，一衣带水，是少有的避风良港，素有“沧海桑田、鱼米之乡”的美称。全镇下辖12个行政村，总人口26063人，户数5739户，拥有1所中学，2所完小，1所公办幼儿园，1所卫生院，1家自来水公司。2022年，列屿镇公共财政总收入11000万元，增长23.6%；地方级财政收入

6400万元，增长32.7%；农民人均可支配收入20328元，增长5.1%。

【工业经济】 2022年，列屿镇实现工业总值13亿元，增长8%；固定资产投资8亿元，增长4%；社会消费品零售总额0.53亿元，增长30%；外贸进出口总额1.2亿元，比上年增长40%；一般公共预算总收入1.2亿元，增长33.4%；一般公共预算收入0.64亿元，增长32.8%。

【项目建设】 2022年，列屿镇重点围绕“一核一海一园”全力推进项目建设，安排有县级以上重点项目17个，总投资17.75亿元，年度计划投资6.18亿元。漳州核电1号、2号机组内穹顶顺利封顶，相继进入设备安装阶段；3号、4号机组通过国务院核准。核电配套项目加速推进，有力拉动投资增长，促进经济稳中向好。全年签约8个项目，总投资69亿元，其中5个项目已落地投产，另外3个项目已进入用地审批及可研阶段。新增新上规模工业企业5家，华威科技完成技改，富佳宝食品科技园逐步壮大，核电项目加快推进，核电承包商营地项目正式签约，总占地580亩的3个核电配套项目进入农转报批，千亿级清洁能源产业集群雏形初显。

【生态建设】 2022年，列屿镇坚持“一张蓝图绘到底”，践行习近平生态文明思想，打好污染防治持久战，抓牢抓实中央和省、市生态环保督察反馈问题整改工作，在全镇范围内组织开展以“一革命四行动”为主题的人居环境整治行动，重点做好村庄内“三清两改一提升”，整体人居环境显著改善。贯彻落实人居环境整治“八个一”工作机制，以拆旧拓新为抓手，全面开展“清洁攻坚清零”专项行动。

【基础设施建设】 2022年，列屿镇打造便捷交通，大力推进核电大道、海防执勤路建设，总投资6000万元的核电大道项目已通车、总投资325万元人家村省级乡村振兴示范村建设项目中的道路“白改黑”“三线落地”项目已竣工，内联外通的“十分钟路网体系”不断完善。保障安全用水，有序推动山前等5个村高标准农田建设，加快列屿段城乡供水一体化、大坑内水库除险加固、山前溪万里生态水系、油车村水土流失综合治理。打造“品质养老”，建成列屿养老服务中心、人家村“长者食堂”及所有行政村幸福院全覆盖。力促乡村振兴，完成剑石岩观景平台、人家村乡村振兴工程包等一系列重点民生项目。构建社会治理新格局，与执法部门联动，一体推进打私打假，查获一起卷烟数量2546条、案值50余万元的涉假案件。开展车巡+步巡“守夜行动”和线上+线下的“宣传攻势”，提高路面见警率，提升公众安全感。

【社会事业】 2022年，列屿镇创新推出租退房屋“一码双卡”报备机制，全镇618间出租房屋全部落实“三公一大”（公安、公卫、工信科技、大数据部门）区域协查、信息排查和人员管控。探索“智慧海防”，守住海上防线。紧扣海上防疫及海上走私出现的新情况新问题，及时构建海上技防体系，做到用大数据赋能海上防控智能化实战；联合海防大队、渔业执法中队等开展海上巡逻，金盾保安开展岸线巡逻，人、物、技防协同发力，全面筑起一道海上“防控网”。深入开展“平安云霄”创建，抓好道路交通、消防、防汛、森林防灭火等重点领域安全整治，整改各类安全隐患520多处，安全生产形势平稳有序，全镇大局安定稳定。

下河乡

【概况】 2022年，下河乡紧扣县委“产业发展、城市文明、乡村振兴”三大重点任务，按照“东进南联北承”发展战略以及北部“生态涵养发展片”和城市“后花园”发展定位，提出“一带两区三业”发展思路，深入开展“保底、提质、创优”建设年活动，各项工作取得新突破。下河乡荣获省级卫生乡镇、云霄县2022年度推动高质量发展超越先进集体称号；绩效排名全县第三。

（陈可姗）

【工业经济】 2022年，下河乡深入开展“产业发展项目建设攻坚年”和“七比一看”竞赛活动，“七比一看”总分位列全县第五，一般公共预算总收入、地方一般公共预算收入、规模以上工业增加值等三项指标增幅位居全县第一。全年新签约项目13个，落地9个，总投资14亿元。8家规模以上工业企业总产值6.9亿元，增幅位居全县第一。推动为乐电气新上亿元规模企业，鸿宇顺利上规模，奥克兰二期、福营新材料购地157亩进入招拍挂前期。推动中农批农商城、云霄地标馆、向阳宾馆、西溪壹号商场等项目有序建设。推动赫喆餐饮、丸子家、少年派、好又香、善小舟、润创等6家企业新增限上贸易企业，贡献社会消费品零售额2500万元。

（何明凤）

【乡村振兴】 2022年，下河乡集中精力打造下河坡兜乡村振兴示范带，投入957万元，实施10个乡村振兴试点示范建设项目，下河村获评2022年全国乡村特色产业超亿元村，入选福建省气候康养福地。坡兜村入选省级“高级版”绿盈乡村、乡村治理示范村。制定《下河乡人居环境整治“八个一”工作机制》，打好陈年垃圾清理战、日常保洁持久战、拆旧拓新攻坚战、百路千村主动战“四场战役”，坚持示范带动、考核促动、项目拉动、干群联动“四动”。5—12月拆废、拆破、拆危、拆违826处43461平方米，拓出新路、新菜园、新建设用地、新口袋公园。2022年“拆旧拓新”竞赛排名全县第三。

（吴镇斌）

【特色农业】 2022年，下河乡持续做大杨桃产业，拆除下河南塘片区旧供销社、旧卫生院、旧粮站，盘活土地10.18亩，建设总投资600万元的杨桃集散中心和果蔬冷链仓储中心。加强与开漳印象、启佳佳等本土食品企业合作，完善从产品生产、加工到销售的产业链条，推动一产接二连三，杨桃全产业链年产值超2亿元。扶持孙坑、世坂、坡兜、石屏种植大棚蔬菜，总面积440亩。推动龙透村枇杷种植基地顺利列为省级现代农业产业园建设项目。发展壮大新型经营主体，全乡农民合作社53家，家庭农场369家。

（吴镇斌）

【项目建设】 2022年，下河乡按照县委“东进南联北承”战略，推进滨北新区下河片区开发建设。推进征地拆迁。实施用地扩容增效专项行动，完成批而未供任务2宗9.85亩，供而少动任务5宗158.39亩，土地征迁任务3宗1.6亩。攻坚滨北新区世坂片区征地拆迁，完成土地征迁363亩，土地报批55亩，保障县档案馆、足球训练中心、中农批等重点项目顺利推进。向东渠教育实践基地、渠诺百世商城、县足球训练基地等3个项目建成。县档案馆、云锦里、中农批、西湖壹号等4个项目开工建设，9个项目新增投资10.84亿元。推进设施完善。奋进路、原东林电子东侧道路建成通车，向阳路、中农批配套道路等项目开工建设，“两纵三横”交通路网进一步织密。城乡供水一体化（世坂段）工程扎实推进，中心城区污水治理提质增效工程开工建设。

（何明凤）

【社会事业】 2022年，下河乡投入2970万元，实施基础设施项目55个。车圩桥连接线工程、下河卫生院医技楼、车圩溪安全生态水系等一批民生项目建成投用。下河乡主干道亮化全部完成。谋划推动G357世坂至凤兴提升改造工程，省交通厅已将项目报到交通运输部，可获得补助5200万元。守牢生态环保底线，充分发挥3支综合执法队伍力量，严厉打击乱砍滥伐、牛蛙养殖、生猪养殖等违法违规行为，清理牛蛙养殖83场、生猪养殖34场。实施孙坑、仙石两个黑臭水体治理项目，完成新湖村污水处理站点建设。加强生态修复，淘汰巨尾桉280亩，改种阔叶林。守牢安全生产底线，压实“一岗双责”，整治安全隐患37处，完成上徐线道路安保工程建设，设置支路哨兵5个。提升应急体系建设，建强两支30人半专业化队伍，全乡没有发生安全生产事故。2022年安全生产考核位居全县第一。守牢耕地保护底线，保持“两违”整治高压态势，拆除“两违”105宗13.46万平方米，完成违法图斑整治340宗490亩。推进土地开发，新增耕地、水田252亩，实施旧村复垦21.8亩。守牢社会稳定底线，落实“六定五包”责任，息诉息访18起；劝返滞留缅北涉诈人员7人；开展“打假治乱”，查获假烟211件，抓获人员2名，移交涉假车辆4辆。

（陈可姗）

【队伍建设】 2022年，下河乡深入开展“大学习、大调研、大讨论”活动，严格执行县委“六个一”工作机制，在全乡开展落实“最后一米”作风建设活动。建立班子成员重点工作清单、当周计划表、上周工作完成情况表，实行“每晚一小结、每周一总结”，健全党政主要领导与分管领导不定期会商机制，以上率下，传导压力。推行驻村工作队和股室负责人分开考核，每人评出一个档次。举办深化“大学习”，中层干部“微讲堂”活动，搭建“演武场”，分享工作经验，汇报工作计划，营造比学赶超的浓厚氛围。建立村主干周例会落后表态机制，开展“一周一主题”表态发言。完善村主干绩效量化考评机制，每名村主干评出一个档次，强化结果运用。

（林 潇）

【特色农副产品】 2022年，下河乡依托下河万亩杨桃基地，创新生产、加工、经营模式，不断延长产业链，推进杨桃深加工，提升产品附加值。其中，盈漳、和丰、富达等农民专业合作社与嘉利王、金冬冬等多家本土食品加工企业合作，生产风干杨桃、冻干杨桃、杨桃罐头、果脯、饮料等杨桃系列产品，投放市场后获得广泛好评，年销售额达1000多万元。

（吴镇斌）

【乡村旅游景点开发】 下河村。下河乡下河村，以盛产优质杨桃远近闻名，万亩杨桃成为村民脱贫致富的支柱产业。下河杨桃荣获全国地标金奖，下河村成为全国“一村一品”示范村、全国乡村特色产业亿元村、福建省美丽休闲乡村、福建省乡村旅游村。

七高礤村。七高礤自然景观独特，红色文化资源丰富。从七高礤村西边的大山上奔流而下的溪水形成了七个大小不等的瀑布群，七高礤村也因此得名。灯尾乌山与魁扇尾崇尖连着大崇大草山，屹立在七高礤村的西边，海拔986米，是云霄县下河乡最高的一座山。山上千岩竞秀，万壑争流，林涛竹海，云蒸霞蔚，是一片保持完好的生态林。

坡兜村。坡兜畲族村位于云霄县西北部，距离县城15千米，是云霄县唯一的少数民族村。以坡兜畲村交椅楼、钟氏祖祠、崇耀府、宗耀堂和茶马古道为核心的一鉴钟情园，畲族风情浓郁，是融古民居、古陶瓷生产线、古庙古祠古道于一体，显示出畲族传统文化的古貌和耕读世家的风尚，又是一处以党建文化为主题和具有钟馗文化特色的畲族文化园。

车圩村。手擀水面筋道入味，成为下河乡特色美食基地。

土楼文化。内龙村陶淑楼、车圩村燕翼楼、后山村槑福楼等土楼星罗棋布。

（方 楠）

马铺乡

【概况】 马铺乡辖区面积约161平方千米，其中山地面积13200公顷，耕地面积1233.3公顷，林业面积11733.3公顷。下辖28个行政村、237个自然村，总人口44300人，常住人口约2.4万人。2022年，全乡实现规模工业总产值6.44亿元，比上年增长16.1%；农业总产值10.53亿元，比上年增长27.4%，农民人均可支配收入23684元，比上年增长9.32%；一般公共财政总收入2103万元，地方级财政收入1226万元。

【工业经济】 2022年，马铺乡固定资产投资22.4699亿元，比上年增长519.6%，限额以上零售额5503.9万元，比上年增长200.27%，实现规模工业增加值2.1亿元，比上年增长19.1%，外贸进出口1511.19万元，工业税收2016.34万元，比上年增长19.73%。

【农业经济】 2022年，马铺乡农业经济生产总值105335.18万元，比上年增长27.4%；农民人均可支配收入23684元，比上年增长9.32%。大力发展农业特色产业，发挥龙镜村“镜花缘”、客寮村“淮山产业园”示范引领作用，做新马铺淮山、脐橙、茶叶等老品牌产业，做精树葡萄、天香葡萄、“红美人”新进高优水果产业，做真名贵花木、优质生态养殖等特色产业。建设一个峰头、龙镜、马铺、石芹、石鼓、杨美、桥头等7个村的高标准农田建设项目，夯实农业发展基础。

【项目建设】 2022年，马铺乡县级以上10个重点项目（4个工业项目，1个交通项目，2个农林水项目，1个能源项目，2个城建项目），全年完成投资31.18亿元，完成年度计划的123.14%。全力保障项目建设提速提效，省级重点项目闽粤联网工程提前3个月竣工投产。2个市级重点项目按序时进度推进，其中磁性粉料增资项目当年投产并新增新上规模；2个闽粤联网配套项目马铺供水工程、废水处理及回用工程也如期竣工并投产，其他项目按时序进度有序推进。

【农民合作社】 马铺乡全乡共成立各类农民专业合作社68家，家庭农场129家。其中，客寮矾山果蔬专业合作社被评为国家级示范合作社，马铺库区花木专业合作社、富硒家庭农场、华丽家庭农场被评为省级示范合作社、家庭农场，高山湖家庭农场、大栋后果品家庭农场被评为市级家庭农场，“何氏农业”被认定为省级著名商标。矾山果蔬专业合作社所生产的淮山被福建省农业农村厅认定符合无公害农产品相关标准，获颁无公害农产品证书。

【特色农副产品】 马铺乡雨量充沛，水源充足，属南亚热带季风气候，年平均温度21℃，农产品种类繁多，具有优良的农业生产条件。依托“基地＋合作社＋农户”的发展模式，全乡28个行政村均实现了“一村一品”。其中金竹柏、铁红鸡蛋花畅销省内外，淮山、枇杷、金枣、百香果、树葡萄等富硒产品深受广大养生消费者的欢迎。天香葡萄、“红美人”果冻橙、药材橙、湖洋甜茶等高优农业代表产品走俏市场。

淮山　淮山喜旱怕涝，适合种植在土层深厚、土质疏松的沙质壤土，马铺山多田少，气候、土壤适宜，为淮山种植提供了有利的生产种植环境，所产的淮山呈棒槌状，具有皮薄、肉厚、色乳白，淀粉含量较高，表皮裂纹细腻光滑，断开渗透液黏滑，褐变慢，结痂快，口感好的特点。至2022年底，全乡淮山种植面积4427亩，专业种植户达1500多户，产值近2556万元，主要分布在客寮、新楼、粗溪、枧河、磜头、杨美等6个村，客寮村获选全国乡村特色产业亿元村。“马铺淮山”先后通过国家市场监督管理总局中国地理标志产品注册商标和无公害农产品认证，成功入选农业农村部全国名特优新农产品目录。引入淮山深加工生产线，淮山观光工厂已建设完工，通过依托国家级示范社——矾山果蔬农民专业合作社及龙镜淮山美食体验馆，进一步延伸淮山深加工生产链。成功研发淮山饼、淮山粿、淮山馒头、淮山汤圆、淮山面线、淮山面、淮山蝴蝶面、淮山片、淮山粉等系列产品。其中漳州何氏农业公司研发的“淮山三宝”系列产品远销省内外，深受广大群众的喜爱，在海峡农博会、花博会获得畅销产品奖，成功入围“漳州市十大伴手礼”评选。

花卉　花卉产业主要分布在峰头水库库区，主要利用库区所形成的小气候条件优势，重点培育苗木花卉和具有较高观赏价值的名贵花木。马铺名贵花木品牌影响不断扩大，至2022年底，全乡共种植花卉苗木4738亩，100亩以上的花卉苗木基地12个，50亩以上的花木经营大户25户，集中分布在库区杉脚、青美、大坪、坑口和龙镜等5个村。主要种植茶花、桂花、台湾花旗木、台湾铁红鸡蛋花、罗汉松、金竹柏等50多个品种，2022年，花卉销售总额近6230万元，户均增收2.6万元。

金竹柏　金竹柏系世界珍奇濒危观赏竹柏，属国家二级保护植物，被现代科学称为“活化石”，全身是宝，有“植物钻石”的美誉。金竹柏喜温暖湿润，耐阴性强，对土壤要求不严，能够有效利用马铺荒旧山地。群植、孤植、列植都十分入景，是一种优良的珍稀观赏树种，亦是盆栽盆景佳材。随着金竹柏种子油的药用价值被开发，市场前景越来越好。因金竹柏生长缓慢，培育人少，移植困难，市场奇缺，地径2—3厘米竹柏苗报价均在20—60元，市场紧俏。截至2022年底全乡种植金竹柏7万多株，面积达1200多亩，2022年镜花缘金竹柏4万多株，面积300多亩。其中龙镜村投资近1400万元，建成全省最大的金竹柏休闲观光基地。

磜头脐橙　磜头脐橙是马铺乡生产历史悠久的一种名优特产品，因原产于磜头村而名。有史料证明：早在清代马铺就有人种植磜头脐橙，并入贡朝廷，所以有人名之为“皇帝橙”或者“御橙”。磜头脐橙是一种晚熟脐橙，2月开花结果，到11月中旬以后才能成熟。由于果实生长期长，故品质上乘，其果形中大，果皮油泡光亮，果肉橙黄，汁泡柔软清甜，无丝无籽，香气浓郁，果汁丰富，含糖在13度以上，胡萝卜素含量高，最为与众不同的是果皮可以和果肉一起食用。另外，脐橙花量大，其花可熏制芸香茶，果皮、叶片和嫩枝可提取香精油。

甜茶　甜茶，学名多穗柯，可采摘嫩叶直接在口中咀嚼，也可制成“茶”饮用，每年可采摘嫩叶2—3次，摘去嫩叶后又从老叶腋中生长出新枝条，多穗柯甜茶的干茶外形呈椭圆似蝌蚪，色泽乌黑或墨绿油润，叶底翠绿鲜活，汤色黄绿或黄红明亮，内质香气甜香持久，滋味清甜爽口。多穗柯甜茶不仅能生津止渴，而且具有很好的药理保健功能。《中华中药志》记载：“多穗柯茶能防治高血压、治疗湿热痢疾、皮肤瘙痒、痈疽恶疮等症，并具有滋养肝肾、和胃降逆、润肺止咳、解困醒酒等作用。”据研究，多穗柯甜茶中富含的黄酮类物质、三萜烯类化合物具有抗过敏，抗炎、降血压、降脂等作用，提取纯化这些有效成分，可以开发出以多穗柯甜茶为原料的第三代保健食品和天然药品。马铺乡多穗柯甜茶主要分布在湖洋村，现存原生态多穗柯甜茶种植面积约550亩。

风柜斗草　风柜斗草喜长于常年相对湿度90%左右，年均温度20℃以上，年均日照超过2000小时，土壤呈微酸性，有机质含量20%以上，速效钾较高的中低山区林下。马铺乡能满足这些水土气候条件，因而成为风柜斗草生长的天然温床。马铺风柜斗草品质优良，药用价值极佳，是民间和中医验方治疗肝炎的常用草药，据临床实践证明，马铺风柜斗草对急性肝炎（甲肝、乙肝急性期）疗效较好，对慢性肝炎及乙肝病毒携带者亦有效，治疗急慢性肝炎、肝硬化腹水，疗效确切，毒副作用较小，为优良天然药物资源。

沉香　马铺乡自古就是天然优质沉香的主要产地，马铺沉香久负盛名，多呈不规则块、片状或盔帽状，表面凹凸不平，有刀痕，薄壁细胞含草酸钙柱晶，有黑褐色树脂与黄白色木部相间的斑纹，孔洞及凹窝表面多呈朽木状，且其质较坚实，断面刺状，不能沉水，燃烧时有油渗出，发浓烟，香气浓烈。沉香素有“药中黄金”的美称，马铺沉香是云霄县生产历史悠久的传统名贵中药材，味苦辛、性微温，具有行气止痛，温中止呕，纳气平喘之功效。

巴戟天　民间流传一句话“北有人参，南有巴戟”，巴戟天味甘、辛，性微温，有补肾壮阳、强筋壮骨、祛风除湿之功效，被誉为“补肾壮阳之要药”。它性喜温暖、湿润的环境，要求土层深厚，疏松肥沃，排水良好的微酸性的红壤和黄壤土，马铺乡山清水碧、蔚然深秀，为中草药的生长提供了得天独厚的自然环境，且种植历史悠久、经验丰富，自归德将军陈政时期训种至今，培育出的巴戟天品质优良，根条粗壮，形如鸡肠，显连珠状，肉质肥厚，木质心小，其有效成分蒽醌类、黄酮类化合物、多糖含量均达到《中华人民共和国药典（2020年版）》的质量标准。

【社会事业】　2022年，马铺乡建档立卡脱贫户593户2137人，重点户24户，每个重点户均有2名以上干部挂钩，并要求所有结对帮扶的干部全部进村入户至少4次，帮助落实帮扶资金超78.72万元，明确帮扶项目16个。加强小额信贷发放管理，做好脱贫人口小额信贷政策宣传，对符合条件的脱贫户做到应贷尽贷，2021—2022年底累计协助办理小额信贷92户金额285.1万元。全乡低保户627户1184人、特困户167户167人，实现应保尽保。全年累计发放低保、五保、优抚对象补助资金961.2万元，全乡社会保障体制更加完善。通过金秋助学、“雨露计划”、善融电商助学及各村的助学基金等渠道筹措资金，累计资助全乡困难学生79人次。

结合各村实际，有序推进龙

镜等15个村村庄规划编制。投资2357万元的云霄县城乡供水一体化马铺片区项目已建成投用，可同时满足闽粤联网及周边部分村的用水需求。推进省图斑整改35宗，部卫片整改8宗、“两违”综合治理22宗，遏制农村违法违章抢建、滥建行为，查处农村乱占耕地建房问题。开展“清洁攻坚清零”行动和“拆旧拓新”竞赛，推进“拆废拆破拆危拆违”，全乡累计清理农村生活垃圾12260多吨，清理沟渠32千米，转运农业生产废弃物5.08吨。拆除破旧房屋、猪圈、旱厕、残垣断壁等756宗，61573.35平方米，拆旧总面积与平均面积均位列全县第一。

推进民心工程，投入392万元完成粗溪幼儿园建设及硬件提升，完成杨美小学征迁及围墙等配套工程。至2022年底，已完成建设总投资1016万元的乡级骨灰楼堂，促进全乡殡葬改革不断发展。投入1584万元完成10.559千米农村道路改扩建，在主干道路口交会处配置5套“支路哨兵”预警设备，安装建设波形护栏3478米、桥边联护栏208米，有效化解道路交通安全隐患。投入121万元对枧河、马铺等村进行地灾点治理，保护群众人身财产安全。

【自治组织建设】 马铺乡村级组织村“两委”共187名，村党组织委员102名，村委会委员121名（交叉任职36名），村“一肩挑”主干28名，35周岁以下70名，女性委员46名。村党组织书记平均年龄为46.18岁，大专以上学历17名，占60.71%；村女性正职2名，占7.14%；村“两委”成员平均年龄39.49岁，中专高中以上学历76.47%，进一步优化村“两委”班子成员的年龄、学历、性别等结构比例，做到学历、年龄“一升一降”。制定《村主干绩效考评管理办法》，实行责任指标细化考核，激发村干部工作主动性和积极性，营造争先创优工作氛围。持续深化乡镇机构改革，按照库区、山区划分3个片区（其中山区划为2个片区），实行驻村工作包干联动机制，并配套村级专管员整合，完成各项驻村攻坚工作。

【基层党建】 2022年，马铺乡深入挖掘坪水苏维埃革命精神和库区移民创业精神等多元党建文化精神内涵，勾画特色党建品牌发展思路。提升“苏维埃之光谱新章”党建品牌影响，以获评福建省“中央红军村”、漳州市爱国主义教育基地为契机，完成坪水村纪念碑、烈士陵园美化工程及何两花故居修缮提升，有序推进坪水与火田镇白石道路建设，培养志愿讲解队伍，推动云霄县第一位女党员何两花的故事在省妇联微信平台进行宣传。丰富库区移民创业精神载体，串联“龙镜村展示厅—扶贫产业示范园—党建文化公园—镜花缘生态农庄”精品线路，全方位推进串点连线党建品牌的辐射带动作用，打造党建引领乡村振兴标杆村，吸引各阶层人士到访学习参观，辐射带动邻近的下庵、杨美、粗溪、大仑建设坪水红色主题公园。

【乡村旅游景点开发】

坪水乡苏维埃政府旧址　坪水乡苏维埃政府纪念碑坐落于坪水村。1933年4月，红三团政治部主任李克己带一个连深入平和、云霄交界处的何地一带开展革命活动，组织农会，宣传和发动群众，并于1934年8月，成立了云霄县第一个红色政权，即坪水乡苏维埃政府。坪水乡苏维埃政府是云霄县唯一建立苏维埃政权和进行过土改的苏区，其光辉的历程已载入史册。总投资10万元的坪水乡苏维埃政府纪念碑于2009年11月落成，其建筑主体高3.4米，宽2.2米。坪水村前后投入158万元将坪水苏维埃政府旧址、红军陵园、红军树、苏维埃革命纪念碑、革命陈列室等教育观摩点紧密连接起来，形成了完整开放的红色教育环形路线，已成为党性外训班的必到之处，成为云霄县革命传统教育的新景点。

镜花缘生态农庄　坐落于龙镜村大坪头自然村，是一个集党建引领、生态观光、乡村振兴、休闲娱乐于一身的特色农业基地，先后获评“福建省巾帼示范基地”“漳州市五四红旗团支部”“云霄县农业十大观园”“福建省水乡渔村休闲渔业示范基地”“福建省2030创建工程乡村振兴产业联系点”等称号。占地800004平方米，划分为铁红鸡蛋花创业区、名贵花木观赏区、生态旅游观光区、特色水果采摘区四大功能区。主要种植金竹柏、铁红鸡蛋花、天香葡萄、树葡萄、墨黑葡萄、无花果等特色花果农产品，远销全国各地，年创产值可达1200多万元。推进农旅融合，打造“镜花缘”主题文化，开发“十里桃花道”“凝翠谷”“杜云轩”等旅游景点，建设库区淮山美食体验馆，建成水上高尔夫、趣味滑草、临水栈道垂钓、休闲射箭等项目，一年可实现旅游收入150多万元，带动当地农民通过农产品和旅游服务增收50万元。借助龙镜村镜花缘生态农庄辐射作用，投入300万元，以村、企合作的形式建设龙镜村乡村旅游配套工程，在园区内建设时光隧道（砖窑）、环湖小火车等项目，将龙镜村打造成旅游观光、休闲农场、瓜果采摘、乡村生活体验基地的美丽乡村，推动农旅融合发展。

醉美宝石 文化景观、旅游资源高度富集，闽南特色村居、土楼建筑群、云山居士林太师公讲学遗址、油菜花基地、森林文化公园、蝙蝠石公园、霞城古桥等人文景观星罗棋布。

和平乡

【概况】 云霄县和平乡位于云霄县西北部，云霄、诏安、平和三县接合部，东凭将军山与莆美镇接壤，西隔乌山山脉与诏安县红星乡毗邻，南连常山华侨经济开发区，北接下河乡，县道“建火线”斜贯全境，下辖13个行政村和9个社区，共有75个自然村，7082户29799人。乡场总面积111平方千米，其中山地面积15.3万亩，耕地面积近4000亩，属南亚热带季风气候，全年无霜期达310天，平均气温20℃，热量丰富，光照充足，干湿分明，雨量充沛。多为丘陵地带，宜林宜果，盛产枇杷、青枣、荔枝、龙眼等水果及茶叶，素有“枇杷之乡”美称，也是著名的茶乡。

2022年，和平乡实现规模工业总产值6.85亿元，增长15.3%；限上社会零售总额2.97亿元，增长187.4%，外贸出口2.04亿元，增长73.4%，实际利用外资600万美元，增长100%，一般公共财政收入1790万元，增长68.1%，地方公共财政收入完成1078万元，增长87.5%。

【工业经济】 2022年，和平乡深入开展“产业发展项目建设攻坚年”活动，出台《“党建+七比一看”竞赛活动实施方案》，健全招商联动机制，坚持抓招商、攻项目、补短板，设立驻开发区企业服务点，实行“一企一策、一企一专班”。下达乡村两级干部招工任务，协助企业招工485人次，全力解决企业用工需求。扎实开展用地扩容增效专项行动，完成冠德生物闲置土地处置、凯禾实业闲置土地认定和福益卫生用品供而少动处置，处置闲置土地面积44.31亩、供而少动面积10.06亩。全年新签约项目19个、投资额达13.86亿元，新增“四上”企业17家，其中限上商贸企业15家，“七比一看”竞赛排名位于全县前列。

【农业经济】 2022年，和平乡（场）农业总产值10.28亿元，农民人均可支配收入22861元。和平乡立足省级乡村振兴特色乡镇，紧扣“红区、青茶、黄果、绿蔬、土楼、蓝天”发展方向，推动农旅资源融合发展。立足做优做强特色品牌，建成上坂村农特产品加工通用厂房、泮坑茶叶示范园、精细茶叶加工场及仓储物流项目等8个农业重点项目，搭建农产品产销对接服务平台，提升果蔬抱团发展，实现枇杷、茶叶、富硒蔬菜3个特色产业全产业链产值达3.2亿元。坚持“点上有精品，串点出路线，连线成规模”发展思路，扎实推进棪树—内洞—泮坑示范线建设，投入400万元建成“两馆一基地”（枇杷体验馆、茶文化馆和茶产业研学基地）项目，投入600万元实施特色枇杷屋、棪树内洞村容村貌整治提升和建火线党建领航等项目。全年接待游客28.3万人次、旅游总收入1000万元以上。

【项目建设】 2022年，和平乡完成新增项目入库13个，投资额7.99亿元。协助凯业工贸正式投产，推动增资900万美元的大亚电线电缆实现复工复产，信泽业丰实现当年开工、当年投产。深入研究资金政策扶持方向，精准对接申报，争取乡村振兴、水利、交通、现代农业产业园等51个项目3480.62万元，补齐资金短板。以乌山红色革命事迹为主线，投入100万元实施红色乌山集市改造提升项目，建设20间沿街店面，用营地集市概念，把普通的沿街小铺形式变成具备青年引流、产品销售、游客驻停的综合体，让乌山集市自带红色传播属性。投入43万元建设晖映污水处理站提升治理试点项目，打造全县首个污水净化池的“湿地公园”。

【社会事业】 2022年，和平乡34个为民办实事项目年度任务全面完成，民生支出占财政支出的50%以上。实施敬老院区域性养老服务中心提升改造工程和径仔村长者食堂等项目，农村养老服务设施覆盖率超90%。交通路网渐趋完善，新建改造道路10.42千米，河径线完成单改双提升改造，径莆线盖板涵洞、上坂村溪角生产路等项目建成通车。以安全生产专项整治三年行动为抓手，强化隐患排查整治，实行整改销号“回头看”，确保安全形势稳定。严厉打击各类违法犯罪行为，推动信访“治重化积”，紧盯安吉矿山、电信诈骗和打假等重点领域，注重抓早抓小、依法依规处置，全力维护社会安定稳定。

【自治组织建设】 2022年，和平乡深入开展“大学习、大调研、大讨论”活动，支部书记上党课46场次。制定《加强党的政治建设的实施方案》和“六个一”工作机制等，指导各支部规范组织生活，党务工作水平不断提升。着力盘活村集体资产，全乡13个村村财均达10万元以上，其中西安、坎顶达50万元。以乌山红色革命根据地为依托，实施红色乌山集市改造提升项目，扎实推动“红色主题+生态游”建设。创新采用清运分离模式，率先推出简易红线图，共拆除“四必拆”848宗5.02万平方米，以奖代补村级80万元；持续推进拆后利用，因地制宜新建6个小公园、17个微景观并打通4条环村路，打造后坪、宜谷径等示范点。严守生态涵养片区底线，强化巡查监管力度，坚决对牛蛙养殖和破坏耕地等行为零容忍。坚持正风肃纪。实施村级换届“回头看”，采取提醒谈话6人、通报批评8人、诫勉谈话2人、党内警告处分5人、停职处理5人等问责问效措施，倒逼干部作风转变。坚持问题导向，把巡察反馈的55个问题进行责任分解，逐条逐项整改到位；针对2021年度抓基层党建工作述职评议会上查摆的3个问题，已全部整改落实到位，各项工作有条不紊。

【特色农副产品】 云霄县和平乡总面积111平方千米，其中山地面积15.3万亩，耕地面积2.07万亩，属南亚热带季风气候，全年无霜期达310天，平均气温20℃，热量丰富，光照充足，干湿分明，雨量充沛；多为丘陵地带，宜林宜果。和平乡贯彻落实乡村振兴战略，注重党建引领，通过建设农业大观园、建立专业合作社等形式，枇杷、茶叶等驰名省内外，黄金百香果等农特产品品牌日渐形成，大斜红菇、东方芋头等在云霄更是久负盛名。

枇杷　和平种植“早钟六号”枇杷2万多亩，是全县最大的早熟枇杷生产基地。开发枇杷花、枇杷膏、枇杷露、枇杷蜜饯等枇杷深加工产品，提升枇杷产业附加值，促进一、二、三产融合发展，规划每年新嫁种高优枇杷500亩。

茶叶　茶叶种植面积约8000亩，主要分布在泮坑作业区、茶山作业区、桥头村、桜树村，其中泮坑茶叶种植面积约2000亩，种植的茶叶品种主要有黄观音、八仙茶、单枞水仙、毛蟹等；茶山作业区、桥头村、桜树村主要品种有“野生苦茶”“大红袍”“白鸡冠”“金观音”“紫红袍”“肉桂”“本山”“雀舌”“黄旦”“夜明香”等13个品种。

百香果　百香果可生食或作蔬菜、饲料。果瓤多汁液，加入重碳酸钙和糖，可制成芳香可口的饮料，还可用来添加在其他饮料中以提高饮料的品质，素有“果汁之王”“摇钱树”等美称。和平乡境内河塘百香果核心示范区致力于打造集种植基地、旅游观光、生产加工销售等于一体的综合性休闲园区场。百香果种植面积达200多亩，主要种植黄金百香果，亩产值达12000元。

红菇　大斜红菇生长面积500亩，每年夏秋两季采收，年产值20万元。

东方芋头　东方芋头是东方村特产，已成为和平乡蔬菜产业的主导特色品种。

【乡村旅游景点开发】 和平乡以乌山红色之旅为载体，结合现代观光农业与乡村旅游，进一步打响“和平之旅”生态旅游品牌。统筹资金3800万元，完善沿线村庄旅游基础设施，推进四个农业大观园建设，打造富有特色的乡村游品牌。和平乡获评“中国旅游产业影响力美丽乡村”，椴树村获评“中国美丽休闲乡村”。内洞、桥头等2个村被列为全国旅游扶贫重点村，内洞、桥头、椴树等3个村被评为福建省特色景观旅游名村。全年累计吸引游客超28万人次，旅游经济收入1000万元以上。

乌山红色旅游景区　位于云霄西部的和平乡境内，东接常山开发区，南邻诏安县，山脉走向呈南北趋势，最高海拔1117米，自北而南，绵延百里，是闽粤边区重要的山脉，漳诏高速公路经云霄县城可达，距云霄城区约30千米，交通便捷。景区内奇岩怪石处处可见，又是一块富有革命光荣传统的“红色土地”，是原闽南地委机关所在地，被誉为“闽南的井冈山”。

椴树文创村　椴树村历史悠久，民俗文化底蕴丰富，有“上刀梯”“趟火海”“捞油锅”“坐刀轿”等民俗活动。村庄生态环境优越，属富硒产区，地形地貌为多山丘陵，植被覆盖率极高，大体上形成有山皆绿的山体植被状态；村庄则深藏在层层果林之间，枇杷文创形象生动。村庄有云霄“小布达拉宫”的美誉。

内洞乡村游　民居古朴，风景优美，旅游资源丰富。有吴彩楼、百年榕、成事岭、原始森林及山涧溪流瀑布等景观，先后被列为首批国家旅游扶贫试点村、福建省首批旅游扶贫工作重点村、福建省美丽乡村、福建省第二批特色景观旅游名村、漳州市县级富美乡村示范村等，是一个村小资源多发展潜力大的小山村。

安吉乡村游　拥有原安吉人民公社、割藤埔土楼等景观。割藤埔土楼按马蹄形状而建，也称马蹄楼，有200多年历史，该楼设计建设房间25间。

宜谷径树滋楼　建于清乾隆己酉年，至今已有220年的历史，该楼占地面积2461.76平方米，分3层，每层28间，总共84间。其结构分为两大部分，屋顶为琉璃瓦结构，建筑雄观，且具有抗震、防火、防盗的功能，堪称土楼建筑史上一朵奇葩。

泮坑专业茶村生态园　地处和平农场泮坑作业区，园区计划投资3000万元。重点突出整村专业制茶，以及生态茶园观光旅游特色。大力发展集生态种植、休闲观光、手工制茶体验于一体的传统茶村观光旅游业，将茶业与文化产业发展相融合，提升老茶村形象，打响泮坑“生态+”茶文化品牌，辐射带动和平乡整体茶产业发展，振兴和平老茶乡。

椴树枇杷生态观光园　地处和平乡椴树村、内洞村，园区计划投资6000万元。重点凸显枇杷观光、枇杷采摘、枇杷文化等特色。积极推广“现代农业+生态游”模式，规划建设枇杷生态园4500亩，整合椴树村、内洞村得天独厚的枇杷产业优势和天然景观资源，打造特色枇杷产业文创基地。

（郑铭杰）

附 录

单位组织和负责人

2022 年云霄县副科级以上单位领导干部一览表

表 5

姓名	单位及职务	性别
中共云霄县委		
蓝良木	县委书记	男
沈顺来	县委副书记	男
方毅强	县委副书记	男
徐玮琳	县委常委	男
张东洲	县委常委	男
陈顺国	县委常委	男
周志坚	县委常委	男
叶　芳	县委常委	女
肖华顺	县委常委	男
吴志英	县委常委	女
吴南华	县委常委	男
云霄县纪检监察机关		
县纪委		
叶　芳	县纪委书记	女
方旺彬	县纪委副书记	男
吴印辉	县纪委副书记	男
方培新	县纪委常委	男
黄农政	县纪委常委	男

续表 5

姓名	单位及职务	性别
方志健	县纪委常委	男
周珍姬	县纪委常委	女
县监委		
叶　芳	县监委主任	女
方旺彬	县监委副主任	男
吴印辉	县监委副主任	男
方培新	县监委委员	男
方志健	县监委委员	男
张宏伟	县监委委员	男
张镇垚	县监委委员	男
中共云霄县委工作机关及直属单位		
县委办		
张非同	县委办主任	男
张群艺	县委办副主任	男
庄　园	县委办副主任	女
洪志超	县委办副主任	男
陈　阳	县纪委监委驻县委办纪检监察组组长	男
梁丽英	县纪委监委驻县委办纪检监察组副组长	女
组织部		
张东洲	县委组织部部长	男
吴钦辉	县委组织部分管日常工作的副部长	男
王桑坤	县委组织部副部长	男
张永结	县委组织部副部长	男
方宝忠	县纪委监委驻县委组织部纪检监察组组长	男
陈桔红	县纪委监委驻县委组织部纪检监察组副组长	女
宣传部		
吴志英	县委宣传部部长	女
汤光宇	县委宣传部副部长	男
郑晓松	县委宣传部副部长	男
方嘉哲	县委宣传部副部长	男
罗耀宗	县纪委监委驻县委宣传部纪检监察组组长	男
统战部		
肖华顺	县委统战部部长	男
张俊池	县委统战部分管日常工作的副部长	男
蔡振新	县委统战部副部长	男
方志伟	县委统战部副部长	男

续表 5

姓名	单位及职务	性别
张江靖	县委统战部副部长	男
方永辉	县纪委监委驻县委统战部纪检监察组组长	男
政法委		
徐玮琳	县委政法委书记	男
黄卫忠	县委政法委分管日常工作的副书记	男
汤毅民	县委政法委副书记	男
罗振城	县委政法委副书记	男
陈岳松	县委政法委政治处主任	男
吴永林	县纪委监委驻县委政法委纪检监察组组长	男
陈文级	县纪委监委驻县委政法委纪检监察组副组长	男
编办		
黄锦标	县委编办主任	男
县直机关工委		
张东洲	县直机关工委书记	男
陈加山	县直机关工委分管日常工作的副书记	男
巡察办		
方培新	县委巡察办主任	男
高志炎	县委巡察办副主任	男
蔡镇勇	县委巡察办副主任	男
王政奇	县委巡察一组组长	男
朱秋茹	县委巡察一组副组长	女
黄志超	县委巡察二组组长	男
田　立	县委巡察二组副组长	男
吴文忠	县委巡察三组组长	男
吴美泉	县委巡察四组组长	男
老干部局		
王桑坤	县委老干部局局长	男
朱建顺	县委老干部局副局长	男
文明办		
何煌辉	县委文明办主任	男
张碧婷	县委文明办副主任	女
张妙丹	县委文明办副主任	女
党校（行政学院）		
张东洲	县委党校（行政学院）校长	男
张志山	县委党校（行政学校）常务副校长	男
吴顺昌	县委党校（行政学校）副校长	男

续表 5

姓名	单位及职务	性别
黄可珍	县委党校（行政学校）副校长	女
	党史和地方志研究室	
王一雄	县委史志室主任	男
朱晓娴	县委史志室副主任	女
吴鸿裕	县委史志室副主任	男
徐　捷	县委史志室副主任	男
	档案馆	
黄志钦	档案馆馆长	男
汤智谋	档案馆副馆长	男
张　毅	档案馆副馆长	男
	融媒体中心	
汤若蓉	融媒体中心副主任	女
黄高合	融媒体中心副主任	男
朱谊深	融媒体中心副主任	男
	云霄县人大常委会	
林达祥	县人大常委会主任	男
方伟仪	县人大常委会副主任	男
张永久	县人大常委会副主任	男
董勇贵	县人大常委会副主任	男
	云霄县人大常委会工作部门和专门委员会	
	人大办	
林添明	县人大办公室主任	男
	人事代表委	
吴秋生	县人大人事代表委主任	男
	监察司法工委	
何加旺	县人大监察司法委主任	男
林经义	县人大监察司法委副主任	男
	财经委	
林长镇	县人大财经委主任	男
柳迎香	县人大财经委副主任	女
	农经委	
黄淑琼	县人大农经委主任	女
林爱群	县人大农经委副主任	男
	科教文卫委	
梁炎林	县人大教科文卫委主任	男
	侨台委	
何文革	县人大侨台委主任	男

续表 5

姓名	单位及职务	性别
	城环委	
骆庆祥	县人大城环委主任	男
	信访办	
张丽芬	县人大信访办主任	女
郭镇宗	县人大信访办副主任	男
	社会建设委	
张　玫	专职副主任	女
	人大法制委员会	
方伟仪	主任委员	男
何加旺	副主任委员	男
	人大财政经济委员会	
张永久	主任委员	男
林长镇	副主任委员	男
	人大社会建设委员会	
林添明	副主任委员	男
	人大监察和司法委员会	
董勇贵	主任委员	男
何加旺	副主任委员	男
	纪检组	
方安妮	县纪委监委驻县人大常委会机关纪检监察组组长	女
陈灿辉	县纪委监委驻县人大常委会机关纪检监察组副组长	男
	云霄县人民政府	
沈顺来	县长	男
陈顺国	副县长	男
方成江	副县长	男
林立鹏	副县长	男
吴荣辉	副县长	男
汤永坚	副县长	男
方锦洲	副县长	男
蔡权城	副县长	男
洪逸峰	副县长	男
张永锟	副县长（挂职）	男
林治柑	副县长（挂职）	男
	漳江口红树林国家级自然保护区管理局	
王秋阳	红树林管理局局长	男
方柏州	红树林管理局副局长	男

续表 5

姓名	单位及职务	性别
朱锦武	红树林管理局副局长	男
云霄县政府工作部门及直属单位		
政府办		
朱泉源	县政府办党组书记、主任	男
陈荣辉	县政府办副主任	男
林海树	县政府办副主任	男
罗煜阳	县政府办副主任	男
许建民	县政府办副主任	男
张跃武	县纪委监委驻县政府办纪检监察组组长	男
蔡民忠	县纪委监委驻县政府办纪检监察组副组长	男
发改局		
方伟民	发改局党组书记、局长	男
张伟军	发改局副局长	男
戴志君	发改局副局长	男
翁常东	发改局科技副局长（挂职）	男
吴耀进	县纪委监委驻县发改局纪检监察组组长	男
方玉英	县纪委监委驻县发改局纪检监察组副组长	女
教育局		
林榕庆	教育局党组书记、局长	男
张连金	教育局副局长	男
周伟斌	教育局副局长	男
工信局		
陈跃溪	工信局局长	男
林志民	工信局副局长	男
方艺斌	工信局副局长	女
刘鸿权	工信局科技副局长（挂职）	男
汤进松	县纪委监委驻县工信局纪检监察组副组长	男
公安局		
吴荣辉	公安局党委书记、局长	男
张忠伟	公安局党委副书记、政委	男
方达虎	公安局党委副书记、副局长	男
方颖毅	公安局副局长	男
高连木	公安局副局长	男
朱荣东	公安局副局长	男
汤　熙	公安局副局长	男
民政局		
张文清	民政局党组书记、局长	男

续表 5

姓名	单位及职务	性别
汤丽凤	民政局副局长	女
	司法局	
张荣发	司法局党组书记、局长	男
汤艺勇	司法局副局长	男
	财政局	
吴黎明	财政局党组书记、局长	男
林加添	财政局副局长	
陈健雄	财政局副局长	男
	人社局	
方妙秦	人社局党组书记、局长	男
蔡俩群	人社局党组副书记	男
林德海	人社局副局长	男
林满和	人社局副局长	男
	自然资源局	
张志林	自然资源局党组书记、局长	男
陈一鸣	自然资源局副局长	男
黄景河	自然资源局科技副局长（挂职）	男
林高明	县纪委监委驻县自然资源局纪检监察组副组长	男
	住建局（人防办）	
柳启生	住房和城乡建设局党组书记、局长、人防办主任	男
吴添顺	住房和城乡建设局副局长、人防办副主任	男
	交通运输局	
方艺强	交通运输局党组书记、局长	男
方满林	交通运输局副局长	男
	水利局	
朱炎昭	水利局党组书记、局长	男
朱增土	水利局副局长	男
	农业农村局（县委农办）	
蓝锦辉	农业农村局党组书记、副局长，农办主任，县委扶贫开发成果巩固与乡村振兴办主任	男
方镇和	农业农村局局长	男
方衍波	农业农村局副局长	男
吴炎森	县纪委监委驻县农业农村局纪检监察组副组长	男
	文体旅局	
胡晓琳	文化体育和旅游局党组书记、局长	女
张建东	文化体育和旅游局副局长	男
张复勇	文化体育和旅游局副局长	男

续表 5

姓名	单位及职务	性别
卫健局		
林添齐	卫生健康局党组书记、局长	男
方三川	卫生健康局副局长	男
何金洲	卫生健康局副局长	男
高正义	县纪委监委驻县卫健局纪检监察组组长	男
林建仁	县纪委监委驻县卫健局纪检监察组副组长	男
退役军人局（“双拥”办）		
吴禧文	退役军人事务局党组书记、局长，“双拥”办主任	男
何俩福	退役军人事务局副局长	男
应急局		
罗坤辉	应急管理局党组书记、局长	男
陈明发	应急管理局副局长	男
骆义雄	应急管理局副局长	男
审计局		
许　勇	审计局党组书记、局长，审计办主任	男
黄赐杰	审计局副局长	男
林业局		
何炳森	林业局党组书记、局长	男
海洋渔业局		
吴泽洪	海洋与渔业局党组书记、局长	男
市场监管局		
孔　炜	市场监督管理局局长、党组书记	男
张明坤	市场监督管理局副局长	男
统计局		
王永城	统计局党组书记、局长	男
信访局		
陈荣辉	信访局党组书记、局长	男
郑木权	信访局副局长	男
方添生	信访局副局长	男
城市管理局		
方捷庆	城市管理局党组书记、局长	男
张舜祥	城市管理局副局长	男
行政服务中心		
林海树	行政服务中心管委会主任	男
王丽芸	行政服务中心管委会副主任	女
地震办		
林建松	地震办主任	男

续表 5

姓名	单位及职务	性别
陈婉琼	地震办副主任	女
	库区移民开发中心	
方灿毅	库区移民开发中心主任	男
林庆云	库区移民开发中心副主任	男
张葵华	库区移民开发中心副主任	女
	供销社	
吴松江	供销社主任	男
罗棋龙	供销社副主任	男
黄　娜	供销社副主任	女
	二轻联社	
方劲丰	二轻联社主任	男
张洪辉	二轻联社副主任	男
吴镇阳	二轻联社副主任	男
	政协云霄县委员会	
林意纯	县政协党组书记、主席	女
许师逊	县政协党组副书记、副主席	男
吴淑芬	县政协副主席	女
汤志远	县政协副主席	男
郭　玲	县政协副主席	女
	云霄县政协工作部门	
	政协办	
郑茂长	县政协办公室主任	男
	提案委员会	
高顺义	县政协提案委主任	男
黄蔚芳	县政协提案委副主任	女
	经济委员会	
陈德志	县政协经济委主任	男
施金文	县政协经济委副主任	男
	农业和农村委员会	
方志伟	县政协农业和农村委员会主任	男
	教科卫体委员会	
江丽丹	县政协教科卫体委主任	女
方　燕	县政协教科卫体委副主任	女
	社会法制委员会	
许新生	县政协社会法制委员会主任	男
黄俊海	县政协社会法制委副主任	男

续表 5

姓名	单位及职务	性别
台港澳侨委员会		
林丽华	县政协台港澳侨委主任	女
文化文史和学习委员会		
吴阿枞	县政协文化文史和学习委主任	男
吴琳洁	县政协文化文史和学习委副主任	女
纪检组		
陈城炉	县纪委监委驻县政协机关纪检监察组组长	男
吴叶青	县纪委监委驻县政协机关纪检监察组副组长	男
云霄县人民检察院		
林宏杰	县检察院党组书记、检察长	男
张伟民	县检察院党组副书记、检察委员会专职委员	男
陈文发	县检察院副检察长	男
方进权	县检察院副检察长	男
黄文滨	县检察院副检察长	男
吴志洪	县纪委监委驻县检察院纪检监察组组长	男
吴丽真	县检察院政治部主任	女
云霄县人民法院		
王恺丰	县法院党组书记、院长	女
林国清	县法院党组副书记、副院长	男
陈立雄	县法院副院长	男
方伟明	县法院副院长	男
吴建润	县纪委监委驻县法院纪检监察组组长	男
吴丽贞	县法院政治部主任	女
周文龙	县法院专职审委	男
柳福东	县法院专职审委	男
云霄县群众团体		
总工会		
肖华顺	总工会主席	男
吴文添	总工会常务副主席	男
朱耀林	总工会副主席	男
何春丽	总工会副主席	女
团县委		
方丽君	团县委书记	女
方　岳	团县委副书记	男
张荣虾	团县委副书记	女
妇联		
方静芸	妇联主席	女

续表 5

姓名	单位及职务	性别
林 炜	妇联副主席	女
科协		
汤重伟	科协主席	男
戴园笙	科协副主席	男
张淑荣	科协副主席	女
侨联		
高 健	侨联主席	男
工商联		
张江靖	工商联党组书记、常务副主席	男
文联		
石晓窗	文联主席	男
残联		
吴宏畴	残联理事长	男
红十字会		
方成江	红十字会会长	男
林钰泉	红十字会常务副会长	男
计生协会		
赖燕梅	计生协会常务专职副会长	女
吴惠忠	计生协会副会长	男
云霄县乡镇（开发区）领导名录		
中共云霄县云陵镇委员会		
方炬宇	云陵镇党委书记	男
蔡任邦	云陵镇党委副书记	男
胡春茂	云陵镇党委副书记	男
高 峰	云陵镇党委委员、纪委书记、监察组组长	男
方英俊	云陵镇党委统战委员	男
方锡东	云陵镇党委委员	男
何海滨	云陵镇党委组织委员	男
何玉武	云陵镇党委宣传委员	男
周培文	云陵镇党委政法委员	男
云陵镇人大主席团		
郭颖辉	云陵镇人大主席	男
云陵镇人民政府		
蔡任邦	云陵镇人民政府镇长	男
洪毅军	云陵镇人民政府副镇长	女
何鸿伟	云陵镇人民政府副镇长	男

续表 5

姓名	单位及职务	性别
中共云霄县莆美镇委员会		
林青海	莆美镇党委书记	男
方洪伟	莆美镇党委副书记	男
朱文全	莆美镇党委副书记	男
汤江城	莆美镇党委委员	男
陈耀森	莆美镇党委政法委员	男
石蓁榕	莆美镇党委统战委员	男
汤锦松	莆美镇党委组织委员	男
方昊涛	莆美镇党委宣传委员	男
朱文华	莆美镇党委委员、纪委书记、监察组组长	男
莆美镇人大主席团		
张铜松	莆美镇人大主席	男
莆美镇人民政府		
方洪伟	莆美镇人民政府镇长	男
黄　琳	莆美镇人民政府科技副镇长	女
蔡惠玲	莆美镇人民政府副镇长	女
张添城	莆美镇人民政府副镇长	男
中共云霄县东厦镇委员会		
张建龙	东厦镇党委书记	男
林昌盛	东厦镇党委副书记	男
蔡曾锐	东厦镇党委副书记	男
罗龙金	东厦镇党委委员	男
吴建伟	东厦镇党委政法委员	男
陈政通	东厦镇党委宣传委员	男
高绍萍	东厦镇党委统战委员	女
张汉宝	东厦镇党委组织委员	男
朱宝炉	东厦镇党委委员、纪委书记、监察组组长	男
东厦镇人大主席团		
黄志焕	东厦镇人大主席	男
东厦镇人民政府		
林昌盛	东厦镇人民政府镇长	男
陈　晶	东厦镇人民政府副镇长	女
郑志昌	东厦镇人民政府副镇长	男
中共云霄县火田镇委员会		
罗荣辉	火田镇党委书记	男
方春明	火田镇党委副书记	男

续表 5

姓名	单位及职务	性别
黄　专	火田镇党委副书记	男
张伟宏	火田镇党委政法委员	男
张皇妹	火田镇党委统战委员	女
郑茂溪	火田镇党委委员、纪委书记、监察组组长	男
陈山泉	火田镇党委组织委员	男
林秋宇	火田镇党委委员	男
火田镇人大主席团		
林　健	火田镇人大主席	男
火田镇人民政府		
方春明	火田镇人民政府镇长	男
黄国强	火田镇人民政府科技副镇长	男
吴毅清	火田镇人民政府副镇长	男
蔡育忠	火田镇人民政府副镇长	男
中共云霄县陈岱镇委员会		
周金汉	陈岱镇党委书记	男
方长城	陈岱镇党委副书记	男
方志服	陈岱镇党委副书记	男
郭伟平	陈岱镇党委委员、纪委书记、监察组组长	男
吴庆龙	陈岱镇党委政法委员	男
李　鑫	陈岱镇党委委员	男
方月赏	陈岱镇党委宣传委员	女
方凌凌	陈岱镇党委统战委员	女
龚锦生	陈岱镇党委组织委员	男
陈岱镇人大主席团		
吴至洪	陈岱镇人大主席	男
陈岱镇人民政府		
方长城	陈岱镇人民政府镇长	男
方晓森	陈岱镇人民政府副镇长	男
朱明强	陈岱镇人民政府副镇长	男
中共云霄县列屿镇委员会		
朱添泉	列屿镇党委书记	男
高澎涛	列屿镇党委副书记	男
黄　捷	列屿镇党委副书记	男
黄晓新	列屿镇党委委员、纪委书记、监察组组长	男
吴胜利	列屿镇党委政法委员	男
林建东	列屿镇党委委员	男
张玉萍	列屿镇党委宣传委员	女
吴　宇	列屿镇党委统战委员	男

续表 5

姓名	单位及职务	性别
黄紫青	列屿镇党委组织委员	男
列屿镇人大主席团		
沈江平	列屿镇人大主席	男
列屿镇人民政府		
高澎涛	列屿镇人民政府镇长	男
汤　鑫	列屿镇人民政府副镇长	男
方晓勤	列屿镇人民政府副镇长	女
中共云霄县下河乡委员会		
张景辉	下河乡党委书记	男
吴木华	下河乡党委副书记	男
张艺彬	下河乡党委副书记、政法委员	男
吴小妙	下河乡党委统战委员	女
江云平	下河乡党委委员	男
蔡沛哲	下河乡党委组织委员	男
李伟生	下河乡党委委员、纪委书记、监察组组长	男
下河乡人大主席团		
吴晓巍	下河乡人大主席	男
下河乡人民政府		
吴木华	下河乡人民政府乡长	男
黄荣聪	下河乡人民政府副乡长	男
方相铭	下河乡人民政府副乡长	男
钟凯曦	下河乡人民政府副乡长	男
何　昱	下河乡人民政府科技副乡长	女
中共云霄县马铺乡委员会		
朱来香	马铺乡党委书记	女
林登峰	马铺乡党委副书记	男
陈篁毅	马铺乡党委副书记	男
黄锦章	马铺乡党委政法委员	男
张文国	马铺乡党委组织委员	男
方志宏	马铺乡党委委员、纪委书记、监察组组长	男
杨柳春	马铺乡党委统战委员	男
周秀云	马铺乡党委宣传委员	女
马铺乡人大主席团		
李　骞	马铺乡人大主席	男
马铺乡人民政府		
林登峰	马铺乡人民政府乡长	男
方培烽	马铺乡人民政府副乡长	男
方元河	马铺乡人民政府副乡长	男

续表 5

姓名	单位及职务	性别
中共云霄县和平乡委员会		
朱铜彬	和平乡党委书记	男
李南生	和平乡党委副书记	男
吴万风	和平乡党委副书记	男
张俊标	和平乡党委统战委员	男
朱淑惠	和平乡党委组织委员	女
黄威锋	和平乡党委委员、纪委书记、监察组组长	男
郭毓奎	和平乡党委委员	男
朱尔东	和平乡党委政法委员	男
方　航	下河乡党委宣传委员	男
和平乡人大主席团		
蔡毅清	和平乡人大主席	男
和平乡人民政府		
李南生	和平乡人民政府乡长	男
汤志民	和平乡人民政府副乡长	男
刘　琼	和平乡人民政府副乡长	女
云霄经济开发区		
郭阿坚	云霄经济开发区党工委副书记	男
游泽炎	云霄经济开发区党工委副书记	男
何俊武	云霄经济开发区党工委委员	男
林　衡	云霄经济开发区党工委政法委员	男
吴加福	云霄经济开发区党工委委员、纪工委书记、监察组组长	男
黄一琼	云霄经济开发区管委会副主任	女
云霄县属国有企业		
福建云霄圣城投资集团有限责任公司		
吴松江	圣城投资集团党委书记、董事长	男
林俊聪	圣城投资集团党委副书记、副董事长、总经理	男
方　祥	圣城投资集团顾问	男
汤长发	圣城投资集团党委专职副书记	男
汤寒珠	圣城投资集团党委委员、纪委书记、县监察驻圣城投资集团监察专员	女
方文燕	圣城投资集团党委委员、副总经理	男
何杰锋	圣城投资集团党委委员，董事、财务总监	男
林坤荣	圣城投资集团党委委员，董事、副总经理	男
云霄县商业总公司		
林智雄	商业总公司副总经理	男
云霄县物资总公司		
周建宗	物资总公司副总经理	男

续表 5

姓名	单位及职务	性别
林智华	物资总公司副总经理	女
云霄县和平农场		
方渊博	和平农场副场长	男
柳若杨	和平农场副场长	男
罗俊成	和平农场副场长	男
云霄宾馆		
方陈永	云霄宾馆经理、党支部书记	男

注：名单以 2022 年 12 月 31 日在职者为准，相同职务人员做适当归类，不作为排序依据。

荣誉

2022 年度云霄县获得省部级（含以上）表彰的先进单位一览表

表 6

序号	获奖单位	奖励名称	颁奖单位	颁奖时间
1	巡特警反恐大队	全国优秀公安基层单位	中华人民共和国公安部	2022 年 5 月
2	中核国电漳州能源有限公司	中核集团 2021 年度青年文明号	中核集团	2022 年 5 月
3	中核国电漳州能源有限公司	2020—2021 年度全国“安康杯”竞赛活动优胜单位	中华全国总工会 应急管理部 国家卫生健康委员会	2022 年 7 月
4	中核国电漳州能源有限公司	中核集团 2022 年优秀质量管理小组	中核集团	2022 年 7 月
5	中共云霄县委文明办	节约型机关	国家机关事务管理局	2022 年 10 月
6	中核国电漳州能源有限公司	国防科技工业档案资源开发利用优秀案例	国家国防科技工业局	2022 年 11 月

2022 年度云霄县获得省部级（含以上）表彰的先进个人一览表

表 7

姓名	工作单位	奖励名称	颁奖单位	颁奖时间
张培伟	巡特警反恐大队	第 21 届全国青年岗位能手	共青团中央 人力资源社会保障部	2022 年 9 月
郭东利	中核国电漳州能源有限公司	2019—2021 年福建省重点建设项目“先进工作者”	福建省人民政府	2022 年 4 月
彭斗光	中核国电漳州能源有限公司	集团公司 2022 年度质量先进个人	中国核工业集团有限公司	2022 年 12 月

2022年县委、县政府及“两办”出台的重要文件目录

一、云霄县委文件

云委发文件

云委发〔2022〕1号　中共云霄县委关于深刻领会党的百年奋斗重大成就和历史经验，汇聚建设现代化富美新云霄强大精神动力的决定

云委发〔2022〕2号　中共云霄县委、云霄县人民政府关于印发《云霄县弘扬“马上就办、真抓实干”优良传统作风实施办法》的通知

云委发〔2022〕4号　中共云霄县委关于印发县委2021年工作总结的通知

云委发〔2022〕5号　中共云霄县委关于印发《云霄县实施“提高效率、提升效能、提增效益”行动工作方案》的通知

云委发〔2022〕8号　中共云霄县委、云霄县人民政府印发《关于做好2022年全面推进乡村振兴重点工作的实施意见》的通知

云委发〔2022〕9号　中共云霄县委、云霄县人民政府印发《关于持续推进林业改革发展的实施意见》的通知

云委发〔2022〕10号　中共云霄县委、云霄县人民政府关于印发《云霄县深入打好污染防治攻坚战实施方案》的通知

云委文件

云委〔2022〕6号　中共云霄县委、云霄县人民政府关于表彰2021年纳税企业的决定

云委〔2022〕7号　中共云霄县委关于调整常委工作分工的通知

云委〔2022〕10号　中共云霄县委、云霄县人民政府关于印发《云霄县2022年“产业发展项目建设攻坚年”活动实施方案》的通知

云委〔2022〕11号　中共云霄县委、云霄县人民政府关于给予2021年度考核优秀的机关、事业单位工作人员嘉奖和记功的决定

云委〔2022〕14号　中共云霄县委、云霄县人民政府关于印发《漳州市创建国家食品安全示范城市云霄县推进方案（2022—2023年）》的通知

云委〔2022〕17号　中共云霄县委关于调整常委工作分工的通知

云委〔2022〕19号　中共云霄县委、云霄县人民政府关于开展2022年为民办实事工作的通知

云委〔2022〕20号　中共云霄县委关于印发《云霄县对接省领导挂钩帮扶乡村振兴重点县工作机制》的通知

云委〔2022〕21号　中共云霄县委关于印发《贯彻落实〈2022年省纪委监委挂钩帮扶云霄县工作方案〉的行动方案》的通知

云委〔2022〕22号　中共云霄县委印发《云霄县关于加强党的政治建设的实施方案》的通知

云委〔2022〕31号 中共云霄县委、云霄县人民政府关于印发《云霄县关于深入实施“提高效率、提升效能、提增效益”行动开展干部作风“五不”问题专项整治的实施方案》的通知

云委〔2022〕35号 中共云霄县委印发《关于落实〈省委2020度全面从严治党主体责任检查的反馈问题〉整改任务分工方案》的通知

云委〔2022〕36号 中共云霄县委关于调整常委工作分工的通知

云委〔2022〕37号 中共云霄县委印发《关于落实市委2022年度全面从严治党主体责任检查的反馈问题整改任务分工方案》的通知

云委〔2022〕39号 中共云霄县委关于认真学习宣传贯彻党的二十大精神的通知

云委〔2022〕40号 中共云霄县委转发《中共政协云霄县委员会党组关于召开政协第十四届云霄县委员会第二次会议工作安排的意见》的通知

云委〔2022〕41号 中共云霄县委转发《关于召开云霄县第十八届人民代表大会第二次会议、乡镇第十七届人民代表大会第三次会议工作安排的意见》的通知

二、云霄县人民政府文件

云政〔2022〕1号 云霄县人民政府关于收回漳州核电3、4号机组项目影响范围海域使用权的公告

云政综〔2022〕40号 云霄县人民政府关于印发云霄县2022年地质灾害防治方案的通知

云政综〔2022〕59号 云霄县人民政府关于印发云霄县进一步加强土地整治项目资金使用管理规定的通知

云政综〔2022〕61号 云霄县人民政府关于在诏安湾推广低含磷水产养殖饲料的通告

云政综〔2022〕107号 云霄县人民政府关于印发龙岩烟草工业有限责任公司（原云霄卷烟厂）项目退城入园工作方案的通知

云政综〔2022〕111号 云霄县人民政府关于印发云霄县莆美镇莆下村村民安置房建设项目征迁补偿与安置实施方案的通知

云政综〔2022〕121号 云霄县人民政府关于做好2022年度义务兵家庭优待金发放工作的通知

云政综〔2022〕133号 云霄县人民政府关于清理取缔“三无”船舶严防境外疫情海上输入的通告

云政综〔2022〕138号 云霄县人民政府关于印发云霄县省级现代农业产业园项目实施方案及资金使用方案的通知

云政综〔2022〕140号 云霄县人民政府关于进一步推进电动摩托车综合整治工作的通告

云政综〔2022〕144号 云霄县人民政府关于调整城镇土地使用税征收范围和地段等级的通知

云政综〔2022〕187号 云霄县人民政府关于印发云霄县将军大道以西片区项目建设征地拆迁补偿方案的通知

云政综〔2022〕190号 云霄县人民政府关于加强打击八尺门云霄县海域非法养殖的通告

云政综〔2022〕199号 云霄县人民政府关于收回漳州市云霄山前中心渔港影响范围内海域使用权的公告

云政综〔2022〕201号 云霄县人民政府关于做好第三次全国土壤普查工作的通知

云政综〔2022〕209号 关于印发2022年云霄县营商环境攻坚提升“12345”行动方案的通知

三、云霄县委办公室文件

云委办发文件

云委办发〔2022〕2号　中共云霄县委办公室、云霄县人民政府办公室关于印发《县级领导“四下基层”工作制度》等三项制度的通知

云委办发〔2022〕4号　中共云霄县委办公室、云霄县人民政府办公室印发《关于建立云霄县事业单位管理岗位职员等级晋升制度的实施方案》的通知

云委办发〔2022〕6号　中共云霄县委办公室印发《云霄县贯彻落实〈关于加强新时代廉洁文化建设的意见〉工作方案》的通知

云委办发〔2022〕7号　中共云霄县委办公室、云霄县人民政府办公室关于印发《云霄县禁毒工作责任考评办法（试行）》的通知

云委办文件

云委办〔2022〕1号　中共云霄县委办公室、云霄县人民政府办公室关于印发《云霄县漳江流域水质改善及生态环境保护工作方案》的通知

云委办〔2022〕2号　中共云霄县委办公室、云霄县人民政府办公室关于各乡镇（开发区）、县直单位2021年度绩效考评结果的通报

云委办〔2022〕3号　中共云霄县委办公室、云霄县人民政府办公室关于2021年度“平安单位”考核评定结果的通报

云委办〔2022〕4号　中共云霄县委办公室关于印发《2021年度县委常委班子党史学习教育专题民主生活会查摆问题及会前征求意见建议的整改落实分工方案》的通知

云委办〔2022〕5号　中共云霄县委办公室、云霄县人民政府办公室关于印发《云霄县用地扩容增效专项行动实施方案》的通知

云委办〔2022〕6号　中共云霄县委办公室、云霄县人民政府办公室关于调整云霄县贯彻落实中央生态环境保护督察报告具体整改措施责任领导的通知

云委办〔2022〕7号　中共云霄县委办公室关于印发《2022年县委工作会议主要任务分解表》的通知

云委办〔2022〕8号　中共云霄县委办公室关于印发《云霄县2022年督查检查考核年度计划》的通知

云委办〔2022〕10号　中共云霄县委办公室、云霄县人民政府办公室关于印发《落实省委涉粮专项巡视整改推进绿色储粮、科学保粮三年行动方案》的通知

云委办〔2022〕11号　中共云霄县委办公室、云霄县人民政府办公室关于印发《云霄县工程项目招标投标领域突出问题专项整治工作方案》的通知

云委办〔2022〕12号　中共云霄县委办公室、云霄县人民政府办公室关于印发《云霄县贯彻落实省生态环境保护例行督察报告整改方案》的通知

云委办〔2022〕13号　中共云霄县委办公室、云霄县人民政府办公室关于加强充实县禁毒委员会及县禁毒办组成人员的通知

云委办〔2022〕15号　中共云霄县委办公室、云霄县人民政府办公室关于印发《云霄县地理标志产业高质量提升实施方案》的通知

云委办〔2022〕16号　中共云霄县委办公室、云霄县人民政府办公室关于印发《云霄县2022年卷烟打假综合治理绩效考核办法（暂行）》的通知

四、云霄县人民政府办公室文件

云政办〔2022〕8号　云霄县人民政府办公室关于印发漳江口红树林国家级自然保护区保护管理长效机制实施方案的通知

云政办〔2022〕13号　云霄县人民政府办公室关于印发云霄县项目前期经费管理办法（试行）的通知

云政办〔2022〕15号　云霄县人民政府办公室关于印发福建云霄抽水蓄能电站建设征地与移民安置实施方案的通知

云政办〔2022〕16号　云霄县人民政府办公室关于印发云霄县关于进一步规范农村集体资产资源交易的指导意见的通知

云政办〔2022〕17号　云霄县人民政府办公室关于提高我县城乡居民最低生活保障标准的通知

云政办〔2022〕18号　云霄县人民政府办公室关于公布2022年特困人员供养标准的通知

云政办〔2022〕22号　云霄县人民政府办公室关于印发云霄县进一步加强统计基层基础建设实施意见的通知

云政办〔2022〕24号　云霄县人民政府办公室关于印发云霄县“十四五”残疾人保障和发展规划的通知

云政办〔2022〕25号　云霄县人民政府办公室关于印发云霄县城区不动产登记历史遗留问题处置实施方案的通知

云政办〔2022〕31号　云霄县人民政府办公室关于印发云霄县“十四五”应急体系专项规划的通知

云政办〔2022〕33号　云霄县人民政府办公室关于印发云霄县零基预算改革实施方案的通知

云政办〔2022〕34号　云霄县人民政府办公室关于印发云霄县高标准农田建设专项规划（2021—2030年）的通知

云政办〔2022〕36号　云霄县人民政府办公室关于印发云霄县“十四五”乡镇生活污水处理设施建设运维实施方案的通知

云政办〔2022〕38号　云霄县人民政府办公室关于印发云霄县建立健全应急救援力量联调联战工作机制实施意见的通知

云政办〔2022〕40号　云霄县人民政府办公室关于印发云霄县收回漳州市云霄山前中心渔港影响范围内海域使用权补偿方案的通知

云政办〔2022〕41号　云霄县人民政府办公室关于印发云霄县行政许可事项清单（2022年版）的通知

2022年云霄县国民经济主要指标完成情况

2022年云霄县国民经济主要指标完成情况一览表

表8

指标名称	计量单位	总量	增长（%）
地区生产总值	亿元	231.05	6.5
1. 第一产业增加值	亿元	57.10	4.7
2. 第二产业增加值	亿元	74.94	9.6
3. 第三产业增加值	亿元	99.01	5.0
三次产业结构	—	24.7∶32.4∶42.9	—
农林牧渔业总产值	亿元	100.40	5.3
规模以上工业产值	亿元	114.35	8.4
非农户固定资产投资	亿元	159.97	16.0
1. 工业投资	亿元	121.51	25.1
2. 房地产投资	亿元	21.34	-32.8
社会消费品零售总额	亿元	114.70	6.4
一般公共预算总收入	亿元	12.09	15.0
地方一般公共预算收入	亿元	9.14	20.6
一般公共预算支出	亿元	31.43	23.8
实际利用外资（验资口径）	万美元	1696.00	—
城镇单位在岗职工平均工资	元	—	—
城镇居民人均可支配收入	元	40935	7.0
农村居民人均可支配收入	元	23684	9.3

注：本表数据不含常山开发区，为快报数。

2022年云霄地区生产总值

2022年云霄地区生产总值一览表

表9　　单位：万元

指标名称	总产值
地区生产总值	2310475
第一产业	571036
第二产业	749386
第三产业	990053
农林牧渔业	582318

续表 9

指标名称	总产值
#农、林、牧、渔服务业	11282
工业	586756
#开采辅助活动	0
#金属制品、机械和设备修理业	371
建筑业	163001
批发和零售业	157192
批发业	32090
零售业	125102
交通运输、仓储和邮政业	100873
住宿和餐饮业	38517
住宿业	3079
餐饮业	35438
金融业	89469
房地产业	154684
房地产业（K门类）	56211
自有房地产经营活动	98473
其他服务业	437665
营利性服务业	202805
非营利性服务业	234860

注：本表数据不含常山开发区，为快报数，未经市统计局最终核实。

云霄县进出口十大创汇企业名录

云霄县进出口十大创汇企业一览表

表 10

序号	名称
1	云霄名城人造花有限公司
2	福建豪锦化妆品有限公司
3	漳州市华威电源科技有限公司
4	漳州拓奇实业有限公司
5	漳州龙泽食品有限公司
6	云霄瑞顿户外安全运动用品有限公司
7	福建仁兴实业有限公司
8	福建省奥克兰光电科技有限公司
9	漳州宙士新材料科技有限公司
10	振牌（福建）海洋生物科技有限公司

2022年云霄县纳税企业表彰名单

云霄县经济建设突出贡献奖一览表

［纳税5000万元（含）以上］

表11　　单位：万元

序号	企业名称	2022年纳税额
1	云霄县农村信用合作联社	5332.24

云霄县经济建设贡献奖一览表

［纳税1000万元（含）以上至5000万元以下］

表12　　单位：万元

序号	企业名称	2022年纳税额
1	漳州利盛房地产开发有限公司	4519.10
2	中核国电漳州能源有限公司	3542.78
3	福建云霄圣城投资集团有限责任公司	2785.00
4	中国核工业二四建设有限公司	2676.17
5	漳州兆源房地产有限公司	2594.09
6	云霄县弘桥房地产开发有限公司	2436.96
7	云霄志诚房地产开发有限公司	2014.42
8	国网福建省电力有限公司云霄县供电公司	1573.79
9	漳州市华信建材有限责任公司	1415.98
10	漳州市泰基房地产开发有限公司	1234.95
11	河北中核二四劳务有限公司	1036.81
12	漳州市华威电源科技有限公司	1002.46

云霄县纳税大户一览表

［纳税100万元（含）以上至1000万元］

表13　　单位：万元

序号	企业名称	2022年纳税额
1	福建豪锦化妆品有限公司	989.07
2	漳州市宏茂房地产开发有限公司	914.73
3	中国核工业二三建设有限公司	884.68
4	中国人民财产保险股份有限公司云霄支公司	828.27
5	福建建工集团有限责任公司云霄分公司	818.43
6	中国建设银行股份有限公司云霄支行	816.29
7	云霄汇海风电有限公司	794.62
8	云霄县鹏砂建材有限公司	791.92

续表 13

序号	企业名称	2022 年纳税额
9	福锦（漳州）房地产有限公司	784.00
10	中国核电工程有限公司	773.20
11	振牌（福建）海洋生物科技有限公司	716.74
12	福建国厦建设工程有限公司	709.77
13	中国农业银行股份有限公司云霄县支行	635.27
14	中国工商银行股份有限公司云霄支行	606.44
15	中核混凝土股份有限公司漳州分公司	570.69
16	漳州市鸿益饲料有限公司	533.92
17	福建省富佳宝建材有限公司	531.07
18	中国平安财产保险股份有限公司云霄支公司	525.43
19	漳州核电科创园发展有限公司	488.72
20	福建七建集团有限公司云霄分公司	431.95
21	漳州泰景房地产开发有限公司	429.40
22	闽粤联网电力运营有限公司	417.86
23	漳州印美油墨有限公司	415.75
24	漳州市镇发装饰材料有限公司	408.71
25	福建云星电子有限公司	398.98
26	福建安兆建设有限公司	396.92
27	漳州华锐锂能新能源科技有限公司	355.72
28	万顺通集团有限公司	347.56
29	福建新顺兴装饰材料有限公司	329.51
30	漳州宙士新材料科技有限公司	318.29
31	玉山县清宏建筑劳务有限公司	310.29
32	中国人寿财产保险股份有限公司漳州市中心支公司云霄县营销服务部	305.22
33	福清市三建建筑工程有限公司漳州分公司	285.62
34	漳州拓奇实业有限公司	279.04
35	福建艾丽鑫智能科技有限公司	277.20
36	中石化森美（福建）石油有限公司漳州云霄云霄加油站	276.93
37	福建省水务发展集团云霄水务有限公司	276.84
38	中国银行股份有限公司云霄支行	272.97
39	福建瀚翔泰建设工程有限公司	271.21
40	漳州市安心居装饰材料有限公司	267.62
41	中国邮政储蓄银行股份有限公司云霄县支行	262.78
42	中国核工业二三建设有限公司漳州项目部	261.89
43	漳州市供电服务有限公司云霄分公司	257.49
44	为乐电气（福建）有限公司	255.98

续表 13

序号	企业名称	2022 年纳税额
45	福建利众诚食品有限公司	246.01
46	漳州云顶温泉大酒店有限公司	240.76
47	漳州市恒晟商贸发展有限公司	232.61
48	福建海峡银行股份有限公司云霄支行	227.73
49	云霄县汉嘉工艺品有限公司	226.20
50	漳州嘉铭矿业有限公司	225.95
51	云霄县钢固建材有限公司	222.99
52	福建省佰嘉木业有限公司	219.40
53	云霄长业水务有限公司	218.53
54	中国核工业第五建设有限公司	216.08
55	漳州市婧阳实业有限公司	215.69
56	漳州东盛达电子科技有限公司	215.16
57	中国核电工程有限公司漳州分公司	213.80
58	海阳市霖海工程装饰有限公司	206.11
59	云霄县斑鸠木业有限公司	200.17
60	福建乐华食品有限公司	194.78
61	云霄瑞顿户外安全运动用品有限公司	191.38
62	上海电力建筑工程有限公司	189.51
63	云霄县鸠山木业有限公司	179.92
64	福建跨时代建设有限公司	179.65
65	中国核工业华兴建设有限公司	179.54
66	福建金钧达建筑劳务有限公司	174.70
67	漳州金漳福建材有限公司	173.31
68	中核机械工程有限公司	167.84
69	中国太平洋财产保险股份有限公司云霄支公司	166.14
70	扬州市利文建筑安装劳务有限公司	163.31
71	漳州中福新材料有限公司	161.79
72	漳州市豪迪玩具有限公司	161.51
73	福建九九建设有限公司	158.93
74	福建省云霄县一建有限公司	158.55
75	福建粤海饲料有限公司	155.89
76	福建一建明盛工程有限公司	152.26
77	福建鑫正建设工程有限公司	149.16
78	瑞联电路板（福建）有限公司	146.21
79	漳州渠诺置业有限公司	145.94
80	奥龙吉（云霄）实业有限公司	145.58

续表 13

序号	企业名称	2022 年纳税额
81	漳州新源电力工程有限公司云霄分公司	141.62
82	天泽业丰（漳州）电子科技有限公司	140.95
83	云霄润发村镇银行股份有限公司	140.34
84	厦门湛智建筑工程有限公司	137.52
85	福建省云霄县金园房地产开发有限公司	137.37
86	福建启喆建设工程有限公司	136.88
87	漳州市鑫强威实业有限公司	135.77
88	漳州市住总置业有限公司	131.44
89	漳州市天健医药有限公司	130.43
90	福建省送变电工程有限公司	128.95
91	诏安友山混凝土有限公司云霄分公司	127.79
92	漳州和滨房地产开发有限公司	127.41
93	汕头市达兴钢结构有限公司漳州分公司	126.08
94	福建金汤湾海水温泉度假酒店有限公司	124.71
95	云霄互惠光电科技有限公司	124.60
96	福州星武建筑工程劳务有限公司	122.89
97	福建国荣建设工程有限公司	122.58
98	恒晟集团有限公司	120.77
99	漳州龙泽食品有限公司	119.39
100	福建丰达建设发展有限公司云霄分公司	118.34
101	云霄县长亮工贸有限公司	118.30
102	佰凌集团有限公司云霄分公司	115.64
103	兴业证券股份有限公司云霄云平路证券营业部	114.05
104	舟山市华泰建筑工程有限公司	112.79
105	海峡彩亮（漳州）光电有限公司	111.76
106	永富建工集团有限公司	111.17
107	福建省翔成建筑有限公司	110.27
108	福建泉云工贸有限公司	108.91
109	福建省森亿通木业有限公司	106.37
110	福建省泰宏建设工程有限公司	106.36
111	福建鳌霸食品有限公司	104.90
112	漳州铸嘉建材有限公司	104.31
113	福建一建集团有限公司	103.88
114	漳州云星电子科技有限公司	103.09
115	福建省中吉禾农产品批发市场有限公司	100.87
116	巨茂建设投资有限公司	100.39

续表 13

序号	企业名称	2022 年纳税额
117	福建鼎言建工有限公司	100.31
118	漳州鲜品冷冻食品有限公司	100.11

云霄县地理标志商标注册信息汇总表

云霄县纳税大户一览表

表 14

序号	地区	注册商标名称	商标注册人	商标证号	注册商品	申报时间	注册时间	商标状态
1	云霄	云霄枇杷（驰名商标）	云霄枇杷协会	3418548	枇杷	2002 年 12 月 27 日	2005 年 2 月 7 日	已注册
2	云霄	竹塔泥蚶（驰名商标）	云霄县水产养殖协会	8518148	泥蚶（活）	2010 年 7 月 28 日	2011 年 2 月 14 日	已注册
3	云霄	东厦锯缘青蟹	云霄县水产技术推广站	9552702	锯缘青蟹（活）	2011 年 6 月 3 日	2012 年 1 月 14 日	已注册
4	云霄	列屿巴非蛤	云霄县水产技术推广站	9552743	巴非蛤（活）	2011 年 6 月 3 日	2012 年 1 月 14 日	已注册
5	云霄	下河杨桃	云霄县地理标志产业协会	9552703	杨桃	2011 年 6 月 3 日	2012 年 1 月 7 日	已注册
6	云霄	马铺淮山	云霄县地理标志产业协会	9552744	淮山（新鲜蔬菜）	2011 年 6 月 3 日	2012 年 1 月 7 日	已注册
7	云霄	下河金枣	云霄县地理标志产业协会	9954949	金枣（新鲜水果）	2011 年 9 月 13 日	2012 年 3 月 28 日	已注册
8	云霄	东厦文蛤	云霄县海洋管理站	9954948	文蛤（活）	2011 年 9 月 13 日	2012 年 3 月 28 日	已注册
9	云霄	东厦缢蛏	云霄县地理标志产业协会	10737564	缢蛏（活）	2012 年 4 月 9 日	2012 年 11 月 7 日	已注册
10	云霄	漳江口大蚝	云霄县水产技术推广站	12980693	大蚝（活的牡蛎）	2013 年 7 月 26	2015 年 3 月 28 日	已注册
11	云霄	火田青枣	云霄县地理标志产业协会	15262178	鲜枣	2014 年 9 月 1 日	2016 年 10 月 14 日	已注册
12	云霄	火田菠萝	云霄县地理标志产业协会	15262180	菠萝	2014 年 9 月 1 日	2016 年 10 月 14 日	已注册
13	云霄	火田大茂山茶	云霄县地理标志产业协会	15262179	茶	2014 年 9 月 1 日	2016 年 10 月 14 日	已注册
14	云霄	西林龙眼	云霄县地理标志产业协会	24341118	新鲜龙眼	2017 年 5 月 26 日	2018 年 7 月 21 日	已注册
15	云霄	马铺巴戟天	云霄县地理标志产业协会	24341110	药用巴戟天	2017 年 5 月 26 日	2018 年 7 月 28 日	已注册
16	云霄	岳坑大蒜	云霄县地理标志产业协会	25226349	新鲜蒜	2017 年 7 月 10 日	2018 年 10 月 28 日	已注册
17	云霄	漳江口跳跳鱼	云霄县地理标志产业协会	24341113	跳跳鱼（活）	2017 年 5 月 26 日	2018 年 10 月 28 日	已注册
18	云霄	下坂牛肉丸	云霄县地理标志产业协会	25226353	牛肉丸	2017 年 7 月 10 日	2018 年 10 月 28 日	已注册
19	云霄	漳江口竹蛏	云霄县地理标志产业协会	24341116	竹蛏（活）	2017 年 5 月 26 日	2018 年 10 月 28 日	已注册
20	云霄	马铺沉香	云霄县地理标志产业协会	24341111	药用沉香	2017 年 5 月 26 日	2018 年 11 月 28 日	已注册
21	云霄	七乡香芋	云霄县地理标志产业协会	24341117	新鲜芋头	2017 年 5 月 26 日	2018 年 11 月 28 日	已注册
22	云霄	向北番薯	云霄县地理标志产业协会	24341119	新鲜地瓜	2017 年 5 月 26 日	2018 年 11 月 28 日	已注册
23	云霄	云霄鸡爪松番薯	云霄县地理标志产业协会	24464841	新鲜番薯	2017 年 6 月 5 日	2018 年 11 月 28 日	已注册

续表 14

序号	地区	注册商标名称	商标注册人	商标证号	注册商品	申报时间	注册时间	商标状态
24	云霄	七高漈石蛙	云霄县地理标志产业协会	25226354	石蛙（活）	2017 年 7 月 10 日	2018 年 11 月 28 日	已注册
25	云霄	列屿石斑鱼	云霄县地理标志产业协会	25226352	石斑鱼（活）	2017 年 7 月 10 日	2018 年 12 月 28 日	已注册
26	云霄	列屿青脚花蟹	云霄县地理标志产业协会	25226350	花蟹（活）	2017 年 7 月 10 日	2018 年 12 月 28 日	已注册
27	云霄	列屿青鱼	云霄县地理标志产业协会	25226351	青鱼（活）	2017 年 7 月 10 日	2018 年 12 月 28 日	已注册
28	云霄	佳州岛贴沙鱼	云霄县地理标志产业协会	25226348	贴沙鱼（活）	2017 年 7 月 10 日	2019 年 2 月 7 日	已注册
29	云霄	火田金樱酒	云霄县地理标志产业协会	27851094	金樱酒（果酒）	2017 年 12 月 4 日	2019 年 2 月 21 日	已注册
30	云霄	向北米粉	云霄县地理标志产业协会	24341114	米粉（条状）	2017 年 5 月 26 日	2019 年 4 月 21 日	已注册
31	云霄	马铺甜茶	云霄县地理标志产业协会	29975047	用作茶叶用品的花或叶	2018 年 4 月 2 日	2019 年 5 月 28 日	已注册
32	云霄	火田生姜	云霄县地理标志产业协会	27851093	生姜（新鲜）	2017 年 12 月 4 日	2019 年 6 月 7 日	已注册
33	云霄	马铺风柜斗草	云霄县地理标志产业协会	24341112	药用风柜斗草	2017 年 5 月 26 日	2019 年 7 月 28 日	已注册
34	云霄	火田金柑	云霄县地理标志产业协会	27851095	金柑（鲜）	2017 年 12 月 4 日	2019 年 9 月 7 日	已注册
35	云霄	礁美海瓜子	云霄县地理标志产业协会	39172636	海瓜子（活）	2019 年 6 月 28 日	2020 年 7 月 6 日	已注册
36	云霄	陈岱东方鲀	云霄县地理标志产业协会	39172635	河鲀鱼（活）	2019 年 6 月 28 日	2020 年 12 月 7 日	已注册
37	云霄	礤头脐橙	云霄县地理标志产业协会	38449831	新鲜橙	2019 年 5 月 27 日	2020 年 12 月 21 日	已注册
38	云霄	陈岱长寿菜	云霄县地理标志产业协会	39172634	番薯叶（新鲜蔬菜）	2019 年 6 月 28 日	2021 年 4 月 14 日	已注册
39	云霄	马铺虎尾轮	云霄县地理标志产业协会	45366337	药用虎尾轮	2020 年 4 月 13 日	2022 年 4 月 27 日	已注册
40	云霄	梁山茶	云霄县海峡两岸茶业交流协会	54543533	乌龙茶	2021 年 3 月 23 日		审理中

索 引

说 明

一、本索引采用主题词分析法，按主题词首字汉语拼音字母顺序排列。

二、类目、分目标题用黑体字。“特载”“大事记”“附录”内容不作索引。

三、索引主题词后的数字表示页码。

四、空一字起排的款目为上一主题的“附见”。

0—9

A

B

C

D

E

F

G

H

K

L

R

S

T

W

Y

Z